# La Internet Para Dummies
## 8a Edición

D0517165

## Su Cuenta de Internet

Su dirección de correo electrónico: _____ @ _____

El número telefónico de información de su proveedor de servicios de Internet (ISP) (el número al que su software marca para conectarse): _____

El número telefónico del apoyo técnico de su proveedor de servicios de Internet (para hablar con un ser humano): _____

La dirección de correo electrónico del apoyo técnico de su proveedor de servicios de Internet: _____ @ _____

El DNS de su proveedor de servicios de Internet (servidor del nombre del dominio – su ISP puede ajustar esta configuración automáticamente cuando usted inicia la sesión): _____

El servidor de correo SMTP de su proveedor de servicios de Internet (para correo saliente): _____

El servidor de correo POP de su proveedor de servicios de Internet (para correo entrante): _____

## Nombres de Dominios de Alto Nivel

Esta lista muestra la última palabra de tres letras de los nombres huéspedes de Internet; para los códigos de dos letras para los diversos países, refiérase a nuestra página Web net.gurus.com/countries.

| | |
|---|---|
| com | Compañía o individuo |
| edu | Institución educativa |
| gov | Gobierno federal de los Estados Unidos |
| mil | Militares de los Estados Unidos |
| net | Cadena |
| int | Organismo internacional |
| org | Organización no comercial o sin fines de lucro |

## Permanezca Seguro

- Nunca le dé a nadie su contraseña.
- En las charlas en línea con extraños, no revele su nombre verdadero, su dirección, su número telefónico, dirección de correo electrónico, sitio de trabajo o la escuela a la que asiste.
- No asuma que la gente le dice la verdad.
- Nunca conteste el correo basura o spam (ni siquiera para solicitar ser removido de una lista). Ello solo insta al remitente a enviarle más basura.
- Si consiente en conocer a un amigo de Internet en algún lugar de la vida real, conózcalo en un lugar público, dígale a sus amigos donde va a estar. y hable por teléfono primero.

## Consejos de Netiqueta

- Recuerde que toda la gente en Internet también son seres humanos.
- * No responda enojado ni insista en tener la última palabra.
- * NO DIGITE EN MAYÚSCULAS. Es como gritar.
- * No diga nada en las listas de correos si no tiene nada nuevo que agregar.
- * No continúe cartas en cadena (ni las que parecen buenas), no pase peticiones en línea, dinero de hacer dinero fácil, advertencias de evite este virus u otro material fraudulento. Nunca, nunca, nunca son reales.

## Abreviaturas por Conocer

| | |
|---|---|
| BTW | By the way (Por cierto) |
| RTFM | Read the manual (Lea el manual) |
| IMHO | In my humble opinion (En mi humilde opinión) |
| LOL | Laughing out loud (Riéndose fuerte) |
| OTOH | On the other hand (Por otro lado) |
| ROFL | Rolling on floor, laughing (Revolcándose de la risa) |
| TIA | Thanks in advance (Gracias de antemano) |
| TLA | Three-letter acronym (Abreviatura de tres letras) |

## Para Dummies: La Serie de Libros más Vendida para Principiantes

# La Internet Para Dummies,® 8a Edición

*Referencia Rápida*

## Páginas Web Útiles

| | |
|---|---|
| www.yahoo.com | Directorio Web de Yahoo |
| www.altavista.com | Página de búsqueda Web de AltaVista |
| www.google.com | Página de búsqueda de Google |
| www.tucows.com | La Máxima Colección de Software de Windows (también para Macs) |
| cws.internet.com | Aplicaciones Stroud's Consummate Winsock |
| www.download.com | CNET's Download.com, librería de software |
| home.netscape.com | Página principal de Netscape Communications |
| www.microsoft.com | Página principal de Microsoft |
| paml.net | Directorio de Listas de Correo Públicamente Accesibles |
| www.nytimes.com | *The New York Times* en la Web |
| www.cnn.com | Cable News Network en la Web |
| www.unitedmedia.com/comics/dilbert | Dilbert |
| www.doonesbury.com | Doonesbury |
| people.yahoo.com and whowhere.lycos.com | Directorios telefónicos y de correo electrónico |
| maps.yahoo.com | Mapas de direcciones de calles de los Estados Unidos |
| weather.yahoo.com and www.weatherunderground.com | Información del clima mundial |
| www.epicurious.com and www.kitchenlink.com | Recetas y suplementos de cocina |
| www.paypal.com | Paypal, para pagos en línea |
| www.ebay.com | El sitio de subastas en línea más grande de la Internet |
| www.half.com | Ventas de libros en consignación, también de videos y de CDs |
| www.usps.gov | Códigos zip y tarifas postales de los Estados Unidos |
| mail.yahoo.com and www.hotmail.com | Correo gratuito a través de la Web |
| www.imdb.com | Base de datos de películas de Internet |
| www.orbitz.com and www.travelocity.com | Información de viajes y boletos |
| www.abuse.net | Network Abuse Clearinghouse, para reportar el correo basura o spam |
| net.gurus.com | Actualizar este libro |

## *Para Dummies: La Serie de Libros más Vendida para Principiantes*

# La Internet

## PARA

# DUMMIES®

### 8A. EDICIÓN

**por John R. Levine, Carol Baroudi, y Margaret Levine Young**

# La Internet Para Dummies, 8a Edición

Publicado por
**ST Editorial, Inc.**
Edificio Swiss Tower, 1er Piso, Calle 53 Este,
Urbanización Obarrio, Panamá, República de Panamá
Apdo. Postal: 0832-0233 WTC
www.steditorial.com
Correo Electrónico: info@steditorial.com
Tel: (507) 264-4984 • Fax: (507) 264-0685

Para información general de nuestros productos y servicios o para obtener soporte técnico contacte nuestro Departamento de Servicio al Cliente en los Estados Unidos al teléfono 800-762-2974, fuera de los Estados Unidos al teléfono 317-572-3993, o al fax 317-572-4002

For general information on our products and services or to obtain technical support, please contact our Customer Care Department within the U.S. at 800-762-2974, outside the U.S. at 317-572-3993, or fax 317-572-4002

Library of Congress Control Number: 2003104810

ISBN: 0-7645-4096-3

Publicado por ST Editorial, Inc.

Impreso en Costa Rica por Trejos Hermanos Sucesores S.A

# Sobre los Autores

**John R. Levine** era miembro de un club de computación en secundaria —mucho antes de que los estudiantes de secundaria, o incluso las secundarias mismas, tuvieran computadoras— allí conoció a Theodor H. Nelson, autor de *Computer Lib/Dream Machines* e inventor del hipertexto, quien nos recordó que las computadoras no deberían ser tomadas muy en serio y que todo el mundo puede y debería entender y usar las computadoras.

John escribió su primer programa en 1967, en una IBM 1130 (una computadora algo menos poderosa que su típico reloj digital moderno, solo que más difícil de usar). Se convirtió en administrador oficial de sistema de una computadora enlazada en red en Yale en 1975. Empezó con un trabajo de medio tiempo, en una compañía de computación, por supuesto, en 1977 y ha estado adentro y afuera del negocio de las computadora y las redes desde entonces. Puso su compañía en Usenet (el sistema mundial de tableros de anuncios de la Internet) lo suficientemente temprano que aparece en un artículo de la revista Byte, de 1982, en un mapa de Usenet, que era tan pequeño que el mapa calzaba en la mitad de una página.

Aunque John solía pasar la mayor parte de su tiempo escribiendo software, ahora él en su mayor parte del tiempo escribe libros (incluyendo *UNIX For Dummies* e *Internet Secrets,* ambos publicados por Wiley Publishers, Inc.) porque es más divertido y lo puede hacer en su propia casa en el pueblo diminuto de Trumansburg, Nueva York, ¡donde él es el comisionado de alcantarillas(¡viajes guiados, muestras gratis!) y juega con su hijita mientras se supone que debería estar escribiendo. John también gusta de hablar en público (visite `www.iecc.com/johnl`, para ver dónde va a estar). Él posee un B.A. y un Ph.D. en ciencias de la computación de la Universidad de Yale, pero por favor no use eso en su contra.

**Carol Baroudi** empezó a jugar con las computadoras en 1971, en la Universidad Colgate University, donde había dos cosas nuevas: la PDP-10 y las mujeres. Tuvo la fortuna de tener acceso ilimitado a la de avanzada tecnología PDP-10, en la cual aprendió a programar y a operar la máquina, así como a hablar con Eliza. Ella enseñó ALGOL y ayudó a diseñar los currículos para la ciencia de la computación y para los estudios de la mujer. Se graduó en Español y estudió francés, el cual, gracias a la Internet puede usar ahora todos los días.

En 1975, Carol tomó un trabajo realizando desarrollo y soporte de reco-
pilador, el cual fue un uso perfecto para sus conocimientos de idiomas.
Por seis años desarrolló software y administró aplicaciones informáticas. Por un corto tiempo tuvo un pequeño negocio haciendo recluta-
miento para alta tecnología (fue una cazadora de cabezas). Cuando se
cansó de escribir curriculum vitae, volvió a escribir sobre software.
Ahora ella es analista y consultora de la industria, para compañías
emergentes de tecnología visite su página principal en www.baroudi-
.com para ver en que está ella ahora).

Siendo la madre de un retoño de 11 años, a Carol le encanta actuar y
cantar y se va para Europa ante la menor excusa. Ella considera que estamos viviendo en un momento muy interesante en el cual la tecnología cambia más rápido de lo que la gente puede imaginar. Carol espera
que conforme aprendamos a usar la tecnología, no perdamos nuestro
aliento de humanidad y considera que las computadoras pueden ser
útiles y divertidas pero que no son un sustituto de la vida real.

En la secundaria, **Margaret Levine Young** estaba en el mismo club de
computación que su hermano mayor John. Ella permaneció en el
campo de la informática a lo largo de universidad, en contra de su
mejor juicio y a pesar de la presencia de John (como graduado en el
departamento de ciencias de la computación). Margy se graduó en
Yale y procedió a convertirse en una de las primeras administradores
de PC en los inicios de los años 1980s, en Columbia Pictures, donde
compartió el elevador con grandes estrellas cuyos nombres ella no
soñaría con escribir aquí.

Desde entonces, Margy ha escrito en colaboración más de 25 libros sobre computadoras, de varios temas, como la Internet, UNIX, WordPerfect, Microsoft Access y (unos recuerdos del pasado) PC-FILE y Javelin,
incluyendo *Dummies 101: The Internet For Windows 98*, *UNIX For Dummies*, y *WordPerfect For Linux For Dummies* (todos publicados por
Wiley Publishers, Inc.) y *Windows XP: The Complete Reference* e *Internet: The Complete Reference* (publicada por Osborne/McGraw-Hill).
Ella conoció a su futuro marido, Jordan, en los R.E.S.I.S.T.O.R.S. (Ese
club de computación que mencionamos). Su otra pasión son sus niñas,
junto con la música, el Universalismo Unitario (www.uua.org) la lectura
y cualquier cosa que hacer para comer. Ella vive en Vermont (refiérase
a www.gurus.com/margy para más detalles).

# Dedicatoria

John le dedica su parte del libro (los chistes particularmente tontos) a Sarah Willow, quien después de cinco años y medio ha aprendido a dormirse. Además por ser impresionantemente articulada al discutir las cuestiones del día, y por supuesto a Tonia.

Carol le dedica su parte del libro a Joshua y a Patrick, con todo su amor, y a sus amigos, que le recuerdan que la vida es más que escribir libros, o hacer negocios, para el caso.

Margy le dedica este libro a Jordan, a Meg y a Zac, que hacen que la vida valga la pena de vivirse; y a Susan, la mejor prima del mundo.

# Reconocimientos de los autores

Christine Berman y Paul Levesque nos dinamizaron a través del proceso editorial (sin duda a través de un gran costo personal) y nos han hecho parecer mejores escritores de lo que somos. Gracias también a los demás de la pandilla de WP, especialmente, a aquellos incluidos de la lista de Reconocimientos de la Editorial.

Por el cuidado de los niños, Margy le agradece a Jordan y a la Escuela Cornwall. John, asimismo, le agradece al Cornell Early Childhood Program del Departamento de desarrollo humano y estudios de la familia del College of Human Ecology de la Universidad de Cornell, una escuela de enfermeras dirigido por algunas de las mujeres más dedicadas que ha conocido nunca, y a la Trumansburg Elementary School, donde descubrió que existen más personas con dedicación de las que había imaginado anteriormente, todos los cuales le proporcionaron una atención y un cuidado de alta calidad a la antes mencionada. Carol le agradece a Patrick, Arnold, los buenos amigos de Kesher, y a su familia y amigos por su ayuda desinteresada y apoyo. Todos le agradecemos a Matt Wagner de Waterside Productions por animarnos. Todo el contenido de este libro fue editado y enviado al editor usando la Web; practicando lo que predicamos. Deseamos agradecer a nuestros proveedores de Internet: Finger Lakes Technologies Group (Trumansburg, N.Y. ¡Hola, Paul!), Lightlink (Ithaca, N.Y. ¡Hola, Homer!), Shoreham.net (Shoreham, Vermont. ¡Hola, Don y Jim!) y AT&T Broadband.

Finalmente, gracias a todos los chicos inteligentes (no diríamos sabios) que nos enviaron comentarios sobre las ediciones anteriores y nos han ayudado a hacer esta mejor. Si tiene ideas, comentarios o disentimientos sobre este libro, háganoslos llegar a internet8@gurus.com.

Asmimismo, visite nuestro sitio Web: net.gurus.com para actualizaciones y más información sobre los temas de este libro.

# ST Editorial, Inc

## Edición al Español

**Presidente y Editor en Jefe:**
Joaquín Trejos C.

**Directora Editorial:**
Karina S. Moya

**Diseño:**
Everlyn Castro
Milagro Trejos C.
Aléxander Ulloa

*Impreso por:* Trejos Hermanos Sucesores, S.A.

**Traducción:**
Ana Ligia Echeverría
Sergio Arroyo M.

**Corrección de Estilo:**
Alexandra Ríos A.

**Asistencia Editorial:**
Adriana Mainieri
Laura Trejos C.

## Edición al Inglés

### Adquisiciones, Editorial y Desarrollo de Medios

**Presidente General del Proyecto:**
Nicole Haims
*(Edición Previa: Darren Meiss)*

**Editor General de Adquisiciones:**
Steve Hayes

**Editora General:**
Kim Darosett

**Editoras de Pruebas:** Jerelind Charles

**Editor Técnico:** Lee Musick

**Especialista en Desarrollo de Medios:**
Leah Cameron

**Coordinador de Desarrollo de Medios:**
Carmen Krikorian
Laura Moss

**Supervisor de Desarrollo de Medios:**
Richard Graves

**Editor General de Permisos:**
Jean Rogers

**Gerente Editorial:**
Jean Rogers

**Asistente Editorial:**
Jean Rogers

### Producción

**Coordinador del Proyecto:**
Dale White

**Diseño Gráfico:** Joyce Haughey, Barry Offringa, Jill Piscitelli, Jacque Schneider, Betty Schulte, Julie Trippetti, Jeremey Unger

**Correctores:** TECHBOOKs Production Services

**Índices:** Maro Riofrancos

# Un Vistazo a los Contenidos

# Un Vistazo a las Caricaturas

*Por Rich Tennant*

*página 325*

*página 291*

*página 7*

*página 191*

*página 47*

*página 93*

***Correo Electrónico:*** richtennant@the5thwave.com

***World Wide Web:*** www.the5thwave.com

# Un Vistazo a las Caricaturas

### Por Rich Tennant

# Tabla de Contenidos

# Introducción

· · · · · · · · · · · · · · · · · · · · · · · · · · · · · · · · · · · · · · · · · · · · · · · · ·

*B*ienvenido a *La Internet Para Dummies,* 8a. Edición. Aunque existen muchísimos libros sobre la Internet, la mayoría de ellos asumen que usted tiene un grado en ciencias de la informática, que le gustaría saber cada detalle extraño e inútil de la Internet y que disfrutaría memorizar comandos y opciones impronunciables. Esperamos que este libro sea diferente.

En vez de eso, este libro describe lo que realmente debe hacer para llegar a ser un *Internauta* (alguien que navega la Internet con habilidad); cómo iniciar, lo que realmente necesita saber y a dónde recurrir en busca de ayuda en claro y sencillo español.

Para esta octava edición, hemos hecho cambios extensos (mejoras, esperamos) a lo largo del libro. Cuando escribimos *La Internet Para Dummies,* un típico usuario de Internet era un estudiante que se conectaba desde la universidad o un trabajador técnico que tenía acceso desde el trabajo. La World Wide Web era algo tan nuevo que solo tenía unos cuantos cientos de páginas. Ahora, ocho años después, la Red ha crecido alocadamente hasta incluir a cientos de millones de (¿lo diremos?) personas normales, que se conectan por su propia cuenta desde su casa, junto con estudiantes, ya sea, de la escuela primaria o de la enseñanza para adultos. Nosotros ahora enfocamos la atención en las partes de la Red que son del mayor interés para los usuarios típicos —la World Wide Web y cómo encontrar cosas allí, incluyendo cómo usar Netscape e Internet Explorer (los más populares y útiles programas de la Web) cómo enviar y recibir correo electrónico (e-mail) para comunicación entre personas, cómo comprar y charlar en línea y descargar cosa interesantes de la Red.

## *Acerca de Este Libro*

No nos arrojaremos la adulación de pensar que usted está tan interesado en Internet como para sentarse a leer todo el libro (aunque sería un buen libro para el baño). Cuando tenga un problema al usar la Internet ("Hmm, yo *cursiva* poder encontrar a alguien en la Red, pero no lo recuerdo...".) simplemente recurra al libro y sumérjase en él lo suficiente como para solucionar su problema.

Algunas secciones pertinentes son:

🖘 Entender qué es la Internet

🖘 Saber cómo conectarse a la Red

🖘 Escalar por la World Wide Web

🖘 Encontrar gente, lugares y cosas

🖘 Comunicarse por e-mail (correo electrónico)

🖘 Comunicarse con amigos usando mensajes instantáneos

🖘 Obtener material de la Red

# Cómo Usar Este Libro

Para empezar, por favor lea los primeros tres capítulos. Le dan una visión general de la Internet, algunos consejos importantes y la terminología. Además, pensamos que son interesantes. Cuando esté listo para entrar en la Internet, vaya a la Parte II y escoja la opción que satisfaga mejor sus espectativas. Las Partes de la III a la VI le ayudarán y le proporcionarán soporte extra —describen la Web, el correo electrónico y otras cosas que puede hacer en la Internet.

Aunque ponemos empeño en no introducir términos técnicos sin definirlos, a veces nos resbalamos. A veces, también, puede leer un capítulo en desorden y encontrar un término que definimos unos cuantos capítulos antes. Para llenar las lagunas, incluimos un glosario al final del libro.

 Debido a que la Internet siempre cambia, hemos ampliado nuestro libro para incluir un área en línea para mantenerlo actualizado. Cuando vea nuestro icono especial Datos frescos, esto significa que tenemos más información de última hora disponible en nuestro sitio Web, en

net.gurus.com

Cuando tiene que seguir un procedimiento complicado, lo deletreamos paso a paso cuanto sea posible. Nosotros le decimos qué ocurre en la respuesta y cuáles son sus opciones. Cuando tenga que digitar algo, aparece en el libro en **negrita**. Digítelo tal como aparezca. Use el mismo tipo de letras que usamos nosotros —algunos sistemas se preocupan profundamente por las letras MAYÚSCULAS y minúsculas. Luego, presione la tecla Enter. El libro le dice lo que debería ocurrir cuando le da cada orden y cuáles son sus opciones.

Cuando tenga que seleccionar los comandos de los menúes, escribimos File⇨Exit cuando queremos que usted seleccione el comando File, de la barra de menúes, y, luego, que elija el comando Exit del menú que aparece.

# ¿Quién Es Usted?

Al escribir este libro, asumimos que:

🖛 Usted tiene o desea tener acceso a la Internet.

🖛 Usted quiere trabajar con ella (consideramos que el término "trabajo" incluye el concepto "jugar").

🖛 Usted no está interesado en convertirse en un gran experto en Internet, al menos no en esta semana.

# Cómo Está Organizado Este Libro

Este libro tiene cinco partes. Las partes mantienen su propio rumbo —aunque puede empezar la lectura donde le interese más, lo debería hacer en las Partes I y II, para enterarse de alguna jerga inevitable de la Internet y saber cómo colocar su computadora en la Red.

Aquí están las partes del libro y lo que contienen:

En la Parte I, "Bienvenido a la Internet", encuentre lo que es la Internet y por qué es interesante (al menos por qué nosotros pensamos que es interesante). También, esta parte tiene detalles sobre la terminología vital de la Internet y los conceptos que le ayudan a medida que vaya leyendo a través de las posteriores partes del libro. La Parte I comenta cómo ponerse en la Internet y le da algunas recomendaciones sobre el uso de la Red por parte de los niños.

Para los detalles prácticos de cómo conectarse a la Red, lea la Parte II: "¡Internet, Aquí Vengo!" . Para la mayoría de usuarios, por mucho, la parte más difícil de usar la Red es llevar a cabo la primera conexión y lograr que el software esté cargado, la configuración configurada y el módem funcionando. Después de eso, la navegación es tranquila (relativamente).

La Parte III, " Web Manía ", se sumerge en la World Wide Web, la parte de la Internet que ha impulsado el salto de la Red desde la oscuridad hasta la fama. Comentamos cómo desenvolvernos bien en la Web, cómo encontrar cosas (que no es tan fácil como debería ser) cómo comprar en línea en la Web y cómo añadir su página principal a la Internet.

La Parte IV, "Correo Electrónico, Chat y Otras Maneras de Estar en Línea", mira los servicios más importantes de comunicación de la Red: enviar y recibir correo electrónico, mensajes instantáneos y charlas. Usted descubrirá cómo intercambiar correo electrónico con personas de su misma casa o de otros continentes, cómo usar las listas de correo electrónico y mantenerse en contacto con personas de intereses similares y cómo usar los programas de mensajería instantánea con sus amigos en línea.

La Parte V "Otros Elementos Esenciales de Internet" informa sobre dos temas importantes que no calzaban en las partes de la I a la IV: cómo descargar cosas de la Red y cómo usar esta desde AOL, el popular servicio en línea (para ponerlo en palabras suaves) que ofrece acceso a la Red.

Un compendio de referencias y de datos útiles está en la Parte VI, "Los Diez Mejores" (lo cual, suponemos, sugiere que el resto del libro está lleno de datos inútiles).

# *Iconos Usados en Este Libro*

Le permite saber que se aproxima una información técnica, particularmente de nerdos, y que usted puede saltársela si lo desea (por otro lado, quizás desee leerla).

Indica que un pequeño e ingenioso atajo o un ahorrador de tiempo es explicado.

¡Ayyy! ¡Nos enteramos de esto de la manera difícil ¡No deje que esto le pase a usted!

Explica algún recurso de la World Wide Web que puede usar con Netscape, Internet Explorer o algún otro software de la Web.

Le indica que sobre un tema dado existe información más actualizada en nuestro propio sitio Web. Así es, este libro esta *vivo*.

# ¿Y, Ahora Qué?

Eso es todo lo que necesita saber para comenzar. Cada vez que de un tropezón al usar la Internet, simplemente, busque el problema en la tabla de contenidos o en el índice de este libro. Solucionará el problema en un instante, o sabrá a dónde necesita acudir para encontrar ayuda experta.

Debido a que la Internet ha estado evolucionando por más de 30 años, en su mayoría bajo la influencia de personas sumamente sabiondas, esta no fue diseñada para ser fácil de usar por personas normales. No se sienta mal si tiene que buscar un número de temas antes de sentirse cómodo usando la Internet. Hasta hace poco, la mayoría de usuarios de computadoras no habían tenido que enfrentar algo tan complejo como la Internet.

# Retroalimentación, Por Favor

Nos encanta oír lo que opinan nuestros lectores. Si desea contactarnos, por favor siéntase libre de hacerlo, a esta dirección

> Dummies Press
> 10475 Crosspoint Blvd.
> Indianapolis, IN 46256

Mejor aún, envíenos correo electrónico a `internet8@gurus.com` (nuestro amigable robot le responderá inmediatamente; los autores humanos leemos todo el correo y respondemos tanto como podemos) o visite la página principal de este libro en `net.gurus.com`. Estas direcciones electrónicas lo ponen en contacto con el editor o los autores de otros libros *Para Dummies*, visite el sitio Web `www.st-editorial.com`, envíe correo electrónico a `info@steditorial.com`, o envíe un correo en papel a la dirección antes escrita.

# Parte I
# Bienvenido a la Internet

## La 5a Ola

**Por Rich Tennant**

"¿SABES ALGO?, ME GUSTABAS MUCHO MÁS POR INTERNET".

## En esta parte . . .

*L*a Internet es un lugar sorprendente. Pero debido a que está llena de computadoras, todo es más complicado de lo que debería ser. Empezamos con una mirada a lo que es la Internet. Le decimos lo que ocurre, lo que la gente hace y por qué a usted le debería interesar. Ponemos especial atención en asuntos relacionados con la familia y, particularmente, con la problemática pregunta de cuál es la mejor forma de que los niños trabajen con la Internet.

# Capítulo 1

# ¿Qué es la Internet?
# ¿Qué es la Web?

¿Qué es la Web? ¿Qué es la Internet? ¿Son la misma cosa? La respuesta es que (algo que usted verá en este libro más a menudo de lo que podría esperar) todo depende. La Internet, la Web y las tecnologías que las hacen funcionar cambian más rápido de lo que cualquiera pueda mantenerse al tanto. Este capítulo empieza con los elementos básicos y le dice qué son la Internet y la Web e, igual de importante, qué ha cambiado durante los últimos dos años, para que pueda empezar a tener una idea de lo que se trata todo esto.

Si es nuevo en Internet y, especialmente, si no tiene mucha experiencia en computadoras, *téngase paciencia*. Muchas de las ideas, aquí, son completamente nuevas. Permítase algún tiempo para leer y releer. Es un mundo completamente nuevo, con su propio lenguaje, y toma algún tiempo acostumbrarse. Muchas personas encuentran útil leer el libro entero una vez rápidamente para obtener una perspectiva más amplia de lo que hablamos. Otros estudian con dedicación página por página. Cualquiera que sea su estilo, recuerde que es material nuevo y no se supone que deba de conocerlo desde ahora. Aun para muchos usuarios experimentados de Internet, este es un mundo nuevo.

Incluso si no es un experimentado usuario de computadoras, quizás considere la Internet como algo a lo que nunca se ha de enfrentar. La Internet no es un paquete de software y no se coloca fácilmente en un formato de instrucciones paso a paso en el cual podríamos explicar un programa. Lo explicamos todo paso a paso hasta donde es posible, pero la Internet se semeja más a un organismo vivo que está mutando a una velocidad tremenda que, por ejemplo, a Microsoft Word o Excel, los cuales se sientan silenciosamente en su computadora y piensan en sus propios asuntos. Después de que empiece y tenga un poco de práctica, usar Internet le parecerá algo normal; en el principio, sin embargo, puede ser desanimante.

Internet –también conocida como la *Red* — es la red de computadoras más grande del mundo. "¿Qué es una red?", se preguntará. Incluso si ya lo sabe, quizás desee leer un par de párrafos para asegurarse de que estamos hablando en el mismo idioma.

Una *red* de computadoras es un grupo de computadoras unidas entre sí para comunicarse. En teoría, es una especie de red de televisión o de radio que conecta un grupo de estaciones de radio o de televisión para que puedan compartir el último episodio de *Los Simpsons*.

Pero no vaya muy lejos con esa analogía. Las redes de TV envían la misma información a todas las estaciones al mismo tiempo (se le llama redes de *transmisión*); en las redes de computadoras, cada mensaje particular usualmente es enviado a una computadora en especial. A diferencia de las redes de TV, las de computadoras son invariablemente de dos vías. Cuando la computadora A envía un mensaje a la computadora B, B puede enviarle una respuesta a A.

Algunas redes de computadoras consisten de una computadora central y un montón de estaciones remotas que se reportan a esta (la computadora central de una agencia de reservaciones de boletos aéreos, por ejemplo, tendría miles de pantallas y teclados en aeropuertos y agencias aéreas. Otras, incluyendo a Internet, son más igualitarias y permiten que cualquier computadora de la red se comunique con otra. Muchos dispositivos inalámbricos nuevos —teléfonos, Palm Pilots, Blackberries y otros— pueden incluirse en esta categoría y expandir el alcance de la Internet hasta nuestras mismas personas.

La Internet no es realmente una red, sino que es una "red de redes", y todas intercambian información. Las redes varían entre las grandes y formales (como las redes corporativas de AT&T, General Electric y Hewlett-Packard) las pequeñas e informales (como la que está en el cuarto de Juan, con un par de viejas PC compradas en un almacén de repuestos de electrodomésticos) y todo lo que haya entre esos dos extremos. Las redes de las academias y universidades han sido parte por mucho tiempo de Internet, y ahora los colegios secundarios y primarios se están uniendo. Últimamente, las computadoras y la Internet se han vuelto tan populares que más y más familias tienen una o más computadoras y están creando sus propias redes caseras desde las cuales se conectan a la Internet.

# ¿Pero qué son todos esos rumores?

Donde quiera que mire, puede encontrar rastros de Internet. Productos familiares, tarjetas de empresas, espectáculos de radio y créditos de películas, todos
colocan las direcciones de sus sitios Web (empezando con "www" y, usualmente,
terminando con "punto com") y sus direcciones de correo electrónico. Las personas que conozca, generalmente, le darán sus direcciones de correo electrónico
antes que sus número telefónicos. Todos parecen estar en línea o conectados.
¿De verdad están hablando sobre la red de redes de la que estamos hablando? Sí,
y todavía hay más.

La Internet es una tecnología nueva de comunicaciones que afecta nuestras vidas
en una escala tan significativa como el teléfono y la televisión. Algunas personas
creen que en lo que concierne a diseminar información, la Internet es la invención
más significativa desde la imprenta. Si usa un teléfono, escribe cartas, lee un periódico o revista, o hace negocios o cualquier tipo de investigaciones, la Internet puede cambiar radicalmente su visión del mundo.

Con las redes, el tamaño cuenta para un gran negocio porque cuanto más grande
es una red, más material tiene para ofrecer. Debido a que la Internet es el grupo in-
terconectado de redes de computadoras, tiene una gran cantidad de información
que ofrecer.

Cuando la gente habla de la Internet hoy, usualmente, hablan de lo que pueden hacer, lo que han encontrado y a quién han encontrado. Millones de computadoras
conectadas a la Internet intercambian información de un montón de formas diferentes. Estos servicios son tan expansivos que no tenemos campo para dar una
lista completa en este capítulo, pero aquí hay un resumen:

✔ **Correo electrónico (e-mail):** Este servicio es ciertamente el más ampliamente
usado –usted puede intercambiar correo electrónico con millones de personas
en el mundo entero. Las personas usan el correo electrónico para cualquier cosa para la que usarían correo regular, faxes, entrega inmediata de documentos
o teléfono: chismes, recetas, cartas de amor –lo que usted diga –(oímos que algunas personas incluso lo usan para cosas relacionadas con el trabajo). *Las listas de correo* electrónicas le permiten tomar parte en discusiones de grupo con
personas que tengan intereses similares, y a encontrar a personas por la Red.
*Los servidores de correo* o *mailbots* (los programas que responden mensajes
de correo electrónico automáticamente) le permiten obtener todo tipo de información. Los Capítulos 11, 12 y 13 tienen todos los detalles.

 ✔ **La World Wide Web:** Cuando en estos días la gente habla de "surfear en la Red", generalmente, se refieren a visitar sitios en ella (alerta
de frase de moda) las bases de datos hipervinculadas que pueblan el
planeta. De hecho, la gente cada vez habla más sobre la Web y menos

de la Red. ¿Se trata de las mismas cosas? Técnicamente, no. Para efectos prácticos, para muchas personas, sí. Le diremos la verdad, toda la verdad y nada más que la verdad.

La Web, a diferencia de los primeros servicios de Internet, combina texto, imagines, sonido, clips de video, animación e, incluso, transmisión en vivo de noticias, conciertos y vida animal. Puede moverse por muchos sitios con solo hacer un clic en el mouse de su computadora. Nuevos sitios Web (conjuntos de páginas Web) crecen más rápido de lo que usted puede decir "Big Mac con queso", y sitios nuevos aparecen cada minuto. En 1993, cuando escribimos la primera edición de este libro, la Internet tenía 130 sitios Web. Hoy, tiene millones y las estadísticas indican que el número se duplica luego de unos cuantos meses.

El software usado para navegar la Web es conocido como *explorador*. Los exploradores más populares son Netscape Navigator e Internet Explorer. Le contamos todo sobre ellos en los Capítulos 6 y 7, junto con un competidor menos popular pero digno.

✔ **Servicios de charla:** Las personas hablan con sujetos de todas partes del mundo sobre cualquier tema imaginable. Entran a salas de charla con otras personas o con alguien especial . Usan la instalación de chat de America Online, las versiones respectivas de Microsoft y Yahoo de lo mismo, Internet Relay Chat (IRC), o salas de charla basadas en Internet. Le decimos cómo en el Capítulo 15.

✔ **Envío de mensajes instantáneos:** Con la ayuda de programas especiales en su computadora y en la de un amigo, puede comenzar una conversación en un abrir y cerrar de ojos. Programas como Windows Messenger, Yahoo Messenger y AOL Instant Messenger le permiten enviar mensajes que aparecen en la pantalla del receptor. Hemos escuchado historias de jóvenes con dedos ágiles que realizan más de trece sesiones de mensajes instantáneos simultáneamente. Le contamos sobre AOL Instant  Messenger, ICQ, Windows Messenger y Yahoo Messenger en el Capítulo 14

## Unas Cuantas Historias de la Vida Real

Los estudiantes del séptimo grado de San Diego usan Internet para intercambiar cartas e historias con niños de Israel. Aunque, en parte, es solo por diversión y para hacer amigos en un país foráneo, un serio estudio académico concluyó que cuando los chicos tienen una audiencia real para sus cosas, escriben mejor (gran sorpresa).

Para muchos propósitos, la Internet es la forma más rápida y confiable de mover información. En septiembre de 1998, cuando el fiscal especial Kenneth Starr repentinamente dio su informe a la Cámara de Representantes de EE.UU., la casa puso la denuncia en línea y les permitió a millones de personas leerla el día que salió. (Nosotros todavía podemos debatir si fue una buena idea hacer eso, pero la Internet fue la que lo hizo posible.) Y la hoja de chismes en línea *Report Drudge* de Matt Drudge despedazó mucho del escándalo primero.

En 1991, en la Unión Soviética, miembros de un pequeño proveedor de Internet llamado RELCOM enviaron historias que luego estarían en periódicos: declaraciones de Boris Yeltsin (entregados en la mano por amistades) y sus primeras observaciones personales desde el centro de Moscú.

En las horas y los días siguientes a los ataques terroristas del 11 de septiembre, la gente renunció a los abarrotados sistemas telefónicos (los teléfonos celulares eran especialmente inútiles) y dirigieron sus miradas al correo electrónico para saber si sus seres queridos o compañeros de trabajo habían sobrevivido. La Web proporcionó a las personas en Estados Unidos una cobertura noticiosa desde todo el mundo, permitiéndoles a los estadounidenses tener un vistazo de cómo veía la situación el resto del mundo.

Los investigadores médicos alrededor del mundo usan la Internet para mantener bases de datos de información rápidamente cambiante. Las personas con condiciones médicas especiales usan la Internet para comunicarse con grupos de apoyo y comparar experiencias. Los médicos se hacen disponibles por medio del correo electrónico y alientan a sus pacientes para que usen correo electrónico en lugar de llamar por teléfono para hacer preguntas superfluas.

La Internet tiene más usos prosaicos, también. Esto es algo de nuestra experiencia personal:

Cuando empezamos a escribir nuestro megalibro, *Internet Secrets*, publicamos anuncios en la Internet para pedir contribuciones. Obtuvimos respuestas de todas partes del mundo. Muchos de estos contribuyentes se convirtieron en nuestros amigos. Ahora tenemos personas que visitar en el mundo entero. Esto le podría ocurrir a usted.

Recibimos correo todos los días de todas partes del mundo de lectores de nuestros libros *Para Dummies* y, a menudo, somos los felices receptores de lectores que envían su primer mensaje de correo electrónico.

La Internet es su propia fuente de software. Cuando sabemos de un servicio nuevo, usualmente tardamos solo unos minutos en encontrar software para nuestras computadoras (varias PC operan con versiones diversas de Windows y una Power Macintosh ), descargarlo y ejecutarlo. Mucho del software disponible en la Internet es gratis o de evaluación.

Cuando Margy quería comprar un Subaru usado, ella y su marido encontraron listados de los modelos que deseaban en distribuidores de todo su estado. Incluso podían obtener información del seguro y de la inscripción de los autos antes de que fuesen al distribuidor, así es que supieron dónde y cuándo habían sido conducidos los autos, y si habían estado en accidentes graves.

La Internet tiene partes locales y regionales también. Cuando John quería vender su minivan de confianza pero cansado, una nota en la Internet en una área local de ventas le encontró un comprador en dos días. El marido de Margy vendió su computadora usada luego de media hora de haber publicado un mensaje en el grupo de noticias de Usenet. Carol revisa listados locales de películas y acontecimientos culturales (Boston se jacta de tener más teatros que las áreas rurales de Nueva York y Vermont.

# ¿Por qué este Medio es Diferente a los Demás?

La Internet es diferente de todos los otros medios de comunicación con los que nos hemos encontrado. Personas de todas las edades, colores, credos y países comparten libremente sus ideas, historias, datos, opiniones y productos.

## ¿Cada continente?

Algunos lectores escépticos, después de leer que la Internet cubre todos los continentes, pueden señalar que la Antártida es un continente, a pesar de que su población consiste mayoritariamente en pingüinos, una especie de animales que (hasta donde sabemos) no están especialmente interesados en redes de computadoras. ¿Pero la Internet llega hasta allí? La respuesta es sí. Algunas máquinas en la base Scott de McMurdo Sound, en la Antártida, están en Internet, conectadas a través de vínculo de radio a Nueva Zelanda. Se afirma que la base en el Polo Sur tiene un vínculo con los Estados Unidos, pero no publica su dirección electrónica.

A la hora en que este libro fue escrito, la más grande extensión de tierra libre de Internet en el mundo debe de ser la isla Queen Elizabeth en el ártico canadiense. Acostumbrábamos decir que era Nueva Guinea, pero recibimos correo electrónico de un lector de allí en 1997, en el que nos habló sobre su nuevo proveedor de Internet.

# Cualquiera puede acceder

Una cosa genial de la Internet es que debe de ser la red más abierta del mundo. Miles de computadoras brindan facilidades que están disponibles para cualquiera que tenga acceso a la Internet. Esta situación es inusual, pues la mayoría de redes son sumamente restrictivas en lo que permiten hacer a los usuarios y requieren de arreglos específicos y de contraseñas para cada servicio. Aunque existen servicios de pago (y más son agregados cada día), la mayoría de servicios de Internet son gratis de tomar, una vez que uno se encuentra en línea. Si no tiene acceso a la Internet a través de su compañía, su escuela, su biblioteca o el ático de un amigo, probablemente tendrá que pagar el acceso usando un proveedor de servicio de Internet. Hablamos de ellos en el Capítulo 4.

# Es política, social y religiosamente correcta

Otra cosa genial de la Internet es que es algo que uno podría llamar "socialmente no estratificado"; esto es, una computadora no es mejor que otra, y ninguna persona es mejor que otra. Quien es usted en Internet solamente depende de cómo se presenta a través de su teclado. Si lo que usted dice lo hace sonar como una persona inteligente, interesante, entonces así será usted. No tiene importancia qué tan viejo es o cómo se vea, o si usted es un estudiante, un ejecutivo comercial o un trabajador de la construcción. Las personas se vuelven famosas en una comunidad de Internet, algunas favorable y otras desfavorablemente, pero lo cierto es que logran hacerse camino gracias a sus propios esfuerzos.

# La ventaja de la Red

Tal vez sea obvio para usted que esa tecnología de la Internet cambia tan rápidamente que apenas ha estado a tiempo de hojear el libro de *La Internet Para Dummies,* 7a Edición , y ahora aquí está sujetando la octava edición.(Dijimos la misma cosa la última vez.) "¿Podría de verdad ser tan diferente?" se preguntará. Créanos — nos hemos preguntado lo mismo. La respuesta, por cierto, es un estruendoso " Sí." Este año es *muy* diferente otra vez. Este año, le tenemos que decir que la Internet es completamente representativa de la mayoría, y usted quedará más allá de la curva si aún no ha comenzado. Con más frecuencia, las noticias aparecen en la Internet antes de que estén disponibles de cualquier otra manera, y los ciberdespojados están perdiendo terreno.

Estas son algunas maneras en que la gente usa Internet:

✔ **Obtener información:** Muchos sitios Web ofrecen información gratuitamente. La información se extiende desde formularios de impuestos del IRS que se pueden imprimir en su computadora, hasta anuncios de se necesita ayuda, listados de bienes raíces y recetas. Desde decisiones de la Suprema Corte de los Estados Unidos y catálogos de librerías hasta textos antiguos, imágenes digitalizadas (muchas de ellas dirigidas a toda la familia) y una enorme variedad de software, desde juegos a sistemas operativos. Puede saber cómo está el clima en cualquier lugar del mundo, encontrar listas de películas y calendarios escolares.

Las herramientas especiales conocidas como motores de búsqueda, directorios e índices le ayudan a encontrar información en la Web. Un montón de gente trata de crear el motor de búsqueda más rápido y listo y el índice Web más completo. Le contamos sobre dos de los más útiles: Google y Yahoo!, con el fin de que logre hacerse una buena idea. Como se mencionó en la Introducción de este libro, verá un icono Web aquí y allá; apunta hacia recursos que puede obtener de la Internet, como es descrito en el Capítulo 16.

✔ **Encontrar personas:** Si ha perdido la pista de su amorcito de infancia, ahora es su oportunidad de encontrarlo a él o a ella en cualquier parte del país. Puede usar uno de los servicios de directorio para buscar en las guías telefónicas de todos los Estados Unidos. Le decimos más sobre este tema en el Capítulo 8.

✔ **Encontrar negocios, productos y servicios:** El nuevo servicio del directorio de páginas amarillas le permiten hallar el tipo de compañía que anda buscando. Puede indicar el código de área o el código postal para ayudar a especificar el sitio. Las personas van a comprar ese regalo especial y difícil de encontrar. Una amiga nos contó sobre su búsqueda de un arete con forma de oso que la condujo hacia una compañía de Alaska que tenía exactamente lo que andaba buscando. El papá de John y Margy encontró exactamente el cristal que deseaba... en Australia.

✔ **Investigación:** Las firmas de abogados se han dado cuenta de que una gran cantidad de información por la cual, antiguamente, pagaban $ 600 la hora a servicios comerciales especializados ahora se puede encontrar por casi nada cuando van directamente a la Internet. Los estimadores de bienes raíces usan datos demográficos disponibles en la Red, incluyendo estadísticas de desempleo, para ayudarse a evaluar valores de propiedades. Los investigadores de genética y otros científicos descargan resultados actualizados de investigaciones de todo el mundo. Las empresas y los negocios potenciales investigan a su competencia por la Red.

✔ **Educación:** Los maestros de escuela coordinan proyectos con clases de todas partes el mundo. Los estudiantes de universidad y sus familias intercambian correo electrónico para facilitar la comunicación y no tener que gastar dinero en llamadas telefónicas. Los estudiantes investigan desde sus computadoras caseras. Las últimas enciclopedias están en línea.

✔ **Comprar y vender cosas:** En la Internet, puede comprar cualquier cosa, desde libros hasta existencias en cervecerías caseras. Y oímos que puede hacer plata limpiando sus armarios y vendiendo sus trastos viejos en eBay. Hablamos de asuntos relacionados más adelante en este capítulo y en el 9.

✔ **Viajar:** Ciudades, pueblos, estados y países están usando la Web para colocar (publicar) información sobre eventos para turistas. Los viajeros pueden encontrar información sobre el clima, mapas, calendarios de transportes y boletos, además de horarios y museos en línea.

✔ **Intranet:** ¿No sabía? Los negocios han creído que estas cosas de la Internet son realmente útiles. Las compañías usan el correo electrónico interiormente y por fuera para comunicarse con empleados, clientes y otros negocios. Muchas compañías usan páginas Web para información de la compañía, como beneficios corporativos, archivar gastos de cuenta y planillas de tiempos devengados y para encargar suministros. Las cosas que puede ver adentro de una compañía y que las personas de fuera no pueden ver se conoce como una *intranet*. Parecería que el correo electrónico y las intranets están reduciendo la cantidad de papel circulante en algunas organizaciones. Hablamos de intranets en el Capítulo 2.

✔ **Mercadeo y ventas:** Las compañías informáticas venden software y proporcionan actualizaciones por la Red. (Además de la gran pila de CDs de AOL que ahora usamos como platitos para poner el vaso, la mayoría de la distribución de software ahora está emigrando a la Internet.) Las compañías venden productos por la Red. Las librerías en línea y las tiendas musicales permiten a las personas explorar en línea, escoger títulos y pagar cosas por la Red.

✔ **Juegos y chismes:** Un tipo de juego de multiusuario llamado *MUD (Multi-User Dimension o Multi User Dungeon)* fácilmente puede absorber todas sus horas de vigilia y un número alarmante de lo que, de otra forma, serían sus horas de sueño. En un MUD, usted puede desafiar a otros jugadores que estén en cualquier parte del mundo. Muchos otros juegos de multiusuario están disponibles en la Web, incluyendo ciertos juegos tradicionalmente adictivos como bridge, corazones, ajedrez, damas y otros. Le decimos dónde en el Capítulo 20.

✔ **Amor:** Las personas encuentran romance en la Red. Los anuncios de solteros y los sitios de búsqueda de parejas compiten por usuarios. En contra de la creencia popular sobre la Internet, la comunidad de la Red ya no es solo un montón de nerds socialmente cuestionados y menores de 25.

✔ **Salud:** Los pacientes y los doctores se mantienen actualizados con los últimos descubrimientos médicos, comparteñ experiencias de tratamientos y se dan soporte en torno a asuntos médicos. Incluso conocemos de algunos practicantes que intercambian correo electrónico directamente con sus pacientes. En el Capítulo 20, listamos algunos sitios médicos importantes, incluyendo uno que le puede ayudar a encontrar un diagnóstico, si anda buscando tipos nuevos de tratamientos.

- **Inversiones:** Las personas hacen investigaciones financieras, compran objetos e invierten dinero. Algunas compañías están en línea e intercambian sus partes. Los inversionistas encuentran empresas nuevas y las empresas nuevas encuentran capital.

- **Organización de eventos:** Los organizadores de conferencias y de eventos de negocios han hallado que la mejor manera de diseminar información, llamar a los periódicos y hacer citas es a través de la Web. La información se puede actualizar regularmente y los costos en papeles y envíos se reducen dramáticamente. Hacer reservaciones en línea ahorra costos y evita las molestias de hacer fila en los sitios reales.

- **Sin fines de lucro:** Iglesias, sinagogas y otras organizaciones comunales colocan páginas que dicen en qué consisten e invitan a otros. El boletín de noticias en línea de las iglesias *siempre* sale antes del domingo.

# Algunos Pensamientos sobre Seguridad y Privacidad

La Internet es un lugar divertido. Aunque parece ser completamente anónimo, no lo es. La gente solía tener nombres de usuarios que tenían alguna relación con su verdadera identidad –su nombre o sus iniciales combinadas con su universidad o la corporación en la que se encontraban. Hoy, con el fenómeno de los nombres de pantalla (cortesía de America Online) y con las múltiples direcciones de correo electrónico (cortesía de infinidad de proveedores de servicio de Internet), revelar la identidad es definitivamente opcional.

Dependiendo de quién sea y de qué desee hacer en Internet, quizás prefiera diferentes nombres y diferentes cuentas. Aquí hay algunas razones legítimas para desearlos:

- Es un profesional —un medico, por ejemplo— y desea participar en una lista de correos o un grupo de noticias sin que le pregunten su opinión profesional.

- Desea ayuda específica que considera algo privado y no desea que este problema se sepa o que pueda ser asociado con su nombre.

- Hace negocios por la Internet, y socializa por la Red. Quizás desee mantener esas actividades por separado.

Y una advertencia a aquellos que deseen tomar ventaja de la naturaleza anónima de Internet: la mayoría de actividades de la Red pueden ser rastreadas. Si empieza a abusar de la Red, descubrirá que no es tan anónimo.

# La seguridad primero

El lado anónimo y sin rostro de la Internet también tiene un lado malo.

En salones de charla y en otras situaciones donde uno se debe presentar, no utilice su nombre completo. Nunca dé su nombre, dirección o número telefónico a alguien que no conoce. Nunca le crea a alguien que afirme ser del apoyo técnico de AOL, o una autoridad semejante que le pida su contraseña. Ninguna entidad real y legal le pedirá su contraseña. Sea especialmente cauteloso con información referente a sus niños. No llene perfiles de salones de charla que le pidan información como el nombre de un niño, su barrio, escuela, edad o número telefónico, porque todo eso es usado para mercadeo enfocado (es decir, correo basura).

Aunque es relativamente raro, cosas horribles les han sucedido a algunas personas que han llevado sus encuentros de la Internet a la vida real. También, muchas cosas maravillosas han ocurrido. ¡Hemos conocido a algunos de nuestros mejores

## ¿De dónde vino la Internet?

El ancestro de la Internet fue el *ARPANET*, un proyecto financiado por el Departamento de Defensa de Estados Unidos (DOD) en 1969, tanto como un experimento sobre el funcionamiento en red rentable como para asociar al DOD con contratistas de investigación militar, incluyendo un gran número de universidades que hacían investigaciones con fondos militares. (*ARPA* era la sigla de Advanced Research Projects Administration, la división del DOD encargada de repartir dinero de concesión. Para mayor confusión, la agencia ahora es conocida como *DARPA* — la *D* agregada es por Defensa, en caso de que alguien haya tenido dudas sobre la procedencia del dinero). Aunque la ARPANET empezó siendo pequeña, conectando tres computadoras de California con una de Utah, rápidamente creció hasta extenderse a lo largo del continente.

A comienzos de 1980, ARPANET se convirtió en la primera Internet, un grupo de redes interconectadas que asociaba muchos sitios educativos y de investigación financiados por la Science Nacional Foundation, junto con los militares originales. Cerca de 1990, estaba claro que la Internet estaba aquí para quedarse y DARPA y NSF se inclinaron en favor de las redes comercialmente dirigidas que abarcan hoy la Internet. Algunas de las redes son dirigidas por compañías conocidas como AT & T, Worldcom/MCI, Verizon, y Britain´s Cable y Wireless; otras pertenecen a compañías especializadas como Saavis y Exodus. No importa a cuál esté apegado, todos se interconectan, de modo que todo esto es un gigante llamado Internet. Para más información, lea nuestra página Web:

`net.gurus.com/history`

amigos por la Red y algunas personas se han encontrado y se han casado, en serio! Simplemente deseamos animarlo para que use el sentido común cuando establezca un encuentro con un amigo de la Red. Aquí hay algunos consejos:

- ✔ Primero, hable por teléfono con la persona que ha conocido antes de que acepte el encuentro. Si no le gusta el sonido de la voz de la persona o si algo lo hace sentir nervioso, no se vea con la persona.

- ✔ Dependiendo del contexto, intente estudiar un poco a la persona. Si la conoció en un grupo de noticias o en un salón de charla, pregunte a otros si conocen a esa persona. (Mujeres, pregúntenles a otras mujeres antes de conocer a un hombre.)

- ✔ Reúnase en un lugar público bien iluminado. Lleve un amigo o dos con usted.

- ✔ Si es un niño, lleve a uno de sus padres con usted. Nunca, jamás, se encuentre con alguien de la Red sin consentimiento explícito de sus padres.

La Red es un lugar maravilloso, conocer personas y hacer amistades nuevas es una de las mayores atracciones. Solo queremos asegurarnos de que sea cuidadoso.

## *Proteger su privacidad*

Aquí en los Estados Unidos, hemos crecido con ciertas actitudes acerca de la libertad y la privacidad, las cuales damos por hecho. Tendemos a sentir que lo que somos, a donde vamos y lo que hacemos es nuestro asunto mientras no molestemos a nadie más. Bueno, parece que un montón de personas está sumamente interesado en quiénes somos, dónde vamos y, más especialmente, lo que compramos (en la Red, al menos).

Cuando envía información a través de la Internet, esta es llevada de máquina en máquina y a lo largo del camino; si a alguien realmente le importara, puede echar un vistazo a lo que se encuentra. Si envía su número de tarjeta de crédito o cartas de amor por correo electrónico, puede sentirse más cómodo si se garantiza la naturaleza segura de la transmisión.

Puede garantizar seguridad usando la codificación. *La codificación* es la versión de alta tecnología de un anillo de codificación secreta. Usted sabe: códigos, espías y mensajes secretos. Existe software que le ayuda a empacar su mensaje y enviarlo de modo que nadie, excepto el destinatario deseado, lo pueda leer. La codificación es el sobre virtual que desafía a ojos indiscretos. En la práctica, raramente codificamos correo electrónico, aunque estamos felices de saber que la opción existe. Una razón por la que no lo codificamos es que es terriblemente engorroso.

Algún software de correo electrónico viene con codificación incluida, como por ejemplo Outlook Express, muchas personas pueden escoger usar. También revise PGP, que es la sigla de *pretty good privacy (privacidad muy buena)*, el esquema de codificación más usado en la Red. Ya que es lo suficientemente complicado como para requerir páginas de explicación, no tenemos campo en este libro para entrar en detalles. Revise nuestro *Internet Secrets, 2da. Edición*, allí le damos información más detallada. Versiones de PGP nuevas y más fáciles de usar salen cada mes o dos, así es que un añadido PGP debe estar disponible, probablemente, para su programa de correo favorito. También puede leer sobre PGP en nuestro sitio Web (lea el Capítulo 6 si no sabe lo que es un sitio Web), en:

    net.gurus.com/pgp

A lo largo del libro, le señalaremos cuándo su privacidad o seguridad puede verse en peligro y le sugeriremos formas de protegerse.

# Capítulo 2

# La Internet en Casa, en el Trabajo, en la Escuela y en el Juego

**P**ensamos que una razón por la que aún no ha usado la Internet es que no ha tenido un motivo realmente bueno para ello. Tal vez hizo un intento y se rindió o tal vez no quiso tomarse la molestia. Bien, nosotros pensamos que simplemente todo el mundo tiene una buena razón para estar en la Internet hoy, así, en este capítulo le damos un montón de razones divertidas, útiles, interesantes y potencialmente necesarias que pueden ser su caso.

## En Casa con la Internet

Para muchas personas, la Internet se ha convertido en una parte esencial de la vida. Si debe mantenerse en contacto con personas que le preocupan, obtener información sobre las noticias que son fundamentales para usted, resolver problemas de investigación médica y tratamientos, buscar un nuevo trabajo o mantener el que tiene, la Internet es ahora una parte esencial de cómo funciona el mundo. Algunas personas la usan todo el día, todos los días. Algunos una vez al día, algunos un par de veces a la semana. Para lo que usted use la Internet es su asunto y nosotros solo deseamos asegurarnos de que sepa qué hay allí fuera.

Una razón por la cual la Internet es tan popular es que es una de las formas más baratas de propagar información —muchísimo más barata que las líneas telefónicas, la información impresa y personas contestando teléfonos. Así para el tipo de información que montones de personas desean todo el tiempo, la Internet se ha convertido en *el* lugar para buscar el clima, fin de clases, noticias, listados de película, resultados de deportes, números de teléfono, direcciones, instrucciones, mapas... lo que usted diga.

Para la mayor parte de lo que alguna vez deberá usar la Internet, usted necesita aprender aproximadamente dos cosas: el correo electrónico y la Red Mundial de Comunicación o World Wide Web. Ambas cosas son fáciles si tiene un poco de paciencia con usted mismo. Y ambas se vuelven algo habitual después de que las empieza a utilizar regularmente.

Después de que agarre el hilo para usar la Internet, se encontrará preguntándose: "Me pregunto si ... me pregunto cómo..." y, luego, recurriendo a la Internet en busca de las respuestas. Puede comprar todo, desde comida hasta calzado, y puede hacer que le entreguen cosas directamente a su puerta. Puede observar tomas de tráfico en vivo por *webcams* (las cámaras que transmiten directamente desde un sitio de la Internet al que se puede ver desde su computadora). Encontrará recetas, mapas, consejos de salud y pistas útiles sobre cualquier tema bajo el sol (o más allá de eso para el caso).

Descubra cuáles libros y videos están disponibles en su biblioteca local, o descargue música y libros que pueda transferir a reproductores y lectores portátiles. Cuando es hora de mudarse, puede encontrar una casa nueva, solicitar una hipoteca y decorar su morada nueva con mobiliario encontrado directamente en la Internet. Puede encontrar personas que pintan, reparan, hacen ventanas (de las del tipo de vidrio, no de las de Microsoft) y hasta que entregan atados de madera.

La Internet le puede ayudar con sus finanzas domésticas, también. Puede obtener software de contabilidad directamente en la Web sin tener que instalarlo en su máquina. Puede comprar y vender acciones, descargar formularios de impuestos del gobierno o de su provincia sin tener que pasar horas en el teléfono o conducir hasta una oficina. De paso, la dirección de la IRS, en Estados Unidos, es `www.irs.gov`, más tarde, le decimos cómo llegar allí. Las IRS y algunos estados le permiten archivar en línea un breve formulario de declaración de impuestos.

Los videófonos de la Internet le permiten hablar y ver a las personas en cualquier parte del mundo en forma gratuita. Los abuelos pueden obtener fotos de sus nietos y las pueden archivar y desplegar a través de formatos electrónicos.

Cuando se cansa de clavar los ojos en esa pantalla muda y desea contacto humano ardientemente, puede usar la Internet para encontrar clubes locales, organizaciones políticas, oportunidades de voluntariado, casas de oración o un programa de 12 pasos para la adicción a la Internet. Si escoge dejar su caverna protegida con alambre, entonces busque en la Internet instrucciones de manejo paso a paso (o mapas de tránsito masivo) de forma que no se pierda. Lo que sea que busque, el primer lugar para ello está en la Internet.

# La Internet en el Trabajo

Este año justamente podría ser el año en que tenga que aprender de la Internet , porque, le guste o no, es parte de su trabajo. Cada vez más oficinas usan la Internet y cosas de la Internet para hacer tareas cotidianas de la oficina. El correo electrónico ha reemplazado los memorandos; el manual de recursos humanos está en línea; usted archiva sus informes de gasto en línea; incluso, hace reservaciones para viajes, ordena suministros, envía flores y chismea … todo en línea.

## Encontrar trabajo usando la Red

¿Qué es lo que dice? ¿No tiene un trabajo? La Red es una herramienta increíble para encontrar uno. Puede publicar su currículum en línea para patrones potenciales. Puede buscar ayuda en sitios Web como: `www-.hotjobs.com`, `www.brassring.com` y `www.monster.com`. Si ya es empleado, tenga cuidado acerca de publicar su curriculum vitae. Si se registra y su empleador usa la misma tabla de trabajo, entonces su currículum podría aparecer exactamente en el sitio menos deseado.

La mayoría de compañías listan una dirección de correo electrónico o un sitio Web para enviar su curriculum vitae. Enviar su curriculum vitae en línea es más rápido y barato que enviarlo por correo con una estampilla o que enviarlo por fax. Además, a muchas compañías les gusta asegurarse de que sus eventuales asalariados sepan al menos las cosas necesarias de usar la Internet antes de considerarlos para un trabajo.

Las compañías consideran que publicar sus trabajos en la Red es una forma eficaz y económica de reclutar personas talentosas. Revise las páginas principales de los sitios Web de las compañías que le interesan y busque plazas vacantes. Muchas academias y universidades hacen páginas Web de sus carreras y muchas organizaciones profesionales —desde acupunturistas hasta zoólogos— tienen sitios de trabajo para sus miembros. Hay todo tipo de sitios especializados en trabajo, incluyendo para trabajos de gobierno, trabajos en el extranjero y los que hacen préstamos a estudiantes.

Al revisar su sitio Web, puede encontrar muchísimo sobre una compañía antes de que vaya a una entrevista. Incluso puede encontrar otras compañías de interés cuando piensa sobre los competidores de una compañía.

# Pormenores sobre intranets y extranets

Ahora que muchas personas se han vestido con la idea de que estas cosas de la Internet son muy refinadas, las personas listas están adaptando todas las características frescas y poniéndolas a trabajar dentro de compañías, fuera de ellas e, incluso, entre compañías. Puede tomar en cuenta que aunque los nombres siguen cambiando, todo el mundo realmente está hablando de lo mismo. Usted está en lo correcto. Le damos algunas definiciones formales para que no se deje embaucar por ciberesnobs que hablan con su jerga y también pueda usar jerga cuando quiera que lo desee. Nuestros términos actuales favoritos de la Internet relacionados con los negocios: intranet y extranet. Vea si puede encontrar la diferencia.

## Las Intranets y para qué sirven

¿Intranet? ¿Está seguro de que escribió correctamente? Claro que sí. Ahora que todo el mundo sabe de la *Internet,* se ha inventado la *intranet,* lo cual es exactamente lo mismo, pero diferente. La idea es simple: tome toda esa tecnología elegante que ha sido desarrollada por la Internet durante los últimos 20 años y úsela directamente dentro de la propia red de su compañía.

Una *intranet* es específicamente una serie de servicios, como páginas Web, que son accesibles solo dentro de una organización. La Red Mundial de Comunicación cobra efecto sobre la Internet, con las decenas de miles de servidores Web que brindan páginas Web para el público en general. Una *intranet* opera sobre la red interna de una organización, con servidores Web que proveen páginas Web a las personas de la organización. Una intranet es una especie de Web Wide World privada — un Organization Wide Web (Red de Información de Organización).

### Usar intranets

Lo que puede hacer su organización en una intranet está limitado solo por la imaginación de la gente. (Sabemos que esta limitación es más severa en algunas organizaciones que en otras, pero somos optimistas.) Aquí hay algunos ejemplos:

- Casi todos los memorandos escritos que circulan en una compañía pueden ser enviados más eficazmente como mensajes de correo electrónico o como páginas Web. Este método ahorra papel y hace la información más fácil de archivar y encontrar, y además mantiene a todos actualizados.

- Esos polvorientos y grandes manuales de las compañías que se desmoronan en un estante o quizá cuelgan de una esquina de su escritorio, funcionan mucho mejor como páginas Web. Es muy fácil buscar en ellas hasta encontrar la página deseada. También, los autores las pueden actualizar tan a menudo como sea necesario para que todo el mundo instantáneamente tenga acceso a la versión más actual.

✔ Los catálogos, las listas de partes y elementos semejantes son fáciles de poner en la Web.

✔ Si varias personas están trabajando en un proyecto, al poner la información de este en la Web, se dejará cada aspecto y actualización de la persona en el estado de partes del proyecto y todos podrán ver información actualizada. Así es como los tres autores y los editores de este libro, que vivimos en tres estados diferentes (no, no estamos levantados, dormidos e incoherentes, sino en Massachusetts, Vermont, y New York), logramos llevar el control de nuestros progresos al actualizar este libro y mantenernos caminando hacia la misma dirección: usando una aplicación que John ideó una tarde.

✔ Si su compañía tiene el don de la multimedia, ahora puede tener animación, video y sonido directamente en su escritorio. Ligeramente menos dramáticos, pero quizá más útiles, sean los nuevos productos integrados de intranet que le permiten poner vínculos a páginas Web dentro de sus mensajes de correo electrónico. Ahora puede enviar un memorándum que se refiera a todo tipo de material diverso con un vínculo puesto directamente para ese material. Sus lectores simplemente tienen que hacer clic en el vínculo para ver la información a la que hace referencia.

✔ Archivar tarjetas de horas, cuentas de gastos, actualizaciones de pensiones y registros de préstamos se está volviendo una tarea muy rutinaria de intranet. Conservar formularios en línea ciertamente disminuye el uso de papeles y le permite cambiar los formularios cuando sea necesario, sin tener que lanzar los obsoletos al depósito de reciclaje.

A fin de cuentas, vemos la tecnología fluyendo de ambas formas. Conforme la tecnología de la Internet, particularmente el correo electrónico y la tecnología de la Web, se combine con las bases de datos tradicionales, las formas en las que las compañías manejan su información tendrán que cambiar. Los memorandos de papel se harán casi tan comunes como la IBM Selectric y los grandes archiveros de metal se llenarán muy lentamente.

### Extra, extra net, net net

Cualquier cosa que valga la pena de hacerse, vale la pena de hacerse en cualquier número de formas. Comience con la Internet; llévela a su compañía — obtenga una intranet; saque a la intranet de la compañía, y —voil à— obtiene una *extranet*. No significa que esta red sea adicional, ponga atención: con "extra" queremos decir *más bien* "afuera", como en la palabra *extraterrestre*.

Aquí está la idea: ahora que las personas usan tecnología de la Internet exitosamente (explorando, creando páginas Web y usando correo electrónico, por ejemplo) *dentro* de las compañías, la extensión lógica es expandir estas redes internas para incluir a los clientes, a los proveedores y a los socios comerciales. Después de que las intranets se expandieron hacia afuera de los confines de una organización para incluir a otras entidades, alguien ingenioso creó una expresión de moda completamente nueva: *extranet*. Como es el caso con las intranets, es toda la misma tecnología, pero usada de otro modo.

### Sí, a usted le importa

¿Otra vez, puede preguntarse, qué tienen que ver estas cosas conmigo? Pues bien, la tecnología de la Internet está cambiando la forma en que nuestro mundo funciona. Por ejemplo, puede notar que cada vez con más frecuencia habla a sus compañías favoritas por la Red en vez de hacerlo por el teléfono. Las compañías listas se dan cuenta de que pueden recortar costos en las áreas de servicio al cliente, mercadeo y ventas usando la tecnología de la Internet. Algo de lo que ve parecerá así como la Internet para usted. La goma que está conectando el sitio de la Internet que mira a la compañía o compañías que están manejando sus transacciones, sin embargo, es realmente una extranet —el encadenamiento de sistemas internos con el exterior.

Otro aspecto importante de las extranets es que pueden ser diseñadas con seguridad en mente y solo permiten a personas con acceso legítimo usar sus facilidades.

### Contemos las maneras

Estas son algunas de las formas en que las personas usan extranets. Su imaginación, sin duda, podrá continuar desde el punto en que lo dejaremos nosotros:

✔ Los boletines, las publicaciones de prensa, anuncios de productos y cualquier otro tipo de información que una compañía le enviaría a través del correo regular (el tipo de correo que usa papel y estampillas postales) o fax, puede ser enviada por correo electrónico y cargada en una página Web.

✔ Catálogos y brochures pueden ser ubicados en un sitio Web para reducir los costos y permitir que los materiales sean actualizados frecuentemente.

✔ Los clientes pueden realizar órdenes y mantener control sobre ellas.

✔ En un sitio Web se pueden publicar respuestas para las preguntas formuladas con más frecuencia, de modo que se eliminarán cientos de llamadas telefónicas.

¿Cuál es la diferencia entre una compañía con extranet y otra con un sitio Web? Umm, ¿talvez una gran cuenta con un técnico? En realidad, algunas veces, las compañías tienen más de un sitio, algunos exclusivos para un cliente particular o un conjunto de ellos. A menudo, estos sitios especiales son conocidos como extranets, en caso de que le interese.

# La Internet en la Escuela

La Internet ciertamente está encontrando su camino en instituciones educativas de todos los niveles, aunque no estamos convencidos de que el uso directo de la Internet sea de gran beneficio para nuestros ciudadanos menores. (Hablamos de esto más enfáticamente en el Capítulo 3.)

## Una manzana Macintosh (o una PC) para el profesor

Pregúnteles a los maestros y ellos le dirán que la mayoría de reformas escolares simplemente se suman a sus cargas y disminuyen el tiempo y la energía que pueden consagrar enseñando a la clase. La Internet puede ahorrar el tiempo que los maestros utilizan investigando para elaborar sus lecciones , manteniéndose en contacto con colegas y  ocupándose del trabajo de oficina. En lugar de tratar de poner a la Internet en cada aula, pensamos que se debería poner a cada maestro en línea desde su casa.

## El trabajo de un padre nunca termina

Además de la oportunidad obvia de investigar sobre tareas en la Red, vemos a la Internet usándose para facilitar la comunicación padre/maestro, maestro/estudiante, estudiante/estudiante y padre/padre. Los niños en Japón están en constante contacto con dispositivos manuales inalámbricos equipados con correo electrónico. Sus niños le pedirán uno de esos esta Navidad o la siguiente. La tradicional reunión de padres está siendo reemplazada por listas de direcciones electrónicas (refiérase al Capítulo 13). Todo esto eleva la duda sobre la "división digital" ya que las familias más pobres pueden verse relegadas. Pero subvencionar el acceso universal a Internet puede ahorrar dinero a los sistemas educativos a largo plazo.

## Me fui al colegio

Si está en la universidad, ya sabe qué tan importante la Internet se ha vuelto para su educación. Si planea entrar en la universidad pronto, leer este libro puede ser su preparación más importante. Todo lo que dijimos acerca de las intranets en el trabajo aplica *mutatis mutandis* para la universidad. (*Mutatis mutandis* es una frase latina que significa "cambiar lo que necesita ser cambiado". Normalmente, no usamos frases así, pero esta quizás la pueda necesitar en algún curso). La mayoría de universidades hoy se dirigen desde su intranet. De hecho, muchas escuelas usaban la Internet de este modo antes de que el término "intranet" se acuñara. Las descripciones de cursos, entrevistas, matrículas de cursos, programas de estudios, asignaciones de tareas y calificaciones, perfiles de profesores y de estudiantes son totalmente manejados en línea.

Si trata de seleccionar una universidad, puede recorrer una docena de campus en una tarde de Internet. Los sitios web de las universidades a menudo tienen un área fija de páginas principales de estudiantes y de facultad. Explorar esas páginas es una gran forma de explorar la personalidad de cada institución y encontrar alguien cuyos intereses correspondan electrónicamente.

## ¿Cómo se toma una clase virtual?

Con el poder de la Internet, no tiene que estar en el aula para llevar un curso. Puede encontrar cursos de aprendizaje electrónico por Internet sobre casi cualquier tema imaginable — y unos cuantos temas inimaginables. En algunos casos, la Red es la universidad, pero más adelante hablaremos sobre esto con detalles.

# La Internet al Jugar

Si le pregunta a ciertas personas, la Internet no es otra cosa sino una forma de jugar. Sin embargo, las formas en las que puede jugar también se están expandiendo.

## Conozca a alguien

Puede encontrar personas en línea y simplemente quedarse con ellos, jugar toda clase de juegos interactivos, hablar sobre su deporte favorito, su pasatiempo o su dolencia médica (bueno, esa es la idea que algunas personas tienen de recreación). Puede introducir realidades virtuales y ponerse tridimensional. Puede hablar lenguajes diferentes (si ya los habla) y encontrar a personas de todas partes del mundo.

## Conozca a alguien especial

Salir en cita por Internet realmente se ha vuelto muy popular. Los servicios de citas y los anuncios personales en línea son formas obvias para encontrar personas especiales; pero, algunas veces, como en la mayoría de las áreas del romance, un acercamiento menos directo es mejor. También hay personas desabridas en línea que pueden molestar, así que sea muy meticuloso al conocer en persona a gente que hay en línea. Le leemos el enredo en el Capítulo 15.

## Es música para mis oídos

El intercambio en línea de archivos musicales (MP3) ha estallado, para el disgusto de la industria de la grabación. Sus procesos judiciales han maniatado al sitio de música más popular, Napster, y quizás lo puedan cerrar del todo. Otros servicios, como KaZaA y Grokster, han tomado el lugar de Napster.

La industria de la grabación y muchos artistas piensan que, sencillamente, lo que se está dando es un robo. Los tribunales les han dado la razón. Otros artistas y algunos consumidores sienten que la industria de la grabación los ha estado dañando por años y quieren romper la llave estranguladora que la industria tiene en la distribución de grabaciones. Hay esfuerzos para legitimar la música en línea a través de suscripción o el pago de cargos por reproducción. Usted tomará las elecciones éticas. Le damos los pormenores del MP3 en el Capítulo 16.

## ¿Qué hay en el cine?

Por supuesto, puede revisar las funciones de proyección de su cine favorito y hasta comprar boletos en línea. ¿Pero por qué salir de casa? Abundan las películas gratis y disponibles en línea. En su mayor parte son cortometrajes que no nunca pudieron encontrar una mayor audiencia antes. Algunos sitios incluso le permiten seleccionar lo mejor para que no tenga que abrirse paso entre horas de estupideces. Si piensa que puede hacer las cosas mejor, las cámaras de grabación digital y el software de edición de película (como el iMove de Apple) lo pueden poner en el asiento del director. ¡Luces! ¡Acción!

## Simplemente, puede surfear

*Surfear,* un término inventado años atrás por nuestra amiga Jean Armour Polly, es el bello arte de deambular por la Internet. Escoja algún tema; busque sobre él; siga sus vínculos. Alguna otra idea que había pensado mucho tiempo atrás se cruzará por su mente. Busque al respecto. *Marque como favorito* un sitio realmente interesante que no tiene tiempo de ver por ahora. Puede volver mañana y darle un vistazo. Encuentre el grupo de noticias de alguien que publica información sobre un tema en el cual usted imagina que es un experto. Dígales en qué están equivocados. Las horas pasan. Al menos no está viendo televisión.

# Capítulo 3

# Los niños y la Red

**En este capítulo**

▶ Buen material en la Internet para los niños

▶ Algunas consideraciones sobre la Internet

▶ Líneas directivas para los padres sobre el uso de la Internet

▶ Listas de correo y sitios Web para niños

▶ Ayuda para niños (y padres) con problemas

▶ La Internet en las escuelas

Con millones de niños en línea, pensamos que una discusión familiar sobre el tema es fundamental. Obviamente, si este caso no es el suyo, sáltese este capítulo y vaya al próximo.

## ¿Podemos Hablar?

En anteriores ediciones de este libro, llamamos a este capítulo "La Internet, sus niños y usted," pero nos hemos vuelto más sabios y ahora nos hemos percatado de quiénes están más vinculados a la Internet. Todavía sentimos que sería mejor que sus padres tuvieran algún punto de vista acerca de lo que usted hace en línea, pero seamos realistas, ellos no tienen idea. Así es que le dirigiremos la palabra a usted e incluiremos algunos comentarios para sus padres, en caso de que lleguen a leer esto. Intentaremos no decir nada que sea muy embarazoso.

## ¿Qué hay aquí para usted?

Los niños son a menudo los primeros en descubrir las innumerables formas en que la Internet puede ser excitante. Aquí hay algunas formas en que pensamos que esto funciona:

✔ Brinda información sobre cada tema imaginable.

✔ Es una gran forma de frecuentar a sus amistades y quedarse en casa al mismo tiempo.

✔ Proporciona contacto personal con nuevas personas y culturas.

✔ Ayuda a desarrollar y mejorar habilidades de lectura, escritura, investigación y lenguaje.

✔ Proporciona apoyo a niños con necesidades especiales y a sus padres.

✔ Es un escenario magnífico para la expresión artística.

No todo lo nuevo es maravilloso y no todo lo maravilloso es nuevo. Muchos de ustedes pasarán delante de una computadora más de su vida activa de lo que desearían. Quizás preferiría hacer alguna otra cosa, como practicar deportes, leer un libro impreso, tocar música, cocinar, pintar, dar caminatas, patinar, andar en bicicleta, esquiar o esculpir, para nombrar unos ejemplos.

Aquí hay algunas cosas que usted puede hacer en línea, divididas en cuatro secciones: realmente estupendas, regulares, no tan buenas y verdaderamente descerebradas.

### *Formas realmente estupendas de usar la Red*

Puede impresionar a sus padres usando la Internet para lo siguiente:

✔ **Investigar asignaciones de tareas.** La Internet es una forma increíble de expandir las paredes de una escuela. La Red lo puede conectar a otras escuelas y bibliotecas, puede investigar recursos, museos y otras personas. Puede visitar el Louvre (en `www.louvre.fr`) y la Capilla Sixtina (`www.christusrex.org/www1/sistine`); puede observar a las salamandras moteadas en su hábitat, puede oír música y hacer amista-des nuevas.

✔ **Evalúe el material que lee.** Cuando busca sobre algún tema puede obtener páginas escritas por la autoridad máxima del mundo en el tema, algún chiflado que apoya una teoría atolondrada, el escrito de algún niño de escuela o de algún tipo de un tablero de anuncios que piensa que es un experto. Algunos sitios Web son mantenidos por grupos de odio y, realmente, arrojan veneno sucio. Aprender a distinguirlos es una de las habilidades más valiosas que se puede adquirir.

✔ **Haga amigos electrónicos en otros países.** Proyectos escolares, como el Schoolhouse Global, conectan a niños de todo el mundo que trabajan conjuntamente en todo tipo de proyectos. En el primer proyecto anual de aprendizaje global participaron más de 10,000 estudiantes de 360 escuelas, de 30 países. ¡Desde entonces, las ciberferias anuales han reunido a más de 500,000 estudiantes de cientos de escuelas de al menos 37 países! Puede encontrar más en el sitio web: `www.globalschoolhouse.org`, allí también puede suscribirse a muchísimas listas de correo. Desde la tragedia del 11 de septiembre, la escuela global es un lugar donde los niños pueden ayudar a otros a enfrentar la vida. (Explicamos cómo llegar a estos sitios en el Capítulo 6, así es que puede regresar aquí más tarde y puede darles seguimiento)

✔ **Practique otros idiomas.** Hay salas de charla en línea donde puede practicar el ruso, el francés, el inglés, el portugués, el japonés o hasta el esperanto.

✔ **Pague la música que descarga.** Si usa Aimster, Gnutella u otro software que comparte archivos para descargar música, considere enviar dinero a los artistas que la graban. Un sitio Web, `www.fairtunes.com`, ha sido preparado especialmente para que usted haga esto.

✔ **Descubra cómo hacer su propia página Web.** Una página de Web puede ser tan seria o estúpida como lo desee. Incluso puede iniciar un negocio en línea. O puede hacer una página Web para una causa local que le interese apoyar. Le decimos cómo en el Capítulo 10.

## Formas regulares de usar la Red

Aquí hay algunas ideas que sus padres pueden considerar una pérdida de tiempo, pero, oiga, no podemos ser serios todo el tiempo. Si lo molestan, pregúnteles si puede revisar su registro de horas en la Web. (Eso no existe, pero ellos no lo saben.)

✔ **Juegue.** Muchos juegos populares (tanto tradicionales —como ajedrez, bridge y corazones, como los de video) tienen opciones que le permiten competir contra otros jugadores por medio de la Internet.

✔ **Mensajes instantáneos con sus amistades.** El envío de mensajes instantáneos (IM) se ha convertido en una forma estupenda de tener contacto — *instantáneamente*. Las opciones inalámbricas ya están surgiendo en muchas partes del mundo.

✔ **Videoteléfono.** Software como Yahoo Messenger o CUseeMe le permiten ver a sus amistades mientras les habla. No recomendado en los "malos días capilares". El Capítulo 14 habla de programas gratuitos de video, después de que obligue a sus padres a conseguir una webcam.

✔ **Ir de compras.** ¿Qué podemos decir? No es un centro comercial, pero la Internet siempre está abierta. El Capítulo 9 se lo explica.

✔ **Juegos de interpretación.** Cualquier número de sitios de la Internet le permite hacerse pasar por un personaje de su libro de ciencia ficción o fantasía favorito. Estos lugares a menudo tienen nombres tentadores como MUD y MOO.

## Formas no tan buenas de usar la Red

Manténgase lejos de las siguientes ideas, las cuales sencillamente lo meterán en problemas:

✔ **Plagio.** Esa es la palabra elegante para hacer pasar por propio el trabajo de otras personas. Desafortunadamente, plagiar de la Internet es tan incorrecto como plagiar de un libro.

✔ **Hacer trampa.** Usar software traductor para hacer su tarea de lenguaje tampoco es algo bueno (tarde o temprano lo atraparán, así que ahórrese la vergüenza).

✔ **Revelar demasiado sobre usted.** Es tentador, charlar en la Red con personas que no se conoce, repartir información sobre usted o su familia, pero esto es algo peligroso. Algunas preguntas aparentemente inocentes no lo son tanto, así que entraremos en detalles sobre esto más adelante en este capítulo.

✔ **Visitar sitios porno y de odio.** Esto es entre usted y sus padres, pero considere qué reglas han hecho sus padres para su comportamiento en línea y apéguese a ellas.

✔ **Pretender en línea que usted es otra persona.** Siga adelante e invente un seudónimo de modo que no tenga que usar su nombre real. Pero no finja que es Brittney Spears en busca de nuevos miembros para su banda o Regis Philbin coleccionando preguntas para trivia.

✔ **Frecuentar salas de charla de adultos.** Esto puede traerle tanto a usted como a los anfitriones de la sala de charla grandes problemas, así que no lo haga.

## Ideas verdaderamente descerebradas

Aquí hay algunas ideas que nunca, nunca, debería considerar. Lo decimos en serio.

✔ **Conocer en persona a amistades de Internet sin decirle a sus padres.** Ni siquiera los adultos son lo suficientemente estúpidos para hacerlo. Si encuentra a alguien genial en línea y desea conocerlo o conocerla en persona, bien. ¡Pero tome precauciones! Primero, cuénteles a sus padres sobre ello y decida con ellos cómo proceder. Nunca se encuentre con alguien que conoció en línea en un lugar privado: siempre encuéntrense en un lugar público, como un restaurante. Y lleve a alguien con usted (preferiblemente a uno de sus padres).

✔ **Hacer cualquier cosa ilegal - en línea o fuera de línea.** La Internet parece ser completamente anónima, pero no lo es. Si consuma un crimen, la policía puede obtener el registro de conexión a Internet de su ISP y puede enterarse de quién estuvo conectado a través de cuál módem, en qué día, a qué hora y con cuál dirección numérica de Internet (IP) y le seguirán la pista.

✔ **Forzar la entrada en otras computadoras o crear virus.** Las autoridades ya perdieron su sentido del humor sobre estos temas. Los niños *van a* la cárcel por hacer esto.

# La Internet y los niños pequeños

Somos fuertes defensores de permitir que los niños sean niños, y creemos que los niños son mejores profesores que las computadoras. Ninguno de nuestros hijos ve televisión comercial. Ahora que conoce nuestra predisposición, talvez pueda adivinar lo que vamos a decir a continuación: no estamos a favor de poner a un niñito delante de una pantalla. ¿Qué tan joven es ser joven? Creemos que ser menor de siete es ser joven. Recomendamos que sus hermanos menores obtengan tanta atención humana como sea posible. En las edades más tempranas, los niños se benefician más de jugar con árboles, pelotas, lápices de color, pintura, bicicletas, barras infantiles, barro, otros niños y, especialmente, con sus hermanos mayores. Bravo, eso significa "Usted". Sabemos que pueden ser un dolor en el cuello, pero las computadoras son pésimas niñeras y, francamente de cualquier manera, hay poco allí para los niños en la etapa de prelectura.

Pensamos que el acceso a la Internet es más apropiado para niños algo mayores (de cuarto o quinto grado y mayores) pero su kilometraje puede variar. Aun así, pensamos que es una buena idea limitar la cantidad de tiempo que cualquiera (y, especialmente, los niños) emplean en línea. Nosotros que (a pesar de nuestra buena apariencia) hemos estado jugando con computadoras la mejor (y peor) parte de treinta años sabemos lo que les ocurre a los niños que tienen permiso de quedarse pegados a sus computadoras por tiempo ilimitado y, confíe en nosotros, no es algo bueno. Los niños necesitan ser capaces de comunicarse con otros seres humanos. Demasiado a menudo los niños que tienen dificultad de comunicarse con otros seres humanos prefieren las computadoras. Como podrá adivinar, esto no les ayuda en mucho a desarrollar habilidades sociales. En lugar de eso, los problemas empeoran. Conserve un registro privado de cuánto tiempo pasa enfrente de la pantalla durante una semana. Luego, pregúntese si así es cómo realmente desea consumir su vida. Encuentre un pasatiempo que no implique una pantalla. Únase a un equipo. Forme una banda. Haga arte. Fíjese un día libre de computadoras cada semana. Trate de comer y conversar con seres humanos reales, cara a cara.

# Surfee seguro

Asegúrese de saber las reglas de seguridad para usar la Red. La regla número uno es nunca revelar exactamente quién es. Use solo su nombre de pila y no dé su apellido, su dirección, su número de teléfono o el nombre de su escuela. Y nunca, bajo ninguna cicrcunstancia, le dé a nadie su contraseña. Ninguna persona honrada se la pedirá jamás.

Muchos niños no tienen idea de esto. Revelan quiénes son sin darse cuenta. Pueden mencionar el nombre del equipo de fútbol de su ciudad natal. Pueden hablar de un maestro que odian en la escuela. Pueden decir lo que sus padres hacen para ganarse la vida. Pueden decir a cuál iglesia o sinagoga van. Esta información puede ser revelada sobre la marcha de muchos mensajes a lo largo de semanas o meses. Estos pedacitos de información aparentemente inofensivos pueden ayudar a una determinada persona a "calcular" cómo encontrar a un niño. Así, tenga mucho cuidado sobre lo que dice en línea, ya sea en un cuarto de charla, en un mensaje instantáneo o de correo electrónico. Sospeche de desconocidos que parezcan saber mucho de usted. Talvez digan que son amistades de sus padres y que tienen su autorización para recogerlos de la escuela o para recoger un paquete en su casa. Nunca se vaya con un desconocido ni lo deje entrar en la casa sin preguntarle primero (fuera de la Internet) a un adulto de confianza.

Aquí hay otras cuantas reglas:

- ✔ Nunca consienta hablar con alguien por teléfono o en persona sin el previo consentimiento de sus padres. La mayoría de la gente que se conoce en línea es normal, pero hay personas repulsivas que han convertido a la Internet en su campo de caza.

- ✔ No asuma que la gente le dice la verdad. Ese "niño" de su edad y género que comparte sus intereses y pasatiempos podría ser realmente un solitario de 40 años.

- ✔ Si alguien lo asusta o lo hace sentir incómodo (especialmente, si la persona le pide no contarle nada a sus padres) cuéntele a sus padres. Pídales a sus padres hablar con el proveedor de servicios de Internet. Recuerde que siempre puede, sencillamente, apagar la computadora.

## El Colegio y la Red

Aunque la Internet ha tenido su casa en universidades por mucho tiempo, lo que está ocurriendo con la Web hoy día es nuevo para todos. Mucha de la inspiración y transpiración de los voluntarios que hacen disponible la información para to-

## Elegir universidades en la Red

La mayoría de academias y universidades tienen sitios en la Web. Puede encontrar un directorio de excursiones de campus en línea en www.campustours.com, con vínculos a mucha más información sobre academias y universidades.

Después de que sea un poco más experto en usar la Red, puede indagar sobre clases y profesores para obtener una mejor idea de lo que le atrae.

dos, viene de universidades, tanto de estudiantes como de la facultad, quienes ven el increíble potencial de aprender.

Muchas universidades proporcionan acceso gratuito o barato a la Internet para sus estudiantes y su personal. Las escuelas que le permiten matricularse desde antes a veces le dan acceso a la Internet incluso con meses de anticipación. Si va a ir de cualquier manera, puede dar un salto en su educación de Internet aun antes de que llegue al campus.

Las universidades han encontrado docenas de formas de hacer la Red útil tanto dentro como fuera de la escuela. Nos encanta lo que las personas de Thunderbird, The American Graduate School of International Business, en `www.t-bird.edu` hicieron al crear My Thunderbird. Tanto los estudiantes como los profesores tienen perfiles que comparten y actualizan. A los profesores les encanta la oportunidad de llegar a conocer a los estudiantes ayudados de las fotos y los perfiles que proporciona My Thunderbird. Las listas de nombres de clases se quedan actualizadas y el campus permanece conectado.

## De preocupación superior para los padres

*Quizás desee pedirle a sus padres leer este recuadro complementario.*

Muy alto, en la lista de preocupaciones de los padres sobre la Internet, está la pregunta sobre el acceso de los niños a material impropio, incluyendo los negocios que tratan de comercializar y vender directamente a los niños. Esta preocupación es muy legítima: conforme ha pasado el tiempo, tanto las cosas buenas como las escabrozas de la Red han aumentado dramáticamente. No tenemos respuestas simples, pero una cosa es tan clara como el agua para nosotros: los padres *deben* estar involucrados. Considerando la dirección que está tomando la educación y las medidas provenientes de las esferas superiores, *los niños estarán involucrados* con la Internet, ya que las escuelas se unirán a algo nuevo y rápido.

Los padres que se toman el tiempo de aprender sobre asuntos de acceso, usualmente, tienen entendido que, por un lado, la amenaza no es tan grande como algunos pensarían, mientras algunas de las soluciones propuestas tienen problemas severos en sí mismas. Los padres que han reflexionado sobre estos asuntos en una escala mayor están sumamente preocupados de que el sentimiento reaccionario plantee una amenaza real para nuestra libertad de expresión y que esas reacciones sean, a fin de cuentas, un gran peligro para nuestros niños. Por otro lado, una gran cantidad de basura acecha en línea. La intervención de los padres es esencial; hablamos de estrategia familiar un poco más adelante en este capítulo. Si tiene interés en discutir a fondo estos asuntos, puede leer o suscribirse a la lista de correo CACI (Children Accessing Controversial Information) visitando su sitio Web en `groups.yahoo.com/group/caci-list`.

Las tecnologías de la Internet, como el correo electrónico, el chat y los mensajes instantáneos, son magníficas formas de que padres e hijos mantengan contacto a través de la universidad. Es mucho más barato que llamar por teléfono a casa y coordinar horarios. Reenviar correo a los miembros de otra familia permite una comunicación más amplia. Notamos otro sorprendente beneficio: en nuestra experiencia, las familias tienden a pelear menos cuando se comunican por correo electrónico. De algún modo, cuando las personas tienen tiempo para pensar lo que van a decir antes de decirlo, todo sale mejor.

## Cuando la red es la Universidad

Muchas personas aprenden más en la Internet de lo que alguna vez lo hicieron en la escuela. Aunque muchos factores deben ser considerados, la Red necesita motivación, y el aprendizaje motivado es mucho más entretenido. La Red proporciona igual oportunidad más allá de la imaginación de quienes están cerrados en cuestiones físicas. Está abierta para todos, sin importar su color, altura, creencia o descripción. Las personas que, previamente, han desechado oportunidades educativas por minusvalías físicas, impedimentos económicos o geográficos encuentran en la Red una experiencia que les permite muchas cosas e, inclusive, que les puede cambiar la vida. El estupendo Massachusetts Institute of Technology (el Instituto Tecnológico De Massachusetts) recientemente emprendió una iniciativa para hacer disponible todo el material de sus cursos al público. Obsérvelo en
`http://web.mit.edu/ocw/`

Más allá de la educación informal que se halla disponible, algunas organizaciones están trabajando activamente para establecer universidades formales en línea. La Globewide Network Academy (en `www.gnacademy.org`) puede haber sido la primer institución educativa completamente virtual. Sirve como un sitio central para cursos en línea disponibles en todo el mundo. Compañías como eWebuniversity (`www.ewebuniversity.com`) trabajan en equipo con universidades establecidas, como San Jose State, para crear cursos de aprendizaje electrónico dirigido a profesionales en funciones.

## ¡Vender, vender, vender!

Si pasa mucho tiempo en línea, pronto echará de ver que todo el mundo trata de venderle algo. Los niños, particularmente los provenientes de familias de clase media y alta, se consideran el mercado más lucrativo y la red está siendo vista como otra forma de capturar este mercado.

Ver en los niños objetivos de ventas. Tal vez, sea lo suficientemente mayor para recordar a Joe Camel, la campaña de los cigarrillos Camel que según muchas personas estaba dirigida a los niños. Quizás desee ver Channel One en la escuela, que lleva comerciales directamente al salón de clases. Si observa televisión, ya debe saber cómo los programas televisivos apoyan su propia línea de juguetes y muñecos de plástico.

Debería saber que los departamentos de mercadeo de las grandes compañías tienen diseñado un cautivador software especial para niños para mercadearse mejor. Personajes deliciosos y conocidos de las series animadas de la televisión protagonizan la estrategia mercadológica y llevan información comercial directamente hasta su teclado, en casa. Debería enterarse de esta situación y saber qué hacer

## A los padres

Padres, educadores y defensores de la libertad de expresión, del mismo modo coinciden en que no hay sustitutos para la guía paternal en lo que se refiere al tema de acceso a la Internet. Así como desea que sus niños lean buenos libros y vean películas de alta calidad, también desea que encuentren cosas buenas en la Red. Si se toma el tiempo de encontrar estas cosas con sus niños, tendrá la oportunidad de compartir la experiencia e impartir valores críticos y un sentido de discriminación que los niños necesitarán en todas las áreas de sus vidas.

Las cosas buenas de la Red vastamente superan a las malas. Hay mucho software disponible que les ayudará a los padres y a los educadores a conectarse con los recursos invaluables de la Red sin abrir la Caja de Pandora. Recuerde que cada niño es diferente y que lo que puede ser apropiado para sus hijos quizás no lo sea para los de alguien más. Tiene que encontrar lo que es correcto para usted.

Establezca reglas para el uso familiar de la Red. Defina áreas que están más allá de los límites. Limite el tiempo transcurrido en línea y sea explícito acerca de qué tipo de información pueden ver los niños en la Red.

Se necesita un esfuerzo adicional para establecer límites y, al mismo tiempo, dar a sus niños la libertad que necesitan para explorar. Algunas familias prefieren mantener su computadora en un espacio familiar y no en los dormitorios de los niños. Donde quiera que esté, inspeccione a menudo; no deje que la pantalla se convierta en la niñera. No crea en el bombardeo publicitario de que solo porque está en una computadora, tiene que ser educativo. Nos acordamos de una caricatura que presentaba a unos padres leyendo deseosos la sección de "Se busca ayuda" del periódico y encontrándose con que los jugadores Nintendo hacen $ 70,000 al año. Todos conocen niños cuyas vidas parecen estar perdidas enfrente de una pantalla. No deje que ese sea su niño.

Los niños necesitan reglas explícitas sobre hablar y conocer en persona a quienes se encuentran en la Red. Nunca permita a sus niños encontrarse con alguien a quien han encontrado en la Internet por su propia cuenta. Revise su cuenta telefónica y busque llamadas inusuales.

cuando alguien pide información a través de la Web. Quizás usted o su padre deseen obtener una copia del informe del Center for Media Education, titulado *The Web of Deception* enviando $25 a la organización a la dirección 1511 K Street NW, Suite #518, Washington, DC 20005. La Comisión Federal de Negocios también ha estudiado algo sobre este tema. Ellos se encuentran en la Web también en `www.ftc.gov`; cuando visite el sitio, haga clic en Consumer Protection y luego en Children's Issues.

Y antes de seguir adelante, hay solo una cosa más. Las compañías en este momento están negociando para llevar una Internet "más sana" a las escuelas sin pagar nada, siempre y cuando se les permita anunciarse en ella. Nos encantaría que los padres lucharan contra esto para evitar que sus hijos tengan que lidiar con cientos de anuncios en nombre de la educación.

## ¿Quién está en línea?

Cientos de niños —y también grandes— están colocando sitios Web sobre ellos y sus familias. Pensamos que esto es algo muy bueno, nosotros apoyamos fuertemente el uso de la Red para razones personales (a diferencia de los empresarios que usan la Red para propósitos de negocios), pero les recomendamos no usar sus nombres completos o reales. Además, les recomendamos no dar sus direcciones, números telefónicos, números de seguro social o contraseñas de cuentas en situaciones sociales en línea, a cualquiera que pida este tipo de información en línea o en otro sitio. Este consejo aplica especialmente cuando se reciben solicitudes de información de personas que afirman tener posiciones de autoridad, como mensajes instantáneos de personas que aseguran ser técnicos de apoyo de AOL. En realidad no lo son.

La gente con autoridad real *nunca* le hará ese tipo de preguntas.

Más que nunca, los niños necesitan desarrollar habilidades de pensamiento crítico. Deben aprender a evaluar lo que leen y lo que ven —especialmente en la Web.

Lamentablemente, tenemos que decir que en los últimos meses hemos visto una gran cantidad de cartas de correo electrónico basura (*spam*). Esta situación probablemente empeorará hasta que alguien descubra una forma eficaz de ocuparse del correo electrónico no solicitado. Mientras tanto, una regla importante para recordar es que si lo que un correo electrónico le ofrece parece demasiado bueno para ser cierto, no es verdad, y si le llega un anuncio de este tipo que provenga de alguien que no conoce, probablemente no sea cierto.

## *Elección del consumidor*

Debido a que los padres pagan por servicios en línea, los servicios que desean permanecer competitivos proporcionan características para ayudarles a las familias a controlar el acceso a la Internet. America Online, por ejemplo, permite a los padres bloquear el acceso a los cuartos de charla que no son apropiados para los niños y restringir el acceso a  los grupos de discusión y de noticias basados en las palabras claves que usted elige. El bloqueo está disponible sin costo adicional. WebTV permite al poseedor maestro de la cuenta restringir el material que los demás pueden ver.

## *Software centinela*

Cada vez más productos (contamos alrededor de 50) aparecen en el mercado para ayudar a los padres a restringir el acceso o el uso del monitor si se presenta cierto tipo de actividad. Si elige usar uno de estos sistemas, recuerde que no son un sustituto para que se olvide de involucrarse directamente con la experiencia de Internet de su hijo; todos filtran basados en palabras claves y listas fijas de sistemas que los autores del programa creen que tiene material objetable. Ninguno de ellos le dice exactamente qué bloquean ya que su idea de lo que es apropiado o inapropiado puede diferir de la suya. Mucho software centinela parece tener agendas políticas, bloqueando sitios cuyo contenido político no es conforme con el de los autores del programa.

 Antes de comprar puede intentar descargar copias de evaluación de paquetes que bloquean software. (Verá cómo hacer eso cuando descubra cómo navegar la Web en los Capítulos 6 y 7.) Recomendamos que vaya al sitio `www.smartparent.com` donde se mantiene una lista de vínculos actuales a docenas y docenas de sitios de software filtrador (haga clic en "Safety""). También listan proveedores de servicio de Internet (oirá más sobre ellos en el siguiente capítulo) que activamente tratan de hacer la Red más segura para los niños. Lo que es más, SmartParent.com también enumera sitios que son adecuados para los niños.

## *Recursos de Internet para Niños*

Como pudo haber adivinado, la Internet está llena de recursos para los niños —y también para los padres. Como hemos aprendido al escribir este libro ocho veces en ocho años, nada es tan efímero como una dirección de la Red. Para ayudarle a conservar esta información tan precisa como sea posible, ponemos las listas de recursos en nuestro sitio Web, tanto para conservarlas actualizadas como porque son demasiado largas como para enumerarlas aquí completamente. Desde allí, usted puede llegar directamente a la fuente, y hacemos lo mejor posible para conservar las fuentes actuales.

Visite net.gurus.com/kids, dirección que lo pone a un clic del mouse de distancia de las páginas descritas en esta sección.

## Listas de correos para padres e hijos

El Capítulo 13 le dice cómo suscribirse a las listas de correo. Muchísimas listas de correo para y sobre ellos los niños están enumeradas en nuestra página.

## Sitios Web para niños

Muy bien, lo admitimos. Los sitios Web pueden ser la cosa más genial desde las rebanadas de pan. Nuestro sitio Web tiene vínculos a sitios de todo el mundo y especialmente para niños. Para llegar a estos sitios, tiene que saber como usar un explorador, como Netscape, Internet Explorer u Opera. Le decimos cómo en la Parte III de este libro. ¡Pero tenga cuidado, porque cuando el chiquito de 9 años de su casa encuentre un sitio Web con mil chistes malos, usted los estará escuchando por semanas!

## Ayuda para padres de niños con problemas

Una de las experiencias más enternecedoras de la red tiene que ver con la ayuda que perfectos extraños se ofrecen desinteresadamente entre ellos. Los lazos que se forman entre personas que comparten experiencias, luchas, fuerzas y esperanzas redefinen lo que significa tenderle la mano a alguien y tocarlo. Animamos a todos los que tengan una preocupación para que busquen personas que compartan esa preocupación. Nuestra experiencia al participar en listas de correo y grupos de noticias relacionados con nuestros problemas nos obligan a alentarlo con entusiasmo para que investigue cosas en línea. Lo puede hacer con total anonimato, si lo desea. Puede observar y aprender por mucho tiempo, o puede lanzarse al combate y solicitar ayuda.

Recuerde que no todos los que dan consejos son expertos. Tiene que involucrar a sus propios practicantes en su proceso. Muchas personas han encontrado gran ayuda, sin embargo, de quienes han pasado antes por las mismas cosas. Para muchos de nosotros, ha hecho toda la diferencia del mundo.

Nuestro sitio Web enumera unas cuantas listas de correo y grupos de discusión de Internet en la dirección: `net.gurus.com/lists`. Sin importar que lo anotemos o no, es muy probable que exista una lista de correo o grupo específico para sus necesidades y cada día hay más y más grupos. Los servicios de Internet comerciales como America Online y CompuServe poseen foros especiales que le pueden resultar de interés.

Note que algunas listas son de conversación, las cuales incluyen discusión de libre flujo; algunas listas tienen discusiones focalizadas y otras son prácticamente de índole académica. El tipo de discusión no siempre es obvio a partir del nombre. Si parece interesante, suscríbase y vea qué tipo de comentarios se hacen. Es muy fácil cancelar la suscripción si no le gusta.

# La Internet en las Escuelas

Conforme las escuelas se enganchan a la Red, están debatiendo activamente sobre el acceso a Internet para sus estudiantes. Investigue todo lo que sea necesario sobre el asunto. Cuando más conozca, mejor podrá discernir sobre el acceso apropiado.

## Contractualmente hablando

El Acto de Protección a Internet para los Niños (CIPA, según la sigla en inglés) tuvo efecto en los Estados Unidos en 2001, el cual le exigía a las escuelas filtrar el acceso a Internet usado por los niños. Una variedad de sistemas de filtros está disponible, en una gama de precios y facilidades de intalación, los cuales prometen filtrar los sitios no apropiados o dañinos. Suena bien, pero muchos chicos son inteligentes. Y los chicos inteligentes descubren maneras de romper las reglas, y los chicos inteligentes descubren maneras para romper los sistemas de software diseñados para "proteger" a los niños. Muchas instituciones confían con éxito en contratos firmados por los estudiantes que detallan explícitamente qué es un uso apropiado o inapropiado del sistema. Los estudiantes que violan uno de estos contratos pierden sus privilegios informáticos.

Creemos que esta aproximación es buena. Según nuestra experiencia, los niños son más rápida y altamente motivados y tienen más tiempo para pasar dentro y fuera de sistemas que la mayoría de adultos que conocemos, y este método los apoya para hacer algo más productivo que violar cerrojos electrónicos.

Para más información sobre CIPA, vea la página de la America Library Association en `www.ala.org/cipa`.

## *Educación real*

Usada eficazmente, la Internet es un recurso educativo fantástico. Usada mal, es una fantástica pérdida de tiempo y dinero. La diferencia es la investigación y la planificación. Platicábamos con el director de la escuela primaria local que justamente había pasado cuatro horas, una tarde de fin de semana, buscando en la Red para ayudar a su hijo (que imparte tercer grado en un distrito cercano) a desarrollar una unidad sobre Canadá. Había muchísimo material educativo. Después de que tenga un poco de familiaridad con la Web y las formas de encontrar cosas en línea (lo cual cubrimos en el Capítulo 8) ofrézcase a ayudarles a sus maestros a buscar material para estimular su enseñanza. Para maestros, particularmente recomendamos al Gateway to Educational Materials (`www.thegateway.org`) y el ERIC Clearinghouse en Information & Technology (`askeric.org/ithome`), ambos financiados por el Departamento de Educación de Estados Unidos.

# Parte II

# ¡Internet, Aquí Vengo!

## La 5a Ola

Por Rich Tennant

## En esta parte . . .

Después de que esté listo para empezar, ¿dónde empezará? Probablemente, la parte más difícil de usar la Internet es conectarse a ella. Le ayudamos a descubrir qué tipo de servicio de Internet es el adecuado para usted y le ayudamos a conectarse, con instrucciones separadas para Windows XP/Me/98 y para las Mac.

# Capítulo 4

# Establecer Su Servicio de Internet

"*G*enial", dice uno, "¿Cómo me conecto a la Internet?" La respuesta es: "Depende". (Quizás vaya a escuchar esa respuesta más a menudo de lo que a usted le gustaría). La Internet no es una red, son 100.000 redes separadas conectadas entre sí, cada una con sus propias reglas y procedimientos, y uno puede obtener la conexión a la Red desde cualquiera de ellas. Los lectores de ediciones previas de este libro nos suplicaron (bueno, también hicieron otras cosas, pero este es un libro dirigido a toda la familia) que les diéramos instrucciones paso a paso sobre cómo acceder a Internet, de modo que les dimos instrucciones que fueran lo más parecido a algo paso a paso.

Aquí están los pasos básicos:

1. **Determine qué tipo de computadora tiene o puede usar.**

2. **Determine qué tipos de conexiones a Internet están disponibles donde se encuentre.**

3. **Determine cuánto puede pagar.**

4. **Instale su conexión y decida si le gusta.**

O bien, para ponerlo de otro modo, necesita cuatro cosas para conectarse a la Internet:

✔ Una computadora (a menos que use una "aplicación web", de la cual le hablaremos en la sección: "¡Jamás. Hasta tuve que pedir prestado este libro!")

✔ Un módem (es una pieza de equipo de computadora) para conectar su computadora a la línea telefónica o al sistema de cable.

✔ Una cuenta con un proveedor de Internet o un servicio en línea, para darle a su módem un lugar a dónde llamar.

✔ Software para ejecutar en su computadora.

Revisaremos cada uno de estos elementos en su momento. El último paso: configurar la computadora para conectarse, se describe con detalle en el Capítulo 5.

# ¿Usted Tiene Computadora?

Solíamos decir, " No hay  nada que hacer con esto". De hecho, todavía es cierto. Debido a que la Internet es una red de computadoras, la única forma de conectarse a ella es usando una. Pero las computadoras comienzan a aparecer con todo tipo de disfraces y bien ya pueden estar en su casa sin que usted lo sepa. ¿Si tiene una computadora en el trabajo y, particularmente, está configurada para manejar correo electrónico, quizás ya tenga una conexión a la Internet (vea el recuadro "¿Ya está en Internet?").

# "¡Jamás. Hasta tuve que pedir prestado este libro!

Si no tiene computadora o si no está listo o dispuesto a comprar una, todavía tiene algunas opciones.

Un buen lugar para obtener acceso a Internet es en una biblioteca pública. Más y más bibliotecas se están transformando en centros locales de acceso a Internet y han hallado que este servicio es muy popular. Llame con anticipación para reservar una hora o averigüe a qué hora hay menos gente.

Otra posibilidad es una universidad local, el centro de educación continua o la escuela secundaria, lugares donde a menudo se imparten breves y baratos cursos introductorios a la Internet. ¿Usted podría preguntarse: "¿Qué tipo de libro para perdedores les dice a las personas que salgan y tomen un curso?" Un curso puede ofrecer dos cosas que, posiblemente, no podrá obtener de ningún libro: una demostración en vivo de qué es la Internet y, más importante, alguien a quien hablar y que conoce la situación de la Internet local. Ciertamente, puede subirse a la Red sin necesidad de una clase (nosotros lo hicimos así, después de todo); si hay una clase barata disponible, entonces tómela.

Los cibercafés están apareciendo con velocidad sorprendente. Ahora, puede surfear por la red mientras degusta su bebida favorita y comparte su ciberexperiencia. Si desea experimentar con Internet, los cibercafés son un excelente lugar para probar antes de comprar. Si desea quedarse definitivamente con los cibercafés, revise la sección sobre la etiqueta de cibercafés en el Capítulo 21.

Si no desea comprar una computadora, existen algunas "aplicaciones de Internet" disponibles que son pequeñas computadoras con programas incorporados para acceder a Internet. Algunos (en especial, WebTV) usan la pantalla de su televisor; otros tienen pantalla incluida. A ninguno de nosotros nos gusta esta aproximación (aunque a personas a quienes respetamos sí les guste) particularmente, porque usted puede comprar una computadora usada por un poco más de lo que cuestan las aplicaciones de Internet.

## ¡Espere! Hay una caja gris en el armario

Casi cualquier computadora personal fabricada desde 1980 es adecuada para al menos algún tipo de conexión a Internet. Pero a menos que tenga un muy buen amigo que sea un genio en computación y desee pasar un montón de tiempo en su casa para ayudarle a estar en línea, no vale la pena lidiar con esa vieja máquina — a menos que, claro está, usted esté particularmente interesado en que ese genio pase un montón de tiempo en su casa, pero eso ya es asunto suyo. Si se lo puede permitir, lo animamos a que compre una nueva, o al menos no una que tenga más de un año de vieja. Las computadoras nuevas vienen con software de Internet ya instalado y están configuradas para la última tecnología de Web. Si usted ya posee una computadora vieja, gastará más tiempo y energía, y finalmente mucho dinero, justamente tratando de hacer que la cosa funcione de la forma que usted quiera. Pensamos que lo más conveniente es comprar una computadora nueva. Las computadoras nuevas se abaratan más y más, y puede conseguir una relativamente buena a $ 600 o menos. Algunos sitios incluso le darán una computadora gratis si firma un contrato de tres años de servicio de Internet.

## ¡Espere! Tengo una nueva Thunderstick 2002

Ah, *tiene* una computadora (o quizás está pensando en comprar una). La mayoría de usuarios de la Internet se conectan permitiendo a su computadora marcar a un proveedor de servicios de la Internet, o ISP. Cuando encienda su computadora nueva por primera vez, o cuando dirija uno de los programas de Internet que vienen instalados, su computadora ofrecerá llamar a un ISP y establecer una cuenta en ese mismo momento. No marque por teléfono (ni deje que su computadora marque) hasta que haya leído el resto de este capítulo. Tenemos algunas advertencias y opciones que pensamos debe considerar primero.

Una forma más llamativa de conectarse, no disponible aún en todas partes, es una conexión *broadband* (de banda ancha). Su compañía telefónica o de cable local trae equipo ingenioso y lo conecta a su computadora en una conexión de alta velocidad mientras usted se recuesta y observa. Carol prefiere este acercamiento. Le decimos por qué más tarde, en el capítulo titulado "Conexiones Más Rápidas: Las Bellezas de la Banda Ancha". Pregúntele a su compañía de cable si ofrece acceso a Internet por módem de cable o pregúntele a su compañía telefónica si ofrece algo llamado DSL. Si uno u otro dice sí, considere obtener banda ancha.

## *No, pero ni puedo esperar para comprar una*

La gente discute sobre las ventajas y desventajas de diversos tipos de computadoras. Aquí no lo haremos (si va a comprar una cerveza, en cambio, estaremos felices de estar de acuerdo después de trabajar). A menudo, es más seguro hablar de política o de religión. La mayoría de las computadoras corren Microsoft Windows XP, Me, 98, ó 2000 (usualmente, son conocidas como *PCs o IBM-Compatibles*) o son Apple Macintosh. Las iMac y iBooks de Apple son, particularmente, fáciles de instalar. Pero ya sea una computadora Windows o Macintosh, puede obtener cualquier tipo de conexión y usar los lindos programas de apuntar y hacer clic para descargar imágenes, películas y sonidos de la Red.

Si tiene alguna amiga que conozca de computadoras y que desee ayudarle a conectarse a Internet, considere obtener el mismo tipo que ella. Así, si tiene un problema, tendrá a alguien a quién preguntarle y que probablemente sabrá la respuesta.

---

## ¿Ya está conectado a la Internet?

Si accede a una computadora o a una terminal de computadoras, quizás ya esté en la Internet. Estos son algunos detalles que debe tomar en cuenta.

Si tiene una cuenta o un servicio en línea, como CompuServe, America Online (AOL), o Microsoft Network (MSN), ya tiene una conexión a Internet. Todos los servicios populares para estar en línea ofrecen conexiones completas.

Si su compañía o su escuela tiene un sistema de correos electrónicos internos o una red de área local (LAN), quizás ya tenga conexión a Internet directa o indirectamente. Pregúntele al encargado de correo de su compañía.

---

# ¡Modems, Ja!

Un *módem* es lo que conecta su computadora a la línea telefónica o al sistema de cable. A menos que su computadora esté en una oficina o en una escuela que esté ya conectada directamente a Internet, necesita un módem. Necesita tener el tipo correcto de módem para el tipo de cuenta de Internet que va a usar: un módem de marcado para una cuenta de Internet de marcado, un módem de cable para una cuenta de Internet de cable o un módem DSL para una cuenta DSL de alta velocidad.

Si escoge una cuenta de Internet DSL o de cable (descrita posteriormente en este capítulo), la compañía suministra el módem. Es responsable de su módem solo si elige una cuenta de marcado.

## Modems de marcado

El módem de marcado es el tipo que quizás ya haya visto — han estado por ahí durante años y se conectan a líneas telefónicas normales. Pueden marcar el teléfono y conectarse al ISP en el otro extremo de la línea. Los modems vienen en todo tipo de formas y tamaños. Algunos son cajones separados, conocidos como modems *externos*, con cables que se unen a la computadora y la línea telefónica, y con cables de energía. Los otros se colocan dentro de la computadora, con solo un cable telefónico, y otros son pequeños, como del tamaño de una tarjeta de crédito diminuta que desliza al lado de su computadora portátil. (Todavía tienen un cable para el teléfono — algunas cosas nunca cambian.) Al igual que la variedad de tamaños físicos de modems de marcado, hay una variedad amplia de características internas. La velocidad a la cual un módem funciona (o la tasa a la que puede llenar con datos a la computadora en una línea telefónica) es de 56,000 bits por segundo (bps, comúnmente pero, erróneamente llamados baudios), abreviado como 56K . La mayoría de modems puede actuar como máquina de fax y algunas características aún más exóticas, como contestadoras automáticas integradas.

La mayoría de computadoras vendidas en los últimos dos años vienen con modems incorporados. Si ya tiene módem, úselo. Si tiene que comprar un módem, ponga uno de 56K, porque cualquier cosa más lenta no será más barata. Para modems externos, asegúrese de poner un cable para conectar el módem a su computadora y de que tenga conectores que equivalgan a la computadora — tres tipos diferentes de enchufes pueden estar adelante o detrás de una computadora.

---

## ¡HEY! ¡Es la Web en su teléfono!

Todos los teléfonos móviles modernos tienen pantallas pequeñas y teclados pequeños teclados, de modo tal que un grupo de la industria llamado WAP (Wireless Access Protocol) ha ideado una forma de mostrar pequeñas páginas en esas pantallas. WAP es muy popular en Japón, donde las chicas adolescentes lo usan para mantenerse al día con la actualizaciones de Hello Kitty, pero no se ha vuelto muy popular aún en Estados Unidos. En este punto desaconsejaríamos pagar extra por un teléfono con WAP, a menos que tenga en mente un uso específico y lo haya probado en el teléfono de otra persona para ver si puede usarlo bien.

---

***Nota para dueños de computadoras portátiles:*** Si su computadora tiene ranuras de tamaño de tarjeta de crédito para PC Card pero no tiene un módem incorporado, obtenga un módem de PC Card que calce en la ranura para que no tenga que cargar un módem separado cuando deba viajar. Aunque cueste más, vale la pena.

## Modems de cable

Si tiene una conexión a Internet por cable, necesita un módem de cable. Los modems de cable siempre son externos (hasta ahora, en todo caso) y se conectan a una tarjeta de adaptador de red de la computadora o a un puerto USB por fuera de ella. Afortunadamente, no tiene que comprar uno —su compañía de cable lo proporciona, por un pequeño cargo mensual.

## Modems DSL

Los modems DSL sirven para conectarse a las líneas telefónicas DSL de alta velocidad. No compre uno usted mismo —necesita asegurarse de que el módem que usa sea compatible con las líneas telefónicas de su compañía telefónica. Los internautas elegantes obtienen sus modems DSL de la compañía telefónica.

La mayoría de modems DSL son externos y se conectan a la tarjeta del adaptador de red de su computadora. Algunos modems DSL más nuevos se conectan al puerto USB de la computadora, un conector estándar de todas las computadoras modernas. Y algunos modems DSL son internos y se instalan directamente en su computadora (el instalador de la compañía telefónica abrirá su computadora y lo introducirá).

# ¿A Quién Va a Llamar?

A menos que haya conseguido de alguna forma una cuenta gratis, debe pagarle a una compañía por darle su conexión a la Internet. Usted usa su computadora y su módem (o algún otro dispositivo de comunicaciones) para llamar al sistema del proveedor, y el proveedor maneja el resto de los detalles de conexión a la Internet.

Para conectar la computadora a Internet, usted tiene dos o tres posibilidades de mayor importancia, si es afortunado:

✔ **Elección 1: Firmar con un servicio en línea, como America Online.** Los servicios son fáciles de usar y proporcionan información de modo más organizado que la misma Internet. Usualmente, no le dan todos los servicios existentes en Internet y debe usar su software. Los servicios en línea tienen números para marcar en casi todas las ciudades, pero no extienden sus servicios a todas las áreas rurales.

✔ **Elección 2: Firmar con un proveedor de servicios de Internet (ISP) con una cuenta de marcado telefónico a Internet.** Para usar una cuenta con ISP, necesita un programa de marcado (solo para cuentas de marcado), un programa de correo electrónico y un programa explorador de la Web (le explicaremos todos estos términos en la siguiente sección). Muchos ISP ahora tienen programas de conexión automatizada que son tan fáciles de usar como el que usa America Online.

✔ **Elección 2A: Firmar gratuitamente con un proveedor de servicios de Internet (ISP).** Unos cuantos ISP ofrecen un servicio gratuito limitado como retorno para que usted vea sus anuncios en la pantalla. Vea el apartado "¿Cómo lo Hacen Gratis?", en este capítulo.

✔ **Elección 3 (si tiene suerte): Firmar para tener acceso a cable o a DSL de alta velocidad.** Y decimos "si tiene suerte" porque este tipo de conexiones no están disponibles universalmente aún. Si en su área ya existe, todo lo que tiene que hacer es llamar a su compañía de cable o a su ISP y arreglar que alguien vaya a instalar la tarjeta de red en su computadora (y si aún no tiene televisión por cable en su casa, también el cableado necesario y el equipo extra que vaya a necesitar para el DSL). En Europa pueden ser capaces de obtener una línea ISDN de sus compañías telefónicas, y esa línea es tan buena como la DSL. Si elige cualquiera de estas opciones de alta velocidad, puede saltarse el resto de este capítulo.

# Los buenos y viejos servicios en línea

Puede seleccionar un gran servicio en línea, como America Online (AOL) o CompuServe (que es propiedad de AOL). Cada uno tiene su propio paquete de software que se ejecuta en la computadora y que lo conecta con el servicio. Cada uno tiene versiones de su software para Windows, Mac y hasta DOS.

Estas son unas buenas cosas sobre los servicios en línea:

✔ Son relativamente fáciles de conectarse y usar, incluyendo el software gratuito que llega regularmente en CD-ROM hasta su buzón postal.

## ¿Cómo lo hacen gratis?

Los servicios de Internet gratuitos tienen ventajas y desventajas —si no fuera así, ¿cómo podrían las personas pagar por este servicio? Los proveedores gratuitos de Internet tienen mucho que ofrecer, pero no son para todos. Esta es la idea básica, desde el punto de vista del proveedor. *Ellos desean reunir información sobre usted y usar esa información para venderle cosas.* Si se siente bien con ese arreglo, usted y su ISP se llevarán muy bien. Si no, su relación siempre tendrá una corriente de tensión.

Obtener una cuenta gratuita de Internet es muy parecido a obtener una cuenta normal, solo que más barata. Usted busca lo que está disponible en su ciudad, elige uno o más ISPs que se vean prometedores, obtiene el software de instalación de los ISPs y los ejecuta en su computadora. El software lo guía a través del proceso de crear su cuenta. Una vez que la cuenta ha sido creada, tendrá el icono de su ISP en su escritorio. Al abrir el icono se conectará a la Internet a través de ese ISP. Mientras esté conectado, verá anuncios en la pantalla, generalmente, en una pequeña ventana de explorador que no se puede cerrar. Los requerimientos de hardware de los ISP gratuitos son los mismos de cualquier otro ISP de marcado telefónico.

Mientras escribimos esto, el mercado de los ISP gratuitos está en flujo (y puede permanecer allí durante un largo plazo). No pasa semana sin que algún ISP gratuito anuncie cambios mayores en la forma en que funciona. Muchos han salido del negocio o se han anexado a otros, y la mayor parte de los sobrevivientes han recortado la cantidad de servicios gratuitos que ofrecen. Cada vez que un servicio gratuito cierra o le impone nuevas reglas a sus usuarios, estos se cambian a otros ISP gratuitos que, quizás, no están equipados para manejar todo el tráfico nuevo. Ese oscuro ISP pequeño en el cual nunca había una señal de ocupado puede quedar completamente abarrotado en una noche.

Puede enterarse de esta situación de la misma manera que nosotros: en el sitio Web FreedomList (`www.freedomlist.com`). FreedomList le permite buscar ISP gratuitos de cualquier país, le permite calificar y dar su opición sobre ISPs, observar y leer las calificaciones que otros usuarios le han dado a sus ISPs gratuitos. Este sitio también contiene noticias e historias sobre los ISP gratuitos.

✔ Aseguran tener a muchas personas que le pueden ayudar cuando tiene problemas (nuestra experiencia de primera mano no necesariamente apoya esas aseveraciones; de hecho, Carol piensa que Servicio al Cliente de AOL es un oxímoron).

✔ Ofrecen servicios exclusivos e información que no está disponible en ningún otro lugar de la Red (aunque algo del material que solía estar disponible solamente a través de estos servicios se ha trasladado a áreas públicas de Internet).

✔ Muchos limitan el material que sus niños pueden ver.

Estas son algunas cosas malas sobre este tipo de servicios:

✔ Muchas personas se quejan de que las pantallas están tan llenas de anuncios que a menudo cuesta saber qué es qué.

✔ Limitan la cantidad de servicios de la Internet que puede seleccionar; si quiere algo más: mala suerte. Por ejemplo, para leer el correo de AOL, solo puede usar el lector de correo de AOL o Netscape 6.1 Mail (AOL es propietaria de Netscape); no puede usar Eudora, Outlook Express ni ningún otro programa popular de correo electrónico.

✔ Dificultan o imposibilitan el acceso a algunas partes de la Red consideradas controversiales. Algunas personas consideran, claro está, que esta restricción es una ventaja).

La Figura 4-1 le muestra una típica ventana de AOL que usa la versión 7.0 de su software.

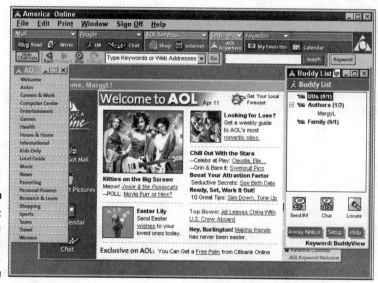

**Figura 4-1:**
America
Online está
en pantalla.

# ¿Cuánto cuesta todo esto?

Puede gastar mucho dinero con su conexión a Internet, o bien, puede no gastar absolutamente nada. Estos son algunos detalles para tomar en cuenta.

### Tarifas de los ISP

Los esquemas de pago varían muchísimo. La mayoría de los ISP cobran cerca de $20 al mes y le dan ya sea horas ilimitadas o hasta 80 ó 100 horas. A menudo, hay una tarifa de solo 5 dólares mensuales por 3 ó 4 horas mensuales; según este esquema, las horas extras son cobradas a 5 dólares cada una. La mayoría de la gente prefiere la primer opción. Si considera un ISP con una tarifa de horas limitadas, tome en cuenta que los estudios han demostrado que el uso promedio de Internet es de 18 horas por mes.

Si usted o sus hijos se vuelven usuarios en línea regulares, descubrirá que pasará mucho más tiempo conectado de lo que había estimado inicialmente. Incluso si piensa estar en línea una cantidad exacta de tiempo y no usa un plan de tarifas como guía, quizás se lleve una sorpresa cuando al final del mes arribe el recibo del ISP.

Las conexiones de Cable y de DSL parecen costar más (generalmente, entre $40 y $50 por mes, además de la instalación y del módem especial que se necesita). Sin embargo, ni el cable ni el DSL necesitan de su servicio telefónico regular mientras está en línea. Muchas personas que utilizan modems ordinarios terminan pagando por la instalación y usando una segunda línea telefónica. Cuando usted agrega el costo de una segunda línea al costo del ISP, quizás halle que el DSL y el cable no son más caros. Este tipo de conexiones siempre está disponible —no hay problemas relacionados con llamadas o con inicios de sesión, y son significativamente más rápidas y divertidas, eso creemos nosotros).

### Tarifas telefónicas

Si no tiene cuidado, puede terminar pagando más por la llamada telefónica que por usar el servicio de Internet. Una de las cosas que hace al firmar un contrato con un ISP es determinar el número telefónico al que debe llamar. *Si es posible, use un ISP cuyo número sea gratuito o que sea una llamada local sin tiempo de cargo.* Si usa un proveedor de Internet local o regional, ese proveedor tendrá una corta lista de números que puede usar. De los proveedores nacionales, AT&T posee sus propias redes nacionales de números telefónicos; los demás se apoyan en otras redes, como Sprintnet, de Sprint; y Alternet de MCI/WorldCom. Si en su área un proveedor nacional tiene números locales, es muy probable que los demás también tengan, ya que se trata de un número de Sprintnet o Alternet que opera para todos ellos.

Si no encuentra un ISP con llamada local para usted, sus opciones son limitadas. Si busca bien, quizás encuentre servicio de llamadas a larga distancia por menos de 7 centavos por minuto (pero es todavía más de $4 por hora). Asegúrese de comparar las tarifas estatales y fuera de su estado porque las segundas son más baratas en muchos casos, aunque sea más lejos. Tenga cuidado con los números "gratuitos", porque a menudo tienen un cargo adicional.

Algunos ISPs le dan un software que, automáticamente, selecciona un número telefónico local. Usualmente, selecciona en forma correcta, pero hemos escuchado suficientes historias de horror y le recomendamos que siempre verifique que el número que su computadora está marcando realmente sea una llamada local. Revise su guía telefónica o llame a su oficina telefónica.

Si solo puede hacer llamadas de alto costo desde donde vive, tome en cuenta MCI Mail, que ofrece solo un servicio (correo electrónico) pero que tiene acceso libre de costo desde cualquier lugar del país sin cargos extra por horas adicionales.

# ISPs: La Internet, toda la Internet y nada más que la Internet

Un ISP (Internet Service Provider —Proveedor del Servicio de Internet—: nosotros los informáticos amamos los ATL —Acrónimos de Tres Letras) es parecido a un servicio en línea, pero con la importante diferencia de que su negocio primordial es conectar personas a la Internet. Debido a que casi todos los ISPs le compran sus equipos y software a un puñado de fabricantes, los servicios y las características que los ISP ofrecen son muy parecidas entre sí, con importantes diferencias tales como el precio, el servicio y la confiabilidad. Piense en ello como la diferencia que hay entre un Ford y un Buick, las diferencias entre sus vendedores locales serían mucho menos importantes en la decisión de la compra que las diferencias propias entre los automóviles.

Cuando se conecte a su ISP, su computadora se hace parte de la Internet. Usted digita cosas o hace clic en los programas que se ejecutan en su computadora, y esos programas se comunican por la Red o hacen lo que se supone que deben hacer por usted.

Una cuenta de ISP permite que los programas que se ejecutan en su computador se apoyen en las facilidades de su computadora para poder desplegar gráficos, ventanas, reproducir sonidos, aceptar clics del mouse y hacer todas las cosas divertidas que las computadoras modernas realizan. Puede ejecutar varias aplicaciones de Internet al mismo tiempo, lo cual puede ser muy útil. Puede estar leyendo su correo electrónico, por ejemplo, y recibir un mensajes que describe una nueva página Web que es genial. Puede cambiar de inmediato a su programa de la Web (Netscape o Internet Explorer, muy posiblemente) buscar en la página y luego volver al programa de correo exactamente al lugar donde había quedado. La mayoría de programas de correo destacan los URLs (las direcciones Web) y le permiten abrir su explorador solo haciendo clic en él, desde su mensaje de correo electrónico.

Otra ventaja de las cuentas ISP es que no está limitado a ejecutar los programas que su proveedor le brinda. Puede descargar una nueva aplicación de Internet desde la Red y empezar a usarla inmediatamente (su ISP simplemente actúa como el conductor entre su computadora y el resto de la Red).

Algunos ISP también le proporcionan un muy viejo tipo de acceso llamado *shell account* (*cuenta de coraza*, refiérase a la barra lateral "Es una terminal", en este capítulo). Las cuentas de coraza pueden ser muy útiles para los usuarios que tienen discapacidades visuales, porque despliegan solo texto, lo cual funciona bien con los programas lectores de texto de pantallas.

## Internet en la calle

A donde quiera que vayan, las personas usan computadoras portátiles. Estar conectado mientras viaja puede ser un buen reto. Una manera de estar en Internet mientras viaja es conectar su módem en el teléfono del hotel y marcar a su ISP o servicio en línea. Consulte a su ISP si tiene números locales a los cuales pueda llamar desde el sitio donde se encuentra. Muchos ISPs locales o regionales pertenecen a organizaciones como iPass, en las cuales todos los miembros les brindan acceso a los clientes de los demás, aunque con un cargo extra. Si viaja al extranjero, AOL y AT&T Business (at `www.attglobal.net`) son los ISPs de Estados Unidos con el mayor acceso a redes internacionales. Muchos hoteles de negocios de alto nivel proporcionan acceso a Internet si su computadora tiene puerto de redes (Ethernet o LAN). La conexión, generalmente, cuesta cerca de $10 por día.

Si desea surfear mientras está en movimiento, es posible equipar su computadora portátil ya sea con un módem celular, un módem que se emplea como un teléfono celular, o bien, en algunas áreas de alta tecnología, hay redes locales de radio. Los modems celulares tienden a ser caros y lentos, mientras que las redes locales de radio tienden a ser extremadamente locales. Le sugerimos que se quede, por ahora, con los cables pasados de moda.

## Dispositivos de Internet

Si no está listo para comprar una computadora, podría considerar un *dispositivo de la Internet*: una caja que, simplemente, se conecta a la Internet y hace cosas de la Internet, como exploración de la Web y correo electrónico. En realidad, éstas son pequeñas computadoras con software ya incorporado. Usualmente, son muy baratos, $ 100 más o menos, pero tiene que usar un proveedor de servicio de la Internet que le dé soporte a su artefacto particular.

No creemos que los dispositivos de la Internet sean una buena inversión. En primer lugar, si el servicio que le da soporte a su aparato se va, usted se queda con un pisapapeles caro. Por otro, si usted gasta un poco más (bueno, varios centenares de dólares) obtendría una computadora real y podría hacer todas las cosas de Internet que un dispositivo puede hacer, pero también podría instalar nuevas aplicaciones de Internet desde la Red y, además, escribir cartas, balancear su chequera, calcular sus impuestos y todas las otras cosas que las personas hacen con sus computadoras. El dispositivo de la Internet más viejo y mejor conocido es WebTV, ahora llamado MSN TV, el cual discutimos en la barra lateral "Yo quiero mi MSN TV". La AOL ahora vende AOLTV, un aparato solo para AOL (con teclado) que cuesta más de $ 200.

# Conexiones Veloces: La Belleza de la Banda Ancha

Si es del tipo de personas a quienes les gusta vivir al límite, tecnológicamente hablando, usted desea la conexión a Internet más rápida que hay, para poder jugar con todos los gráficos maravillosos y descargar sonidos y videos. Los gráficos, el video y el sonido son fragmentos de información (demasiado para poder ser manejados por las conexiones de marcado). Las conexiones de banda ancha pueden proveer una banda más ancha (es decir, la cantidad de información que se puede transferir en un monto de tiempo específico) que las líneas telefónicas regulares. Pueden ser muy rápidas, nominalmente, 1.4 millones de bits por segundo, con descargas que, en la práctica, exceden los 140,000 bytes por segundo.

La buena noticia es que las conexiones de alta velocidad se están volviendo más fáciles de encontrar y más rentables para los simples mortales.

Después de que se acostumbre a una conexión de alta velocidad, nunca será capaz de tolerar una conexión ordinaria por teléfono. Es así de buena.

---

## ¡Quiero mi MSN TV!

MSN TV, que es propiedad de Microsoft, ha tenido ventas lentas por varios años, pero puede ser lo adecuado para usted. Obtenga un MSN TV (antes llamado WebTV) un sistema que incluye el hardware y el servicio. El hardware incluye una caja que se conecta al equipo de televisión, un control remoto y un teclado (opcional, pero indispensable a menos que sea una persona extremadamente paciente); el servicio consiste en una conexión a Internet por la cual paga una tarifa mensual. La caja incluye una computadora, claro, pero no se lo diga a nadie. La computadora ejecuta un programa, el programa MSN TV, y utiliza la televisión como su monitor. MSN TV, que es propiedad de Microsoft, ha tenido pocas ventas por varios años, pero podría ser lo indicado para usted.

Para más información sobre MSN TV, lea nuestra página Web sobre el tema:

`net.gurus.com/webtv`

# Es una terminal (usar una cuenta de UNIX)

¿En los primeros días de la Internet, antes de Netscape, antes de America Online, antes de la World Wide Web misma (¿puede recordar tanto? – hablamos de 1989), los intrépidos exploradores de la Internet lidiaban con la Internet usando cuentas de UNIX. UNIX es un sistema operativo que, en su forma más pura, requiere que digite comandos breves, crípticos y completamente irrecordables para poder hacer cualquier cosa. Aunque UNIX es un sistema poderoso y los programadores lo aman, la mayoría de los simples mortales lo encuentran muy doloroso de usar. Las cuentas UNIX también se llaman *shell accounts (cuentas de coraza),* por el nombre de la parte de UNIX que escucha las órdenes digitadas.

Las cuentas de UNIX solían estar ampliamente disponibles. Algunos ISP todavía le pueden dar una, si usted lo pide de modo específico. Algunos ISP, incluso le dan una cuando usted se registra con ellos para obtener una cuenta de Internet. Puede aprender a usar cuentas de coraza de UNIX leyendo esta página Web:

```
net.gurus.com/shell
```

# MSN: La red de Microsoft

Cuando Microsoft introdujo Windows 95, también presentó Microsoft Network (MSN), un servicio en línea nuevo que iba a comerse el almuerzo de America Online y CompuServe. Varios años más tarde, AOL todavía tiene su almuerzo (junto con los de CompuServe, Prodigy, Source y muchos otros competidores muertos). MSN ha abandonado su diseño propietario original y se ha convertido solamente en otro ISP con páginas Web especiales que solo puede ver si es suscriptor de MSN. El programa MSN Explorer, que instala cuando se inscribe en MSN, incluye un exlorador de Internet y un programa de correo electrónico. MSN usa el servidor de correo electrónico Hotmail de Microsoft para su correo electrónico, de modo que no puede usar ningún programa de correo electrónico que no sea de Microsoft para leer su correo.

Inscribirse a MSN es fácil si usa Windows porque hay un icono de MSN sentado exactamente en su escritorio. De hecho, Microsoft se esmera en ofrecerle muchísimas oportunidades de inscribirse durante el proceso de instalación de Windows. Para más información, eche un vistazo a la página Web de MSN, en www.msn.com.

Antes de inscribirse a MSN, mejor lea su licencia de usuario muy cuidadosamente. ¡Desde mediados del 2001, si usted usa el sistema de correo electrónico de Hotmail de Microsoft (que es parte de MSN) automáticamente le da a Microsoft el derecho de usar cualquier información de cualquier correo electrónico que envíe de la forma que ellos lo deseen! ¡Asombroso, pero verdadero!

# Conexiones de cable

Una *cuenta de Internet por cable* utiliza el mismo cable que suele llevar a su casa 250 estaciones de televisión. Para inscribirse en una cuenta, se llama a la compañía de cable para que la abra. Un técnico viene e instala un doozus (término técnico) de conexión de red, por el cual llega a su casa la línea de cable o de teléfono, también instala una tarjeta de red estándar en su computadora (si es que no la tiene aún), trae un módem especial (el cual puede parecerse a una computadora portátil con un peinado puntiagudo) y lo conecta todo. Magia.

Si tiene televisión por cable, el cable es seccionado y un segmento se conecta a su computadora. Si no tiene televisión por cable, la compañía de cable quizás deba instalar el cable completo antes de que pueda tener lista la computadora. Cuando el técnico se vaya, tendrá una conexión a Internet permanente y de alta velocidad (siempre que pague su recibo, de entre 40 y 50 dólares por mes. Quizás sea más barata si usted también tiene sus canales). Además de la alta velocidad y el acceso constante por el precio acordado, usted no tendrá que estar sin usar el teléfono.

El acceso de cable viene de dos maneras. La vieja de una vía y la nueva de dos vías. Con el cable de una vía, la información entrante viene desde la Red hasta la PC a alta velocidad a través del cable, pero la información saliente todavía usa un módem y una línea telefónica. Con el cable de dos vías, todo va por el cable. Su compañía de cable le dirá de cuál tipo ofrecen.

# Conectarse con DSL

Las compañías telefónicas tienen también el tipo de conexión de banda ancha: *DSL* (Digital Subscriber Line, que en español puede traducirse como Línea de Suscriptor Digital). Se supone que el servicio DSL use su línea telefónica existente y el cableado de su casa. Pero el DSL a menudo funciona mejor si la compañía telefónica pone una nueva línea desde su edificio hasta donde usa su computadora (las compañías telefónicas llaman a esto "home run"). Para que el DSL funcione, tiene que vivir en dos millas a la redonda de la oficina telefónica central, por esto el DSL no está disponible en muchas áreas rurales.

Existe DSL de varias velocidades. Las velocidades más altas cuestan más caras (¡sorpresa, sorpresa!). La velocidad más lenta (usualmente de 640Kbps) es suficiente para la mayoría de usuarios.

Si el servicio DSL está disponible, debe llamar a su compañía telefónica o a un ISP para que haga los arreglos del servicio. Un instalador de teléfono vendrá con una caja de conexión de red (un glorioso módem) y la conectará a su computadora. Los modems DSL se conectan a un puerto de red (el cual quizás necesite agregar a su computadora) o a un puerto USB (el cual ya muchas computadoras traen preinstalado).

## ¿Quién es el primero?

Su compañía telefónica pronto puede ofrecer video en su DSL y su compañía de cable puede ofrecer servicio telefónico local por su módem de cable. ¿Confuso, verdad? DSL fue originalmente pensado para brindar *video a petición* (esto es, casi cualquier película o programa de televisión cuando lo desee); pero cuando los clientes querían video, tienden a recurrir a HBO o a la tienda local de renta de videos. DSL ahora ha sido revivido como otro portal de acceso a la Internet de alta velocidad, pero la capacidad de video continúa allí.

Un costo oculto de obtener ya sea cable o acceso a Internet por DSL es el hecho de tener que faltar un día al trabajo para esperar a los instaladores. Algunas veces les toma dos viajes para poner las cosas a funcionar. Trate de fijar la primera cita en la mañana. También, la compañía de cable o la compañía telefónica, generalmente, es su ISP a menos que pague más, de modo que no tiene que elegir ISPs. En teoría, la compañía telefónica brinda acceso DSL en condiciones iguales a todos los ISPs; pero, en la práctica, su propio ISP casi siempre resulta ser más igual que los otros.

## ISDN y otras palabras de cuatro letras

A principios de los años de 1980, AT & T desarrolló lo que se suponía sería la siguiente generación de teléfonos, llamada *ISDN,* que parecía ser la abreviación de I Still Don 't Know (Yo Todavía No Sé) o Improvements Subscribers Don 't Need (Mejoras que los Suscriptores No Necesitan). ISDN usa alambres telefónicos regulares (lo cual es importante porque las compañías telefónicas tienen cerca de 100 millones de ellos instalados) y pone cajas al final de cada cable, el cual transmite datos digitales en vez de los datos analógicos de antes. En este arreglo, una línea ISDN puede transmitir 128Kbits por segundo, una mejora considerable sobre los 56K que una línea telefónica regular y un módem permiten, aunque mucho más lento que el cable o el DSL.

Desafortunadamente, las compañías telefónicas echaron a perder la forma en que hacían disponible el ISDN. Instalar ISDN es fantásticamente complicado, tanto que conocemos gerentes de telecomunicaciones de jornada completa que han sido incapaces de encontrar a alguien en su compañía telefónica local que sepa cómo hacerlo. También, ISDN es demasiado caro en la mayoría de los lugares. En Nueva York, por ejemplo, una línea ISDN cuesta cerca de dos veces más que una línea regular, y cada vez que llame, aunque sean llamadas locales, cuesta extra. A menos que su ISP

## Si es un estudiante

La mayoría de academias y universidades brindan algún tipo de acceso a la Internet para sus estudiantes. El tipo de acceso varía mucho. En algunos casos, son solo algunas terminales, en un laboratorio de alguna parte del campus. (¡Si eso describe su escuela, entonces cámbiese!) En otros casos, tienen servicio de Internet de alta velocidad por mucho superior de lo que obtiene de la mayoría de ISP, a menudo con acceso directo a la Internet desde cada cuarto.

En todos, el acceso a la Internet es barato o gratuito: si es un estudiante o si es algún ti-po de afiliado de una academia o una universidad, revise lo que está disponible en el campus antes de ver en otro sitio. En algunas áreas, convertirse en un estudiante es más barato que pagar por acceso a la Internet de larga distancia.

Algunas instituciones incluso permiten que los alumnos graduados usen sus sistemas; si vive cerca de su alma máter, vale la pena ver si tiene algún tipo de acceso para alumnos graduados.

local arregle los detalles de una conexión ISDN para usted y que sepa los conjuros para mascullar con la compañía telefónica para hacer los cargos de llamada (frases como *Centrex de multiposición*), váyase, no creemos que ISDN valga la molestia. Si puede obtener DSL, ni siquiera piense en ISDN. En muchas partes de Europa, las compañías telefónicas ofrecen ISDN en vez de DSL —si vive allí, recurra a cualquiera disponible de su área.

# Elegir un ISP

Si ha decidido obtener una cuenta de cable o de DSL, no tiene muchas opciones: se suscribe con su compañía de cable o de teléfono o con uno del manojo de ISPs que tenga convenio con ella. Si ha elegido AOL o CompuServe, obtenga su software para conectarse e instálelo. Pero si decide firmar con una cuenta de marcado telefónico, tiene que seleccionar un ISP. Su elección es complicada porque tiene unos cuantos miles de ISPs de entre los que puede seleccionar. Si tiene acceso a la Internet a través de un amigo o en su biblioteca, puede encontrar muchos en nuestro sitio Web, en

```
net.gurus.com/isp
```

## Unas palabras sobre Linux

Linux es un sistema operativo gratuito estilo UNIX que funciona con PCs. Debido a que la mayoría de servidores de la Internet corren UNIX, la mayoría de software de servidor también se ejecuta en Linux o puede ser adaptado fácilmente a él por alguien con un poco de experiencia en programación. Aunque el proceso de instalar Linux puede ser un dolor, si desea poner su computadora en la Red por muchas horas al día o si desea probar un conjunto de páginas Web que ha escrito, Linux es el sistema para usar. Usando técnicas avanzadas de software de sistemas conocidas desde 1961 (pero no implementadas completamente aún por Windows —ni siquiera por Windows XP y 2000) Linux protege de manera independiente los programas que se ejecutan, de modo que si uno se cae, casi nunca se trae con él al sistema. Nadie consideraría que es inusual que los sistemas de Linux corran continuamente por un mes o más sin tener que reinstalar la máquina.

Aunque Linux no es tan fácil de instalar como Windows, es considerablemente más barato y mucho más confiable para usarlo como servidor. Revise "*Linux For Dummies, 2nd Edition*", de Jon Hall (publicado por Hungry Minds, Inc.) para mayores detalles.

Existen unos cuantos ISPs nacionales disponibles, como MSN (Microsoft Network) Earthlink, Concentric/XO y AT&T WorldNet. Los ISPs nacionales tienen muchísimos números de marcado a lo largo del país, lo cual puede ser muy útil si usted viaja y usualmente (pero, no siempre) tienen un extenso equipo de apoyo para ayudarlo. Su precio, generalmente, es de unos veinte dólares por mes.

Usualmente, puede obtener un mejor trato con un ISP local o regional. Ellos tienden a competir en cuanto a sus precios más que los de alcance nacional y, en muchos casos, debido a que se adhieren a una área geográfica, también ofrecen material en línea orientado a la comunidad. Cuando esté haciendo su elección, considere estos factores:

- **Precio:** Pregunte por el precio de uso ilimitado o el de 100 horas, en caso de que planee usar la Red frecuentemente o por un precio más bajo para un número de horas limitado.

- **Números de acceso:** Pregunte a cuáles números telefónicos puede llamar para conectarse y asegúrese de que haya al menos uno local desde donde pueda llamar desde su casa u oficina.

- **Apoyo:** Llame y hable con los miembros del departamento de apoyo antes de que se suscriba. Nosotros creemos que un buen apoyo implica ayuda disponible en horas de oficina, no tener que esperar en línea mucho tiempo y, más importante, personas de apoyo que no piensen que sus preguntas son estúpidas y que realmente las contesten (no puede dar por hecho que la gente le ayudará siempre).

✔ **Cargar:** ¿Cómo es la respuesta en horas pico y recibe tonos de ocupado cuando llama?

✔ **Velocidad del módem:** Algunos proveedores no han actualizado su equipo por mucho tiempo. No le hace ningún bien tener un módem rápido si la velocidad del módem de su proveedor no puede igualarlo.

## Cómo encontrar un ISP local

La consideración más importante al seleccionar un ISP es si ellos tienen un número telefónico que tenga llamada local. El costo de una llamada a su ISP es crucial, porque las llamadas en línea tienden a ser muy largas. Usted necesita un ISP que tenga un número telefónico que represente una llamada local para usted.

Aunque unos cuantos ISPs tengan números gratuitos, sus tarifas por hora tienen que ser lo suficientemente altas como para cubrir el costo de la llamada. Llamar directamente y pagar usted mismo por la llamada es (casi invariablemente) más barato que llamar a un número de acceso gratuito, pues alguien tiene que pagar por la llamada y ese alguien es usted. Algunos proveedores locales tienen números para acceso cotidiano y un número especial más caro para usar mientras viaja o que pertenece a una red llamada iPass, que le permite usar otros números de marcado del ISP cuando está fuera del barrio.

Estas son las mejores maneras que conocemos para encontrar un ISP cerca de casa.

✔ Revise las páginas de negocios de su periódico local para ver si hay anuncios de ISPs locales.

✔ Pregúntele al encargo de su biblioteca o a un grupo de servicios en línea.

✔ Vea sus páginas amarillas locales, en el apartado de Servicios de Internet o, sencillamente, de Internet. Use la cuenta de Internet de un amigo o una cuenta de evaluación de un servicio en línea para acceder a la World Wide Web. Revise nuestra página Web (`net.gurus.com/isp`) para sitios que enumeran ISPs por estado, código de área o país.

✔ Pregúntele a algún vecino que ya tenga acceso a la Internet cómo se conecta y qué tipo de acceso utiliza y, claro, si le gusta.

# Suscribirse

Muchos ISPs listan dos números: un número de voz y un número de módem. Pensamos que es útil, si es nuevo en estas cosas, (algunos de nosotros somos nuevos en esto por *años* — no lo tome como algo personal) llamar y hablar con seres humanos al otro extremo de la línea para obtener una guía útil. Hablar con una persona le permite hacer las preguntas que tiene y, en muchos casos, esa costumbre lo acompañará por un largo camino hasta calmar la ansiedad que, a menudo, acompaña este paso. Para una cuenta con un ISP, diríjale la palabra a su ISP acerca de cual software le dará o espera que usted tenga. Si no tiene respuestas comprensibles o si la persona a la que le habla suena como si tuviera mejores cosas que hacer que responder las dudas de sus clientes, busque un ISP diferente.

La mayoría de ISPs ahora tienen programas de suscripción que vienen en un CD-ROM o preinstalados en su computadora. Windows 98 y Me viene con el software de suscripción de AOL y algunos ISPs nacionales (seleccione Start➪Programs➪Online Services de la barra de herramientas). Windows XP viene con un asistente: New Connection Wizard que le pueden mostrar una lista de ISPs. Si selecciona un ISP local, pregúnteles si ellos ofrecen un CD-ROM de suscripción. Esto incluye el programa que lo suscribe a una cuenta, junto con los programas que puede usar cuando se conecta a la Internet (como un programa de correo electrónico y un explorador Web).

Suscribirse a una cuenta con un ISP, generalmente, involucra dar su nombre, dirección, número de teléfono y otra información de cobros, casi invariablemente, el número de su tarjeta de crédito. El acceso generalmente es dado de inmediato, o el servicio puede llamarlo a su teléfono antes para verificar que usted es quien dice ser. Si no utiliza tarjetas de crédito, llame al ISP y pregúnteles si aceptarían que usted prepagara su cuenta por medio de un cheque.

# De vuelta al software

El tipo de cuenta de Internet que tiene está íntimamente relacionado con el tipo de software que necesita.

- ✔ **Servicios en línea:** Todos los sevicios en línea (como America Online y CompuServe) le entregan discos de programas que funcionan con sus sistemas particulares. El Capítulo 5 le dice cómo obtener e instalar el software requerido pare acceder a AOL, el servicio en línea más popular, y el Capítulo 17 le dice cómo usarlo.

- ✔ **Cuentas ISP:** Si usa un ISP con una cuenta de marcado, necesita un software de marcado. También necesita programas para los diversos tipos de información que desea usar por la Internet: un programa de correo que envía y recibe correo electrónico, un explorador de la Web para buscar páginas Web y otros programas. Con suerte, casi todas las computadoras vienen con todos los programas necesarios ya instalados. El Capítulo 5 le dice cómo obtener e instalar los programas necesitados, con secciones para Windows y Mac.

✔ **Cuentas de alta velocidad:** Para conectar una cuenta de ISDN, se usan los mismos programas utilizados para las cuentas de marcado telefónico (refiérase al Capítulo 5). Para una cuenta DSL, se usa el tipo de software de redes que usaría para instalar una red de área local (según su sigla en inglés: LAN); pídale ayuda a su compañía telefónica local. Las cuentas de cable funcionan con el software de la conexión LAN, aunque muchas compañías de cable proporcionan su propio software.

## Fuego en el muro

Muchísimas PCs de compañías grandes están cargadas con software de la Internet y tienen conexiones de redes unidas a una conexión de la Internet, de modo que si usted es tan bendito, puede ejecutar programas en su computadora y puede conectarse directamente a la Red. ¿Correcto? No completamente.

Si está en una organización de gran escala que tenga (para nada irracionales) preocupaciones sobre los secretos confidenciales de la compañía que puedan escurrirse a través de la Internet, es posible que un sistema de *firewall (muro de fuego o barrera protectora)* esté ubicada entre la red de la compañía y el mundo exterior para limitar el acceso externo a la red interna.

Todo tráfico entre la red interna de la organización y la Internet debe pasar a través de la barrera de protección. La programación especial de la barrera de protección limita cuál tipo de conexiones se pueden hacer entre el interior y el exterior y quién las puede hacer.

En la práctica, puede usar cualquier servicio de Internet que esté disponible en la compañía; para los servicios exteriores, sin embargo, está limitado por lo que puede pasar a través del sistema de la barrera de protección. La mayoría de servicios exteriores –como conectarse en computadoras remotas, copiar archivos de una computadora a otra y enviar y recibir correo electrónico– debería estar disponible, aunque los procedimientos, incluyendo algo llamado el *proxy server,* pueden ser de algún modo más complicados de lo que se describe en este libro.

A menudo, tiene que iniciar sesión en el sistema de barrera de protección primero y desde allí, salir hacia el exterior. Usualmente, es imposible para alguien de afuera de la compañía acceder a los servicios o sistemas de la red interna, para ello es la barrera. Excepto en las organizaciones más paranoicas, el correo electrónico fluye de manera libre en ambas direcciones.

Tenga en mente que probablemente tiene que obtener la autorización para usar el sistema de la barrera de protección antes de que pueda usar cualquier servicio externo que no sea el correo electrónico.

## Algunos números telefónicos

Aquí están los números y los sitios Web de algunos ISPs nacionales y servicios en línea que hemos mencionado anteriormente en este capítulo.

- America Online: 800-827-6364, ó `www.aol.com`

- AT&T WorldNet Service: 800-967-5363, ó `www.att.net`

- AT&T Global (formerly IBM) Network Services: 877-485-1500, ó `www.att.com/business`

- CompuServe: (800) 853-7020, ó `www.compuserve.com`

- Juno Online Services: 800-654-5866 (correo electrónico gratuito), o `www.juno.com`

- MCI Mail: 800-444-6245 (correo electrónico acceso 800), ó `www.mcimail.com`

- MSN Internet Access: 800-FREE-MSN (el CD con el software es gratuito, no la cuenta), o `www.msn.com`

En Canadá, intente estos ISPs:

- AOL Canada: 888-265-6303, ó `www.aol.ca`

- AT&T WorldNet Service: 888-655-7671, ó `www.attcanada.ca`

- AT&T Global Canada: 800-821-4612, ó `www.attglobal.net`

- Sympatico: 310-SURF en Ontario y Québec, ó 800-773-2121 fuera de Canadá, ó `www.sympatico.ca`

# Capítulo 5

# En Línea y en Camino

El Capítulo 4 explica los tipos de cuentas que pueden conectar su computadora a Internet. Este capítulo revela lo que debe hacer para que ocurra la conexión, ya sea que escoja una cuenta de marcado a Internet, una cuenta DSL (línea telefónica de alta velocidad), una cuenta de Internet por cable o America Online.

## Su computadora necesita Software para Conectarse

Puede conectarse a su cuenta de  Internet marcando el número de una línea telefónica regular, conectándose por una línea de teléfono de DSL de alta velocidad, o conectándose a su servicio de cable. Cualquier camino conecta a su cuenta de Internet y su computadora técnicamente se vuelve parte de la Internet. Si se conecta a una cuenta de America Online (AOL) o Compuserve, usted no está realmente en la Internet: en lugar de eso, usted se conecta a las computadoras de AOL, las cuales a su vez se conectan a la Internet.

Si es lo suficientemente afortunado de vivir en un área que brinde acceso a Internet por cable o DSL y puede pagar por él (además del costo del módem de alta velocidad y la instalación, cuyo precio se compara a una segunda línea telefónica), puede saltarse este capítulo enteramente. Caray, saltarse este capítulo puede valer el precio de un módem de cable. Los proveedores de DSL y de cable a menudo vienen a su casa y hacen toda la instalación por usted. En algunas áreas, la combinación de servicio telefónico, de TV por cable y de acceso de la Internet están empacados conjuntamente para instarle a gastar todos sus dólares en una sola compañía. Si piensa que va a tomar esta ruta, averigüe que se ofrece en su área antes de que avance dificultosamente a través del siguiente montón de páginas. Si escoge este tipo de acceso y desea conocer más, comentamos el acceso por cable y DSL más tarde en este capítulo. Sin embargo, en nuestra experiencia, se pueden dejar todas estas sucias cosas técnicas a las personas agradables que hacen la instalación y pasar a hacer todas las cosas divertidas de inmediato.

## *Obtener los programas necesarios*

Muchos ISP le dan un CD lleno de programas cuando se suscribe a su cuenta, aunque esto se hace menos común a medida que la mayoría de usuarios tienen PCs con Windows o Macintosh que ya tienen todo el software necesario para comenzar. El CD, usualmente, contiene software de conexión y programas de cliente, una selección mayor que la que viene con su PC. Asegúrese de decirle a su ISP qué tipo de computadora usa (Windows o Macintosh y qué versión) de modo tal que obtenga el CD apropiado (no todos los ISPs dan soporte a usuarios de MacOS y aun menos le dan un vistazo siquiera a los usuarios de Linux). Si usa AOL, tiene que usar ya sea uno de los centenares de CDs de la AOL que probablemente ha recibido en el correo y que usa ahora como apoyo para botellas o descargar el programa de conexión de la AOL.

Para usar una cuenta de Internet o de AOL, necesita varios programas:

✔ **Un programa para conectarlo a la cuenta:** El término técnico para este tipo de programa es *pila de TCP/IP,* aunque los seres humanos normales usualmente lo llaman algo así como *programa de conexión a la Internet*. Las versiones de Windows 95 en adelante vienen con uno, llamado Dial Up Networking. Los usuarios de Windows 3.1 tienen que obtener un marcador de la Internet de alguna parte. (Vea la barra lateral, "¿Los usuarios de Windows 3.1 tienen mala suerte?".) Las Macintosh tienen el material básico de TCP/IP, llamado MacTCP, creado a partir del Sistema 7, y Open Transport para MacOS 8.x y 9.x. Mac OS-X está basado en Unix y usa la pila Unix TCP/IP. (Vea "Conectarse, para Usuarios de Macintosh", más tarde en este capítulo). Linux viene con un programa de conexión llamado ppp. Si usa AOL, debe emplear el propio programa de conexión de AOL.

✔ **Programas para usar servicios diversos de la Internet:** Estos programas le permiten acceder al correo electrónico, a la Web y a otra información a través de Internet. Son conocidos como *programas de cliente* porque son parte de una estrategia de dos partes: el programa cliente que se ejecuta en su computadora obtiene información de los *programas de servidor* que funcionan con la com-

## ¿Los usuarios de Windows 3.1 tienen mala suerte?

Windows 3.1 no venía con un programa de conexión a Internet —allá por 1994, la Internet no era usada ampliamente y los estándares de los programas de Internet apenas emergían. Si usa Windows 3.1, pensamos que su mejor opción es actualizarse a Windows 98, pero si no puede, pregúntele a su ISP si aún tienen un disquete o un CD con un programa de conexión 3.1, un programa de correo electrónico y un explorador de Internet. También AOL tiene una versión de su programa para Windows 3.1. Para más detalles, revise nuestro sitio Web e investigue sobre Windows 3.1 y la Internet, en:

`net.gurus.com/win31`

putadora de su ISP y otras computadoras del anfitrión de Internet. Necesita un programa de correo electrónico que lea y envíe correo electrónico y un explorador de Internet para surfear la Web. Puede obtener un programa, tal como Netscape Navigator, que hace ambas cosas. Si comienza con una computadora completamente nueva ( PC o Mac), es posible que tenga todo lo necesario para empezar. En caso de que no, su proveedor de servicios de Internet le dará lo que necesita o le dirá dónde encontrarlo — es su trabajo.

## Programas buenos que puede usar

Aquí hay algunos famosos programas de cliente de Internet disponibles para Windows y para Mac:

- **Netscape, Internet Explorer y Opera:** Los dos exploradores rivales en la Internet y un tercer candidato (Los Capítulos 6 y 7 le explican cómo usarlos).

- **RealAudio y Shockwave:** Debe estar ejecutando Netscape o Internet Explorer para usar estos y muchos programas que funcionan como aditamentos para Netscape e Internet Explorer (refiérase al Capítulo 7).

- **Eudora, Netscape Messenger, Netscape Mail y Outlook Express:** Eudora sigue siendo nuestro programa favorito de correo electrónico. Netscape Messenger, Netscape Mail y Outlook Express son otros buenos programas de correo electrónico que comparten la ventaja de ser gratis (los Capítulos 11 y 12 describen cómo usarlos). Usuarios de AOL, tomen nota: el único programa de correo que funciona con AOL es Netscape Mail 6 (debido a que AOL es propietaria de Netscape). De otro modo, se quedará atorado con el programa de correo de AOL.

- **Free Agent (para Windows) y Newswatcher MT (para Mac):** Estos programas son excelentes para leer grupos de noticias de Usenet, los cuales son discusiones en línea sobre una gran variedad de temas. Refiérase a nuestro sitio Web para una introducción a los grupos de noticias:

net.gurus.com/usenet

✔ **mIRC (para Windows) y Ircle (para Mac):** Estos programas le permiten participar en Internet Relay Chat (IRC) para conversaciones en línea, en tiempo real y sobre cualquier tema con muchas personas al mismo tiempo. Refiérase al Capítulo 15 para información de fondo al respecto. Lea nuestro sitio Web para detalles sobre usar IRC:

net.gurus.com/irc

# ¿De dónde viene todo este software?

Aquí puede buscar el programa que conecta a su computadora con la Internet y los programas para correo electrónico y para Web que deseará usar:

✔ **Su sistema operativo puede suplirlos.** Todas las versiones de Windows, desde Windows 95, ya tienen todo el software necesario para conectarse a una cuenta de Internet, junto con los programas de correo electrónico y de Web, las nuevas versiones de MacOS también los tienen.

✔ **Su ISP puede ofrecerlos en un disco.** Si su ISP le da software, úselo. De ese modo, cuando pida ayuda a su ISP, ellos sabrán exactamente qué hacer (¡eso esperemos!). Note que el software que su ISP le envíe quizás sea shareware — lo cual significa que cuando lo use, usted estará en obligación de enviarle una donación al autor (y se sentirá realmente noble cuando lo haga).

## Un hogar para sus programas

Antes de empezar a llenar el disco de su computadora con software de redes, haga una carpeta en la cual lo pueda poner. Puede usar esta carpeta para los programas que descarga en este capítulo, además de los útiles programitas que descarga de la Red.

✔ En Windows (95 o posteriores), ejecute My Computer o Windows Explorer, muévase a la carpeta Program Files y escoja File⇨New⇨Folder from the menu.

✔ En una Macintosh, escoja File⇨New Folder.

Le recomendamos llamar al directorio *Temp*, pero puede usar cualquier nombre que pueda recordar.

✔ **Puede obligar a alguien a descargarlos de la Internet para usted.** Algunos servicios, en especial AOL y AT & T Global, tienen programas especiales de acceso que se pueden descargar de la Red si no desea esperar un CD. Si tiene un amigo que ya tiene una cuenta de Internet, él podría descargar el programa del sitio Web del ISP para usted. El problema con este método es que los programas se han vuelto mucho más grandes como para guardarlos en disquetes, de modo que su amigo necesita un quemador de CD, o los dos necesitan tener una unidad de disco removible Zip o Jaz.

Lea el resto de este capítulo para descubrir exactamente los programas que necesita, dependiendo de qué tipo de sistema operativo utiliza (Windows o Mac).

# El Cuadro completo

Si usa una cuenta de marcado, cuenta DSL, módem del cable o AOL, su computadora necesita ser configurada para saber sobre la cuenta y cómo usarla para servicios de Internet, tales como la Web y el correo electrónico.

Para los usuarios de módem de cable y DSL, esto es usualmente parte de la instalación realizada por la persona que lleva el módem a su casa. Cuando su instalador se va, usted debería estar registrado en su cuenta sin necesidad de desconectarse del sistema –listo para practicar surfing, enviar correo electrónico y chatear y, definitivamente, en condición de saltarse el resto de este capítulo.

# Conectarse

Aquí hay unos pasos generales para conectar su PC a la Internet:

1. **Establecer una cuenta a Internet desde un ISP con un número telefónico de acceso local (para cuentas de marcado), con líneas de su área (DSL), o que proporcione la televisón por cable en su ciudad (para una cuenta de Internet por cable).**

   En el Capítulo 4, le damos ideas sobre cómo escoger un ISP. La mayoría de ISPs le dan un disco de software cuando firma por una cuenta; pregúnteles si tienen uno y si lo envían automáticamente. Si firma por una cuenta de marcado para Internet, solamente conecte el módem de la PC a su línea telefónica, como si fuera otra extensión telefónica. Si tiene intención de usar AOL, sáltese este paso — puede suscribirse en línea.

2. **Cargue de algún modo el software básico de conexión a Internet en su computadora, ya sea desde un disco o por el teléfono.**

Para cuentas de marcado telefónico, muchos ISP le envían por correo un CD lleno de programas. Las máquinas recientes de Windows y de Macintosh vienen con software de conexión a la Internet y programas de cliente para correo electrónico y Web. Si tiene una cuenta de marcado, lea las secciones "Conectarse a Cuentas de Marcado Telefónico", más adelante en este capítulo.

Para cuentas de AOL, puede usar uno de los millones de CDs de software de AOL que probablemente ha recibido en su correo regular.

3. **Eche a andar su programa de conexión a la Internet y traveséelo hasta que surta efecto.**

Se ha sabido que ocurren milagros y algunas veces funciona la primera vez. Si no sirve, llame y pregúntele a su ISP para le ayude. Tener solamente una línea telefónica y colgar el teléfono para llamar a su proveedor puede ser difícil y frustrante. Solamente podemos compadecernos y decirle que esta parte es la *peor* — después de que su conexión se instale, la diversión comienza.

## Conéctese, por favor

Cientos de millones de personas están en la Internet. Debido a que solo uno de ellos es usted, sería lindo si el resto no pudiera fisgonear a través de sus archivos y mensajes de correo electrónico. No importa qué tipo de cuenta de Internet tiene, debe usar un procedimiento de seguridad para probar que usted es quién dice ser.

Su ISP le da una cuenta a cada usuario, como una cuenta bancaria. La cuenta tiene un nombre de usuario y una contraseña secreta asociada con ella.

Su nombre de usuario (o *ID de usuario, login, nombre logon* o *nombre de pantalla*) es único entre todos los nombres asignados a los usuarios de su proveedor. También es su dirección de correo electrónico, de modo que no escoja un nombre como *elpillínloco* a menos que eso sea lo que desea decir a sus amistades y poner en sus tarjetas profesionales.

Su contraseña es secreta y evita que tipos ruines tomen prestada una cuenta. No use una palabra real o un nombre. Una buena forma de inventar una contraseña es inventar una frase memorable y convertir cada palabra de la frase en una sola letra o número. "Una computadora cuesta demasiado para Miguel", se convierte en UccdpM, por ejemplo. *Nunca le diga a nadie más su contraseña*; particularmente, no se la diga a nadie que afirme ser de su ISP; no lo es.

Para conectarse a Internet a través de una cuenta de marcado telefónico después de haber firmado, usted ejecuta el programa de conexión que funciona con su cuenta (los siguientes capítulos contienen instrucciones específicas para cada versión de Windows, Macintosh y para AOL) . Antes de que pueda usar la cuenta, debe iniciar la sesión, o *conectarse*. Cuando haya terminado, no tendrá que desconectarse del sistema, pero necesita colgar el teléfono.

## ¿Cómo salirse de la Internet?

Si marca a la Internet (o a AOL), eventualmente deseará desconectarse (o colgar).
Más adelante, en este capítulo, le diremos cómo desconectarse de las diversas versiones de Windows y de Mac.

Puede tener un montón de programas en ejecución mientras usa la Internet, incluyendo su explorador de Internet y su programa de correo electrónico. Solamente uno de estos programas, sin embargo, es el que lo conecta a la Internet. Ese es al que tiene que hablar cuando se desconecta de la Internet. En Windows, se desconecta usando el programa Dial Up Networking o Dial Up Connection, el cual es usualmente un pequeño icono al pie de la pantalla con dos cajas oscilantes.

# Conectarse a Cuentas de Marcado Telefónico

Las cuentas de Internet son fáciles de usar, pero a menos que su ISP le dé un buen programa de conexión automatizada, pueden ser difíciles de instalar. De hecho, conectarse por primera vez puede ser la parte más difícil de su experiencia con la Internet. Instalar y configurar el software de conexión a la Internet solía requerir que usted digitara muchísimas direcciones númericas de Internet que se veían espeluznantes como nombres de anfitrión, puertos de comunicaciones — lo que usted se imaginara. Estos días, los programas son muy humanos y no piden toda esa información arcana.

Asegúrese de que su ISP sea útil y esté disponible, o escoja otro ISP. Si puede sobornar a un amigo o a un pariente para ayudarle, hágalo. (**Pista:** Busque a alguien de entre 12 y 16 años, que sepa mucho de computadoras, una vez que logre superar su humillación. Las galletas con chispas de chocolate siempre ayudan).

Debido a que cada ISP es solamente un poquito diferente del siguiente, no podemos entrar en instrucciones graduales exactas para todos. Damos los pasos usuales, le ayudamos a entender los términos y a persuadir con ruegos a través del proceso entero de configurar su programa de la cuenta de la Internet y de conexión. Si encuentra este proceso completamente imposible, si no hay nadie a quien pueda presionar en el servicio o simplemente no le gusta la idea de hacerlo, entonces no se desespere. Windows XP viene con New Connection Wizard, el cual lo lleva rápidamente a través del proceso, con solo unas cuantas preguntas.

## *Números y nombres*

Si tiene una versión vieja de Windows, para conectarse a su cuenta su programa de conexión a Internet puede usar un montón de información técnica que se vería espeluznante. Aunque en teoría nunca debería necesitar esta información después de que su cuenta es configurada, encontramos que tener a mano la información es útil, particularmente, si tiene que llamar a su ISP por ayuda. Siéntase libre de ponerlo todo por escrito en la Tabla 5-1 (excepto su contraseña – solo almacénela en su cabeza).

| Tabla 5-1 | Información sobre su Cuenta de Marcado a Internet |
|---|---|
| *Su Información Ejemplo* | *Descripción* |
| Nombre de dominio `gurus.com` | El nombre del dominio de su ISP. Es la parte final de su dirección de Internet, usuallmente termina en `.net` o `.com` (al menos, en los Estados Unidos). |
| Número telefónico 1-340-555-1234 | El número al que llama para conectarse a su ISP, exactamente como marcaría a mano, incluyendo el 1 y el código de área, si se necesitara. Si tiene que marcar 9 y luego esperar unos segundos para poder salir con la llamada, incluya 9 al principio (cada coma le dice a su módem que espere un par de segundos, así que ponga tantas comas como sea necesario para cumplir el tiempo exacto) Muchos modems tiene parlantes que le permiten escuchar cuando intenta descubrir si ha logrado relizar la llamada. |
| Nombre de usuario `myoung` | El nombre de su cuenta, con su ISP, también llamado *login name*. |
| Contraseña de usuario `3friedRice` | La contraseña de su cuenta (¡pero. no lo escriba aquí!) |

Asegúrese de que su línea telefónica no tenga llamada en espera. Si la tiene, usted (o su programa de conexión a Internet) debe marcar **\*70** ó **1170** al principio del número telefónico de su proveedor de servicios de Internet para que su compañía telefónica desactive la llamada en espera para esta llamada telefónica; de otro modo, una llamada entrante interferirá con su conexión a Internet. La mayoría de software de conexión tiene está habilidad incorporada. Simplemente, busque la opción Call Waiting (Llamada en Espera) o alguna que pueda desactivar esta opción en su sistema telefónico.

# Conectarse, para usuarios de Windows XP

Windows XP es la última y más grande versión de Windows y reemplaza todas las versiones previas. Viene con un programa de conexión de marcado telefónico a la Internet, junto con un asistente: New Connection Wizard, para configurar su computadora para usar su cuenta de Internet. También viene con Outlook Express para correo electrónico, e Internet Explorer para examinar la Web.

### Decirle a Windows sobre su cuenta

Para configurar Windows XP de modo que use una cuenta existente, haga doble clic en el icono de Connect To The Internet (Conectar a Internet) en su escritorio. Si no lo ve, haga clic en el botón Start y escoja All Programs⇨Accessories⇨Communications⇨New Connection Wizard. Haga clic en Next, en la pantalla que se abre, para ver una ventana como la de la Figura 5-1.

Haga clic en Connect to the Internet y luego en  Next. Si todavía no tiene cuenta de Internet , entonces puede hacer clic en el botón de más arriba (escoja de una lista de proveedores de servicio de Internet) y haga clic en Next. Su PC marca a Microsoft Internet Referral Service (una llamada sin costo dentro de los Estados Unidos). Para desplegar la lista de los ISP ubicados cerca de usted. La lista usualmente es muy pequeña, porque incluye solo a ISPs grandes que han pagado lo suficiente a Microsoft como para ser incluidos en el servicio. Puede haber estupendos ISPs locales que usted también podría usar. Otro problema es que los ISPs listados quizás no tengan llamadas locales para el sitio donde usted vive (especialmente, si vive en sitios muy apartados), así es que quizás reciba cuentas telefónicas muy altas. Si no escoge un ISP de la lista de Microsoft, puede firmar con otra compañía, pero asegúrese de que el número telefónico que le den sea realmente una llamada local.

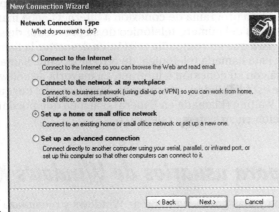

**Figura 5-1:**
El asistente
Connection
Wizard le
ayuda a
conectarse.

Sáltese este servicio de Microsoft y haga sus propias compras. Refiérase al Capítulo 4 sobre cómo escoger un ISP y firmar para escoger
una cuenta.

Si ya tiene una cuenta de Internet, puede hacer clic en el botón del centro (Set up
connection manually) y luego en Next. Configurar su cuenta manualmente no es
tan espeluznante como suena; en su mayor parte, quiere decir que tiene que introducir el nombre de ISP, el número de teléfono, su nombre de usuario y la contraseña por su propia cuenta. (¡Caracoles, nos duelen los dedos de solo pensarlo! ¡No!).
El Asistente le pregunta cómo se conectará a Internet (a través de una línea telefónica de marcado regular; por cable o DSL que requiera de una contraseña; o por
una conexión a Internet de DSL o cable que no necesite contraseña) el nombre del
ISP, el número de teléfono por marcar, su nombre de usuario y su contraseña.

El asistente también le ofrece tres cuadros de diálogo que puede seleccionar
(usualmente, se seleccionan por usted, puede hacer clic en ellas para eliminar la
marca de verificación):

✔ Use este nombre de cuenta y la contraseña cuando alguien se conecte a la Internet desde esta computadora: si su computadora con Windows está instalada para usuarios múltiples, elegir esta opción les permite a todos los
  usuarios conectarse con esta cuenta. Nosotros, generalmente, dejamos esta
  opción seleccionada.

✔ Convierta a esta en la conexión predeterminada a la Internet: si tiene varias
  cuentas de la Internet, entonces una es la predefinida (esto es, la conexión
  que Windows usará a menos que se especifique otra cosa). Si tiene solamente una cuenta de Internet, como la mayoría de la gente normal, deje esta seleccionada, también.

✔ Encienda Internet Connection Firewall (Barrera protectora para conexión a Internet) para esta conexión: una barrera de protección disuade a los tipos ruines de forzar la entrada a su computadora y leer sus archivos. ¡Definitivamente deje esta opción seleccionada!

Cuando haga clic en Next y, luego, en Finish, el asistente New Connection Wizard crea una conexión de marcado telefónico para su cuenta, y configura a Windows para marcar ese número automáticamente cuando trate de explorar la Web o enviar o recibir correo electrónico.

## Ajustar su información de cuenta

Para echar un vistazo a su configuración, escoja Start⇨Control Panel⇨Network and Internet Settings y luego haga clic en Set up or change your Internet connection. Verá la pestaña Connections del cuadro de diálogo Internet Properties, la cual muestra su cuenta de Internet y otras configuraciones.

Puede ver todas sus conexiones de red (tanto de Internet como de la red de área local) escogiendo Start⇨Control Panel⇨Network and Internet Connections⇨Network Connections. La conexión de marcado que creó el asistente New Connection Wizard para usted, aparece en la sección Dial-up. Si necesita cambiar la configuración de su cuenta (por ejemplo, si su ISP le dice que el acceso al número telefónico ha cambiado) haga clic derecho en el icono de su cuenta de Internet, escoja Properties en el menú que aparece y haga sus cambios.

En el cuadro de diálogo de Properties de Windows XP para su cuenta de Internet, haga clic en la pestaña Advanced y busque en la sección Connection Firewall. Si aún no está seleccionada, haga clic en el cuadro de verificación para protegerse de hackers con una barrera de protección para conexiones a Internet.

## Conectarse y desconectarse

Para conectase a la Internet, ejecute su explorador y busque una página Web. Ejecute su programa de correo electrónico e indíquele revisar su correo. Cuando Windows vea la información solicitada desde la Internet, marca el número por usted. Si observa un cuadro de diálogo que le pide su nombre y su contraseña, dígitelos y haga clic en Connect.

Puede decirle cuando esté conectado, debido a que el icono de la pantalla de dos computadoras aparece en la esquina inferior derecha de la pantalla (justo a la izquierda del reloj digital). Haga doble clic en este icono para revisar la velocidad de su conexión o colgar (haga clic en el botón Disconnect en el recuadro de diálogo que aparece).

# Conectarse, para usuarios de Windows Me, 2000 y 98

Windows 98 viene en dos sabores: Original y Segunda Edición. Windows Me podría llamarse Windows 98 Tercera Edición, porque es muy parecido. Windows 2000 es la versión de Windows orientada a los negocios (basada en Windows NT). Estas versiones de Windows vienen incluidas en un programa de conexión a Internet llamado Dial-Up Networking. También vienen con programas de conexión automatizada para varios ISP (usualmente AT&T WorldNet y Microsoft Network en los Estados Unidos; de cualquier modo, en otros países, aparecen otros servicios).

## Decirle a Windows sobre su cuenta

Para firmar y obtener una cuenta o usar una cuenta existente con uno de estos servicios, haga clic en el botón Start, en la barra de herramientas y escoja Programs⇨Online Services y luego elija el servicio. El icono de inicio del servicio de MSN también puede aparecer en su escritorio.

Si desea usar una cuenta diferente de las que tienen programas de inicio automatizado (y el servicio no le envió un CD de inicio), puede ejecutar Internet Connection Wizard para hacer que Dial-Up Networking opere con su cuenta. Ejecute el asistente haciendo clic en el botón Connect to the Internet, en el escritorio de Windows, si no estuviera el icono, elija Start⇨Programs⇨Accessories⇨Communications⇨Internet Connection Wizard o Start⇨Programs⇨Internet Explorer⇨Connection Wizard, que es una versión semejante a la que viene con Windows XP (las descripciones de los tres botones de la Figura 5-1 son diferentes, pero hacen prácticamente las mismas cosas).

Si no tiene una cuenta configurada y desea que Windows busque un ISP en su área, haga clic en el botón de más arriba. Si ya ha arreglado para tener una cuenta, haga clic en el botón intermedio ya sea que la haya configurado o no en otra computadora antes. Si probó el botón intermedio y su ISP no está en la lista que Microsoft sugiere, lo cual es muy probable si usa un ISP local, haga clic en el botón de más bajo.

Nosotros recomendamos usar el botón de abajo y digitar la información por su propia cuenta, ya que no es tan difícil. Todo lo que necesita es el número de acceso de su ISP (el número telefónico al que llama su computadora para conectarse) su nombre de usuario y su contraseña. Creemos que lo mejor es escoger el ISP uno mismo en vez de darle la elección a Microsoft.

Cuando termine, tendrá el icono de su ISP en la carpeta de Dial-Up Networking. Para verlo en Windows 98, abra la carpeta My Computer en el escritorio y abra la carpeta Dial-Up Networking. En Windows Me, elija Start⇨Settings⇨Dial-Up Networking. En Windows 2000, elija Start⇨Settings⇨Network⇨Dial-Up Connections.

## Afinar su información de cuenta

Para cambiar la configuración de su ISP, haga clic derecho en su icono, en la ventana de Dial-Up Networking y escoja Properties, del menú que aparece.

Puede decirle a Windows que marque a su cuenta de Internet automáticamente, cuando el explorador de la Web o su programa de correo electrónico necesiten conectarse a Internet. Esta configuración está en el recuadro de diálogo Internet Properties (el cual puede aparecer como Internet Options —¡no pregunte por qué!). Seleccione Start⇨Settings⇨Control Panel, haga doble clic en el icono Internet Options, y haga clic en la pestaña Connections. Seleccione la cuenta de Internet que desea usar (si tiene más de una), y luego haga clic en Always Dial My Default Connection (Siempre marque a mi conexión predefinida) (como se muestra en la Figura 5-2).

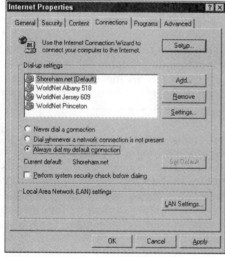

**Figura 5-2:**
Decirle a Windows que marque a su cuenta de Internet cada vez que empiece a explorar la red o a usar correo electrónico.

Si usted mismo marca a su ISP, en vez de permitir que Windows marque cuando ejecuta su navegador o su programa de correo electrónico, quizás desee hacer el icono de conexión más conveniente. Arrastre el icono del ISP de la carpeta Dial Up Networking al escritorio y Windows creará un acceso directo en el escritorio. Puede agregar su programa de conexión a la Internet a su menú Start: haga clic derecho en el botón Start y escoja Open para desplegar los ítemes del menú Start en una ventana. Arrastre el icono de su ISP de la ventana Dial-Up Connection a la ventana Start Menu. ¡Qué bien!

### Iniciar y cerrar sesión

Para llamar a su cuenta, haga doble clic en el icono de su ISP, digite el nombre de usuario y la contraseña, si aún no aparecen, y haga clic en el botón Connect. Cuando esté conectado, el icono de Dial Up Networking (dos cajitas intermitentes) aparece en la barra de tareas, a la izquierda del reloj digital. Para colgar el teléfono, haga doble clic en el icono y luego en Disconnect.

## Conectarse, para usuarios de Windows 95

La buena noticia es que Windows 95 viene con Dial-Up Networking. La mala es que al menos existen tres versiones diversas de Windows 95 y lo que ellas llaman Dial-Up Networking varía muchísimo.

Excepto en las primeras versiones de Windows 95, obtiene el asistente Internet Setup Wizard, el cual le ayuda a configurar Dial-Up Networking para que trabaje con su cuenta. Acaso sea capaz de ejecutar el asistente haciendo clic en el botón Start y escogiendo Programs⇨Accessories⇨Internet Tools⇨Internet Setup Wizard (si no ve al asistente allí, fíjese en los menúes de Programs). Si puede iniciar el asistente, este funciona como el asistente de Windows 98, descrito en la sección previa, pero quizás carezca de algunas de sus opciones. También puede usar los discos compactos automatizados de inicio de sesión que se consiguen de Earth-Link, Concentric y otros servicios.

Las posteriores versiones de Windows 95 venían con Microsoft Internet Explorer 4.0 (un explorador de Internet) y Microsoft Exchange, un programa de correo electrónico que consideramos más bien confuso. Si tiene Internet Explorer 3.0, entonces debería descargar una versión posterior. También recomendamos que descargue un mejor programa de correo electrónico, como Eudora o Outlook Express (el último viene con Internet Explorer); refiérase al Capítulo 16 para encontrar cómo descargar e instalar programas y al Capítulo 11 para instrucciones sobre cómo utilizar Outlook Express y Eudora.

## Conectarse, para usuarios de Mac

Las Mac ya tienen todo el software necesario para conectarse a la Internet. Las Mac —pre-System 8— necesitan un programa de módem TCP/IP para Mac, como FreePPP, el cual podría ser suministrado por su ISP). Las únicas cosas que necesita para configurar un número telefónico con su ISP es su nombre de cuenta y su contraseña.

# *Conectarse a Cuentas DSL y de Cable*

Las cuentas DSL y de cable — *de banda ancha* — tienen mucho en común: son rápidas, no usan una línea telefónica regular, no usan un módem de marcado telefónico, y no pueden usar el mismo programa Dial Up Windows Networking que las cuentas de marcado telefónico usan. Algunas cuentas de banda ancha tienen una conexión permanente que funciona como una conexión a la red local de una oficina. Otras requieren que cierre la sesión, como una conexión de marcado telefónico. Las buenas noticias, tanto sobre las cuentas de DSL como las de cable, son que el ISP, usualmente, proporciona la mayoría del equipo —como el módem— y envían a una persona a instalarlo en su computadora. Las malas noticias son que quizás deba esperar semanas (o meses) hasta que el instalador llegue, y si tiene mala suerte, quizás su proveedor de DSL entre en quiebra primero. (Dos grandes proveedores de DSL sufrieron un colapso mientras escribíamos este libro; con suerte el estremecimiento pase cuando lea esto).

## *Modems rápidos: modems de DSL y de cable*

Para conectarse a una cuenta DSL o de cable, se usa un módem DSL o de cable. Estos modems se conectan a su computadora de tres maneras:

✔ **Adaptador:** El *adaptador de red* (también llamado un *adaptador LAN* o *adaptador Ethernet* o una *tarjeta de interfaz de red*) originalmente fue diseñado para conectar computadoras en redes. Si tiene más de una computadora en su casa u oficina, puede usar adaptadores para conectar las computadoras en una *área local (LAN)*. La mayoría de modems de DSL y cable se conectan a un adaptador de red usando un enchufe *RJ-45*, que se parece a un típico enchufe telefónico, pero ligeramente más grande. Si su computadora no viene con un adaptador de red incorporado (la mayoría no tiene), puede comprar uno por alrededor de $20. Las computadoras de escritorio necesitan tarjetas de adaptadores de red PCI, que se instalan al apagar la computadora, abrir la caja, encontrar una ranura vacía, deslizar la tarjeta adentro, atornillar y cerrar la computadora. Las computadoras portátiles a menudo tienen el adaptador LAN incorporado o usan adaptadores de red de tarjeta de PC, los cuales se parecen a tarjetas de crédito gordas y, simplemente, se deslizan en una ranura a un lado de la computadora portátil. Las Mac tienen el adaptador LAN incorporado.

✔ **USB:** Las computadoras más nuevas vienen con uno o más conectores *USB* (Bus en Serie Universal, si usted quiere), y puede obtener un módem de DSL o de cable con un conector USB. Las computadoras más viejas (de antes de 1998) no tienen ese tipo de conectores.

✔ **Internamente (solo DSL):** Algunos nuevos modems DSL incluyen la tarjeta de red dentro del módem, e instalada justo dentro de su computadora. Esta combinación se llama *PCI DSL modem*, y su instalador de DSL tiene que abrir su computadora e instalarla.

Algunas computadoras más modernas vienen con modems DSL, y quizás piense que cualquier módem DSL trabajaría con una cuenta DSL. Desafortunadamente, está equivocado. Cuando firme para obtener su cuenta de DSL, pregúntele a su ISP qué tipo de módem DSL necesita su sistema.

## Después del instalador

Después de que el instalador de DSL o cable conecte el módem que usará y declare que está en línea, usted deberá estar en buena forma. Su conexión a Internet está siempre "encendida" —es decir, siempre va a estar conectado y no tiene que iniciar o cerrar sesión antes y después de usar la Internet. ¡Qué bien! (bueno, usualmente, unas conexiones de DSL necesitan, por alguna razón, que usted ejecute un programa de conexión, aunque después de que esté conectado, no hay razón para desconectarse nunca más).

El instalador configura Windows para que se comunique con la Internet a través del recuadro de diálogo Network o Network Connections. En Windows XP, despliéguelo escogiendo Start⇨Control Panel⇨Network and Internet Connections⇨Network Connections — las conexiones de banda ancha aparecen en la sección LAN o High-Speed Internet. En Windows 98/Me, abra el cuadro de diálogo seleccionando Start⇨Settings⇨Control Panel y haciendo doble clic en el icono Network. Para cambiar la configuración de la conexión, haga clic derecho en él y escoja Properties del menú que aparece. Las Mac usan el TCP/IP Control Panel, en OS 8 y 9. Para OS-X, seleccione System Preferences bajo el menú de Apple y haga clic en el icono Network. Luego haga clic en la pestaña TCP/IP. Su PC se comunica con la Internet usando el protocolo TCP/IP y debería verla listada en el cuadro de diálogo de Properties, para la conexión (en Windows XP) o en el cuadro de diálogo Network (en versiones más tempranas de Windows). ¡No juegue con estas configuraciones!

## Conectarse a America Online

AOL, el servicio en línea más grande del mundo, proporciona acceso tanto a la Internet como a sus propios servicios propietarios. AOL tiene más de 20 millones de suscriptores alrededor del mundo Para usar AOL, se debe usar el software que ellos brindan (existen versiones para Windows y para Mac). También puede usar

# Los pros y los contras de AOL

AOL es más fácil de usar que la mayoría de cuentas de Internet porque un gran programa de acceso a AOL lo hace todo por usted. AOL también hace un buen trabajo al proveer a los usuarios de actualizaciones de software en línea – puede actualizar su software de acceso a AOL para usted directamente por el teléfono y el tiempo de conexión, usualmente, es gratis cuando lo hace.

Además, firmar una cuenta con AOL es fácil –muchas revistas hasta vienen con contratos gratuitos de AOL en discos compactos. La AOL también tiene muchísimos grupos de debate e información disponible solo para los suscriptores de AOL.

Con la tarifa fija de AOL en casi $ 22 por mes, es competitivo con las cuentas regulares de Internet y brinda tanto contenido específico de AOL como un acceso adecuado a Internet.

Por otra parte, conectarse puede ser un dolor porque muchas líneas telefónicas de AOL están permanentemente ocupadas. Obtener soporte técnico puede ser un truco –puede estar mucho tiempo en espera de soporte telefónico y obtener ayuda en los salones de chat de soporte técnico en línea puede ser dolorosamente lento y no siempre ayuda. Los usuarios de AOL tienen más correo no solicitado que otras personas, a pesar de los grandes esfuerzos de AOL para monitorearlo (de hecho, trabajan tan duro en interceptar y suprimir el correo no solicitado, que el correo de listas de direcciones a veces también desaparece.) Si contrata a AOL, cancelar su cuenta más tarde puede ser difícil –quizás hasta tenga que ser enérgico.

Otra desventaja de AOL es que solamente puede leer su correo electrónico del propio programa de AOL (que no tiene características avanzadas de correo electrónico) del sitio Web de AOL (el duplicado) o de Netscape 6 (que tiene un programa de correo electrónico muy agradable). No puede usar Outlook Express, Netscape 4.7 o Eudora.

otro software con su cuenta de AOL, como Netscape Navigator y Microsoft Internet Explorer. Como con la mayoría de ISP, AOL empezó como un servicio de marcado telefónico y desde entonces, ha agregado conexiones de DSL y de cable.

Este capítulo describe cómo conectarse a AOL usando la versión 7.0 de su software. Debido a que AOL actualiza su software y las imágenes que aparecen en su pantalla todo el tiempo, su pantalla quizás no se vea exactamente como las que salen en este capítulo. Refiérase al Capítulo 17 para conocer cómo usar el correo electrónico de AOL y cómo navegar la Web.

*Nota:* America Online también está disponible fuera de Estados Unidos. AOL tiene números de acceso en la mayoría de ciudades grandes de Canadá y a lo largo del Reino Unido, sin cargos extra, además de versiones para varios otros países. Aunque también puede usar AOL desde otros lugares, quizás deba pagar un precio extra.

## *Firmar con America Online*

¿Listo para firmar? ¡No hay problema! Si tiene Windows 98 ó Me, seleccione Start⇨Programs⇨Online Services⇨America Online; de otro modo, ante el evento improbable de que no tenga aún una pila de discos o CD-ROMs tirados por ahí, llame al número 1-800-827-3338 y pregunte por una membresía de prueba. Especifique si desea versiones para Windows, Mac o DOS. El paquete introductorio tiene las instrucciones y el disco que contiene el programa de acceso a AOL: nosotros describimos la versión 7.0, pero si su computadora tiene una versión previa, tendrá la idea general. Después de que tenga el paquete introductorio, siga las instrucciones de su cubierta para instalar el programa y firme para obtener la cuenta. Para ello, se necesita una tarjeta de crédito.

Cuando ejecuta el programa de AOL para firmar y obtener una cuenta, tiene que decirle cuál es *el nombre de pantalla* (el nombre de cuenta) que desea usar. Su nombre de pantalla puede tener hasta dieciséis caracteres y puede contener espacios. Puede usar una combinación de letras mayúsculas y minúsculas, como en VitoYelConsejero o PollitosFritos1. Cuando la AOL le pide que introduzca su nombre de pantalla, revisa la lista de nombres existentes. Si alguien ya usa ese nombre (lo cual es sumamente probable, no importa cuán inusual sea) tiene que inventar otro. Actualmente, los 20 millones de nombres más obvios han sido tomados, así que póngase creativo. Si el nombre de pantalla que desea ya está tomado, intente agregar un número al final para hacerlo único. Por ejemplo, si Cabeza Brillante está tomado (y estamos seguros de que sí) usted talvez pueda ser Cabeza Brillante98765.

Su correo electrónico será su nombre de pantalla de AOL, sin los espacios y con *@aol.com* al final. ¡Asegúrese de que su nombre de pantalla se vea bien sin los espacios!

Cuando el programa de instalación se ejecuta, necesita saber cómo se va a conectar a AOL. Revisa si hay modems en su computadora o conexiones LAN y le pregunta cuál desea usar. Si planea marcar por teléfono a AOL, se conecta a un número gratuito para encontrar acceso a los número telefónicos de su área (como se muestra en la Figura 5-3). Seleccione los más cercanos a usted (y confirme con su compañía telefónica que sea una llamada local para usted para evitar recibos telefónicos con costos de larga distancia).

Cuando concluye, el programa de instalación crea un lindo icono triangular llamado America Online. Cuando todo acabe, verá la ventana Sign On, dentro de la ventana de America Online. ¡Está listo para bailar boogie!

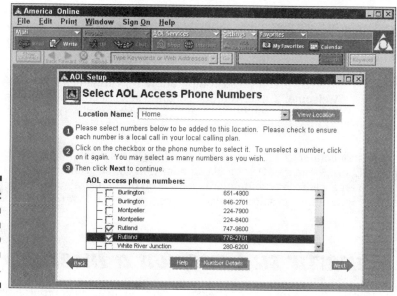

**Figura 5-3:**
America
Online halla
el número
más cerca
de usted.

Si necesita cambiar la configuración de AOL más tarde (por ejemplo, si consigue un módem diferente), haga clic en el botón SETUP, de la ventana AOL Sign On. Para configurar AOL de modo que se conecte usando un módem de cable, un módem DSL, o LAN, haga clic en Expert Setup, de la ventana AOL Setup. Haga clic en Add Location para agregar un nuevo dispositivo, como un módem de cable o un módem DSL, a la lista que aparece. Si tiene problemas instalando el software de AOL, llame a AOL en los Estados Unidos al número 1-800-827-3338.

# ¡América está en línea!

La primera vez que se conecte a AOL, coloque el cuadro Select Screen Name de la ventana Sign In para ya sea Existing Member (si ya tiene una cuenta de AOL) o New User (para adquirir una cuenta nueva). Haga clic en SIGN ON para conectarse a AOL y configurar su computadora para su cuenta.

Después de que AOL sepa quién es, usted conecta su computadora a AOL digitando su contraseña en el cuadro Enter Password y haciendo clic en SIGN ON. Cuando esté conectado, verá la ventana de Welcome, con una lista de los temas al lado izquierdo –haga clic en cualquier cosa que se vea interesante.

Ahora está conectado a AOL. Puede hacer clic en los botones para leer las noticias del día. Si tiene correo electrónico en espera de usted, puede hacer clic en el botón You've Got Mail. Para más información sobre usar su cuenta de AOL, refiérase al Capítulo 17.

No se sorprenda si su computadora repentinamente dice en voz alta "Welcome!" ("¡Bienvenido!") cuando se conecta a AOL. Si tiene correo nuevo, dice "You've Got Mail!" ("¡Tiene correo!"). Trate de no saltar de la silla cuando escuche esos mensajes.

Para desconectarse, seleccione Sign Off➪Sign Off del menú (sí, es un poco redundante). El programa de AOL vincula su conexión con la gran computadora de AOL que está en el cielo. Frecuentemente, insiste en descargar algunas actualizaciones de programas antes de salirse. Salga del programa cuando termine.

# Compartir su Conexión a Internet

Nosotros, los fanáticos, siempre hemos tenido muchísimas computadoras en casa. John ha tenido una red entera de computadoras en su casa por décadas. Estos días, muchas personas tienen más de una computadora y las han conectado en una LAN. Si a usted le gustaría hacer lo mismo, para que sus computadoras puedan compartir archivos, impresoras y una conexión a la Internet, lea *Redes Caseras ParaDummies,* de Hungry Minds, Inc.

Todas las computadoras de una LAN pueden compartir una conexión a la Internet —la línea telefónica, la línea DSL o de cable— el cable se conecta a una computadora en la LAN y pasa información hacia la Internet y desde ella, y luego hacia las otras computadoras. Alternadamente, el módem de Internet por DSL o por cable puede conectarse a la LAN como si fuera una computadora separada. ¡No más discusiones sobre quién va a usar la línea telefónica después! ¡No más pucheros de los usuarios que no obtuvieron la conexión de cable o de DSL! Todos los miembros de la LAN pueden estar enviando o recibiendo correo electrónico, chateando o explorando la Web a la vez.

Para compartir una conexión a Internet, necesita (sorpresa, sorpresa) un programa de uso compartido de conexión. Windows 98 Segunda Edición, Me, 2000 y XP traen un programa llamado Internet Connection Sharing (ICS), que funciona bien. También puede revisar WinGate (en `www.wingate.com`) o Sygate (en `www.sygate.com`) para alternativas de bajo costo que le dan un poco de información acerca de cómo y quién está haciendo qué.

# Al otro lado del charco

La situación del ISP en el Reino Unido es un poco diferente de lo que es en Estados Unidos. Tradicionalmente, las llamadas en el Reino Unido son cobradas por minuto, incluso las locales, lo cual produce que las sesiones en líneas puedan ser caras. Como un resultado de esto, ahora existen tres tipos de ISP:

Los ISP tradicionales cobran una tarifa modesta por mes y proporcionan acceso tanto a números locales como nacionales. A menos que esté seguro de que no empleará mucho tiempo en línea, o si su ISP proporciona otro servicio que use, como hospedaje Web, esto muy seguramente, no es lo que usted desea.

Los ISP "gratuitos" cobran una tarifa mensual y se dan soporte a sí mismos dividiendo las tarifas por minuto con BT. (BT no lo haría, pero OFTEL insiste). Si solo desea intentar la Red, los ISP gratuitos son una buena manera de empezar. Nosotros no los recomendamos para uso a largo plazo, puesto que este sistema no ha probado ser muy lucrativo y los ISP gratuitos han adquirido la mala costumbre de declararse en quiebra muy rápidamente. El apoyo técnico también tiende a ser muy débil (era gratis, ¿qué quería... que le devolvieran su dinero?)

La tarifa fija de los ISP es, mensualmente, de casi £ 20, pero proporciona un número 800 o de otro tipo al que puede llamar sin cargos por minuto. La mayoría de usuarios encuentra que esta es la mejor opción puesto que hace que el recibo de pago sea predecible. Los ISP más grandes de tarifa fija son AOL (sí, ese AOL) y BT. Advierta que si bien el acceso es nominalmente ilimitado, si "acampa" sobre el teléfono 20 horas por día, su ISP invocará letra pequeña en el contrato (de la cual usted nunca se había percatado) y cancelará su cuenta.

Dependiendo de dónde sea usted y su ISP, su conexión telefónica puede ser desde maravillosa hasta horrible. Si intenta un ISP y las conexiones se vuelven lentas o poco confiables, intente otra.

Para instalar el uso compartido de la conexión a la Internet, vaya a la computadora que tenga la conexión a Internet y ejecute el asistente. En Windows Me, seleccione Start⇨ Programs⇨Accessories⇨Communications⇨Home Networking Wizard (quizás necesite hacer clic en las pequeñas flechas del menú de Communications para mostrar todos los comandos). En Windows XP, seleccione Start⇨All Programs⇨Communications⇨New Connection Wizard (el mismo asistente usado para instalar la conexión a Internet), y seleccione Set up a home or small office network (Instalar una red casera o de oficina pequeña). El asistente lo lleva paso a paso a través del proceso de la configuración del servidor ICS, o sea, la computadora que se conecta a la Internet) y los clientes ICS (el resto de las computadoras).

# ¿Qué Sigue?

Las versiones recientes de Windows vienen con Microsoft Internet Explorer, un explorador de la Web razonablemente bueno (el Capítulo 6 explica cómo usarlo). Windows también incluye un adecuado programa de correo electrónico llamado Outlook Express. Refiérase al Capítulo 11 para más intrucciones. También puede usar Netscape Navigator, Netscape Mail, Eudora y otros programas —no tiene que quedarse con los programas de Microsoft.

# Parte III
# Web Manía

"DESDE QUE EMPEZAMOS CON ESTO DE LAS VENTAS EN LÍNEA, SIMPLEMENTE, NO SÉ PARA DÓNDE SE ESTÁ YENDO EL DINERO".

# Capítulo 6

# Bienvenido al Mundo Salvaje y Maravilloso de la Web

* * * * * * * * * * * * * * * * * * * * * * * * * * * * * * *

### En este capítulo

▶ ¿Hiper quién?

▶ Entender URL

▶ Apuntar, hacer clic y otras habilidades básicas

▶ Una introducción a Netscape, Internet Explorer y otros exploradores

* * * * * * * * * * * * * * * * * * * * * * * * * * * * * * *

*L*as personas hablan hoy de *la Web* más que de la *Red*. La World Wide Web y la Internet no son la misma cosa –la World Wide Web vive en la "parte superior" de la Internet (y le decimos la Web porque somos digitadores perezosos). La red de la Internet está en el corazón de la Web, y la Web es como un parásito benigno que requiere de la Red para su sobrevivencia.

¿Okey, suficiente metáfora grosera, entonces qué es, de una vez por todas? La Web es un montón de "páginas" de información conectadas entre sí alrededor del mundo. Cada página puede ser una combinación de textos, cuadros, clips de video y de audio, animaciones y otras cosas (somos indecisos acerca de nombrar los otros asuntos porque agregan tipos nuevos de otros asuntos todos los días). Lo que hace a las páginas Web interesantes es que contienen *hipervínculos,* usualmente llamados simplemente *vínculos* porque la Red ya tiene suficientes palabras rimbombantes. Cada vínculo apunta a otra página Web y, cuando hace clic en un vínculo, su explorador va a traer la página a la que el vínculo se conecta (mantenga la calma —hablaremos de exploradores en un par de páginas. El explorador es el programa que le muestra la Web).

Cada página que su explorador atrapa para usted puede tener más vínculos que lo llevan a otros lugares. Las páginas pueden estar conectadas a otras páginas de cualquier parte del mundo, de modo que cuando usted está en la Web, puede terminar viendo páginas desde Singapur hasta Calgary, desde Sydney hasta Buenos Aires, y todo más rápido de lo que puede decir "Bob es tu tío". Dé o tome unas

# ¿De dónde vino la Web?

La World Wide Web fue inventada en 1989, en el European Particle Physics Lab, de Génova, Suiza, un lugar improbable para una revolución en computación. El inventor es un investigador británico llamado Tim Berners Lee, quien ahora es el director de la World Wide Web Consortium, en Cambridge (Massachusetts), la organización que configura estándares y supervisa el desarrollo de la Web (W3). Tim es increíblemente inteligente, trabaja muy duro y es el tipo más agradable que usted alguna vez desearía conocer (Margy lo conoció en persona a través de la escuela dominical –¿es así de sano o qué?)

Tim inventó el *http (el protocolo de transporte del hiper-texto),* la forma en que los exploradores de Internet se comunican con los servidores Web; *el HTML (HyperText Markup Language),*el lenguaje en que se escriben las páginas Web; y los *URL (Localizadores uniformes de recursos ),* los códigos usados para identificar páginas Web y casi toda la demás información de la Red. Él visualizó la Web como una forma para que todo el mundo publicara y leyera la información de la Red. Los exploradores de Internet antiguos tenían editores que le permitían crear páginas Web casi tan fácilmente como las leía.

Para más información sobre el desarrollo de la Web y el trabajo del World Wide Web Consortium, visite su sitio Web, en www.w3.org. También puede leer el libro de Tim, *Weaving the Web* (Harper SanFrancisco, 1999).

# Elementos esenciales sobre el hipertexto

Si puede conseguir un poco de información de la estructura fundamental de la Web, puede usarla mejor y pensar en todas las otras formas en que se puede usar. El *hipertext* es una forma de conectar información, de manera que la hace fácil de encontrar –en teoría. Las bibliotecas tradicionales (tanto las que tienen libros como las que tienen computadoras) organizan información de manera arbitraria, como en orden alfabético o según el sistema decimal Dewey. Este orden no refleja nada sino las relaciones existentes entre segmentos diferentes de información; simplemente, refleja los límites del orden manual. En el mundo del hipertexto, la información se organiza en relación con otra información. Las relaciones entre diferentes segmentos de información  son, de hecho, a menudo más valiosas que los segmentos en sí.

El hipertexto puede arreglar el mismo conjunto de información de varias maneras al mismo tiempo. Un libro de una librería convencional solo se puede colocar en un estante a la vez; un libro sobre salud mental, por ejemplo, es ubicado en el apartado de medicina o de psicología pero no en ambos a la vez. Con hipertexto, no es problema tener estos vínculos al mismo documento desde tanto temas médicos como psicológicos.

Suponga que tiene interés en un particular personaje histórico. Comience viendo su información biográfica básica: dónde y cuándo nació, los nombres de sus padres, su religión y otras cosas básicas. A partir de allí, puede ampliar sobre cada hecho, descubriendo qué más estaba ocurriendo en el mundo en ese momento de la historia, qué influencia tuvo su religión sobre él. Puede dibujar una imagen poniendo juntos todos esos aspectos y entendiendo sus conexiones – una imagen que es difícil de dibujar con solo nombres y fechas.

demoras de red, solo está a unos cuantos segundos de algún sitio de cualquier parte del mundo.

Este sistema de documentos interconectados es conocido como *hipertexto*. La Figura 6-1 muestra una página Web (nuestra página Web, de hecho). Cada frase subrayada es un vínculo a otra página Web.

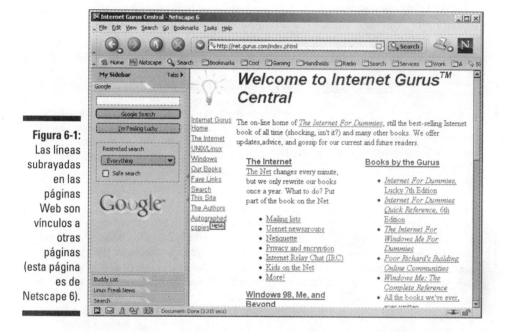

**Figura 6-1:** Las líneas subrayadas en las páginas Web son vínculos a otras páginas (esta página es de Netscape 6).

Hipertexto, la palabra que hace que la Web funcione, es una de esas simples ideas que llega a tener un efecto mucho más grande del imaginado en primera instancia. Con un sistema de hipertexto, la gente puede crear conecciones entre segmentos de información que le permite ir directamente a la información relacionada. Conforme desarrolle conexiones entre los segmentos de información, puede empezar la interacción de la Web creada por los vínculos entre los segmentos. Lo más notable de la Web es que conecta segmentos de información desde todo el planeta, en diferentes computadoras y en diferentes bases de datos, todo en apariencia de manera muy fácil (una característica que estará obligado a igualar con una tarjeta de una biblioteca común y corriente). A veces pensamos que la Web es un enorme ciempiés alienígena constituido de información.

La otra cosa importante sobre la Web es que la información de ella puede ser buscada. Por ejemplo, en aproximadamente diez segundos, puede obtener la lista de las páginas Web que contiene la palabra *doméstico*, o su propio nombre, o el nombre de un libro que desee estudiar. Puede seguir los vínculos para ver cada página de la lista y encontrar la información deseada.

# Póngale Nombre a Esa Página

Antes de hundirse y golpear la Web (hmm, esa metáfora necesita trabajo), usted necesita otro concepto básico. Cada página Web tiene un nombre adjunto de mo-

## El Hipertexto: Reminiscencia

Escribe John:

El término y el concepto del hipertexto fue inventado alrededor de 1969 por Ted Nelson, un famoso visionario de las computadoras que estaba pensando en las relaciones existentes entre las computadoras y la literatura por al menos 30 años —empezando desde la época en que la mayoría de la gente pensaba que era estúpido pensar que tal relación podría existir. Hace veinte años, él aseguraba que la gente tendría computadoras en sus bolsillos dentro de estuches de cuero (y tuvo toda la razón).

En 1970, Ted me dijo que todos tendríamos computadoras con pantallas baratas en nuestros escritorios con sistemas de gráficos con hipertextos. "Noo", le dije yo, "para el hipertexto, se necesitan supercomputadoras con cantidades enormes de memoria y una pantalla de alta resolución". Los dos teníamos razón, claro está, porque actualmente tenemos en nuestros escritorios pequeñas computadoras que son más rápidas que las supercomputadoras de los años 1970, las cuales tienen muchas más memoria y mejores pantallas.

Varios proyectos de hipertexto han venido y se han ido a lo largo de los años, incluyendo uno en la Universidad Brown (del cual Ted era parte) y otro en el Instituto de Investigaciones Stanford (que posiblemente sea el proyecto más influyente en la historia de la computación ya que inventó las ventanas de pantalla y los mouse).

El propio sistema de hipertexto deTed, el Proyecto Xanadu, ha trabajado por casi 20 años bajo una variedad de esquemas de financiamiento y administración, con muchas de las mismas personas trabajando duro y haciéndolo trabajar. El proyecto da cabida a muchas materias que no eran contempladas en otros sistemas. En particular, Ted descubrió cómo pagarles a los autores por su trabajo a través del sistema hipertextual, incluso cuando un documento tuviera piezas vinculadas desde otros y el documento resultante consistiera casi por completo en un compendio de otros documentos. Por una década, he estado escuchando de Xanadu, y ahora un más pequeño Xanadu Light, que toma ventaja de una gran cantidad de software existente, el cual llegará a las calles muy pronto. Ahora que la World Wide Web le ha llevado una versión limitada del hipertexto a las masas, Ted y sus amigos están construyendo el sistema Xanadu en la Web. Visite el sitio `www.xanadu.com` para que le dé una hojeada a lo que están haciendo.

# Duque de URL

Parte del plan de la World Wide Web es vincular toda la información del universo conocido, empezando con todo lo que hay en la Internet y alzando vuelo desde allí (quizás la afirmación sea un poco exagerada, pero solo un poco).

Una clave para la dominación mundial es darle a todo (al menos a todo lo que podría ser un recurso Web) un nombre, de modo que sin importar qué tipo de cosa sea, la Web lo pueda encontrar a través de vínculos y, luego, sepa qué hacer con ella.

Observe este típico URL, el de la página Web que aparecía en la Figura 6-1:

```
http://net.gurus.com/in-
    dex.phtml
```

La primer cosa de un URL, la palabra ubicada antes de los dos puntos, es el esquema, el cual describe la forma en que un explorador puede alcanzar un recurso. Aunque hay definidos diez esquemas, por mucho el más común es *HTTP*, el protocolo de transferencia de hipertexto que es la técnica original de transferencia de la Web (no confunda HTTP con HTML, que es el sistema de formato de códigos de las páginas Web. Llegamos allí en el Capítulo 7).

Aunque los detalles del resto del URL dependen del esquema, la mayoría de esquemas son parecidos. Luego de los dos puntos hay dos barras inclinadas (hacia adelante, nunca inclinadas hacia atrás) y el nombre de la computadora anfitriona donde vive el recurso; en este caso, `net.gurus.com` (uno de los muchos nombres de la computadora anfitrión de John). Luego, sigue otra barra y un *camino (path)*, el cual da el nombre del recurso en ese anfitrión, en este caso, un archivo llamado index.phtml.

El URL de una página Web permite otras partes opcionales. Pueden incluir un *número de puerto (port number)*, que especifica, hablando someramente, cuál de los diversos programas que se ejecutan en ese anfitrión debe manejar la búsqueda. El número de puerto va después de los dos puntos ubicados luego del nombre del anfitrión, como en este caso:

```
http://net.gurus.com:80/in-
    dex.phtml
```

Debido a que el número de puerto estándar http es 80, si ese es el puerto que necesita (usualmente lo es) puede dejarlo por fuera. Finalmente, el URL de Web puede tener una *parte de búsqueda* al final, seguida de un signo de interrogación, como aparece aquí:

```
http://net.gurus.com:80/index.
    phtml?chickens
```

Cuando un URL tiene una parte de búsqueda, le dice a la computadora anfitriona lo que debe buscar (raras veces se digita una parte de búsqueda por cuenta propia, generalmente están construidas desde campos de texto en las páginas Web).

Hay otros esquemas de URL útiles: `mailto`, `ftp` y `file`. Un URL de `mailto` se ve así:

```
mailto:internet8@gurus.com
```

en Netscape, genera una ventana en la cual puede introducir un mensaje de correo electrónico dirigido a la dirección de la URL. En Internet Explorer, hacer clic en el URL tipo `mailto` URL ejecuta el programa Outlook Express o el programa que esté

*(continúa)*

designado como su programa de correo predefinido (describimos Outlook Express en el Capítulo 11). Los URL Mailto se usan comúnmente para enviar comentarios al dueño de la página Web.

Un URL que empiece con `ftp` le permite descargar archivos desde un servidor FTP de la Internet (refiérase al Capítulo 16 para información sobre servidores FTP). Un URL de `ftp` se ve así:

```
ftp://ftp5.netscape.com/pub/
    comm/4.7/Comm4.7_EX.bin
```

La parte ubicada después de las dos barras es el nombre del servidor FTP (ftp5.Netscape.com, en este caso). El resto del URL es el nombre de la dirección del archivo que desea descargar.

El URL de file especifica un archivo de su computadora. Se vería así:

```
file:///C|/www/index.htm
```

En una computadora con Windows o con DOS, esta línea indica una página Web almacenada en el archivo C:\www\index.htm de su propia computadora. Los dos puntos se convierten en una barra vertical (ya que los dos puntos en los URL significan algo más) y las barras hacia atrás se transforman en barras hacia adelante. Los URL de File son útiles sobre todo para buscar gráficos con extensiones de nombre de archivo gif y jpg y para buscar en una página Web que acaba de escribir que se encuentra en un archivo de su disco.

do que los exploradores, y usted, la puedan encontrar. Una gran figura del mundo de la ingeniería de software (bueno sí, fue Tim) lo llamó *URL,* por *Uniform Resource Locator* (eso es Localizar Uniforme de recursos, en español). Cada página Web tiene un URL, una serie de caracteres que empieza con `http://` o con `www`. Muy bien, ahora sabe suficiente para empezar a explorar (para mayores detalles, observe la barra lateral "Duque de URL.")

# Explorar

Ahora que sabe todo sobre la Web, indudablemente desea revisarla por su propia cuenta. Para hacer esto, necesita un *explorador (browser),* el software que encuentra páginas Web y las despliega en su pantalla. Afortunadamente, si tiene Windows 95 ó posterior (98, 2000, NT, Me o XP) cualquier Mac reciente, o cualquier computadora con acceso a Internet, probablemente ya tenga uno. Alguien vino probablemente de la compañía que le proporciona Internet (la ISP) y lo instaló junto con el resto del software de Internet.

Estos son los dos exploradores más populares:

✔ **Internet Explorer (IE)** es el explorador que Microsoft incluye en cada versión de Windows desde Windows 98. De hecho, insisten en que es una parte integral de Windows (¿Si es así, cómo puede haber una versión autónoma para Macintosh y para UNIX? Hmm). Microsoft ahora tiene versiones para Windows XP,

2000, Me, 98, NT, 3.1, la Mac y algunas versiones de UNIX. Frecuentemente, viene con Outlook Express, el programa de correo electrónico y de grupos de noticias de Microsoft , el cual explicamos en el Capítulo 11. El navegador incorporado de AOL es Internet Explorer (extraño, pues son los dueños de Netscape, pero eso demuestra el poder de autoridad de Microsoft). La última versión es 6.0, la cual viene con Windows XP y está disponible como una descarga gratuita para Windows 98, Me y 2000. IE 5.5, el cual venía con Windows Me y 2000, se ve un poco diferente pero funciona casi igual.

✔ **Netscape Navigator 6** viene en varias opciones para Windows, Mac, y un montón de estaciones de trabajo UNIX. Netscape también viene como parte de un conjunto de programas llamado Netscape Communicator (hablaremos sobre los programas de correo en el Capítulo 11). Netscape incluye un editor de páginas Web, en caso de que desee crear sus propias páginas Web (refiérase al Capítulo 10 para saber cómo crear sus páginas Web). Netscape Navigator es, por mucho, nuestro navegador favorito (¡así, nadie nos puede acusar de ocultar las cosas que nos gustan!). Cada ciertos meses, Netscape actualiza el programa un poco, la última actualización es la 6.2.

Describimos Internet Explorer y Netscape 6 y 4.7 en detalle en este libro. El rápido crecimiento y todas las características de Opera, otro excelente explorador han quedado relegadas a las barras laterales, pero quizás lo desee intentar si le gustan las aventuras (refiérase a "Una noche en la Opera" en este capítulo). Si no tiene un explorador o si desea intentar con uno diferente, refiérase a la sección "Obtener e Instalar un Explorador", al final de este capítulo.

---

# Una noche en la Ópera

Opera es un pequeño y rápido explorador escrito por una compañía noruega. Usted tiene dos opciones con Opera: una versión gratuita que despliega pequeños anuncios o una versión que cuesta dinero (solo $35) que no tiene los anuncios. Para más información o para descargarlo, refiérase a `http://www.opera.com`.

Opera no tiene la enorme profusión o las características y opciones de Netscape o Internet Explorer, lo cual significa que es mucho más pequeño y rápido que ambos. Si considera que está cansado de esperar que su explorador actual se cargue, o de descargar todavía otro parche para reparar el egregio hoyo de la semana de Internet Explorer, Opera definitivamente se merece que le eche un vistazo.

Opera no está completamente desprovisto de campanas y pitidos, por supuesto. A partir de la versión 5.10, tiene los gestos de mouse, que le permiten controlarlo manteniendo sujeto el botón del mouse y moviéndolo, por ejemplo, agitar el mouse para atrás y para adelante le sirve para indicarle al programa que cierre la ventana actual. También ofrece un modo de presentación de diapositivas que puede desplegar páginas Web con codificación adecuada (que no sea difícil de escribir) como una secuencia de diapositivas de pantalla completa, usando todo el poder del navegador Web. ¡Toma eso, Powerpoint!

## ¡Lo nuevo mejorado, versus lo viejito pero bueno!

Con la versión 6.1, Netscape se volvió un rincón de estabilidad debido a los esfuerzos de algunos programadores del proyecto Mozilla, de modo que nosotros preferimos las versiones más viejas. Sin embargo, si necesita las funciones que una versión más vieja de Netscape Navigator o Communicator pueda proporcionar, Netscape desea probarlo. Visite `http://home.netscape.com/download` y seleccione entre una amplia variedad de exploradores, desde la versión 2.0.1 a la 6.2

para todos los sistemas operativos. Uno de nuestros autores, interesado en lo que podría pasar, instaló Navigator 2.0.2 en Windows 2000 Professional y... ¡todavía funciona! La gente de Netscape intentó un experimento interesante y le pidieron a programadores de todo el mundo unirse en un proyecto para reescribir completamente y rediseñar Netscape, usando el nombre código Mozilla. Netscape 6 es el resultado, y con cada edición simplemente se ve mejor.

# Surfeando con Su Explorador

Cuando inicia Netscape 6, se ve una pantalla semejante a la mostrada en la Figura 6-1. La ventana de Internet Explorer 6 se ve como la que aparece en la Figura 6-2. Internet Explorer 5.0 y 5.5 se ven un poco diferentes, pero tienen casi el mismo menú de selecciones y botones de barra de herramientas). Qué página despliega su explorador depende de la forma en que está instalada: muchos ISP arreglan que su explorador despliegue su página principal; de otro modo Internet Explorer tiende a desplegar una página de Microsoft y Netscape usualmente muestra una página de Netscape, hasta que escoja su propia página principal.

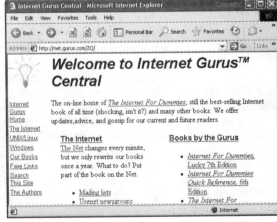

**Figura 6-2:** Su típica página Web, vista en Internet Explorer 6.

En la parte superior de la ventana hay un montón de botones y también está la línea Location (Netscape) o Address (Internet Explorer), la cual contiene el URL de la página actual (en ocasiones, Netscape etiqueta este cuadro como Netsite por razones que sin duda deben ser significativas para alguien. Microsoft a veces la llama Atajo). Recuerde que los URL son una parte importante de la Web porque son los códigos secretos que permiten acceder a todas las páginas de la Web. Para más detalles, refiérase a la barra lateral "Duque de URL", anteriormente en este capítulo.

La parte principal de la ventana del explorador está ocupada por la página Web que está buscando. Después de todo, para eso es el explorador —¡desplegar una página Web! Los botones, las barras y los menúes de los bordes le ayudan a encontrar el camino por la Web y hacer cosas como imprimir o guardar las páginas.

## *Viajar por doquier*

Usted necesita dos simples habilidades (si se puede llamar a algo tan simple como hacer un clic en el mouse como una habilidad) para empezar a viajar por la Web. Una es moverse de página en página de la Web, y la otra es saltar directamente a una página cuando sabe su URL (refiérase a la sección, "Visitar lugares", más adelante en este capítulo).

Moverse de página en página es fácil: haga clic en cualquier vínculo que se vea interesante. Así es. El texto azul subrayado y las imágenes con bordes azules son vínculos (aunque algunos vínculos pueden ser de otro color que no sea azul, dependiendo del diseñador de la página Web; generalmente, están subrayados, a menos de que haya sido víctima de un diseñador verdaderamente feo). Cualquier cosa que se vea como un botón es probablemente un vínculo. Puede saber cuándo está apuntando a un vínculo porque el cursor del mouse cambia a una pequeña mano. Si no está seguro de si algo es un vínculo, haga clic sobre él de todos modos, porque si no lo era, no va a afectarlo mucho. Al hacer clic fuera del vínculo, se selecciona el texto sobre el que hizo clic, como en la mayoría de los otros programas.

## *¡Hacia atrás, ahora!*

Los exploradores de la Web recuerdan las últimas páginas que ha visitado, así que si hace clic en un vínculo y decide que no está tan loco como para ver una página así, puede devolverse a la precedente. Para ir hacia atrás, haga clic en el botón Back o Previous, en la barra de herramientas (su icono es una flecha que apunta hacia la izquierda, y es el botón más a la izquierda de la barra de herramientas) o pulse Alt+←.

# *Por todo el mapa*

Algunos vínculos son *mapas de imagen (image maps),* como la gran ilustración que aparece en la mitad de la Figura 6-3. En un vínculo regular, no importa donde haga clic, pero en un mapa de imagen, sí. El mapa de imagen de esta figura es típico y tiene un montón de lugares obvios en los cuales se puede hacer clic para obtener varios tipos de información. Algunos mapas de imágenes son mapas reales, mientras que otros son fotos que contienen varios botones para acceder a diferentes lugares.

Conforme mueva el cursor del mouse alrededor de una página Web, dondequiera que esté apuntando en un vínculo, el URL del sitio al que vincula puede aparecer en letra pequeña en la parte inferior de la pantalla. Si el vínculo es un mapa de imagen, entonces muestra el vínculo seguido por un signo de interrogación y dos números que son las posiciones X y Y del lugar en que está en el mapa. Los números no tienen importancia para usted (eso le corresponde al servidor Web); si observa un par de números que cuentan hacia arriba o hacia abajo cuando mueve el mouse, sin embargo, debe saber que se encuentra en un mapa de imagen.

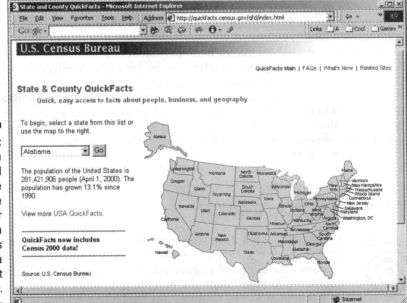

**Figura 6-3:** Haga clic en la parte del mapa de imagen que desea elegir (esta página Web es desplegada por Internet Explorer 5.5).

# Visitar lugares

En estos días, todo mundo junto con su mascota tienen una página principal. Una *página principal* es la página Web principal de una persona u organización. El Capítulo 10 le muestra cómo hacer una para usted y para su mascota (refiérase a `users.aimnet.com/~carver/cindy.html`). Las compañías hacen publicidad de sus páginas principales y la gente envía correos electrónicos sobre sitios Web divertidos. Cuando se encuentre un URL que desee explorar, esto es lo que debe hacer:

1. **Haga clic en el cuadro Location o Address, cerca de la parte superior de la ventana de Netscape o de Internet Explorer.**

2. **Digite el URL en el cuadro. Los exploradores le permiten dejar afuera la parte** `http://`.

   El URL es algo como `http://net.gurus.com` — pero solo debe digitar **net.gurus.com**. Asegúrese de borrar el URL que aparecía antes de que empezara a digitar.

3. **Presione Enter.**

Si recibe URLs en correo electrónico, mensajes de grupos de noticias, Usenet, o por cualquier otro medio, puede usar las técnicas de cortar y pegar para evitar digitar de nuevo:

1. **Destaque el URL en cualquier programa que lo esté mostrando.**

2. **Presione Ctrl+C (⌘+C en la Mac) para copiar la información en el Portapapeles.**

3. **Haga clic en el cuadro Location o Address para destacar lo que haya en él.**

4. **Presione Ctrl+V (⌘+V en la Mac) para pegar el URL en el cuadro, luego pulse Enter.**

La mayoría de programas de correo electrónico destacan los URL de los mensajes de correo electrónico. Todo lo que tiene que hacer es clic en el vínculo destacado y su explorador hará aparecer la página Web.

Puede dejar afuera la parte `http://` del principio del URL cuando lo digite en el cuadro Location o Address. ¡Su explorador ya sabe qué hacer con esa parte!

## ¿En dónde empezar?

Hay más sobre cómo encontrar cosas en la Web en el Capítulo 8; por ahora, aquí hay una buena manera de empezar: vaya a la página de Yahoo! (sí, el nombre de la página Web incluye un signo de exclamación —es muy excitable— pero nosotros lo dejaremos por fuera en el resto del libro, porque lo encontramos molesto). Esto es, digite este URL en el cuadro Location o Address, y luego pulse Enter:

```
www.yahoo.com
```

Irá a la página de Yahoo, un directorio de millones de páginas Web clasificadas por tema. Solo merodee por allí, haciendo clic en los vínculos que se vean interesantes y haciendo clic en el botón Back de la barra de herramientas cuando llegue a una curva peligrosa. Le garantizamos que encontrará cosas interesantes.

Para encontrar actualizaciones para el mismo libro que está sosteniendo, visite este URL:

```
net.gurus.com
```

Siga los vínculos a la página sobre nuestros libros o sobre la Internet y seleccione las páginas para los lectores de *La Internet Para Dummies,* 8a Edición . Si tenemos alguna noticia de última hora sobre la Internet o actualizaciones y correcciones de este libro, las puede encontrar allí. Por cierto, si encuentra errores en este libro o si tiene otros comentarios, por favor, envíenos un correo electrónico a: `internet-8@gurus.com`.

## Esta página se ve rara

Algunas veces una página Web se pone distorsionada al entrar o al ser interrumpida (cuando hace clic sobre el botón Stop, de la barra de herramientas, o pulsa la tecla Esc). Puede decirle a su navegador que coloque la información en la página otra vez: en Netscape, haga clic en el botón Reload o pulse Ctrl + R; en Internet Explorer, haga clic en el botón Refresh o pulse F5.

## Sácame de aquí

Tarde o temprano, incluso el más dedicado surfeador de la Web tiene que detenerse o atender otras necesidades del cuerpo. Puede salir de su explorador de la misma manera en que sale de cualquier otro programa: seleccione File⇨Exit

(File⇨Close para Internet Explorer, nos sorprendimos al darnos cuenta) o presione Alt+F4. También puede hacer clic en el botón Close (X) en la esquina superior derecha de la ventana.

Puede hacer unas cuantas cosas para aumentar la velocidad de Netscape Navigator e Internet Explorer, las cuales reportamos en el Capítulo 7 (todo es parte de un plan para mantenerlo leyendo).

# Obtener e Instalar un Explorador

Con suerte, quizás ya haya un explorador instalado en su computadora (el plan de Microsoft es que Internet Explorer se convierta en un programa preinstalado en cada computadora del universo, hasta donde lo podemos ver).Todos los exploradores recientes son tan parecidos que si tiene uno, nosotros le sugerimos que se quede con él por ahora, al menos. Si no tiene un explorador o tiene uno realmente viejo, debe actualizar si desea ver todas las características nuevas usadas en las páginas Web. Si utiliza una versión de Netscape o de Internet Explorer más vieja que la 4.0, se está perdiendo muchísimas características nuevas. Afortunadamente, los programas de exploración no son difíciles de obtener e instalar y la mayoría  de ellos son gratuitos.

Incluso si ya tiene un explorador, las nuevas versiones de Netscape Navigator y de Internet Explorer salen cada 20 minutos, más o menos y es bueno saber cómo actualizar porque ocasionalmente las versiones nuevas arreglan las pulgas, o sea las nuevas versiones son mejores que las viejas. Microsoft y AOL regalan Internet Explorer y Netscape Navigator, de manera que también puede actualizar su versión actual del programa (uno podría quejarse de muchos aspectos de Internet Explorer, pero nunca de su precio, a menos que, usted le preocupen los monopolios del software, como nos preocupan a nosotros y a muchas otras personas).

## Obtener el paquete

Puede conseguir un CD-ROM de su ISP (o de los que vienen en los libros o en las revistas) que incluya una copia de Internet Explorer o de Netscape. También puede descargar cualquiera de estos exploradores de la Internet, donde puede que haya versiones más nuevas de las que aparecían en el CD-ROM. Si tiene acceso a algún explorador de Internet, intente visitar estos sitios Web:

✔ **TUCOWS:** `www.tucows.com`

✔ **The Consummate WinSock Applications page:** `cws.internet.com`

✔ **Netscape, página principal (para Netscape 6 o 4.7):** `home.netscape-.com/download`

✔ **Microsoft, página principal (para Internet Explorer):** `www.microsoft.com-/windows/ie` para Windows y `www.microsoft.com/mac/ie` **para Macs**

✔ **Opera Software (para Opera):** `www.opera.com`

Use su explorador de la Web para ir a la página y luego siga las instrucciones para encontrar y descargar el programa. Quizás también desee consultar el Capítulo 16, para obtener más información sobre descargar archivos de Internet.

Si está actualizando desde una versión anterior del programa, puede reemplazar la versión vieja con la nueva. El programa de instalación incluso puede ser suficientemente inteligente como para recordar algunas de sus viejas configuraciones y páginas marcadas.

## La primera vez

Para echar a andar su nuevo explorador, haga clic en ese lindo icono de su explorador. O escójalo desde el menú Start.

La primera vez que ejecute Netscape Navigator, se ve un montón de información legal que describe las condiciones de licencia del programa. Si está de acuerdo con las condiciones (mucha gente lo está) haga clic para indicar su asentimiento. Netscape, entonces, arranca. Quizás desee conectarse a la página Web, de modo que pueda registrar su copia de Netscape —siga las instrucciones. El programa también puede desear que instale perfiles de usuario separados, si más de una persona usará Netscape (puede aceptar o declinar la oferta).

Netscape Navigator 6 también le pregunta si desea "activar" el programa, esto le permite tener una cuenta gratuita en el sitio Web de Netscape, incluyendo una dirección de correo electrónico que termina en `@netscape.net`. Continúe y siga sus instrucciones o haga clic en Cancel para saltárselo.

La primera vez que ejecute Internet Explorer, quizás corra también el asistente Internet o New Connection Wizard, el cual le ayuda a conectarse a Internet. Si desea el consejo de Microsoft para seleccionar un ISP, siga las instrucciones de la pantalla. Si ya tiene una conexión a Internet que funciona, tiene la oportunidad de decirlo.

# *Magia para actualizar*

Después de que instale ya sea Netscape o Internet Explorer, quien le proporciona el software de verdad, de verdad, DE VERDAD le gustaría que usted se quedara siempre con este producto. Con ese fin, ambos han inventado esquemas más o menos automatizados para actualizar desde una versión de su software a la siguiente y para informarle que necesita de actualización en primer lugar.

✔ **Netscape** tiene la característica Smart Update. Inicie Netscape, visite el sitio `home.netscape.com/download`, haga clic en el vínculo Smart Update (quizás deba cazar hasta encontrarlo: la última vez que lo vimos estaba en la esquina superior izquierda) y siga las instrucciones de la página. Después de que la descarga de la nueva versión inicia, Netscape abre una pequeña ventana que lista lo que está haciendo con instrucciones detalladas de sobre qué hacer clic y cuándo. Sígalas exactamente (lo cual puede ser un poco confuso) y se descargarán los nuevos programas y se instalarán, de uno en uno. Algunos de los programas son grandes (las nuevas versiones de Navigator y de Communicator pueden ser hasta de 20 MB) de modo que la descarga puede tardar mucho.

✔ **Internet Explorer** está incluido en el sistema de actualización basado en Internet de Windows. En Windows XP, el sistema Automatic Updates puede descargar actualizaciones de Windows sin ningún esfuerzo de su parte (para revisar si Automatic Updates está encendido, seleccione Start⇨Control Panel⇨Performance And Maintenance, haga clic en System, y haga clic en la pestaña Automatic Updates). En Windows Me, 2000, y versiones anteriores, seleccione Start⇨Windows Update o haga clic en el icono Windows Update, en la barra de tareas. Los programas de Microsoft son incluso más pesados que los de Netscape, por lo que las descargas pueden tomar más tiempo.

# Capítulo 7

# Reñir con la Web

. . . . . . . . . . . . . . . . . . . . . . . . . . . . . . . . . . . . . . . . . . . . . . . .

**En este capítulo**

▶ Montones de ventanas

▶ Guardar registro de sus sitios favoritos

▶ Hacer más rápido su viaje por la Web

▶ Hacer campo en su pantalla

▶ Llenar formularios de Web

▶ Guardar páginas para la posteridad

▶ Imprimir páginas de la Web

▶ Descargar programas

. . . . . . . . . . . . . . . . . . . . . . . . . . . . . . . . . . . . . . . . . . . . . . . .

S i sabe cómo hacerse camino por la Web, está listo para algunas características comparativamente más avanzadas, de modo que pueda comenzar a sentirse como un profesional de la Web desde ahora.

## Las ventanas del mundo

Internet Explorer y Netscape 6 son conocidos en el negocio como programas *mul-
titrenzados (multithreaded);* es decir que pueden exhibir varias páginas al mismo
tiempo. Cuando estamos apuntando y haciendo clic de un lugar a otro, nos gusta
abrir un montón de ventanas para poder ver dónde hemos ido y volver a una página previa simplemente cambiando a otra ventana. También puede organizar ventanas paralelas, que es una buena manera de, digamos, comparar precios de *La
Internet Para Dummies,* 8a Edición, en varias librerías en línea (la diferencia puede
ser pequeña, pero cuando compra 100 copias para todos sus amigos para Navidad, esos centavos pueden ser muy útiles. ¿Oh, no planeaba hacer eso? Rayos).

## La salvaje ventanomanía

Para desplegar una página en una nueva ventana de Internet Explorer 6, Netscape Navigator 4.7 ó Netscape 6, haga clic en un vínculo con el botón derecho del mouse y seleccione Open in New Window, del menú que aparece. Para cerrar una ventana, haga clic en el botón Close (X), en la parte superior del marco de la ventana, o presione Alt+F4, el atajo estándar para cerrar ventanas. Las Mac no tienen un botón derecho en el mouse, así que presione el botón utilizado para obtener menúes de contexto (la tecla predefinida es la tecla Control). Todas las ventanas de Mac se cierran de la misma manera —haciendo clic en el botón ubicado en la parte superior izquierda de la ventana. Los usuarios de UNIX con mouse de tres botones pueden abrir un vínculo en una ventana nueva, haciendo clic en el botón del medio.

También puede crear una ventana nueva sin seguir un vínculo. Pulse Ctrl+N o seleccione File⇨New⇨Navigator Window (en Netscape Navigator), File⇨ New Navigator Window (en Netscape 6) o File⇨New⇨Window (en Internet Explorer). Los usuarios de UNIX y de Mac deben pensar en "Alt" y en "Manzana" cuando decimos "Ctrl" a lo largo de esta sección.

## Consejos para los breves lapsos de atención

Si tiene una conexión lenta a Internet, use al menos dos ventanas del explorador al mismo tiempo. Mientras espera que la siguiente página llegue a una ventana, puede leer la página que llegó hace un rato en la otra ventana.

Si le pide a su navegador que empiece a descargar un archivo grande, entonces exhiba una ventana pequeña en la esquina de su pantalla. Internet Explorer y Netscape despliegan un " termómetro " que muestra el progreso de la descarga; Internet Explorer también muestra páginas diminutas que vuelan de una carpeta a otra. Aunque algunas personas consideran que ver el termómetro mientras crece o las páginas que vuelan es muy entretenido (solo lo hacemos cuando estamos lo suficientemente cansados) puede hacer clic para regresar a la ventana principal del navegador y seguir practicando surf.

Hacer dos o tres cosas a la vez en un explorador cuando tiene una conexión de marcado telefónico a la Red no es diferente de exprimirle sangre a un nabo —solo se puede sacar una cantidad de sangre. En este caso, la sangre es la cantidad de datos que su computadora puede bombear a través del módem. Una sola tarea de descarga puede tener a su módem casi al cien por ciento ocupado y cualquier otra cosa que haga compartirá el proceso de descarga de módem. Cuando haga dos cosas a la vez, cada una se procesa más lentamente que si estuviera sola.

Si una tarea es una descarga grande y la otra es revisar páginas Web, todo debería funcionar bien porque pasará una buena cantidad de tiempo viendo lo que despliega el explorador de Internet; la descarga puede ejecutarse mientras piensa. Por otra parte, aunque los exploradores le permiten iniciar dos tareas de descarga a la vez (o una docena, si usted está tan apresurado) ello no es más rápido que hacer las descargas de una en una y, al final, todo puede ponerse confuso.

# Mis Cosas Favoritas

La Web realmente tiene lugares estupendos para visitar y hay algunos que usted querrá visitar repetidas veces (probablemente, hemos visitado el sitio Web de Google miles de veces en estas fechas). Todos los fabricantes de navegadores buenos, afortunadamente, han provisto una forma conveniente de que usted recuerde esos lugares y no tenga que escribir esos sucios URLs solamente para tener que digitarlos otra vez más tarde.

Aunque el nombre cambia, la idea es simple: su navegador le permite marcar una página Web y agregar su URL a una lista. Más tarde, cuándo desee volver, solamente vaya a su lista y escoja la página que desea. Netscape llama a estas direcciones Web como *marcadores (bookmarks);* Internet Explorer las llama *favoritas (favorites).*

Puede manejar los marcadores de dos maneras. Una manera es pensar en ellas como en un menú, para poder seleccionar marcadores individualmente de la barra de menú de su explorador. La otra es pensar en ellas como en una página de vínculos personalizada a la que puede ir para seleccionar el vínculo deseado. Netscape 6 (un magnífico ejemplo de esta aproximación al diseño de software "La gran masa informe en expansión" ) hace ambas cosas. Internet Explorer hace algo diferente: agrega sus páginas Web a una carpeta de lugares favoritos a la cual quizás desee regresar.

# Marcar con Netscape

Los marcadores de Netscape se ocultan bajo el menú de *Bookmarks (Marcadores).* Para marcar una página Web –es decir, para agregar la dirección de la página a sus marcadores– seleccione Bookmarks⇨Add Bookmark o pulse Ctrl+D (refiérase a la Figura 7-1).

**Figura 7-1:**
El menú de
Netscape
Bookmarks
despliega la
lista de las
páginas
Web a las
que desea
regresar
alguna vez.

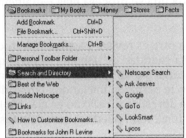

Después de crear algunos marcadores, estos aparecen como entradas en el menú que ve al hacer clic en el botón Bookmarks Quick File (en Netscape Navigator 4.7) o en el menú Bookmarks (en Netscape 6). Para ir a una de las páginas de su lista de marcadores, simplemente seleccione su entrada del menú.

Si es como la mayoría de usuarios, su menú de marcadores se hará más y más grande, se arrastrará por toda su pantalla y eventualmente llegará al suelo, lo cual es tanto feo como antihigiénico. Afortunadamente, puede recoger (término técnico) su menú y darle una forma más tratable. Seleccione Bookmarks⇨Manage Bookmarks o pulse Ctrl+B para desplegar la ventana Bookmarks (como aparece en la Figura 7-2).

**Figura7-2:**
La ventana
Bookmarks
incluye
comandos
para mover,
editar y
eliminar
marca-
dores.

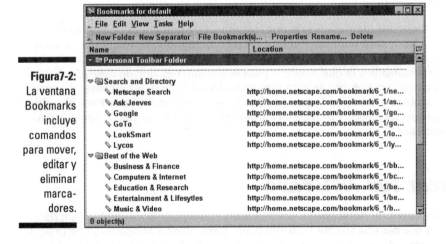

Debido a que todos estos marcadores están "vivos" puede ir a cualquiera de ellos
solo haciéndoles clic (puede dejar esta ventana abierta mientras se mueve por la
Web en otras ventanas del explorador). También puede agregar líneas separado-
ras y submenúes para organizar sus marcadores y hacer que los menúes individuales se vean menos desordenados. Los submenúes se ven como carpetas en la
ventana de marcadores.

En la ventana Bookmarks, seleccione File⇨New Separator para agregar una línea
separadora, y File⇨New Folder para agregar un nuevo submenú (Netscape le pide
digitar el nombre del submenú antes de crear la carpeta). Puede arrastrar marcadores, separadores y carpetas hasta donde los desee en la ventana Bookmarks.
Arrastre un elemento hasta una carpeta para colocarlo en el submenú de la carpeta y haga doble clic en una carpeta para desplegar u ocultar ese submenú. Ya que
ningún cambio que haga en la ventana de Bookmarks se refleja inmediatamente en
su menú, es fácil maniobrar a través de los marcadores y encontrar lo que le inte-
resa. Netscape precarga su ventana de marcadores con páginas que a ellos les
gustaría que vieran, pero siéntase libre de eliminarlos si sus gustos son diferentes
de los de ellos.

Cuando termine de jugar con los marcadores, seleccione File⇨Close o pulse
Ctrl+W para cerrar la ventana Bookmarks.

La barra de herramientas Personal es una fila de botones que, generalmente, aparece debajo del cuadro Location (si no está allí, seleccione
View⇨Show/Hide⇨Personal Toolbar para desplegarlo). Esta fila de botones le da acceso de un solo botón a una serie de sitios Web favoritos
de Netscape. ¿No sería lindo si sus sitios Web favoritos aparecieran allí
de una vez? ¡No hay problema! Cuando organiza sus marcadores en la
ventana Bookmarks, inserte sus sitios favoritos en la carpeta Toolbar
Personal —cualquier sitio de esta carpeta automáticamente aparece en
la barra de herramientas Personal. Usted incluso puede agregar carpetas con marcadores. Las carpetas aparecen como iconos en la carpeta y
los marcadores aparecen como cintas azules. Nos encanta esta característica de Netscape.

## *Elegir los favoritos con Internet Explorer*

Internet Explorer usa un sistema parecido a Netscape, aunque llama a las páginas
guardadas "favoritas" en vez de marcadores. Puede agregar la página actual a su
carpeta Favorites y luego ver la carpeta y organizarla. Si usa Windows, esta carpeta Favorites se comparte con los otros programas de su computadora. Otros programas también pueden agregar cosas a su carpeta Favorites, de modo tal que es
una confusión de páginas Web, archivos y otras cosas (afortunadamente, la mayoría de la gente usa Favorites solo para páginas Web).

En Windows 95, 98 y Me, la carpeta Favorites, usualmente, también aparece en el menú Start. Seleccione Start⇨Favorites y, luego, seleccione ítemes del menú. Si el ítem es una página Web, su navegador se inicia y (si está conectado a la Internet) despliega la página. Windows XP no incluye Favorites en el Menú Start a menos que, específicamente, lo active.

Para agregar la página actual a su carpeta Favorites, seleccione Favorites⇨ Add to Favorites del menú. La ventana de diálogo Add Favorite, mostrada en la Figura 7-3, pregunta si desea poder ver la página cuando no está en la Internet (es decir, no conectado a la Internet) – marque esta casilla de verificación si desea guardar la página en el disco de su computadora (nosotros usualmente no lo hacemos). Haga clic en el botón Create In si desea poner el favorito nuevo en una carpeta, de tal modo que aparezca en un submenú de su menú de Favorites.

**Figura 7-3:**
Agregar una
página Web
a sus
favoritos de
Internet
Explorer.

Internet Explorer tiene un botón de Favorites en la barra de herramientas y este despliega su lista de favoritos en la parte izquierda de la ventana de Internet Explorer, esta lista se llama *Favorites Explorer Bar* (¡aquí a todo le ponen nombre!). Haga clic en el botón de Favorites otra vez para que la lista se oculte (refiérase a la Figura 7-4). También puede pulsar Ctrl+I para desplegar u ocultar esa barra. Cuando aparece la lista de favoritos, haga clic en un favorito para visitarlo. Otra forma es regresar a su sitio Web de la lista para seleccionar Favorites desde el menú: sus favoritos están en la parte inferior del menú que aparece.

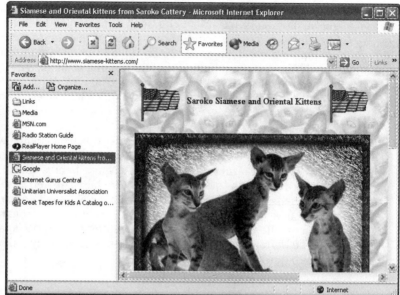

**Figura 7-4:**
La barra de
Favorites
despliega su
lista de
sitios Web
favoritos en
la parte
izquierda de
la ventana
de Internet
Explorer.

Si desea reorganizar su carpeta de Favorites, seleccione Favorites➪
Organize Favorites desde el menú. La ventana Organize Favorites le permite crear
carpetas para sus favoritos y mover los favoritos por doquier. Para ver el contenido de la carpeta, haga clic en ella. Cuando haya terminado de organizar sus ítemes favoritos, haga clic en el botón Close (en las versiones más viejas de Internet
Explorer, este cuadro de diálogo se ve un poco diferente: en IE 4.0, el botón Create
Folder tiene una carpeta amarilla con una chispita). También puede arrastrar los
favoritos y las carpetas directamente a la barra de favoritos.

Las carpetas que crea en la ventana Organize Favorites aparecen en su menú Favorites y los ítemes que pone en las carpetas aparecen en submenúes. Para regresar a una página Web que ha agregado a su carpeta Favorites, simplemente,
selecciónela del menú Favorites.

En Internet Explorer 5.0 y versiones posteriores, puede hacer disponible las páginas cuando no está conectado a la Internet. En la ventana
Organize Favorites, haga clic en la página y, luego, la casilla de verificación Make Available Offline inmediatamente va a traer la página a su
disco y la retoma de vez en cuando (si está conectado) para poder verla cuando hace clic en ella aunque no esté en la Internet.

Si hace disponible un montón de páginas sin conexión, se topará con que su navegador pasará mucho tiempo manteniéndolas actualizadas. Cuando ya no necesita explorar una página sin conexión, cancele la selección de la casilla de verificación Make Available Offline o quite la página de sus favoritos. Hemos encontrado que el sistema de páginas sin conexión es algo inestable en Windows 2000 y Windows XP. Sólo sugeriríamos usar páginas sin conexión si está limitado a estar en línea solo una vez o unas pocas veces por día.

¿Ha notado la barra de herramientas Links que usualmente aparece debajo y a la derecha del recuadro Address? (si no aparece allí, seleccione View➪Toolbars➪Links para que salga). Nunca hemos querido visitar ninguno de los sitios que aparecen en esta barra de herramientas, ¡pero usted puede poner sus sitios Web favoritos allí! Cuando organice sus favoritos, mueva sus sitios favoritos y las carpetas a la carpeta Links — cualquier sitio ubicado en esta carpeta automágicamente aparece en la barra de herramientas Links. Esta característica es muy útil para los sitios Web que visita más a menudo.

# Acelerar las Cosas

A menos que tenga una conexión dedicada de alta velocidad, en vez de una cuenta normal de marcado telefónico, probablemente pasa una gran cantidad de tiempo deseando que el proceso de obtener cosas en la Web fuera mucho más rápido (John tiene una conexión dedicada de alta velocidad y, de todos modos, pasa cierta cantidad de tiempo esperando en la Web). Aquí hay un manojo de trucos que puede usar para apresurar las cosas un poco.

## ¿Dónde comenzamos?

**En Netscape 6:** Cuando Netscape inicia de manera predefinida carga la grande y atractiva cuña de la página principal de Netscape, llena de ofertas irresistibles (al menos los dueños de Netscape en AOL esperan que lo sean). Después de una o dos veces, por más bella que sea la página, probablemente se encontrará con que puede prescindir de ella. Le puede decir a Netscape que no cargue ninguna página Web o que cargue una página diferente, cada vez que inicia el programa:

1. **Seleccione Edit➪Preferences.**

   Usted verá el recuadro de diálogo Preferences, mostrado en la Figura 7-5.

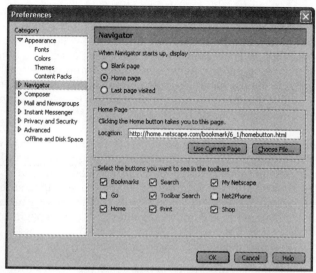

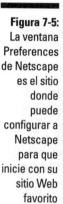

**Figura 7-5:**
La ventana
Preferences
de Netscape
es el sitio
donde
puede
configurar a
Netscape
para que
inicie con su
sitio Web
favorito

2. **Haga clic en Navigator, en el cuadro Category, bajo el lado izquierdo de la ventana.**

Es posible que esta categoría ya esté seleccionada y sus configuraciones pueden aparecer en la ventana Preferences. La primer configuración se llama Navigator Starts With (o When Navigator Starts Up Display). Se trata de la página que Netscape abre al iniciarse.

3. **Para comenzar sin página Web, haga clic en Blank Page. Para seleccionar una página con la cual iniciar, haga clic en Home Page, luego en el cuadro de abajo y digite el URL de una página que le gustaría ver (¿qué tal http://net.gurus.com, que es nuestra propia página?). Seleccione Last Page Visited para habilitar esa opción.**

La página principal es (¡sorpresa!) la página que Netscape abre cuando hace clic en el botón Home de la barra de herramientas. Para fijar la página que ve ahora mismo como la página principal, haga clic en Use Current Page. Para desplegar una página almacenada en su computadora, haga clic en Browse o Choose File y seleccione un archivo.

También tiene la opción de iniciar desde donde se fue la última vez, haciendo clic en Last Page Visited.

4. **Haga clic en OK.**

Puede fijar su página principal de Netscape a su propia lista de marcadores: ¡muy útil! Seleccione <u>E</u>dit⇨P<u>r</u>eferences, haga clic en la categoría del Navigator si aún no está seleccionada, haga clic en el botón Browse o Choose File, en la sección Home Page y vaya al archivo Bookmark.html que almacena sus marcadores. El archivo, generalmente, se almacena en la carpeta C:\Program Files\Netscape\Netscape 6\defaults\profile\US, pero quizás necesite buscarlo. Si está en Inglaterra, quizás note que en vez de US, dice UK.

**En Internet Explorer:** Internet Explorer usualmente empieza desplegando la página principal de MSN o una página Web almacenada en su propio disco duro, dependiendo de cuál versión tenga de Internet Explorer. Puede cambiar esa página de inicio o puede decirle a Internet Explorer que cargue una página en blanco (cargar una página principal desde su disco es muy rápido, así que hacemos eso en vez de cargarla en blanco). Siga estos pasos para cambiar su página de inicio:

1.  **Abra la página Web que desea usar como página de inicio.**

    Por ejemplo, quizás desee empezar en la página de Yahoo, descrita en el Capítulo 8, o en el sitio Internet Gurus Central en `net.gurus.com`.

2.  **Seleccione <u>T</u>ools⇨Internet <u>O</u>ptions o <u>V</u>iew⇨Internet <u>O</u>ptions del menú.**

    El comando que use depende de la versión de Internet Explorer: ¡use lo que aparezca en los menúes! Verá el recuadro de diálogo Internet Options, mostrado en la Figura 7-6.

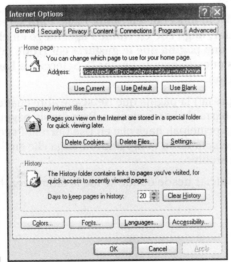

**Figura 7-6:**
El recuadro de diálogo Internet Options incluye configuraciones para Internet Explorer, entre estas, cuál página Web desplegar al inicio.

3. **Haga clic en la pestaña General, en la parte de arriba del recuadro de diálogo.**

   En realidad, es probable que ya esté seleccionada, pero le decimos esto en caso de que esté buscando lo que contienen las otras pestañas.

4. **En la sección Home Page del recuadro de diálogo, haga clic en el botón Use Current.**

   El URL de la página actual aparece en el cuadro de Address. Para empezar con una página en blanco, haga clic en el botón Use Blank.

5. **Haga clic en OK.**

Seleccione una página de inicio que no tenga muchas ilustraciones: si inicia con una página que se cargue rápido o con una página en blanco, no tendrá que esperar mucho para empezar a explorar.

## El duro y frío cache

Cuando su explorador abre una página que ha pedido ver, almacénela en su disco. Si pide la misma página otra vez en cinco minutos, el programa no tiene que recuperar la página otra vez —puede reutilizar la copia que ya tiene. El espacio que su explorador usa para almacenar páginas se llama cache (pronunciado "cash" porque es francés y le da a su cache más distinción). Mientras más espacio le diga a su navegador que use para cache, las páginas aparecen más rápido la segunda vez que las mira.

**En Navigator 4.7 y 6:** Para ajustar el tamaño del cache de Netscape, siga estos pasos:

1. **Seleccione Edit➪Preferences en el menú.**

   Se observa el recuadro de diálogo Preferences.

2. **Haga doble clic en la categoría Advanced y haga clic en la categoría Cache.**

   Se observan todas las configuraciones que controlan el cache de Netscape. El cuadro Disk Cache muestra el tamaño máximo del cache en kilobytes (K): a nosotros nos gusta configurar el Disk Cache en 50000 K (es decir, 50 MB). Colóquelo en un número mayor si tiene un disco duro más grande y tiene mucho espacio libre: cuanto más espacio ocupe el cache, más a menudo puede cargar una página Web rápidamente desde el cache, en vez de hacerlo lentamente desde la Red.

3. **Haga clic en OK.**

**En Internet Explorer:** Para configurar el tamaño del cache de Internet Explorer, siga estos pasos:

1. **Seleccione Tools⇨Internet Options o View⇨Internet Options en el menú.**

   Se observa el recuadro de diálogo Internet Options.

2. **Haga clic en la pestaña General, en caso de que aún no esté seleccionada.**

3. **Haga clic en el botón Settings, en la sección Temporary Internet Files.**

   Se observa el recuadro de diálogo Settings, con información sobre el cache (muchas versiones de Internet Explorer no lo llaman cache, suponemos que no hablan francés).

4. **Haga clic en el dispositivo deslizante de la línea Amount Of Disk Space To Use or Maximum Size y muévalo hasta 10 por ciento.**

   Es decir, deslícelo a un décimo del camino desde el borde izquierdo. Si tiene mucho espacio libre en su disco, puede ponerlo en un 20 por ciento. Si no tiene mucho espacio, muévalo hacia la izquierda, solo hacia un uno o un dos por ciento. A la derecha del dispositivo hay un cuadro que muestra la cantidad de disco duro que ha seleccionado.

5. **Haga clic en OK dos veces.**

Algunos de nosotros apenas si salimos de nuestros exploradores, lo cual probablemente no es una buena idea para nuestra estabilidad mental a largo plazo. Si usted es uno de nosotros, sin embargo, recuerde que las páginas que su explorador ha puesto en cache, normalmente, no son vueltas a cargar de la Web (son tomadas de su disco) hasta que las vuelve a cargar. Si desea asegurarse de obtener páginas frescas, vuelva a cargar las páginas que piensa que pudieron haber cambiado desde que las visitó por última vez. Se supone que su explorador revisa si una página guardada ha cambiado, pero debido a que la comprobación a veces no funciona perfectamente, es aconsejable un comando Reload o Refresh ocasional para las páginas que cambian frecuentemente, tal como los precios de las acciones o el reporte del tiempo. Haga clic en el botón Reload o Refresh, de la barra de herramientas de su explorador, o pulse Ctrl + R.

# *Mirar la Imagen Completa*

Los exploradores tienen tantos botones, iconos y cuadros cerca de la parte superior de la ventana que no dejan mucho espacio para exhibir la página Web. Aquí hay algunos trucos para hacer más espacio.

**En Navigator 6:** Puede obtener un poco más de espacio en la ventana de Netscape al eliminar la barra Personal Toolbar (la barra ubicada en la parte inferior, apenas arriba del área de la página Web) a menos que la use para desplegar sus propios vínculos favoritos. Seleccione <u>V</u>iew⇨Sho<u>w</u>/Hide⇨
<u>P</u>ersonal Toolbar para eliminar la marca de verificación al lado izquierdo del comando. Otros comandos del menú <u>V</u>iew⇨Sho<u>w</u>/Hide le permiten desactivar otras filas de botones. Para restaurar los botones que acaba de eliminar, ejecute el mismo comando de nuevo. Si desea quedarse con la barra de herramientas Personal y desplegar en ella sus sitios Web favoritos, refiérase al consejo del final de la sección "Marcar con Netscape", anteriormente en este mismo capítulo.

**En Internet Explorer:** Puede solicitar bienes raíces de pantalla al eliminar las barras de herramientas. Si la barra de Links aparece (usualmente debajo o a la derecha del cuadro Address) seleccione <u>V</u>iew⇨<u>T</u>oolbars⇨<u>L</u>inks para que se vayan. Utilice el mismo comando de nuevo para restaurar el ítem del que se libró. Puede desactivar todos los botones escogiendo otras opciones en el menú <u>V</u>iew⇨<u>T</u>oolbars. De modo alterno, reemplace los ítemes de la barra de herramientas Links, con sus sitios Web favoritos: refiérase al consejo que aparece al final de "Elegir los favoritos con Internet Explorer" para más detalles.

IE puede hacer dos cosas que Netscape 6 no hace: las barras de herramientas de goma y el modo de pantalla completa. Puede cambiar al modo de pantalla completa presionando la tecla F11: los bordes de la ventana, los menúes y la barra de estado desaparecen, dejando solo la barra de herramientas y la página Web en sí. Al pulsar F11 otra vez, se devuelve IE a la normalidad (si puede llamarle a eso la normalidad). Las barras de herramientas de goma requieren un poco más de práctica, pero, en todo caso, para iniciar necesita liberarlas. Primero, haga clic derecho en cualquier área en blanco de cualquier barra de herramientas y seleccione Unlock o Lock en las barras de herramientas, dependiendo de su versión de IE. Después, tome la barra de herramientas que desea mover apuntando en la pequeña arruga vertical o fila de puntos que aparece justamente la izquierda del nombre de la barra de herramientas. Finalmente, arrástrelo con su mouse. Si se toma su tiempo, verá que todas las barras de herramientas pueden estar en la misma línea como otra barra de herramientas. Experimente y hallará un buen acomodamiento.

# Rellenar Formularios

Allá por las Edades Oscuras de la Web (esto es, en 1993), las páginas Web eran solo para mirarlas. Debido a que no había nada que fuera suficientemente divertido o complicado, se inventaron los formularios de Web. Un *formulario* es semejante a un formulario de papel, con campos que puede llenar y luego enviar. La Figura 7-7 muestra un formulario típico.

## ¿Es seguro proceder?

Tanto Netscape como Internet Explorer tienen el hábito de hacer aparecer de pronto cuadros diminutos para avisarle acerca de los peligros que podría acarrearle lo que usted está a punto de hacer. Ambos programas despliegan un cuadro cuando está a punto de cambiar de decisión de transmisiones codifi- cadas a no codificadas (o viceversa). La mayor parte de estos cuadros preventivos incluyen una casilla de verificación en la que puede hacer clic para decirle al programa que no lo moleste más con este tipo de advertencias.

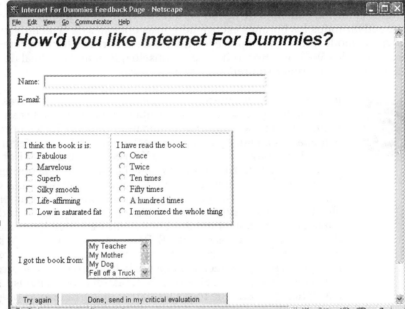

Figura 7-7:
Solo llene
unos
cuantos
formularios.

Los cuadros blancos de un formulario son los cuadros de texto en los cuales digita, en este caso, su nombre y su dirección de correo electrónico. Los pequeños cuadrados son *casillas de verificación,* en las cuales se marca la información que se aplica (todas ellas, esperamos, en nuestro formulario de muestra). Los pequeños botones redondos son (radio buttons) *botones de opción,* que son parecido a los cuadros de verificación, excepto que de cada conjunto solo puede seleccionar uno. En la Figura 7-7, también ve un *cuadro de lista,* en el que puede seleccionar una de las posibilidades del cuadro. En la mayoría de los casos, ve más entradas que pueden encajar en el cuadro, de tal modo que los desplaza línea a línea a lo largo y a lo ancho. Aunque usualmente puede seleccionar solo una entrada, algunos cuadros de lista le permiten seleccionar más.

Los formularios también incluyen botones. La mayoría de formularios tienen dos: uno que despeja los campos del formulario para llevarlos a su condición inicial y no envía nada, y otro, usualmente, conocido como el botón *Submit* que devuelve el formulario lleno al servidor Web para ser procesado.

Después de que la información es enviada desde el formulario al servidor Web, es asunto exclusivo del servidor cómo interpretarla.

Algunas páginas Web tienen *ítemes de búsqueda,* que son formularios de una línea que le permiten digitar algún texto para buscar. Dependiendo del navegador, un botón Submit puede aparecer a la derecha del área de texto o, simplemente, puede pulsar Enter para enviar las palabras de búsqueda al servidor. Por ejemplo, la página de búsqueda Google en `google.com` tiene un cuadro en el cual digita una palabra o una frase; cuando pulse Enter o haga clic en el botón Google Search, la búsqueda comienza (¡vea el siguiente capítulo para averiguar lo que ocurre!).

# La Esquina del Silencio

Cuando llena un formulario en una página de Web, quizás necesite aportar información que preferiría no hacer de conocimiento público –su número de tarjeta de crédito, por ejemplo. ¡No es para preocuparse! Los exploradores modernos pueden codificar la información que usted envía y recibe desde un *servidor seguro de Web* y hacia este. Si usa Netscape, puede saber cuándo una página fue recibida en forma codificada por el servidor Web gracias a un icono que aparece en una esquina de la ventana de Netscape (la inferior izquierda en Netscape 4.x y la inferior derecha en Netscape 6). Si el candado pequeño aparece abierto, la página no estaba encriptada. Si el candado está cerrado, la codificación está activada. La información digitada en formularios de páginas seguras casi siempre se envía codificada, lo cual impide que otros fisgoneen en sus secretos conforme pasan a través de la Red. Las páginas codificadas son agradables, pero en la práctica, es improbable que alguien fisgonee en su sesión de Web de todas formas. Los verdaderos problemas de seguridad están en otro sitio (refiérase a los Capítulos 2 y 9).

# ¡Sálveme!

Frecuentemente, verá algo en una página Web que vale la pena de ser guardado para más adelante. Algunas veces es una página Web llena de información interesante, una fotografía o algún otro tipo de archivo. Afortunadamente, guardar cosas es fácil.

Cuando guarda una página Web, tiene que decidirse ya sea por guardar solo el texto que aparece en ella o guardar entera la versión de HTML de la página, con los códigos del formato respectivos (para un vistazo de HTML, refiérase al Capítulo 10). También puede guardas las imágenes que aparecen en las páginas Web.

Seleccione File⇨Save As para guardar la página Web actual en un archivo. Se observa el cuadro de diálogo estándar Save As (IE 6.0 lo llama Save Web Page). Especifique el nombre para guardar el archivo o use el nombre de archivo que su explorador le sugiere. Haga clic en el cuadro Save as type, para determinar cómo guardar la página: seleccione Plain Text o Text File para guardar solo el texto de la página, con notas pequeñas donde aparecen imágenes. Seleccione HTML, HTML Files o Web Page Complete (en IE) para guardar el archivo completo de HTML. Luego haga clic en el botón Save u OK.

Para guardar una imagen que vea en una página Web, haga clic derecho en la imagen (haga clic en la imagen con el botón derecho del mouse). Seleccione Save Image As o Save Picture As del menú que aparece. Cuando vea el cuadro de diálogo Save As, muévase a la carpeta o directorio en la cual desea guardar el archivo de gráficos, digite un nombre en el cuadro File name, y haga clic en el botón Save u OK.

Una nota sobre los derechos de autor: en contra de la creencia popular, casi todas las páginas Web, junto con casi todo lo demás en la Internet, tienen derechos de copia registrados por sus autores. Si guarda una página Web o una foto tomada de una página Web, usted no está autorizado a usarla de cualquier forma que desee. Antes de que piense en emplear el texto o las fotos de cualquier forma, envíe un mensaje de correo electrónico al dueño del sitio. Si no aparece una dirección en la página, solicite un permiso a webmaster@domain.com, reemplazando domain.com por la parte del nombre de dominio del URL que tiene la página de Web. Por ejemplo, para obtener permiso para usar la información de la página net.gurus.com/books.html, escriba a webmaster@gurus.com.

# La Cuestión de los Árboles Muertos (Imprimir)

En el primer año que los exploradores de Internet existieron, todos tuvieron comandos de impresión que no funcionaban. Eventualmente, los programadores se dieron cuenta de que las personas normales (como usted) necesitaban consignar páginas Web en papel de vez en cuando, así es que ahora todos los comandos de impresión sí funcionan.

Para imprimir una página, haga clic en el botón de Print, en la barra de herramientas, pulse Ctrl+P o seleccione File⟿Print. Reformatear una página para imprimirla puede tomar su tiempo, pero la paciencia es una virtud. Afortunadamente, cada explorador muestra una ventana para hacerle saber cómo marcha todo.

 Si la página que desea imprimir usa marcos (una técnica que divide la ventana del explorador en sub-áreas que pueden desplazarse y actualizarse separadamente), haga clic en la parte de la ventana que desea imprimir antes de iniciar la impresión. De otra manera, puede obtener solo el marco más alejado, que usualmente nada más tiene un título y unos botones.

# Mantenga sus Migas de Galletas Fuera de mi Computadora

Para realzar su experiencia en línea, los fabricantes de exploradores de Internet inventaron un tipo de mensaje especial que le permite reconocer un sitio Web cuando vuelve a visitarlo. Atentamente, almacenan estas informaciones, llamadas *cookies,* en su propia máquina.

Usualmente, las cookies son inofensivas y útiles. Cuando usa un sitio de reservación de aerolíneas, por ejemplo, el sitio usa cookies para mantener los vuelos que reserva separados de los que otros usuarios pueden reservar al mismo tiempo. Por otra parte, suponga que usa su tarjeta de crédito para comprar algo en un sitio Web y el sitio usa una cookie para recordar su número de tarjeta de crédito. Supongo que proporciona esta información desde una computadora del trabajo y la siguiente persona que visita ese sitio usa la misma computadora. Esa persona, posiblemente, podría hacer compras con su tarjeta de crédito. Uy.

Los usuarios de la Internet tienen sentimientos diversos sobre las cookies. Algunos no se preocupan por ellas y otros las ven como una excesiva invasión de la vida privada . Usted debe decidirse por su propia cuenta. En contra del rumor, las cookies no pueden extraer otra información de su disco duro, ni pueden darle un mal corte de pelo ni alterar la forma en que conduce su vida. Solo recogen la información que el navegador les cuenta. Internet Explorer y Netscape 4.x y 6 le permiten controlar si las cookies se guardan en su computadora y cuándo.

CONSEJO

# ¿El historial? ¿Cuál historial?

La mayoría de exploradores tiene una característica algo útil, llamada a veces historial. En el borde derecho del cuadro Location o Address hay una flecha pequeña que apunta hacia abajo. Cuando hace clic en ella, desciende una lista de URLs visitados recientemente. Algunos de nuestros lectores nos han preguntado cómo se despeja ese cuadro, probablemente porque tuvieron la intención de digitar www.disney.com pero sus dedos se resbalaron y digitaron (podría ocurrirle a cualquiera) www.hot-xxx-babes.com en su lugar. Debido a que algunas de las peticiones sonaban urgentes, aquí están los detalles ocasionales grotescos de cómo hacerlo.

**Netscape 4.5 y posteriores:** Seleccione Edit➪ Preferences, haga clic en la categoría Navigator (en Netscape 6, haga doble clic en él y, luego, clic en la subcategoría History), y haga clic en Clear Location Bar y, si se encuenta en los botones History. Todo debería ser facil.

**Internet Explorer:** Seleccione View➪Internet Options o Tools➪Internet Options, haga clic en la categoría Navigator (en Netscape 6, haga doble clic en él y luego haga clic

en la sub categoría History), y haga clic en Clear Location Bar, si se encuentran presentes, en los botones Clear History. En teoría, todo debería ser así de fácil.

**Netscape 4.0:** No hay botón, así que tiene que hacer algunas cosas antes. La lista de URLs se almacena en un archivo llamado Prefs.js, el cual está almacenado probablemente en la carpeta C:\Program Files\Netscape\Users\*yourname* (si no, seleccione Start➪Find➪Files Or Folders o Start➪Search➪For Files And Folders, para encontrarlo). Este archivo contiene todas las preferencias de Netscape y usted puede eliminarlas, pero al mismo tiempo, eliminará todas las otras configuraciones, así que es mejor editarlo. Cierre todas las ventanas de Netscape, inicie Notepad o en cualquier editor de texto que le guste, y abra Prefs.js. Observará un montón de líneas en un oscuro lenguaje de programación (Javascript, si tenía dudas). Algunas de estas líneas tienen códigos como browser.url_history.URL_1. Elimine las líneas con los, hmmm, erróneos URLs. Luego, guarde y cierre el archivo, reinicie Netscape y trate de no volver a verse envuelto en una situación así, ¿está bien?

**En Internet Explorer 6.0:** Use el comando Tools➪Internet Options para desplegar el recuadro de diálogo Internet Options. Los controles de la cookie están en la pestaña Privacy (que aparece en lado izquierdo de la Figura 7-8) así que haga clic en él. Haga clic en el botón Advanced para ver el cuadro de diálogo Advanced Privacy Settings (que aparece en el lado derecho de la Figura 7-8). De manera predefinida, Internet Explorer 6.0 administra cookies muy agresivamente, permitiendo solo las cookies del servidor que usted contactó, pero no de servidores de terceros (los servidores de Web en los que uno originalmente no guardó el cookie). Los servidores de terceros usualmente colocan anuncios y esos molestos anuncios de aparición automática. Puede elegir administrarlas usted mismo haciendo clic en la casilla de verificación Override Automatic Cookie Handling, del recuadro de diálogo Advanced Privacy Settings. Las opciones son:

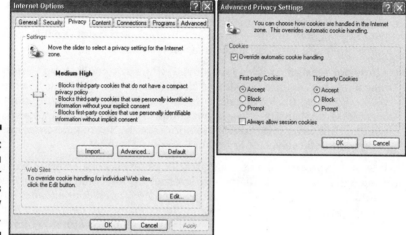

**Figura 7-8:**
Su
explorador
Web, las
cookies y
usted.

- ✔ **First Party Cookies (cookies de primeras partes):** Estas son las cookies que provienen directamente del mismo servidor desde el cual observa una página Web. Estas cookies se usan típicamente para recordar si se suscribió como miembro de un sitio. Lo conveniente es no tener que volver a introducir su nombre de usuario y su contraseña cada vez. Puede seleccionar Aceptar, Bloquear o que se le solicite escoger, aunque esta opción se vuelve cansada muy pronto. Algunos sitios pueden almacenar tres o más cookies *por página*.

- ✔ **Third Party Cookies (cookies de terceras partes):** Muchos sitios Web usan compañías especiales para entregar anuncios en sus páginas Web en vez de ellos, y estos anuncios de terceros, generalmente, colocan cookies en su máquina con la intención de compartir información de mercado. Las cookies de terceros son solo útiles para las compañías de anuncios, así que no vemos razón para aceptarlas.

- ✔ **Always Allow Session Cookies (siempre permitir cookies de sesión):** Esta opción habilita las cookies de toda sesión, un tipo de cookie usada para registrar una sola instancia de su visita a un sitio Web. Estas cookies se usan generalmente en sitios de compras como Amazon.com.

**En Internet Explorer 5.0 y 5.5:** Use el comando Tools⇨Internet Options para desplegar el recuadro de diálogo Internet Options. Los controles de las cookies están en la pestaña Security, de modo que haga clic en ella. Haga clic en Internet Web Content Zone (el globo de colores) y, luego, haga clic en el botón Custom Level para ver el cuadro de diálogo Security Settings. Desplácese hasta abajo, por la lista hasta que llegue a la sección de Cookies. Se observan dos configuraciones:

✔ **Allow cookies that are stored on your computer (Permitir las cookies que están almacenadas en su computadora):** Algunas cookies están almacenadas en su computadora, de modo que si vuelve a ese sitio Web mañana, el sitio pueda recordar su información ("¡Bienvenido Sam! Estas son sus recomendaciones para hoy.") Usted puede desactivar (Disable), activarlas (Enable) o decirle a IE que le pregunte antes de almacenar cada cookie (Prompt).

✔ **Allow per-session cookies (not stored) (Permitir cookies por sesión –no almacenadas–):** Algunas cookies se almacenanan solo mientras usa Internet Explorer. Por ejemplo, los sistemas de carrito de compras (los programas de los servidores de Web que le permiten comprar en un sitio Web y, luego, "revisar") pueden almacenar información, temporalmente, sobre los ítemes que desea comprar. Puede seleccionar Disable, Enable o Prompt.

**En Internet Explorer 4.0:** Las configuraciones de las cookies están en la pestaña Advanced del recuadro de diálogo de Internet Options, que se puede desplegar eligiendo View➪Internet Options. La pestaña Advanced contiene una larga lista con las configuraciones que controlan el funcionamiento de Internet Explorer. Es una lista tan larga que, de hecho, podríamos escribir un capítulo entero solo sobre ella. Afortunadamente, nuestro editor no nos habría dejado. Solo desplácese a lo largo de la lista (usando la barra de desplazamiento). Se observa un encabezado con un pequeño candado que dice Security el cual tiene una subsección con un símbolo llamado Cookies, en esa subsección, se observan estas opciones:

✔ **Always accept cookies (Siempre aceptar cookies):** Esta opción es para todos aquellos a quienes no les importa lo que las computadoras recuerdan sobre nosotros. Favorece la cantidad mínima de fastidio de sitios Web y del explorador, y nos gusta eso.

✔ **Prompt before accepting cookies (Informar antes de aceptar cookies):** Esta opción es para los verdaderamente discriminantes, ya que debe decir en cada caso si permitirá que los sitios pongan una cookie en su computadora.

✔ **Disable all cookie use (Deshabilitar todo uso de cookies):** La mayoría de los sitios Web siguen funcionando si deshabilita las cookies, aunque emplearán mucho tiempo molestándolo sobre cosas que ya usted les había dicho.

Seleccione algo con lo que se sienta cómodo.

**En Netscape 6:** Seleccione Edit➪Preferences y haga clic en la categoría Privacy and Security para desplegar la configuración que incluye a las cookies. Las opciones son parecidas a las de Internet Explorer:

✔ **Disable cookies (desactivar cookies):** Algunos sitios no funcionarán del todo si desactiva las cookies, por ejemplo, los sitios de chat como Yahoo Groups (`groups.yahoo.com`).

✔ **Accept only cookies that get sent back to the originating server (habilitar solo las cookies que se envían al servidor original):** Esto es, acepte las cookies de primeras partes pero rechace las de terceros. Esta es la configuración que nosotros usamos.

✔ **Accept all cookies (habilitar todas las cookies):** ¡No se preocupe y sea feliz!

Adicionalmente, Netscape desea advertirle cada vez que está a punto de aceptar una cookie, sin importar que sea para ser devuelta. Marque la opción Warn Me Before Accepting A Cookie si desea saber.

**En Netscape Navigator 4.*x*:** Seleccione Edit⇨Preferences y haga clic en la categoría Advanced. Seleccione Accept all cookies (habilitar todas las cookies, Accept only cookies that get sent back to the originating server, habilitar solo las cookies que se envían al servidor original o Disable cookies (desactivar cookies).

# Conectarse: Cantar, Bailar y Platicar con Su Explorador

Las páginas Web con imágenes son noticia vieja. Ahora, las páginas Web deben tener ilustraciones que canten y bailen o que desplieguen mensajes llamativos a través de la página, o bien, puedan jugar una buena partida de ajedrez con usted. Todos los meses, tipos nuevos de información aparecen en la Web, y los exploradores tienen que seguir actualizados. Puede expandir las capacidades de Netscape con programas *plug-ins* — programas accesorios que se pegan a Netscape y le agregan aun más características. Internet Explorer puede expandirse también, usando unas cosas llamadas controles *ActiveX*, que son otro tipo de programa accesorio (los controles ActiveX solían llamarse controles PCX o OCX –tan pronto como desciframos qué eran, les cambiaron el nombre).

¿Qué debe hacer un explorador de Internet cuando encuentra tipos nuevos de información en una página Web? Obtenga el programa que manipula ese tipo información y péguelo en Netscape o en Internet Explorer. Los fanáticos de Star Trek pueden pensar en los plug-ins como organismos parásitos que se adjuntan a su explorador y mejoran su inteligencia.

## *Un desfile de plug-ins*

Estos son unos programas (plug-ins) muy útiles:

✔ **RealPlayer:** Reproduce archivos de sonido *streaming* mientras los descarga (otros programas deben esperar hasta que el archivo entero se ha terminado de descargar antes de reproducirlo). Hay un reproductor gratuito en el sitio `www.real.com`, pero hay otro reproductor más poderosos por el que se debe pagar una modesta suma. Quizás deba explorar por ahí para encontrar un reproductor gratuito, pero los otros reproductores cuestan parecido (la mayoría cuesta menos de $30). Real.com también proporciona una lista de sitios que manejan archivos de audio tipo RealAudio. Nuestro sitio favorito es National Public Radio (`www.npr.org`), en el cual puede escuchar historias radiales. Otro favorito es BBC en `www.bbc.co.uk` con noticias en 43 idiomas (realmente) y otros programas de la BBC, las 24 horas del día.

✔ **QuickTime:** Reproduce archivos de video mientras los descarga. Disponible en `www.apple.com/quicktime/download`.

✔ **Shockwave:** Reproduce tanto archivos de audio como de video, además de otro tipo de animaciones. Disponible en `www.shockwave.com`.

✔ **Adobe Acrobat:** Despliega archivos de Acrobat formateados exactamente como el autor lo deseaba. Existen muchos archivos útiles de Acrobat, incluyendo muchos formularios de impuestos de los Estados Unidos (en `www.irs.ustreas.gov`). Disponible en `www.adobe.com` (o, más precisamente, en `www.adobe.com/products/acrobat/readstep.html` si no le molestan unas digitaciones extra).

## *Cómo usar plug-ins con su explorador*

Puede encontrar colecciones de plug-ins de Netscape o de Opera y los controles de ActiveX de Internet Explorer en TUCOWS (`www.tucows.com`), en la página de aplicaciones Consummate WinSock en (`cws.internet.com`), en el sitio Web de Netscape (`home.netscape.com`), y en otras fuentes de software de la Web.

Después de que descargue un programa de la Red, ejecútelo (haga doble clic en su nombre de archivo en My Computer o en Windows Explorer) para instalarlo. Dependiendo de qué hace el programa, usted sigue pasos diferentes para probarlo —generalmente, encuentra un archivo que el programa puede reproducir o abrir y puede observar (u oír) cómo el programa lo reproduce.

# Capítulo 8

# La Aguja del Pajar: Buscar Cosas en la Red

* * * * * * * * * * * * * * * * * * * * * * * * * * * * *

*En este capítulo*

▶ Estrategias básicas de búsqueda

▶ Encontrar información en la red

▶ Buscadores incorporados

▶ Localizar gente en la red

▶ Encontrar información por correo electrónico

* * * * * * * * * * * * * * * * * * * * * * * * * * * * *

"*B*ueno, toda esta gran información se encuentra en la Internet. ¿Cómo puedo localizarla? Esa es una excelente pregunta, gracias por hacerla. Preguntas como esa nos hacen ser un país fuerte y entusiasta. Nosotros lo saludamos y decimos: "por favor, siga preguntando".

Ah, de modo que usted desea una respuesta a su pregunta. Afortunadamente, un poquitín de (y siguen los términos técnicos) cosas para buscar cosas se halla en la red. Más específicamente, los índices y directorios con material interesante están disponibles en la red.

La Internet cuenta con diferentes tipos de índices y directorios para diferentes tipos de material. A pesar de que los índices tienden a ser organizados, desafortunadamente, por el tipo de servicio de Internet en vez de por la naturaleza del material, usted puede encontrar recursos Web en un lugar, recursos de correo electrónico en otro, etc. Puede realizar la búsqueda de cientos de maneras, dependiendo de lo que esté buscando y del modo en que prefiera hacerlo (John ha observado que su restaurante favorito solo tiene un platillo en el menú, y es justo el que él quiere. La Internet está tan alejada de ese ideal tanto como usted lo pueda imaginar).

Para darle una idea de la estructura de esta discusión, a continuación describimos diferentes tipos de búsquedas:

✔ **Temas:** lugares, cosas, ideas, compañías, cualquier cosa de la que quiera investigar más

✔ **Buscadores incorporados:** las búsquedas de tema que un explorador hace automáticamente

✔ **Gente:** seres humanos a los que desea contactar o espiar

✔ **Artículos y servicios:** cosas para comprar o aprender, desde hipotecas hasta enjuagues bucales

Para encontrar temas, nosotros usamos la gran variedad de índices y directorios en línea disponibles como Yahoo y Google. Sin embargo, para localizar gente, usamos los directorios de gente, los cuales afortunadamente son diferentes de aquellos de los sitios Web. ¿Se preguntará de qué estamos hablando? Continúe leyendo para encontrar una explicación.

## Su Estrategia Básica de Búsqueda

Cuando buscamos temas en la red, nosotros siempre comenzamos con una de las guías Web (índices y directorios) que se explican en esta sección.

Usted los puede usar más o menos de la misma manera:

1. **Inicie su explorador de la Web, tales como Netscape, Internet Explorer u Opera.**

2. **Elija el directorio o índice que desea y dígale a su explorador que vaya a la página de ese índice o directorio.**

   Nosotros enumeramos los URLs (direcciones de Internet) de las páginas de inicio más adelante en esta sección.

   Una vez que aparezca la página, puede elegir cualquiera de los dos enfoques.

3. **a. Si una ventana de búsqueda está disponible, teclee algunas palabras parecidas en ella y haga clic en búsqueda.**

   Este es el enfoque del "índice" para buscar las áreas de los temas que se relacionen con las palabras que tecleó.

   Quizás después de una larga espera (la Red es un poco grande) aparece una página de índice que lista las páginas relacionadas con las palabras que escribió. La lista de vínculos puede ser muy larga, quizás de unos 300,000 o,

   **b. Si ve una lista de vínculos de áreas de temas, haga clic en el de su preferencia.**

## Índice, directorio... ¿Cuál es la diferencia?

Cuando hablamos de un directorio, nos referimos a un listado como el de una enciclopedia o como el catálogo de fichas bibliográficas de una biblioteca (bueno, como el sistema de cómputo que reemplaza a las tarjetas del catálogo). Un directorio contiene categorías denominadas, con entradas asignadas a esas categorías, en su totalidad o parcialmente, por personas. Puede buscar cosas encontrando la categoría que desea y viendo lo que contiene. En este libro, nos referimos a la tabla de contenido como directorio.

Un índice, por otro lado, simplemente recolecta los artículos, extrae las palabras clave de ellos (tomando todas las palabras excepto estas: "el", "y" y "como") y elabora una gran lista. Puede buscar el índice especificando algunas palabras que se parezcan, y este encontrará todas las entradas que contenga esa palabra. El índice de este libro es un ejemplo de cómo funciona un índice en Internet.

Tanto los directorios como los índices tienen ventajas y desventajas. Los directorios tienen una mejor organización, pero los índices son más grandes. Los directorios usan una terminología más precisa mientras que los índices usan cualquier término que los sitios Web usan. Los directorios contienen menos páginas inútiles, pero los índices son actualizados frecuentemente.

Alguna superposición existe entre los índices y los directorios –Yahoo, la página de directorio Web más conocida, le permite buscar tecleando la palabra clave y muchos de los índices dividen sus entradas en categorías generales que limitan la búsqueda.

En el enfoque del "directorio", usted comienza con un tema en general y se va haciendo más específico. Cada página contiene vínculos hacia páginas más específicas cada vez hasta que llega a las páginas de su interés.

4. **Ajuste y repita su búsqueda hasta que encuentre lo que desea.**

   Después de algunos clics para irse acostumbrando, encontrará todo tipo de cosas de interés.

Usted ha escuchado mucho en la Web sobre los motores de búsqueda. *Motores de búsqueda* es una mejor manera de decir cosas para buscar cosas. Todos los directorios e índices que estamos a punto de describir se llaman, de una manera muy general, motores de búsqueda, así que no se enoje si encuentra algunos términos pomposos.

## La página de búsqueda del buscador cansado

Puede sentirse un poco abrumado con todos los directorios de búsqueda e índices que discutimos en este capítulo. Si eso le hace sentir un poco mejor, a nosotros también.

Para darle sentido a todo esto, nosotros mismos creamos una página de búsqueda que conecte a todos los directorios e índices que usamos para llegar a hacer una búsqueda de una sola estación. Usted también puede usarla. Inténtelo en net.gurus.com/search.

En la situación no probable de que se creen nuevos sistemas de búsqueda o de que algunos de los ya existentes sean movidos o eliminados, esta página le da nuestra última gran lista de las mejores opciones.

# Buscar, Buscar, Buscar

Demasiada teoría de búsqueda de cosas en la red. Ahora a practicar (la teoría y la práctica están mucho más lejos en la práctica que en la teoría). Nosotros usamos nuestros sistemas favoritos de búsqueda, que son: Yahoo y ODP, dos directorios y Google, que es el más parecido a un índice.

## Yahoo, rey de los directorios

Yahoo! es uno de los más antiguos y, aún, uno de los mejores directorios (sí, se escribe con un signo de exclamación). Después de que la industria de la computación se cansó de las MayÚScuLas divertidas, ellos cambiaron a la ¿divertida? ¡puntu@@ción! Pero dejemos de lado el ! para evitar emocionarnos demasiado.

Puede buscar temas, pero haga clic en la categoría hasta que encuentre algo que le parezca fácil. Comenzaremos nuestra visita a Yahoo en su página principal, en www.yahoo.com (al menos el nombre de la página no usa el signo de exclamación) como se muestra en la Figura 8-1 (casi en todas las páginas Web, el diseño original puede haber cambiado a través del tiempo, pero el diseño de Yahoo permanece casi intacto). Se hace una lista de una gran gama de categorías y subcategorías. Puede hacer clic en cualquiera de ellas para ver otra página que contenga más subcategorías y vínculos hacia páginas Web. Puede, además, hacer clic en una página que le guste o en una subcategoría, etc.

A la cabeza de cada página de Yahoo se encuentra la lista de categorías y subcategorías separadas por dos puntos que conducen a esa página. Si desea retroceder unos cuantos niveles y ver diferentes subcategorías, solo haga clic en el lugar de la lista al que quiere retroceder. Después de algunos clics, lo demás está regalado. Muchas páginas aparecen en más de un sitio del directorio porque caen en más de una categoría. Las páginas Web pueden tener tantos vínculos referentes a ellas como lo deseen.

A pesar de esto, todas las categorías de la lista de Yahoo tienen suficientes subcategorías, algunas tienen más que otras. Si está buscando una página relacionada con los negocios, le ayudará saber que Yahoo reúne todo lo relacionado bajo la categoría negocios y economía, como se muestra en la Figura 8-2. Si estuviéramos buscando Internet Gurus Central, por ejemplo (en la cual pensamos que la gente debería buscar varias veces al día) podríamos hacer clic desde la página principal en Negocios y Economía, luego en Compras y Servicios, después en Libros, luego en Vendedores de libros, luego en Computadoras y, finalmente, en Internet. Puede ver muchas páginas que contengan libros sobre Internet, incluyendo los nuestros.

Si no tiene una idea muy detallada de lo que está buscando, hacer clic abajo, en la página de directorio de Yahoo, es una buena manera de acelerar, limitar la búsqueda y encontrar páginas de interés.

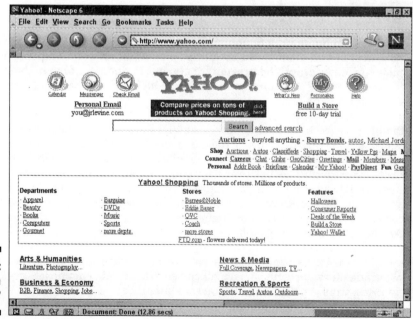

**Figura 8-1:**
¿Listos para
Yahoo?

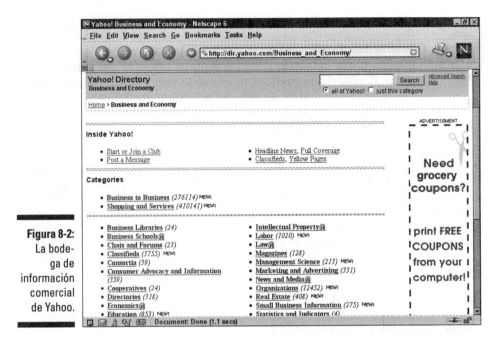

**Figura 8-2:**
La bodega de información comercial de Yahoo.

# Buscar con Yahoo

"Haga clic en Negocios y Economía, luego, en Ventas y Servicios, luego en Libros, después en Vendedores de Libros, a continuación en Computadoras y, finalmente, en Internet". Se preguntará con cierta duda, "¿Cómo diablos supo qué categorías elegir?" Lo admitimos. Nosotros hicimos trampa y en lugar de usarlo —buscamos la página.

También, Yahoo le permite buscar sus índices tecleando la palabra clave, la cual es la mejor manera de usarlo si tiene una idea del título de la página que está buscando. Cada pantalla de Yahoo tiene un cuadro de búsqueda en la parte superior, en él puede escribir las palabras de la página de su interés. Por ejemplo, tecleamos Libro de Internet para Dummies e hicimos clic en el cuadro de búsqueda junto al cuadro de escritura y obtuvimos la respuesta que se muestra en la Figura 8-3, con una entrada a nuestro sitio Web, otra para el autor del libro de *Yahoo! Para Dummies*, y una para algún libro ocasional *Para Dummies* de Dan Gookin.

Yahoo reporta la categoría de cada entrada en la parte superior de esta. Incluso si la entrada no es correcta, si hace un clic en esa entrada encontrará páginas relacionadas, y quizás alguna sea la que está buscando.

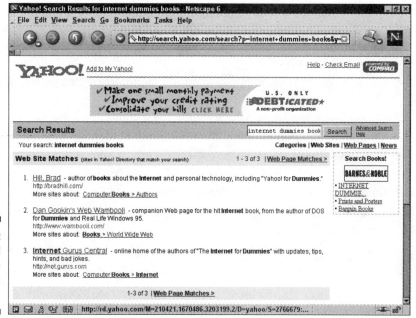

**Figura 8-3:**
Colocar el
cero en
literatura de
calidad.

Si Yahoo encuentra cientos de páginas o categorías, puede limitar su búsqueda. Una manera de hacerlo es escribiendo palabras extra y así hacerla más especifica. Si está buscando la receta de un pie de manzana y la busca en hornear, obtendrá 232 páginas; en cambio, si la busca en recetas de pie de manzana obtendrá una página con muchas recetas deliciosas.

Puede hacer clic en Búsqueda Avanzada junto al botón de búsqueda, así aparecerá una página de Yahoo de búsqueda más avanzada. Esto limitará el tiempo hacia atrás de las páginas que desea ver (tres años es la opción predefinida) y puede especificarle que busque todas las palabras que haya escrito o algunas de ellas.

# Toneladas más en Yahoo

A pesar de que Yahoo es un directorio de los recursos disponibles de la Red, ahora es un portal, lo que significa que tiene muchas bases de datos disponibles para motivarlo a que se quede dentro de Yahoo. Cada una tiene un vínculo en donde puede hacer clic justo bajo el cuadro en el que se escriben los términos de búsqueda. Yahoo añade una base de datos nueva cada semana. Algunas bases de datos populares son:

- ✔ **Yellow Pages (Páginas amarillas):** Un directorio de negocios

- ✔ **People Search (Búsqueda de gente):** Encuentra direcciones y números telefónicos, como las hojas blancas de un directorio (refiérase a la sección "Encontrar gente")

- ✔ **Maps (Mapas):** Encuentra mapas más o menos correctos de las calles que escriba

- ✔ **Classifieds (Clasificados):** Le permite leer y poner anuncios para la compra y venta de carros, departamentos, computadoras y trabajos

- ✔ **Personals (Personales):** Le permite leer y enviar anuncios para citas de todas (y decimos todas) las combinaciones

- ✔ **Chat:** Lo pone en línea para chatear a través de la Red

- ✔ **Email (Correo electrónico):** Es un servicio de correo electrónico basado en la Web gratis

- ✔ **Auctions (Subastas):** Subastas por Internet, parecidas a las de eBay

- ✔ **TV:** Listas impresionantes y completas de canales de televisión por área

- ✔ **Travel (Viajes):** Un vínculo al sistema de reservación Travelocity, así como a otros recursos (refiérase a airline.iocc.com para nuestras sugerencias y opiniones acerca de los servicios de viajes en línea)

- ✔ **My Yahoo (Mi Yahoo):** Una página de inicio personalizada solo para usted, con encabezados, resultados deportivos y otras noticias basadas en sus preferencias

- ✔ **Today's News, Stock Quotes, and Sports Scores (Noticias de actualidad, noticias bursátiles y resultados deportivos):** Noticias de una variedad de servicios de cable, periódicos y otros medios

## Está abierto y es grande

¿No sería hermoso si existiera un directorio realmente grande, con tantas cosas como un índice? Seguro, pero ¿quién sería capaz de pagarle a alguien para que construyera un índice de ese tamaño? Nadie, pero algunos voluntarios lo hacen gratis. Netscape comienza el Open Directory Project (ODP), un esfuerzo de voluntarios para crear el mejor y más grande directorio Web. Impulsado por el mismo espíritu comunal que creó Linux y Mozilla (las entrañas de Netscape 6). ODP tiene un genial directorio Web. Ya que ODP está disponible para todo aquel que desee utilizarlo gratis, la mayoría de los índices proveen a ODP con su información de índice.

ODP se localiza en `www.dmoz.org` (dmz significa "directorio Mozilla"). Esta página principal está organizada como una versión más simple de Yahoo, con un cuadro de búsqueda en la parte superior y vínculos en las categorías de alto nivel. Generalmente es más fácil de usar el cuadro de búsqueda, el cual, como el de Yahoo, le muestra el nombre de las categorías y las páginas relacionadas a las palabras que usted buscó. A diferencia de Yahoo, los resultados de la página no tienen ningún anuncio y contiene muchos más vínculos que ningún otro motor de búsqueda. La Figura 8-4 muestra lo que pasa cuando nos desesperamos buscando postres y tecleamos "Pie de limón", en ODP. Como en Yahoo, ODP le muestra las categorías y los sitios Web relacionados. También como en Yahoo, si no encuentra lo que busca, revisa las categorías para localizar las palabras faltantes.

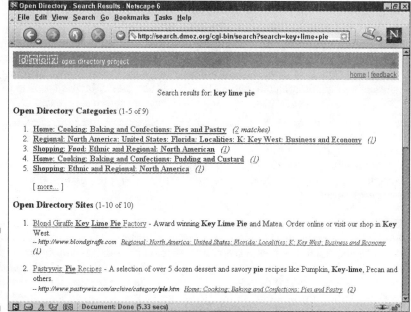

**Figura 8-4:**
Las ideas de
un limón
de ODP.

# Google, nuestro índice favorito

Nuestro índice Web favorito es Google. Este contiene pequeños robots que pierden el tiempo felizmente visitando sitios Web de toda la Red y reportando lo que ven. Esto crea un enorme índice de cuáles palabras aparecen en cuáles páginas; cuando busca una, selecciona las páginas del índice que contienen las palabras solicitadas.

Debido a que Google es, principalmente, un índice y no un directorio (aunque nosotros llegaremos a la parte que tiene de directorio en un minuto) la buena noticia es que Google tiene casi diez veces más páginas que Yahoo u ODP; la mala noticia es que a veces puede ser difícil encontrar la que desea. Independiente-

## Quizás ya sea un experto

El Open Directory Proyect depende de voluntarios para manejar una categoría. Si busca algo, mire lo que está en la categoría y piense "mmmm, lo puedo hacer muchísimo mejor", quizás es tiempo para intentarlo y probarlo. El tiempo asignado para una sola categoría es modesto, solo unos cuantos segundos a la semana para ver lo que ha sido sugerido y editarlo, agregarlo o rechazarlo.

Para intentarlo, haga clic en el vínculo "Become and editor" casi en la parte superior de cualquier ventana de dmoz. Encontrará un cuestionario que le pregunta su identidad, por qué está interesado y qué entradas le gustaría añadir a su categoría. Si es aceptado (la mayoría de la gente lo es), puede comenzar a editar en un día o dos. Hay tutoriales y listas de correo para los editores, así que no tendrá que hacer todo el trabajo usted solo.

John edita las categorías para compiladores, un tipo de software que es su interés profesional desde sus años escolares, así como los de los campamentos de la iglesia Unitaria porque él estuvo buscando un campamento, vio la categoría y pensó "¡qué bien!, yo pude...oh, bien". Margy edita un tema sobre las listas de correo electrónico.

mente de lo que este buscando, usted obtendrá un gran número de páginas en su primer intento, sin embargo, estas páginas son casi siempre las más relevantes. Google usa un sofisticado sistema de clasificación que permite poner las mejores páginas primero.

Usar Google o cualquier otro índice es un ejercicio de lectura a control remoto. Usted tiene que adivinar las palabras que aparecerán en las páginas que está buscando. A veces, es fácil —si está buscando recetas para pie de limón, "recetas de pie de limón" es un buen conjunto de palabras porque usted conoce el nombre de lo que está buscando. Por otro lado, si usted olvida que la capital de Francia es París, es difícil encontrar una página útil de un índice porque no sabrá cuáles palabras teclear en el cuadro de búsqueda (si trata con "Capital de Francia", obtendrá información acerca de los modos de inversión bancaria de capitales y la ciudad de Fort, en Francia, que es la capital del departamento Francés de Martinica).

Ahora que ya lo hemos desalentado, inténtelo en algunos buscadores. Dirija su explorador a google.com.

Teclee algunas palabras y Google le muestra las páginas que mejor se relacionen con lo que escribió. Eso es "que mejor se relacionen", no "que se relacionen": si no puede relacionar todas las palabras, Google encuentra las páginas que mejor se relacionen. Google ignora las palabras que frecuentemente se usan como términos de un índice, por ejemplo y, el, la, los, las, de, y palabras como Internet y mail. Estas reglas pueden sonar de algún modo desalentadoras, pero no es tan difícil obtener resultados útiles en Google. Basta que piense buenos términos de búsqueda. Si se acuerda del pie de limón, bueno, trate de buscar páginas relacionadas escribiendo **"pie de limón"** en el cuadro de búsqueda y haciendo clic en el botón de búsqueda. La respuesta que obtendrá se muestra en la Figura 8-5.

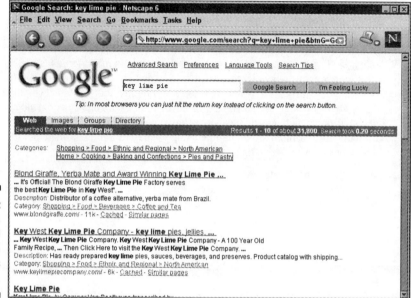

**Figura 8-5:**
Una
cantidad
enorme de
páginas
de pie.

Sus resultados no aparecerán exactamente como en la Figura 8-5 porque Google habrá actualizado su base de datos desde que este libro fue imprimido. De hecho, muchas de las páginas que encuentre tendrán que ver con las recetas de pie de li-

CONSEJO

# La razón número uno por la que su búsqueda fracasa

Bueno, quizás no sea su razón número uno, pero sí es nuestra razón principal. Una de las palabras está escrita incorrectamente. Revise con cuidado. John nota que sus dedos insisten en escribir "Interent", y encuentra solo páginas Web de otras personas que tampoco saben escribir (gracias a nuestro amigo Jean Armour Polly por recordarnos este problema).

CONSEJO

## El blues 404

Más frecuentemente de lo que nos gustaría admitir, cuando uno hace clic en alguna página relacionada con su tema, en lugar de encontrar la página prometida, encuentra un mensaje como el siguiente, 404 Not Found. ¿Qué hizo mal? Nada. Los sitios Web vienen, se van y se mueven a gran velocidad y varios sistemas de búsqueda realizan un gran trabajo desechando sitios anticuados o páginas que han caducado.

Los índices automáticos, como Google y Altavista, son mejores en este aspecto que los directorios manuales como Yahoo. Los índices automáticos tienen robots de software que visitan todos las páginas de directorios y se dan cuenta si todavía existen; incluso, muchos meses pueden pasar entre cada visita, y muchas cosas pueden pasarle a la página en ese tiempo. Google tiene una copia de la mayoría de las páginas que visita, incluso cuando la original ha caducado. Puede hacer clic en el vínculo de cache, al final de las entradas del índice de Google y ver la copia de la página tal y como estaba cuando Google la visitó por última vez.

Simplemente, es parte de la vida en la frontera en línea —el gran equivalente tecnológico de montar en un caballo a lo largo de un sendero del Viejo Oeste y darse cuenta de que por todos lados hay calaveras de ganado blanquecinas.

món –tiene algunas muy ricas (la lista incluye un par de restaurantes cuyo menú contiene pie de limón, así como la letra de una canción llamada "Pie de limón". Los índices son un poquitín tontos; usted tiene que usar su inteligencia). Google encuentra cerca de 100 páginas relacionadas. Aunque quizás sea más de lo que está dispuesto a ver, usted debería echar un vistazo a las siguientes dos pantallas de páginas relacionadas si en la primera no está lo que busca. En la parte inferior de la pantalla de Google se encuentran los números de páginas; haga clic en Next para ir a la página siguiente. El botón "I´m feeling lucky" ("Me estoy sintiendo con suerte") busca el primer vínculo y lo lleva directamente a él, el cual le sirve, siempre que tenga buena suerte.

# Consejos útiles para una búsqueda más específica

Google facilita mucho refinar su búsqueda para especificar mejor las páginas que desea encontrar. Después de cada búsqueda, las palabras que tecleó aparecen en un cuadro de la parte superior de la página para que pueda modificarlas y tratar de nuevo. Le mostramos algunos consejos de cómo puede cambiar las palabras de búsqueda:

✔ Escriba la mayoría de las palabras en letra minúscula. Los nombres propios escríbalos con una sola letra mayúscula, por ejemplo, `Elvis`. Nunca escriba toda la palabra en mayúscula.

✔ Si dos o más palabras deben aparecer juntas, ponga comillas, ejemplo, `"Elvis Presley"`. Lo mismo debería hacer en la receta de pie de limón porque, después de todo, así es  como se llama el pie, aunque en este ejemplo, Google es lo suficientemente inteligente para darse cuenta de que es una frase común y finge que usted escribió las comillas de todas formas.

✔ Use + y - para indicar las palabras que deben o no deben aparecer, por ejemplo `+Elvis +Costello -Presley` así indicará que está buscando a un Elvis moderno y no al Elvis clásico.

Google tiene algunas otras opciones que pueden ser manejables:

✔ Puede usar Usenet, una gigantesca colección de grupos de noticias de Internet (discusiones de grupo en línea).  Simplemente, haga un clic en Groups cerca del cuadro de búsqueda. Si un tema a sido recientemente discutido en Usenet, esta técnica es la mejor manera de encontrar un mensaje sobre ese tema. Google empezó con el archivo Usenet, desde el servicio difunto Dejanews, y aunque Google tiene pocos años de creación, su archivo Usenet se remonta a casi una década.

✔ Puede limitar su búsqueda a documentos en un idioma específico. No hay sentido en buscar páginas en un idioma que usted no comprende, aunque Google tiene un subsistema que trata, con regular éxito, de traducir las páginas a un idioma distinto del original. Haga clic en el cuadro Languages Tools, en la parte superior de la ventana de Google.

## *Yahoo, Google, ODP y más.*

Buscar en su directorio o índice favorito es una manera eficaz de buscar en la Red; si no encuentra lo que busca, inténtelo siguiendo sus vínculos de los elementos encontrados más cercanos al ideal. Si hace clic en "Web Pages", en la página de búsqueda de Yahoo, se dará cuenta de que aparece un índice parecido al de Google, esto se debe a que es Google, y cerca del final de la página se encuentran los vínculos hacia otros dos o tres motores de búsqueda. Si está buscando en ODP, muchos otros motores de búsqueda aparecerán al final de la página de resultados, y un botón de Directorio en la página de búsqueda. La versión Google de ODP está Googolizada, con las entradas de cada categoría clasificadas de acuerdo con su relevancia.

Aquí termina nuestra inspección de pies de limón. Espere un minuto mientras corremos a la cocina y partimos otra rebanada.

# Somos de Su Explorador y Estamos Aquí para Ayudarle

Netscape y Microsoft decidieron palanquear su camino en el mercado de los motores de búsqueda en 1998 (¿Quien? ¿Nosotros? ¿Con opciones?). Empezando con Netscape 4.06 e Internet Explorer 4.0, ambos lo llevarán directamente a sus respectivos sistemas favoritos de búsqueda si les da oportunidad. Estos sistemas de búsqueda son bonitos. Pero a menos que usted sea el tipo de personas que enciende la televisión y ve el primer programa que encuentra, creemos que debería escoger su motor de búsqueda favorito.

En ambos casos, puede escribir algunas palabras clave en el cuadro de dirección en donde normalmente escribe las URL de las página Web. El explorador se da cuenta que lo que tecleó no es un URL normal y lo envía a un motor de búsqueda. Este despliega los resultados o, si hay solo una página relacionada, va directamente a ella.

La idea parece buena, pero recuerde que la página que el explorador encontró es muy raramente la única opción. Las compañías pagan para ser mejor colocadas, así que usted debe buscar mejor si tiene alguna duda. Además, tenga en mente que cuando hace una búsqueda, las palabras clave son enviadas a Netscape/ AOL o a Microsoft, los que mantienen una estadística de los temas que la gente busca.

## El explorador inteligente de Netscape

El explorador inteligente de Netscape Navigator consiste de dos partes. El primero es *Smart Keywords,* las palabras clave en el cuadro de dirección. Para llegar al sitio Web que esas palabras sugieren, solo teclee `goto word` o `search word word` para buscar esas palabras en ODP junto con algunos *Vínculos Asociados,* que son anuncios pagados. Si no escribe **search** o **goto**, Netscape asume que usted desea buscar "goto", si es que hay algo parecido en la Web; de otro modo, usa su sistema de búsqueda.

Netscape 6x tiene una barra lateral, un panel opcional, que se encuentra al lado izquierdo de la ventana y que tiene pestañas para varias características que Netscape considera útiles. La pestaña de búsqueda, vista en la Figura 8-6, puede ser útil porque le permite mantener los resultados de búsqueda en la barra lateral, mientras visita las páginas que encontró. Si aún no está abierta, presione F9 para abrirla, después haga clic en el botón de búsqueda. Elija el motor de búsqueda que desee, escriba el tema que quiera encontrar y haga clic en Search. En la ventana principal aparece un resumen de las páginas relacionadas con el tema y una lista de vínculos en la barra lateral que se mantienen allí mientras usted hace clic en ellos y ve el contenido de las páginas en la ventana principal.

Para búsquedas realmente dedicadas, hay una opción en la ventana Edit⟹Preferences para un multi- motor de búsqueda en la barra lateral, pero nos parece más complicado y fastidioso como para que valga la pena.

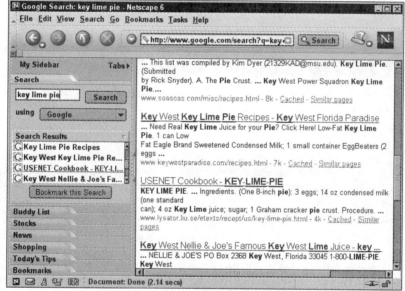

**Figura 8-6:**
La barra lateral de Netscape le ayuda a buscar.

# La Autobúsqueda de Microsoft

En Internet Explorer 4.0 y en las versiones más nuevas, si escribe las palabras en el cuadro de direcciones, Internet Explorer las envía a MSN, que usa los datos de LookSmart, un buen directorio Web, junto con muchos vínculos que, sospechosamente, parecen anuncios.

 Además, Internet Explorer tiene la barra de búsqueda. Si hace clic en el botón de búsqueda de la barra de herramientas, el panel de barra de búsqueda se encuentra a la izquierda de la ventana del Explorer y tiene una página pequeña de motor de búsqueda. En IE 6 la búsqueda Web le permite usar uno o más motores de búsqueda y combinar los resultados. Haga clic en el botón Customize para elegir el motor. Debido a que ni Google ni ODP están en su lista, nosotros estamos menos que emocionados con él.

## Más magia de búsquedas

Microsoft y Netscape mantienen una competencia sin tregua por conseguir más usuarios, así que para cuando esté leyendo este libro, habrá sin duda muchas más características en cada buscador. Vaya a nuestro sitio Web `net.gurus.com/search` para saber qué hay de nuevo.

## Los Sospechosos Habituales

Después de que usted surfee en Yahoo, Google y ODP por un rato, quizás tenga ganas de ver qué tiene la competencia.

✔ **About.com:** (`www.about.com`) About es un directorio con varios cientos de guías semiprofesionales que se encargan de las áreas temáticas. Los guías van desde los regulares hasta los muy buenos, así que si está buscando información a fondo de cualquier tema, vale la pena echarle un vistazo a About.com para ver que nos dice el guía.

✔ **AltaVista:** (`www.altavista.com`) Altavista es un índice —que por muchos años había sido el más grande (ahora Google le hace fuerte competencia). No tiene la astucia de Google de poner las páginas más interesantes al principio, pero para los buscadores de cosas de las cuales se saben algunas palabras, parece que Altavista es la mejor opción.

✔ **Bytedog:** (`www.bytedog.com`) Bytedog muestra los resultados de búsquedas de otros motores de búsqueda y los presenta en una lista con simpáticos gráficos de perros. Es un poquito más lento, pero se debe a que está filtrando vínculos no interesantes antes de que tenga que lidiar con ellos. Bytedog es el proyecto de dos estudiantes de la Universidad de Waterloo, Ontario.

✔ **HotBot y Lycos:** (`www.hotbot.com` y `www.lycos.com`) Hotbot es otro índice, como Google. Usa colores claros y brillantes que ocasionan dolor de cabeza, por una larga relación con la revista Wired. Si puede con eso (use lentes) no es un índice malo. Usa el motor Inktomi, como Yahoo, y las categorías Open Directory Project. Lycos comenzó como un gran índice automático en el proyecto de la Universidad Carnegie-Mellon y se volvió comercial. Además tiene un directorio llamado Top5% de sus sitios Web. A pesar de que Lycos fue uno de los primeros sistemas de búsqueda Web, a estas alturas, Altavista y Google tienen mejores índices y Yahoo, un mejor directorio. Lycos también posee un encabezado de noticias y páginas locales para algunas ciudades de los Estados Unidos y vínculos a las categorías de Open Directory Proyect, como Altavista y HotBot. Ambas ahora pertenecen a Telefónica, la más importante compañía de teléfonos de España. Telefónica piensa usarlos para hacer el portal web más popular.

✔ **Northern Light:** (`www.northernlight.com`) Este sitio contiene un índice automático de la Web y de su Colección Especial, artículos de varias fuentes por los que debe pagar si desea leerlos. Si prefiere lidiar con la Web gratuita, puede hacerlo. Northern Light busca y categoriza las páginas que encuentra, al desplegar una lista de carpetas, entre las cuales puede elegir.

✔ **Otras guías Web:** ODP tiene un directorio de cientos de guías, vea `dmoz.org-/Computers/Internet/Searching` para contactarlos.

# Encontrar Compañías

La primer forma de buscar compañías es buscar el nombre de esta como si fuera un tema. Si está buscando películas para niños, busque `Great Tapes for Kids` en ODP, en Google o en cualquier otro sistema de búsqueda (ese es nuestro experimento en comercio electrónico, como lo mencionamos en el Capítulo 9). Después de que haga esto, existen otros lugares que vale la pena chequear para buscar información relacionada.

## Pasar la aspiradora: Hoover

`www.hoovers.com`

Las páginas principales de las compañías varían su nivel de información, pero a menudo no dicen mucho sobre la compañía en sí. Hoover es una compañía de información sobre negocios que ha estado publicando directorios empresariales por un buen tiempo. Y ahora está en la Red. Su sitio Web ofrece cápsulas gratuitas sobre las compañías, precios de acciones y otra información sobre empresas. Si se suscribe a su servicio pagado, ofrece mucha más información. Pero incluso el material gratuito es muy útil.

## *Pregúntele a EDGAR*

`edgar.sec.gov/edgar.shtml` (gobierno)

`www.edgar-online.com` (privado)

La comisión de seguridad e intercambio (SEC) de los Estados Unidos, una organización que se encarga de regular la ventas y otros asuntos de mercados, tiene un sistema llamado Edgar que reúne todo el material financiero que las compañías tienen que archivar con el gobierno. A pesár de que la mayoría de estos documentos son aburridos y de finanzas, si usted desea estados financieros, puede encontrar cualquier tipo de información interesante, por ejemplo, el monto del salario de Bill Gates.

La SEC se encarga directamente tanto del sitio gubernamental EDGAR como del sitio privado. EDGAR en línea es administrado por una compañía independiente, Cybernet Data Systems, Inc. Aunque los dos sitios tienen casi la misma información, el sitio privado ofrece acceso libre, ilimitado, actualizado y completo por una módica cantidad (cerca de $10 al mes). Además, le ofrece correo electrónico automático si está interesado en alguna compañía cuyos documentos estén en EDGAR.

## *Muchos otros directorios de negocios*

Toneladas de información relacionada con los negocios se encuentra disponible en la Red. Aquí hay algunos sitios para comenzar.

### *Inc. magazine*

`www.inc.com`

`www.inc.com/500`

*Inc.* magazine se enfoca en pequeñas compañías de rápido crecimiento. Cada año, su 500 Inc. presenta a las 500 compañías que le gustan más. Muchas buenas compañías pequeñas están listadas aquí, con información de contacto.

*Páginas amarillas*

www.superpages.com

www.switchboard.com

www.infousa.com

Unos cuantos directorios de negocios de páginas amarillas, tanto nacionales como locales, están en la Red. Los directorios de esta lista son algunos de los nacionales. Superpages es dirigida por Verizon, una enorme compañía telefónica, pero vale la pena verlas todas. InfoUSA incluso ofrece informes de crédito, aunque no podemos garantizar su confiabilidad.

# Encontrar Gente

Encontrar gente en la Internet es sorprendentemente fácil. Existen dos categorías dominantes y disponibles de buscadores de gente, los que buscan gente en la Red tomando en cuenta su correo electrónico y sus direcciones de Web y los que buscan gente en la vida real considerando sus números de teléfono y domicilios.

## En la vida real

Los directorios de la vida real están basados en su mayoría de los directorios telefónicos. Si no tiene teléfono ni lo ha tenido desde hace tiempo, lo más probable es que no esté en ninguno de estos directorios.

## En la Red

El proceso de buscar direcciones Web o de correo electrónico es un tanto complicado. Debido a que no equivale al directorio oficial que la compañía de teléfonos elabora, los directorios de las direcciones de correo electrónico se basan en las direcciones usadas en las páginas Web, mensajes de Usenet, listas de correo y otros lugares más o menos públicos de la Red. Diferentes directorios usan diversas fuentes, si no encuentra a alguien en un directorio, puede tratar en otro. Recuerde que los directorios de correo electrónicos no son completos, nada sustituye a llamar directamente a la persona y preguntarle: "Oiga, ¿cuál es su correo electrónico?".

Si se está preguntando si alguien tiene una página Web, use Google o Altavista para buscar su nombre. Si se está preguntando si es famoso, use Google o Altavista para buscar su propio nombre y ver cuánta gente lo menciona o se relaciona con sus páginas Web.

✔ **Yahoo People Search (Four-eleven):** (www.yahoo.com/search/people) Aquí, usted puede encontrar direcciones, números telefónicos y direcciones de correo electrónico. Si no le gusta su propia lista, puede añadir algo a ella, actualizarla o borrarla. Este es el sistema usado antes en www.Four11. com.

✔ **InfoUSA White Pages:** (www.infousa.com) (Haga clic en el Link White Pages a la izquierda de su ventana). Este sitio es otro directorio de páginas blancas. Después de que haya encontrado la entrada que desea, puede buscar un mapa geográfico de la calle de la dirección.

✔ **WhoWhere:** (www.whowhere.lycos.com) WhoWhere es otro directorio de direcciones de correo electrónicos. Aunque Yahoo da mejores resultados, alguna gente se encuentra solamente en WhoWhere y no en otros lugares.

✔ **Canada 411:** (www.canada411.sympatico.ca) Canada 411 es un libro de teléfonos canadienses muy completo y es patrocinado por la mayoría de las mejores compañías telefónicas de Canadá. Aussi disponible en français, eh? Por muchos años Alberta y Saskatchewan estuvieron perdidas, llevando a pensar que era un poco aburrido preocuparse de estas dos provincias, pero ahora están allí, probando que son tan importantes como cualquiera otra.

✔ **Bigfoot:** (www.bigfoot.com) Bigfoot le ofrece una manera de buscar gente además de darle una cuenta de correo gratis y de por vida (promete reenviar el correo electrónico de su dirección de Bigfoot a su cuenta de Internet por siempre y gratis).

Después de que se haya suscrito a Bigfoot, no hay poder humano que lo quite, aunque no le guste.

## Correo, otra vez

Enviar listas de correo electrónico es otro recurso importante. La mayoría de las listas (pero no todas, revise antes de preguntar) le da la bienvenida con preguntas concretas y amables relacionadas con la lista de temas. Refiérase al Capítulo 13 para encontrar mayor información sobre cómo enviar listas de correo electrónico, incluyendo cómo buscar listas de temas interesantes.

# Adquirir Artículos

Todos los índices y directorios comerciales colocan información relacionada con compras en algún lado de su página principal para ayudarle a acercar más rápido su tarjeta de crédito a la Red. Algunos, incluso, son patrocinados por VISA. Puede encontrar tiendas de departamentos y catálogos de cualquier parte que le ofrecen artículos concebibles (y algunos inconcebibles). Le diremos todo lo que debe y no debe hacer, y cómo hacerlo, en el Capítulo 9.

## El desafío de los 10 minutos.

Nuestro amigo Doug Hacker dice que es capaz de encontrar la respuesta a cualquier pregunta en menos de 10 minutos. Carol lo desafió proponiéndole que encontrara una cita que ella conocía vagamente y que pertenecía a un álbum de Duque Elligton, cuyo título no podía recordar. Ella encontró la información completa en casi una hora pero él mismo duró menos de cinco minutos. ¿Cómo lo hizo? Él encontró una lista de correos sobre Duke Ellington, y les preguntó a los suscriptores. Muchos miembros contestaron de inmediato. Mientras más tiempo tarde buscando a su manera en la Red, mejor sabrá a que sitios ir en busca de la información que necesita.

# Capítulo 9

# Más Compras, Menos Caídas

Si ha estado siguiendo el mercado de valores últimamente, entonces ha oído mucho, mucho, pero mucho sobre el comercio en línea (o *el comercio electrónico*). Incluso pudo haber tenido la impresión de que el comercio electrónico está muerto. Sorpresivamente, mucha de la alharaca publicitaria resulta ser falsa y todavía se puede comprar todo tipo de cosas por la Red. Hemos comprado montones de cosas en línea, desde libros hasta pantalones, desde boletos de avión hasta acciones y fondos mutuales, desde partes de computadora hasta instrumentos musicales y, uh, productos personales especializados (no lea eso demasiado) y hemos vivido para contar el cuento.

## Comprar en Línea: los Pros y los Contras

Aquí hay algunas razones por las que vamos de compras en la Red:

✔ Las tiendas en línea son convenientes: están abiertas toda la noche y no les importan si no trae puestos los zapatos o si se queda viendo desde las vitrinas antes de que compre algo.

✔ A menudo, los precios de los productos comprados en línea son inferiores y puede comparar precios de varios establecimientos en línea en cuestión de minutos. Incluso si, eventualmente, hace su compra en una tienda hecha de ladrillo y mortero, lo que encuentra en línea le puede ahorrar dinero. Los costos de envío y manejo son similares a los de un pedido por correo y no tiene que manejar ni parquearse.

✔ Las tiendas en línea a veces pueden ofrecer una mejor selección. Usualmente se envía desde un almacén central en vez de tener que conservar existencias en estantes de una docenas de agencias. Si anda buscando algo difícil de encontrar —por ejemplo, una parte especial para esa tostadora que está reparando— la Web le puede ahorrar semanas de búsqueda.

✔ Dos de los tres autores de este libro viven en pequeños pueblos rurales; un montón de cosas simplemente no están disponibles en algunos lugares (Trumansburg, Nueva York es un lugar maravilloso, pero allí no puede obtener una taza de café decente. Y Margy no podía encontrar un armonio en ninguna parte de Champlain Valley).

✔ A diferencia de los centros comerciales, las tiendas en línea no tienen Muzak (ciertos sitios Web ponen música de fondo, pero nos movemos hacia otros sitios rápidamente).

Por otra parte, aquí hay algunas razones por las que no compramos todo en la Red:

✔ Físicamente, no puede ver sus cosas antes de comprarlas y, en la mayoría de los casos, tiene que esperar que se las envíen.

✔ Nos gustan nuestras tiendas locales y preferimos respaldarlas cuando podemos.

✔ No puede coquetear con el cuerpo administrativo en una tienda de Web, ni puede enterarse del último chisme del pueblo.

# La Cuestión de la Tarjeta de Crédito

¿Cómo paga las cosas que compra en línea? Más a menudo, con una tarjeta de crédito, en la misma forma en que paga cualquier otra cosa. ¿Sin embargo, no es terriblemente peligroso repartir su número de tarjeta de crédito en línea? Pues bien, no.

En primer lugar, la mayoría de tiendas en línea codifican el mensaje entre su computadora y el servidor de la tienda (indicado en su explorador de Internet por el icono de un candado cerrado en la esquina inferior izquierda de la ventana). Para otra persona, obtener el número ocasional de la tarjeta de crédito de los gigabytes de tráfico que fluyen a cada minuto por la Red sería casi imposible, aun sin la codificación.

Cuando usa su tarjeta de crédito en un restaurante, da su tarjeta física con su firma física al cuerpo administrativo del local, el cual la lleva a la trastienda, hace algo con ella fuera de su vista y, luego, la trae de vuelta. Comparado a eso, el riesgo de enviar su número a una tienda en línea es remoto. Un amigo de nosotros solía dirigir un restaurante y más tarde dirigió una tienda en línea y nos asegura que no hay comparación, la tienda en línea no tuvo ninguno de los problemas de tarjetas de crédito que el restaurante tenía.

## Los grandes éxitos de las compras en línea

¿Qué debería comprar en línea? Aquí hay unos buenos ejemplo:

✔ **Libros y discos compactos.** Las tiendas en línea son tremendamente competitivas y los precios pueden ser muy bajos. Explorar es más difícil, sin embargo, y no siempre puede leer el primer capítulo antes de elegir. Sin embargo, puede escuchar clips de audio, que pueden ser muy divertidos.

✔ **Boletos aéreos y otros arreglos de viajes.** Usted puede convertirse con el mejor agente de viajes.

✔ **Computadoras.** Si sabe lo que desea, a través de Internet es una manera más barata y menos complicada que un almacén de computadoras.

✔ **Víveres.** Las compras de comida en línea están disponibles solo en algunos lugares y si le gusta apretar cada melón que compra, quizás esto no sea para usted. Pero es una ventaja cuando hay problemas de transporte y para aquellos de nosotros escasos de tiempo libre.

✔ **Medicina.** Con el costo de las recetas surcando los cielos, comprar medicinas en línea le puede ahorrar dinero. Algunas personas incluso han hallado formas de sacar sus medicamentos de países como Canadá, donde los precios son muy bajos. No hay ni que decirlo, la industria farmacéutica encuentra esto una píldora difícil de tragar y usa cada método legal disponible para oponerse a la práctica.

✔ **Las acciones y los fondos mutuales.** Si hace sus propias decisiones de inversión, la correduría en línea es mucho, mucho más barata que un agente regular, de $ 8 a $ 20 por negociación en vez de tanto como $ 50, en descuento, ó $ 100 por un agente de servicios completos. Por otro lado, los agentes en línea no se molestan si usted revisa precios de acciones 47 veces por día.

✔ **Cualquier cosa que pueda comprar de un catálogo de pedidos por correo.** La mayoría de comerciantes de catálogo tiene sitios Web, usualmente con ofertas especiales que no aparecen en sus catálogos de papel (realmente les encantaría que usted hiciera sus pedidos por la Red en vez de que le hable a un caro operador humano a través de un número gratuito por el que ellos tienen que pagar).

Si, a pesar de esta arenga, no desea enviar su número de tarjeta de crédito por la Red, no se preocupe porque la mayoría de las tiendas en línea estarán encantadas de recibir su número de tarjeta por teléfono o de que les envíe un cheque.

# Ir a la Tienda

Las tiendas de la Web funcionan en dos formas generales: con *carritos de compras* virtuales o sin ellos. En las tiendas sin carros, usted ya sea encarga un artículo a la vez o llena una orden de pedido grande con una casilla de verificación para cada cosa que la tienda ofrece. En tiendas con carritos, a medida que mira los artículos que la tienda tiene en venta, puede agregarlos a su carro, luego visitar la caja virtual cuando ha terminado y proporciona información de pago y de entrega. Hasta que se salga, puede agregar y eliminar los artículos cuando lo desee, igual que en el mundo real –excepto que no tiene que poner en el estante los artículos no deseados.

## Compras simples

Para un ejemplo de compras simples, revise el sitio Web Great Tapes for Kids (Cintas geniales para niños), una pequeña tienda en línea de videocintas para niños, cintas de audio y libros, dirigida por uno de nuestros autores (¿Nosotros? Nooh). Inicie en la página principal, `www-.greattapes.com`, mostrada en la Figura 9-1. Muestra un artículo destacado y tiene vínculos a páginas que listan todos los otros libros y cintas disponibles.

## Tarjetas de crédito contra tarjetas de débito

Las tarjetas de crédito y las tarjetas de débito se ven igual y gastan igual, pero las tarjetas de crédito le envían una cuenta cada mes mientras las tarjetas de débito toman el dinero directamente de su cuenta banacaria. Esta diferencia no tendría ninguna importancia para los compradores en línea, pero las leyes de protección al consumidor en Estados Unidos funcionan de modo distinto para las tarjetas de crédito y de débito. Si experimenta un problema, generalmente, estará en menos peligro si ha usado una tarjeta de crédito.

## Alerta de cookie

Quizás haya escuchado historias horribles sobre cosas llamadas cookies, que los sitios Web supuestamente usan para espiarlo, robar sus datos, devastar su computadora, inyectar celulitis en sus caderas mientras duerme y, aparte de eso, hacer su vida miserable. Después de una amplia investigación, nos hemos encontrado con que la mayoría de cookies no son malas; Cuando compra en línea, incluso pueden ser de gran ayuda.

Una cookie no es más que un trocito de texto que un sitio Web envía a una PC con una solicitud (no una orden) para que envíe la cookie de regreso durante las visitas futuras al mismo sitio Web. Las cookies se guardan en su computadora en forma de archivo diminuto de texto (máximo 4K). Eso es todo.

Puede ver las cookies ahora archivadas en su PC en un archivo llamado aproximadamene Cookies.txt, pero, generalmente, están tan codificadas que se vuelven ininteligibles. Al comprar en línea, las cookies le permiten al servidor Web monitorear su carrito de compras con los artículos que ha seleccionado (pero todavía no ha comprado), incluso si se sale del sistema y cierra su computadora. ¿Las tiendas también pueden usar cookies para seguir la pista de la última vez que las visitó y que compró en ellas, pero también podría conservar los datos en sus computadoras, así qué el trato es grande? (Si no desea realmente que los sitios Web almacenen cookies en su computadora, los puede impedir; Refiérase al capítulo 7).

Cuando sabe lo que desea, haga clic en que el icono Order Form de la página Web, para ver una orden de pedido gigante con un cuadro para todas las cosas que podría encargar, como se muestra en la Figura 9-2 (en tiendas en línea grandes, este método se hace un poco manejable). A medida que continúe a través del formulario presionando las teclas del cursor o haciendo clic en la barra de desplazamiento, se marcará lo que desee comprar. Al pie del formulario mostrado en la Figura 9-3, se introducen las mismas cosas que se ponen en una orden de pedido en papel. La mayoría de formularios tienen un sitio para digitar el número de tarjeta de crédito; si no se siente bien introduciéndolo allí (refiérase a la sección "La Cuestión de la Tarjeta de Crédito," anteriormente en este capítulo), deje ese espacio vacío — la tienda invariablemente tiene una forma para que pueda enviar el número por teléfono. Haga clic en el botón Send Order y su orden estará en camino.

Generalmente, le llegará un mensaje de correo electrónico que confirma los detalles de su orden y, con frecuencia, actualizaciones, en caso de que ocurran problemas o retrasos.

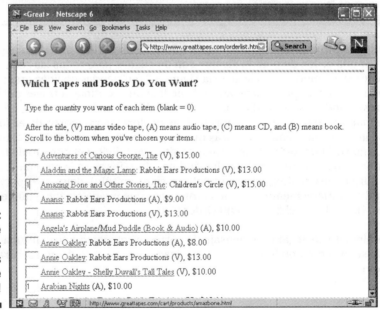

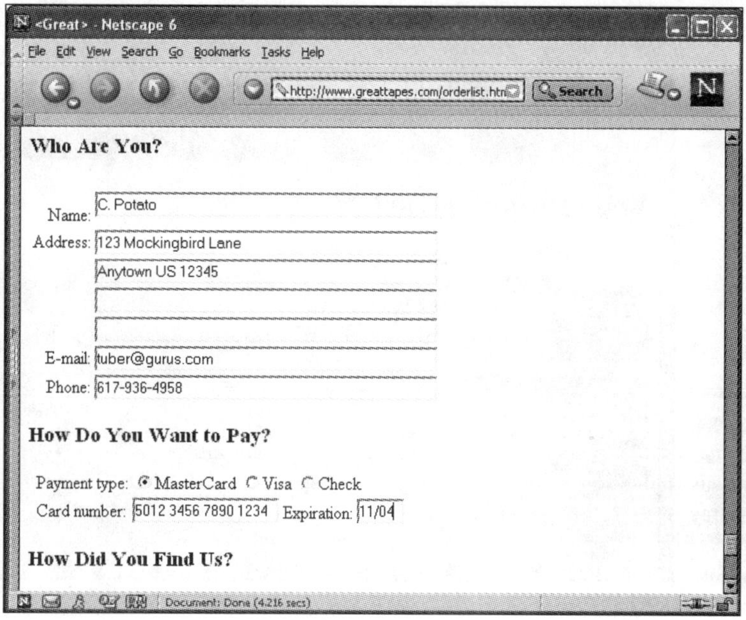

**Figura 9-3:**
Los
cruciales
últimos
detalles.

# Compras de fantasía

Aunque una tienda sencilla con un formulario de órdenes gigante funciona bien para las tiendas que no tienen muchos artículos diferentes en un catálogo o los negocios donde compra una cosa a la vez, este método es desesperado para tiendas con catálogos grandes. Cuando el formulario de la orden Great Tapes se volvió terriblemente largo, John lo reprogramó para proporcionar un *carrito de compras* para poder monitorear los artículos que la gente ordena (John haría cualquier cosa para no tener que escribir). Conforme vaya haciendo clic por doquier, puede arrojar artículos en su carrito, agregar y eliminar cosas a voluntad, al hacer clic en un botón llamado algo así como Add Item to Your Shopping Cart. Luego, cuando tenga los artículos deseados, visite la caja virtual y compre lo que está en el carrito. Hasta que visite la caja, siempre podrá colocar los artículos en el carrito, en caso que decida que siempre los desea.

Figura 9-4 muestra el carrito de compras de Great Tapes.

**Figura 9-4:**
¿Ya terminó sus compras navideñas?

# Arriba, Arriba y Lejos

Compramos muchísimos boletos de avión en línea. Aunque los sitios de viajes en línea no se pueden tomar como agentes de viajes realmente buenos, son mucho mejores que malos agentes de viajes. Incluso si tiene un buen agente, los sitios en línea le permiten buscar por doquier para ver qué opciones tiene antes de tener que tomar el teléfono. A menudo, las aerolíneas mismas ofrecen tarifas baratas en sus sitios, a través de ofertas que no suelen estar disponibles de ninguna otra manera. Saben que cuesta mucho menos dejar que la Web haga el trabajo y ellos le pagarán a usted por usar la Web (en la forma de un fuerte descuento). También hemos encontrado algunos buenos agentes de viajes que funcionan a través de sitios Web y de correo electrónico.

## Teoría general de boletos aéreos

Cuatro sistemas gigantes de computadoras de aerolíneas de los Estados Unidos manipulan casi todas las reservaciones aéreas en el país (son conocidos como CRSs para los sistemas de reservaciones de la computadora o GDS para el Sistema Global de Distribución). Aunque cada aerolínea tiene una "casa" CRS, los sistemas están interconectados con el fin de que, con pocas excepciones, pueda comprar boletos para cualquier aerolínea desde cualquier CRS. Los sistemas son

Sabre (hogar de las aerolíneas American y US), Galileo (hogar de United), Worlds-pan (hogar de Delta, Northwest, hasta que American absorbió TWA) y Amadeus (hogar de Continental). Muchas de las aerolíneas emergentes y baratas no parti-cipan de ninguno de estos sistemas, pero tienen sus propios sitios Web, en los cuales puede revisar vuelos y comprar boletos. Southwest, la más grande y anti-gua de las aerolíneas baratas, no participa pero tiene arreglos con Sabre, de mo-do que Sabre muestra los vuelos de Southwest a pesar de que los otros tres sistemas no lo hacen.

En teoría, todos los sistemas muestran la misma información; en la práctica, sin embargo, pierden un poco de sincronización entre sí. Si anda en busca de buta-cas en un vuelo con los boletos agotados, es muy probable que el sistema de In-ternet de una aerolínea sea el feliz poseedor de esa última butaca. Si anda en busca del boleto más barato hacia alguna parte, consulte los cuatro sistemas (los sitios Web) porque un boleto que está marcado como vendido en un siste-ma a menudo, misteriosamente, reaparece en otro sistema. Algunas categorías de tarifas de viajes son visibles solo para agentes de viajes y no aparecen en nin-gún sitio Web, particularmente si no se piensa quedar más de un fin de semana, así es que consulte a un buen agente antes de comprar. Por otra parte, muchas aerolíneas tienen disponibles algunos arreglos especiales que solo están en sus sitios Web y que los agentes a menudo no conocen. ¿Confundido? Debería estar-lo. Nosotros lo estábamos.

La confusión es incluso peor si desea volar internacionalmente. Las tarifas oficia-les para la mayoría de países son determinadas por una organización llamada IA-TA, de modo tal que los sistemas de computadoras usualmente enumeran solo tarifas IATA para vuelos internacionales. Es fácil encontrar boletos de "consolida-dor" enteramente legales vendidos por menos dinero que el precio oficial, sin em-bargo, de esta misma manera un agente en línea o no en línea puede ser útil para darle el mejor precio. Las aerolíneas también tienen algunas ofertas impresionan-tes en línea, la mayoría son notablemente de Cathay Pacific y de Lufthansa, las cuales un par de veces al año conducen subastas en línea de boletos para un avión lleno de los Estados Unidos a Hong Kong y Europa, respectivamente, con las mínimas ofertas de compra, a menudo menos de la mitad de una tarifa normal.

Aquí está resumida nuestra sabiduría sobre comprar boletos de avión en línea:

✔ Revise los sistemas en línea para ver cuáles vuelos están disponibles y para una idea de las variedades de precios. Revise los sitios que usan CRS diferente (algunos sitios están enumerados al final de este capítulo).

✔ Después de que haya encontrado una aerolínea buena, chequee el sitio de la aerolínea para ver si tiene tratos especiales solo de Internet . Si una aerolínea de tarifa baja vuela la ruta,  asegúrese de revisarlo también.

✔ Verifique los precios de todos lo vuelos que sirven en los aeropuertos cercanos. Unos 45 minutos de más de tiempo de conducción puede ahorrarle cientos de dólares.

✔ Consulte a un agente de viajes para ver si puede mejorar el precio en línea y puede comprarle a él los boletos, a menos que el trato en línea sea mejor. Algunos agentes le conceden un pequeño descuento si hace sus reservaciones usted mismo, ya que el agente solo tiene que emitir el billete y enviarle por correo el recibo.

✔ Para boletos internacionales, haga todo lo que dice esta lista y busque tanto en línea como con su agente, boletos consolidados; particularmente, si no califica para la tarifa más baja.

✔ Si cotizó para obtener boletos aéreos en un sitio Web de subasta de viajes, asegúrese de saber el precio al cual podría comprar el billete, así que no cotice más.

Si odia volar o si tomaría más bien un tren, Amtrak y Via Rail Canada ofrecen reservaciones en línea (`www.amtrak.com` and `www.viarail.ca`). Si visita Europa, puede comprar a su pase Eurailpass en línea en `www.raileurope.com`.

Los sitios más grandes de boletos aéreos, además de los propios de las aerolíneas específicas, son:

✔ **Expedia:** La incursión de Microsoft en el negocio de los viajes, ahora se volvió un negocio separado (`www.expedia.com`)

✔ **Hotwire:** Es un sitio de varias aerolíneas que ofrece boletos sobrantes (`www.hotwire.com`)

✔ **Orbitz:** Es el sitio de cinco grandes aerolíneas. Usualmente, tiene ofertas especiales cada semana (`www.orbitz.com`)

✔ **Travelocity:** La incursión de Sabre en el negocio de los viajes, también se convirtió en un negocio separado, (`www.travelocity.com`). Yahoo Travel es el mismo sistema.

## *Más sobre boletos aéreos*

Debido a que la situación de la aerolínea en línea cambia semanalmente, cualquier cosa más que imprimimos aquí sería estaría desactualizada antes de que usted lo lea. Uno de los autores de este libro es un sabihondo de los aviones en su tiempo libre; para obtener una lista actualizada de CRS en línea, de sitios Web de aerolíneas, especiales de la Web y agentes de viajes en línea, visite su sitio Web, en `airline.iecc.com`.

# Puro dinero

Si invierte dinero en fondos mutuales o en la bolsa de valores (algo que es difícil evitar en estos días a menos que prevea morir a una edad tempranera), entonces usted puede encontrar un rango notable de recursos en línea. Una cantidad enorme de información de acciones está disponible y abastece a los usuarios de la Red de recursos de investigación tan bien como los analistas profesionales lo hubiesen hecho unos cuantos años atrás.

La cosa más importante para recordar sobre todos los recursos financieros en línea es que todo el mundo tiene una obsesión y quiere ser pagado de algún modo. En la mayoría de los casos, la situación es sincera; por ejemplo, una administradora de fondos mutuales desea que invierta con sus fondos, y un corredor de bolsa quiere que usted compre y venda acciones con él. Algunos otros sitios son menos obvios: algunos son sustentados por la publicidad y otros apoyan otro tipo de inversiones. Simplemente, piense en los intereses de una fuente cuando considere el consejo de esa fuente.

# Fondos mutuales

Los fondos mutuales son, definitivamente, la inversión de la generación Baby Boom. Ahora el mundo tiene más fondos mutuales que títulos valores (como que lo pone a uno a pensar, ¿cierto?). La mayoría de administradores de fondos tienen al menos descripciones de los fondos y los prospectos en línea y, ahora, muchos brindan acceso telefónico de modo tal que pueda revisar su cuenta y mover dinero de un fondo a otro dentro de un grupo.

Algunos de los grupos de fondos mutuales más conocidos son:

✔ **Fidelity Investments:** Se trata del gorila de 500 libras de los fondos mutuales, se especializa en fondos administrados activamente (www.fidelity.com)

✔ **Vanguard Group:** Se especializa en fondos de bajo costo y de índice (www.vanguard.com)

✔ **American Century:** Otro gran grupo de fondos (www.americancentury.com)

Muchos de los agentes en línea enumerados en el siguiente capítulo también le permiten comprar y vender fondos mutuales, aunque casi siempre cuesta menos si trata directamente con un administrador de fondos. Yahoo! (www.yahoo.com) tiene una lista larga de fondos y de grupos de fondos; haga clic en la opción Comercial and Economy, luego en Finance and Investment y, después, en Mutual Funds.

## Corredores de bolsa

La mayor parte de las firmas reconocidas de servicios completos de correduría, se han subido de un salto a la Web, junto con una generación nueva de agentes en línea de bajo costo que ofrece un comercio de acciones notablemente barato. Una negociación que cuesta $ 100 con una empresa de servicios completos puede costar tan poco como $ 8 con un agente de bajo costo. La diferencia principal es que las firmas baratas no ofrecen consejos de inversión y no le asignan un agente específico. Para quienes hacen su propia investigación y no desean consejos de agentes, las firmas de bajo costo trabajan bien. Para personas que necesitan consejos, las empresas parciales o de servicios completos a menudo ofrecen negocios de bajo costo en línea y le permiten obtener una vista completa de su cuenta cuando lo desee. El número de servicios adicionales que los corretajes ofrecen (como cuentas de jubilación, reinversión de dividendos, y transferencias automáticas hacia y desde su cuenta corriente) varía ampliamente.

 Algunos corredores de bolsa en línea son:

- ✔ **Charles Schwab:** Uno de los más antiguos corredores de descuento (`www.schwab.com`)

- ✔ **Morgan Stanley Online:** : Un corredor de costo mediano y de consejería limitada (`www.online.msdw.com`)

- ✔ **Ameritrade:** Un corredor de muy bajo costo, sin consejería (`www.ameritrade.com`)

- ✔ **Salomon Smith Barney:** Un corredor de servicio completo con acceso en línea a descuentos y datos de investigación (`www.salomonsmithbarney.com`)

La mayoría de grupos de fondos, incluyendo los que aparecen en la lista precedente, tienen departamentos de correduría, los cuales son una buena elección si desea quedarse tanto con títulos y fondos individuales.

## Siguiendo la huella de su portafolio

 Varios servicios le permiten monitorear su portafolio en línea. Usted introduce el número de acciones de cada fondo y título que posee, y en cualquier momento le dicen cuánto vale este y cuánto dinero perdió hoy. Algunos envían por correo electrónico un informe diario del portafolio, si usted lo desea. Estas informaciones son convenientes si tiene fondos mutuales de más de un grupo o tanto fondos como acciones. Todos los servicios de rastreo están ya sea sustentados por la publici-

dad o dirigidos por una correduría que espera obtener su negocio comercial.

✔ **My Yahoo:** (my.yahoo.com) Usted puede entrar en varios portafolios y puede
personalizar sus pantallas con informes generales relacionados y de la compañía. También puede obtener muchas noticias de la compañía y la industria, incluyendo algún acceso a los sitios que de otra manera requerirían
suscripciones pagadas. Es sustentado por anunciantes y muy comprensivo y
fácil de usar.

✔ **Reuters Moneynet:** (www.moneynet.com) Monitorea portafolios y lee noticias
de Reuters. Debido a una variedad de servicios premium, como citas de valores en tiempo real, el rastreador gratuito de portafolio no es malo.

✔ **MoneyCentral Investor:** (investor.msn.com) También tiene portafolios y muchísima información, aunque para nosotros es un dolor de usar.

# Todavía Más Lugares para Comprar

Estos son algunos otros lugares para comprar que hemos visitado en la Web. Incluso, hemos comprado cosas en la mayoría de ellos.

## Libros y similares

Aunque no se puede (todavía) hojear libros en una librería de Internet, si sabe lo
que anda buscando, puede cerrar excelentes traros.

✔ **Advanced Book Exchange:** (http://www.abebooks.com/) ABE
ofrece los catálogos combinados de miles de vendedores de libros usados. Usted pagará lo mismo que pagaría en la tienda (más
transporte, por supuesto) y se ahorrará horas de búsqueda. Si anda buscando un libro favorito de su infancia o un libro raro, como
la primera edición de un libro *Para Dummies* este sitio vale la pena ser visitado.

✔ **Addall:** (www.addall.com) Addall es otro buen sitio de libros usados, también
ofrece miles de tiendas de libros usados, y también un servicio de comparación de precios para libros nuevos.

✔ **Amazon.com:** (www.amazon.com) Amazon.com tiene un año de edad de gran
éxito de comercio en línea (por el momento) habiendo brotado de la nada (si
llama "nada" a varios millones de dólares) hasta volverse una de las tiendas en
línea más grandes de la Red. Amazon tiene un enorme catálogo de libros, música y una creciente variedad de cachivaches de todo tipo, muchos de los cuales

pueden acercársele en unos pocos días. También tiene un programa de "afilia-dos" en el que otros sitios Web pueden referirlo a sus libros favoritos en venta en Amazon, lo cual crea de cierto modo una librería virtual. Por ejemplo, vea nuestro sitio Web, en `net.gurus.com`, donde tenemos vínculos hacia Amazon de cada libro que hemos escrito (en caso de que, por un descuido, usted ya no los tenga todos). Amazon vende la mayoría de los libros más baratos que al precio de lista. Ellos también tienen libros usados.

✔ **BarnesandNoble.com:** (`www.bn.com`) Barnes y Noble es una de las cadenas de librerías más grandes, y su librería en línea es también grande, completa y bien hecha. Incluso puede devolver compras hechas en línea a una de sus tiendas.

✔ **CDNow:** (`www.cdnow.com`) tiene una selección enorme de CDs musicales. In-cluso puede escuchar algunas de las pistas si tiene instalado un RealPlayer (re-fiérase al Capítulo 7).

✔ **Reel.com:** (`www.reel.com`) Reel.com vende videocintas y DVDs. Para informa-ción sobre películas, críticas y quién está en cuál película, vea la Internet Mo-vie Database en `www.imdb.com`.

## *Ropa*

Esta sección señala unos cuantos negocios de ropa en línea. Directorios tales co-mo Yahoo! tienen enumerados otros centenares de tiendas tanto reconocidas co-mo oscuras.

 ✔**Lands' End:** (`www.landsend.com`) La mayor parte de este catálogo es-tá en línea y usted puede encargar cualquier cosa que encuentre en sus catálogos impresos, junto con sobreexistencias en oferta solo en lí-nea. Algunos modelos virtuales 3-D moderadamente estupendos inten-tan mostrar cómo se verían las ropas que ordena en un cyborg con caderas rechonchas como las suyas.

✔ **REI:** (`www.rei.com`) Esta gran cooperativa de equipo deportivo es coman-dado desde Seattle. Los miembros obtienen un pequeño descuento en sus compras. El catálogo entero está en línea, con especiales y descuentos en lí-nea ocasionales.

✔ **The Gap:** (`www.gap.com`) Aunque este sitio todavía no tiene la línea completa de las cosas de las tiendas para los que no estamos familiarizados, tienen pan-talones de mezclilla en tamaños que las tiendas no distribuye, y algunos de sus pantalones rotativos son muy lindos.

✔ **The Real Monica:** (`therealmonica.com`) puede comprar bolsos, maletines y accesorios de, claro está, la real Mónica.

# Computadoras

Cuando vaya a comprar en línea hardware de computadoras, asegúrese de que el vendedor tenga tanto una buena política de devoluciones (en caso de que la computadora no funcione al llegar), así como una larga garantía.

✔ **Dell Computers:** (www.dell.com) Este sitio tiene un enorme catálogo con órdenes en línea y configuraciones personalizadas de sistemas de computadoras.

✔ **IBM:** (www.ibm.com) La compañía de computadoras más grande del mundo tiene lo que parece ser el sitio Web más grande del mundo, con una gran cantidad de información sobre productos IBM y temas informáticos más generales.

## Efectivo por correo electrónico para cualquiera

Las tarjetas de crédito son fáciles de usar – si gasta dinero. Pero hasta hace poco, había sido casi imposible para las personas físicas recibir pagos por medio de tarjeta de crédito. Incluso los negocios pequeños han hallado que aceptar pagos por tarjeta de crédito es caro y consume tiempo. PayPal (www.paypal.com) ha cambiado todo eso.

Para enviar dinero debe tener una cuenta PayPal, pero son fáciles de abrir. Las cuentas individuales son gratis, pero no puede aceptar pagos con tarjeta de crédito (no hay límite en los pagos enviados desde cuentas corrientes). Las cuentas Premier no tienen tal límite, pero son cargadas con una tarifa pequeña por cada pago recibido. Después de que abra una cuenta, puede enviarle dinero a cualquiera que pueda recibir correo electrónico. Si ellos no tienen una cuenta PayPal actualmente, abrirán una cuando cobren su correo electrónico.

PayPal lo anima para que les dé su número de cuenta corriente, de modo que puedan tomar dinero por pagos, directamente, sin tener que pagarles a las compañías de tarjetas de crédito. PayPal verifica que sea realmente su cuenta haciendo dos depósitos aleatorios de menos de un dólar. Entonces tiene que decirles la cantidad de depósitos necesarios para completar su inscripción.

PayPal es ventajoso para las personas físicas que venden en sitios de subasta como eBay, pero tiene muchos otros usos. PayPall facilita el comenzar un pequeño negocio de la Web. Las organizaciones pequeñas pueden usar PayPal para coleccionar pagos de eventos tales como cenas y teatro de aficionados, y se ha convertido en la única forma de hacerle pagos a personas físicas en otros países. Yahoo inició un sistema similar llamado Yahoo PayDirect en paydirect.yahoo.com. Pensamos que ambos son estupendos.

## Lista de un comprador en línea

Aquí hay algunas preguntas para tener en mente cuando va de compras en línea. Un comprador astuto advertirá que estas son las mismas que se tienen presentes cuando se va de compras a cualquier otro lado.

✔ ¿Las descripciones son lo suficientemente claras como para saber lo que está ordenando?

✔ ¿Los precios son competitivos, tanto comparados con almacenes en línea como con entregas por correo y compras regulares?

✔ ¿La tienda tiene existencias de los productos u ofrece estos a través de otra firma?

✔ ¿La tienda tiene buena reputación?

✔ ¿La tienda tiene una política de privacidad clara y por escrito que limite lo que ellos pueden hacer con la información que reciben de usted?

✔ ¿Existe otra forma de hacer preguntas sobre lo que va a ordenar?

✔ ¿Cómo se pueden devolver los artículos defectuosos?

IBM vende cosas en línea en `commerce.www.ibm.com`. El almacén en línea vende de todo, desde computadoras personales hasta manuales impresos y sistemas para negocios. Alcanzamos a poner $1.1 millones en nuestro carrito de compras, pero luego nos arrepentimos. Compramos un lindo manual de 1965, 360/67, para nuestra colección histórica (en IBM, nada sale de impresión).

✔ **Apple Computer:** (`store.apple.com`) El sitio de Apple tiene mucha información sobre los productos Apple, y ahora tienen venta en línea de sistemas Macintosh, también.

✔ **PC Connection:** (`www.pcconnection.com`) Para hardware, software y accesorios de computadoras, PC Connection es una de las más antiguas y seguras fuentes en línea. Y puede obtener entrega nocturna dentro de los Estados Unidos, ¡incluso si ordena a las dos de la mañana!

## *Subastas y cosas usadas*

Puede participar en subastas en línea de absolutamente todo, desde computadoras y partes de computadora y hasta antigüedades y paquetes vacacionales. Las subastas en línea son como cualquier otro tipo de subasta en al menos un aspecto: si sabe lo que busca y sabe lo que ello vale, puede obtener grandes valores; si no, fácilmente, puede pagar con exceso por trastos viejos. Cuando alguien tomó el dispositivo del teléfono de nuestro coche, en eBay encontramos un teléfono exacto de reposición por $ 31, en vez de los $150 que el fabricante cobraba por solo el dispositivo.

Muchas subastas, notablemente eBay, también le permiten enumerar sus cosas en venta, lo cual puede ser una forma de deshacerse de parte de su desorden doméstico un poco más discretamente que en una venta de garaje. Un servicio llamado PayPal (www.paypal.com) le permite aceptar un pago por tarjeta de crédito del postor más alto vía correo electrónico (refiérase a la barra lateral "Efectivo por correo electrónico para cualquiera", en este capítulo).

✔ **eBay:** (www.ebay.com) Este es el sitio de subastas más popular de la Web y vende todo tipo de cosas. Usted también puede vender artículos, si se registra como un vendedor. eBay le cobra una pequeña comisión por las subastas, la cual es pagada por el vendedor. eBay es también una forma de encontrar alguna cosa valiosa: si pensaba vender ese raro Beanie Baby, busque las subastas completadas para ver cuánto han pagado recientemente por el mismo artículo.

✔ **Half:** (www.half.com) Esta división de eBay es más como una tienda de consignaciones que de subastas. Usted enumera los artículos usados que desea vender, como libros, CDs, películas, videojuegos, equipo electrónico, intercambio de tarjetas, etcétera, y pone su precio. Cuando un comprador llega, Half cobra una comisión de 15 %.

✔ **Yahoo! Auctions:** (auctions.yahoo.com) eBay alcanzó tan gran éxito que Yahoo resolvió tener subastas, también. Yahoo también tiene un sistema de pago en línea parecido a PayPal.

✔ **Priceline.com:** (www.priceline.com) Este sitio ofrece cuartos de hotel, boletos de aerolíneas, coches nuevos, servicio telefónico prepagado de larga distancia y una ensaladilla de otros artículos. No es realmente una subasta; usted especifica un precio para lo que desea y ellos lo aceptan o lo rechazan.

# Comida

Estas son dos de las fábricas de productos lácteos más populares en Internet, junto con un sitio de recetas y tres servicios de entrega de comestibles.

✔ **Cabot Creamery:** (www.cabotcheese.com) Este sitio vende el mejor queso de Vermont. Además, el sitio Web tiene buenos efectos bovinos.

✔ **Grasslands Cheese Consortium:** (www.cowsoutside.com) Un grupo no lucrativo que ayuda a los granjeros rurales de Nueva York a fabricar y vender quesos directamente. El queso, que venden en el sitio Web no es malo. Incluso puede encargar queso hecho de leche de yac traída desde el Tibet. El URL se refiere a vacas en el pasto en vez de atadas en el granero.

✔ **The Kitchen Link:** (www.kitchenlink.com) Busque en este sitio la receta perfecta y, luego, compre los ingredientes.

✔ **Peapod:** (www.peapod.com) Peapod le permite comprar comestibles en línea, luego los lleva hasta su casa. Debe vivir en un área que cubra su compañía socia Stop and Shop. Si vive en otro lugar, Netgrocer (www.netgrocer.com) entrega productos imperecederos por medio de correo expreso bastante caro.

# *Actualización Sobre las Compras*

Como cualquier otra cosa de la Red, las compras cambian todos los días, conforme nuevos negocios aparecen, los antiguos cambian. Para las últimas actualizaciones, refiérase a nuestras páginas de actualizaciones, en: net.gurus.com/shopping.

**Figura 9-5:** Para hacer una oferta, desplácese hacia abajo, introduzca su precio límite y haga clic en Review Bid button.

# Capítulo 10

# Mi Primera Página Principal

· · · · · · · · · · · · · · · · · · · · · · · · · · · · · · · · · · · · · · · · · · ·

*En este capítulo*

▷ Elementos básicos de las páginas Web

▷ Subir a Internet

▷ Publicar o perecer

· · · · · · · · · · · · · · · · · · · · · · · · · · · · · · · · · · · · · · · · · · ·

**D**espués de un rato, cada usuario de páginas Web piensa en colocar una página Web personal. Aunque un sitio Web puede consistir de muchas páginas Web, la página más importante de un sitio es conocida generalmente como la *página principal (home page)*. Las personas tienen páginas principales, las compañías tienen páginas principales, y grupos de escritores u oradores altamente talentosos tienen páginas principales. (Puede ver la de Carol en `www.baroudi.com`, la de John en `iecc.com/johnl`, la de Margy en `gurus.com/margy` y la de Internet Gurus Central en `net.gurus.com`.) Si está listo para tener su propia página principal, llegó al lugar correcto.

Aunque crear una página principal no es difícil, puede parecer complicado para un usuario nuevo. Pero si puede usar un procesador de texto como WordPerfect o Microsoft Word para digitar una carta, entonces puede crear al menos una página principal sencilla. (De hecho, puede usar cualquiera de esos dos procesadores de texto para hacerlo).

## Crear una Página Web

Todas las páginas principales son páginas Web, pero no todas las páginas Web son páginas principales. Le diremos cómo hacer una página Web, el hecho de si será una página principal le corresponde a usted.

## *La imagen completa*

Los pasos básicos para crear un sitio Web son muy simples:

1. **Escriba algunas páginas Web.**

   Una página es suficiente para comenzar. Puede usar cualquier editor o procesador de texto, pero existen programas editoriales de diseño de páginas Web
   para este fin y muchos son gratuitos, así que usted también podría usar uno.
   Comentamos los que están disponibles actualmente. Guarde los archivos de
   las páginas en el disco de su computadora.

2. **Examine sus páginas Web usando su propio explorador.**

   ¡Antes de hacer que sus páginas sean visibles para todo el mundo, asegúrese de
   que se vean bien! Usando su explorador de Internet, abra las páginas (presione
   Ctrl + O y especifique el nombre del archivo que contiene su página). Idealmente, revise cómo se ven en las versiones recientes de Internet Explorer y de Netscape Navigator.

3. **Publique sus propias páginas Web en el sistema de su ISP.**

   El resto del mundo no puede ver las páginas Web almacenadas en el disco duro
   de su computadora. Es necesario que las copie al sistema de su ISP, para que
   las coloquen en su servidor de Web, de modo tal que su ISP pueda ofrecérselas
   a todo el mundo. No tiene que usar el servidor de Web, pero la mayoría de
   cuentas incluye espacio Web gratuito, así que... ¿por qué no utilizarlo?

Muchos programas para crear páginas Web tienen los comandos Publish, Upload o Remote Save en el menú de File, lo cual envía su creación al sistema de su proveedor. Si su programa no tiene este comando,
puede usar FTP, un tipo de programa que comentamos con más detalle
en nuestro sitio Web, en `net.gurus.com/ftp`. En caso de que necesite
conocer estos detalles:

✔ **El nombre de la computadora a la cual sube sus archivos.** Este no siempre es el
mismo nombre del servidor Web. En uno de nuestros ISPs locales, por ejemplo,
el servidor Web es `www.lightlink.com` mientras el servidor FTP para subir es
`ftp.lightlink.com`.

✔ **El nombre de usuario y la contraseña para usar el FTP.** Usualmente, esto
equivale al nombre y la contraseña que usó para conectarse en primer lugar y
para recoger su correo electrónico.

✔ **El nombre de la carpeta del servidor al cual sube las páginas.** En Lightlink,
es `/www/username`.

✔ **El nombre por usar en su página principal.** Usualmente, este es `index.html` o `index.htm`. (puede llamar sus páginas Web de cualquier modo, pero esta es la página que las personas ven primero).

✔ **El URL en que aparecerán sus páginas.** Es, usualmente, `http://www.yourisp.com/~username` o `http://www.yourisp.com/username`.

Generalmente, puede encontrar esta información en el sitio Web de su ISP o en el peor de los casos, puede llamarlos por teléfono y preguntarles.

Si no desea usar el servidor Web de su ISP, existen muchas compañías de hospedaje de Web que estarían felices de permitirle usar sus servidores. Algunos son gratuitos, si no le importa que aparezcan sus anuncios en la página Web. Los sitios de hospedaje Web más conocidos son Geocities de Yahoo, en `geocities.com` y Angelfire, de Lycos, en `www.angelfire.com`.

# Porqué no se debe preocupar (mucho) por HTML

Simplemente para que sepa lo que es *el HTML*, en caso de que alguien pregunte, son las siglas de *HyperText Markup Language (Lenguaje de Marca de Hipertexto)*, y es el lenguaje originario de la Red Mundial de Comunicación. Las páginas Web están hechas de texto y cuadros que son unidos y formateados por códigos que utilizan HTML. Por fortuna, ha esperado hasta ahora, cuando hay disponibles bellos programas que le ayudan a crear sus páginas de códigos HTML automáticamente, así que no debe escribir los códigos usted mismo.

Si considera que va a escribir un montón de páginas Web, eventualmente, debe aprender algo de HTML. Aunque las páginas interactivas complicadas requieren de una cantidad hermosa de programación, las cosas básicas no deberían ser tan complicadas; el HTML para **complicado** es `<B>complicated</B>` (la < B > es para "bold", es decir letra negrita). En caso de que decida estar en el negocio de la creación de páginas Web, se han escrito libros enteros sobre el tema. Consulte los títulos recientes porque las ampliaciones de HTML se desarrollan a un ritmo furioso y los libros quedan desactualizados en menos de un año. Recomendamos *HTML Para Dummies* (por Ed Tittel y publicado por Hungry Minds) para las cosas necesarias y Web Design en un dos por tres (por Jennifer Niederst y publicado por O'Reilly & Associates) para información más avanzada.

# Tome su lapicero

Las dos rutas generales para la creación de páginas Web son: al estilo de los genios, en el cual se escribe todo en HTML por su propia cuenta, y al estilo WYSIWYG (siglas para What You See Is What You Get, que en español puede traducirse como "Lo que ve es lo que obtiene") en el cual un programa lo escribe en vez de usted. Pero... si usted fuera un genio de HTML, no estaría leyendo este capítulo, de modo que no vamos a comentar esa primer aproximación. La forma más normal de hacerlo es usando uno de los editores de páginas Web WYSIWYG.

*WYSIWYG,* pronunciado "uisiuig", significa que conforme usted crea su página, en vez de ver códigos HTML odiosos, verá aproximadamente lo que se vería en el explorador. Los puristas de HTML aseguran que los editores WYSIWYG utilizan código HTML poco elaborado, pero las páginas que producen se ven bien, generalmente. Si planea crear un sitio Web grande y complejo, los editores WYSIWYG se quedarán sin vapor, pero para una página o tres, son fabulosos.

Aquí hay algunos de los editores mejor conocidos de páginas Web y el modo de encontrarlos:

✔ **CoffeeCup Web Page Wizard:** (`www.coffeecup.com/download/ shareware.cgi`) Este editor de Web para Windows le permite escoger elementos de una lista, así que no tendrá que lidiar con códigos HTML. Sus opciones de formato son limitadas, pero es una excelente manera de empezar. Un programa FTP se incluye para subir sus páginas terminadas. Este programa se incluye con el más complejo editor CoffeeCup 9.0 HTML, aunque son programas separados.

✔ **Netscape Composer:** (`home.netscape.com`) Netscape Composer es un editor WYSIWYG que es parte de Netscape Communicator y se puede ejecutar tanto en Windows como en Mac. Incluye un programa para subir páginas (FTP), simplemente debe hacer clic en el botón de Publish, en la barra de herramientas.

✔ **Microsoft FrontPage y FrontPage Express:** (`www.microsoft.com`) FrontPage Express venía con Windows 98, pero fue eliminado de las siguientes versiones de Windows. FrontPage viene en Microsoft Office. Cuidado: FrontPage y FrontPage Express tienen el feo hábito de insertar códigos propiedad de Microsoft, que solo funcionan si su ISP opera un servidor de Web de Microsoft.

✔ **BBEdit Lite:** (`www.barebones.com/free/free.html`) Este editor de Web basado en Mac está disponible sin costo en el sitio Web BareBones.com.

Quizás ya yenga un editor de páginas Web —su procesador de texto. Tanto Microsoft Word (las versiones 97 y posteriores) y WordPerfect (las versiones 8 y siguientes) son capaces de editar páginas Web incorporadas. Sin embargo, las herramientas editoras de páginas Web son usualmente más convenientes. Si usa Microsoft Excel (un programa de hoja de cálculo) o Access (un programa de base de datos) entonces puede exportar datos como páginas Web.

# *Cómo empezar*

Una página de Web es un archivo — semejante a un documento de procesamiento de texto o una hoja contable. Usted empieza creando sus páginas Web directamente en el disco duro. Puede ver cómo se apreciarían al decirle a su navegador que las vea desde su disco duro (a los exploradores les encanta aceptar nombres de archivo para abrir, en vez de URL). Edite y vea las páginas hasta que tenga algo que le guste y, luego, súbalas a su ISP para impresionar al mundo.

Aquí está nuestra aproximación gradual al uso de CoffeeCup Free HTML, Netscape Composer, Word (97 ó posteriores) y WordPerfect (8 y posteriores). Si le gustaría usar otro programa, siéntase libre, aunque los comandos son un poco diferentes:

1. **Obtenga una copia de CoffeeCup Web Page Wizard o Netscape Composer (parte de la suite Netscape Communicator 4.7). Si utiliza más bien su procesador de texto, sáltese este paso.**

   Refiérase al Capítulo 16 para saber cómo descargar e instalar CoffeeCup o Netscape.

2. **Inicie CoffeeCup Web Page Wizard, Netscape Composer o su procesador de texto.**

   Para ejecutar CoffeeCup Web Page Wizard (mostrado en Figura 10-1), escoja su comando del menú Start➪Programs (Start➪All Programs en Windows XP). Para trabajar con Netscape Composer (mostrado en la Figura 10-2), ejecute Netscape Navigator y, luego, seleccione Communicator➪Composer desde el menú (o presione Ctrl+4).

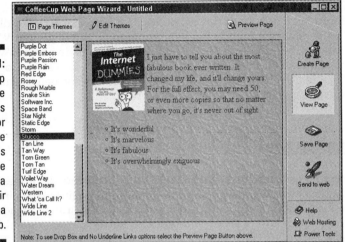

**Figura 10-1:** CoffeeCup Web Page Wizard es un editor gratuito de páginas Web que le ayuda a crear y subir una página Web.

Si inició Word o WordPerfect, verá la ventana usual de procesamiento de texto.

**3. Cree una nueva página Web.**

**CoffeeCup Web Page Wizard:** El programa inicia listo para crear una nueva página Web. Los cuatro botones bajo el lado derecho de la ventana Page Wizard controlan lo que está haciendo con la página: Create Page es donde decide lo que pasará con su página Web, View Page es donde ve cómo se observa, Save Page le permite guardar su trabajo y Send To Web sube la página a su servidor Web.

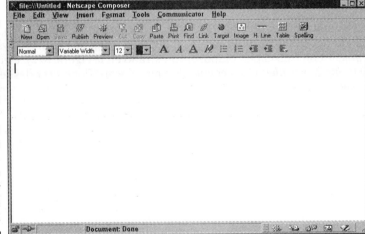

**Figura 10-2:** Netscape Composer viene con Netscape Navigator —solo seleccione Communicator➪ Composer para arrancarlo.

Los botones bajo el lado izquierdo de la ventana son la lista de "pagelettes" (*pagelettes* — lindo término nuevo) los cuales enumeran los elementos de su página. Usted echa a andar con Page Details, Image, Link y Paragraph. El pagelette Page Details controla la apariencia general de la página, pero el resto de los pagelettes representa los ítemes de su página, y puede arrastrarlos en un orden diferente o arrastrar otros elementos a la lista (arrástrelos del cuadro que tiene una flecha roja debajo). Por ejemplo, para agregar un encabezado en la parte superior, arrastre el ítem Heading sobre la lista de Pagelettes ubicada bajo Page Details. Luego, para editar un ítem de su página, haga clic en su botón en la lista de pageletes. El resto de la ventana despliega las cosas que puede usar para ese elemento de la página (para un párrafo, debe introducir el texto; para una imagen, debe introducir el nombre del archivo que contiene la imagen). Para librarse del pagelette de la lista de pagelettes que no planea usar, haga clic derecho sobre él y seleccione Delete Pagelette, desde el menú que aparece.

Conforme diseñe su página, puede hacer clic en el botón View Page para ver lo que tiene.

**Netscape Composer:** Está cara a cara con una gran página vacía. Continúe — haga su página. ¿Se quedó sin ideas de cómo empezar? ¡Cree una página sobre su pasatiempo favorito, su escritor o músico favorito!

**Word:** Seleccione File⇨New, de la barra de menú. Haga clic en la pestaña Web Pages, en el recuadro de diálogo que aparece, y seleccione una plantilla (intente con el asistente Web Page Wizard, que le habla mientras realiza el proceso de crear una página Web).

**WordPerfect:** Seleccione File⇨Internet Publisher, haga clic en New Web Document, haga clic en Create A Blank Web Document, y haga clic en Select.

Cuando se le pida un nombre de archivo, llame al documento `index.html` o `index.htm` si va a ser su página principal. Estos son los nombres más usados por los servidores de Web.

4. **Guarde su trabajo.**

Cuando tenga listo suficiente trabajo que no le gustaría perder y tener que empezar de nuevo si el sistema se cae, seleccione File⇨Save en la barra de menú. En principio, cuando haya terminado con su página, la guarda, pero la experiencia deprimente nos ha enseñado a guardar temprano y a guardar a menudo. En CoffeeCup Web Page Wizard, haga clic en el botón Save Page, digite un nombre corto para el archivo sin espacios y haga clic en Save. CoffeeCup Web Page Wizard guarda la *plantilla* (su información sobre lo que desea en la página) y la página Web (el archivo HTML).

Crear su primer página Web es tan fácil como decir un-dos-tres. Elegir lo que desea poner en la página, sin embargo, es más difícil. ¿Para qué es la página? ¿Quién desea que vea la página? ¿Es para usted, para su familia y sus amigos, y para amigos en potencia a lo largo del mundo o está anunciando su negocio en línea? Si su página es personal, no incluya la dirección de su casa o el número telefónico, a menos que desee que todo tipo de personas vea la página y lo llame o conozca cosas sobre usted. Si es una página de negocios, de cualquier tipo, incluya su dirección y el número telefónico. El contenido de su primer página no es tan importante, simplemente, deseamos que usted comprenda el hecho de colocar toda esa información en la página. Siempre puede agregarle cosas y embellecerla y no tiene que decirle a todo el mundo sobre su página hasta que esté feliz con ella.

Sea sumamente cuidadoso al poner información personal sobre sus niños en su página Web. Nosotros tenemos niños que amamos entrañablemente, pero no leerá nada de ellos en nuestras páginas principales. Con solo saber las aficiones, los nombres de sus niños y a cuál escuela van, podría ser suficiente para que alguna persona indeseable finja ser un amigo de la casa y los recoja después de la escuela.

# Imágenes

La mayoría de páginas Web contienen gráficos de algún tipo. Cada imagen que aparece en una página Web se almacena en un archivo separado. Para agregar una imagen a una página Web, debe agregar una etiqueta HTML (comando) que incluya el nombre del archivo que contiene la imagen, el tamaño de la imagen tal como debe aparecer en la pantalla, un título. Para los impedidos visualmente y ubicar la información (si desea los imágenes a la izquierda, en el centro, o la derecha y si el texto debe acomodarse alrededor de ella).

## Formato de imagen

La imágenes aparecen en decenas de formatos. Afortunadamente, solo tres formatos de imagen se usan comúnmente en la Web, conocidos como GIF, PNG y JPEG. Muchas extensas, ejem, *gratuitas* y *francas* han tenido lugar en la Internet en relación con los méritos relativos de estos formatos. John, que es un Experto Oficial en Formatos Gráficos (por haber logrado persuadir a dos editores de otro modo respetables par que publicaran sus trabajos sobre el tema) ha sugerido que las fotografías funcionan mejor como JPEG, mientras que las imágenes prediseñadas, los iconos y los comics son mejores en PNG o GIF. El formato GIF usa una técnica de compresión que está patentada por Unisys, que ocasionalmente les cobra a los sitios Web que usen imágenes producidas en programas sin licencia. Si tiene dudas, los archivos JPEG son más pequeños, se descargan más rápido y están libres de patente. PNG es un sustituto superior y no patentado para GIF. Cuya única desventaja es que las personas con exploradores viejos (Netscape 3.0 y más antiguos, por ejemplo) no pueden ver fácilmente los archivos PNG.

Si tiene una foto que esté en otro formato como BMP o PCX, debe convertirla en GIF, PNG o JPEG antes de poder usarla en una página Web. Consulte la página Consummate WinSock Applications, en `cws.internet.com`, para algunas sugerencias de programas gráficos que pueden hacer conversiones. Nos gusta Paint Shop Pro (`www.jasc.com`), un poderoso programa que se puede evaluar sin costo y que es para Windows y Graphics Converter en la Mac (`lemkesoft.com/us_gcdownload.html`).

## ¿De dónde vienen las imágenes?

Es una buena pregunta. Puede dibujarlas usando un programa ilustrador, escanear sus fotografías o usar la cámara digital que le regalaron para navidad. A menos que sea un buen artista o un fotógrafo, sin embargo, sus gráficos tal vez no se vean tan bien como lo desee

Afortunadamente, puede encontrar muchos recursos de material gráfico:

✔ Muchísimas imágenes prediseñadas de evaluación gratuita o totalmente gratuitas se pueden obtener en la Red. Yahoo tiene una enorme lista de sitios de imágenes prediseñadas: empiece en `www.yahoo.com` y seleccione Computers and Internet y, luego, gráficos y, luego, Clip Art.

✔ El rey de los sitios de imágenes prediseñadas es Art Today (`www.arttoday.com`). Existe una modesta cuota anual de suscripción, pero tienen cientos de miles de imágenes bien clasificadas para descargarlas.

✔ Si ve una imagen que desee usar en una página Web, escríbale al dueño de la página y pídale permiso para usarla. Muy probablemente, el dueño le permitirá usar la imagen.

*Muchos programas viejos de software que no guardan relación con la Internet, como programas de pintar y dibujar, y hasta programas de procesadores de palabras, incluyen colecciones de imágenes prediseñadas.

*Puede comprar un CD-ROM lleno de imágenes prediseñadas, que tienden a ser de mayor calidad que las gratuitas. No son muy caras, particularmente considerando la cantidad de imágenes que pueden caber en un CD-ROM.

La imágenes prediseñadas, como cualquier tipo de arte, están protegidas por las leyes de derechos de copia. No importa si ya ha sido usado en una página Web o si la noticia de los derechos aparece en la imagen. Todo está protegido. Si utiliza el arte protegido de otra persona, debe tener autorización para ello. El hecho de si su intención es educativa, personal o carente de fines de lucro. Si no logra obtener el permiso, corre el riesgo de cualquier cosa entre una brusca llamada telefónica del abogado del dueño y una demanda judicial.

La mayoría de las personas son muy razonables cuando se les pide permitir usar algo. Si la imagen que desea usar no tiene anticipadamente el permiso para ser usada, consúltele al dueño antes de que decida agregarla a su propia página Web.

## Agregar una imagen a su página

Después de que consiga el archivo de gráficos que desee usar, puede incluirlo en su página Web, así:

✔ **CoffeeCup Web Page Wizard (Asistentes de páginas Web Coffe Cup): :** Haga clic en el botón de crear páginas para editar su página. Si ya tiene un ítem de imagen en su lista de pagelettes, puede usarlo: de otro modos, arrastre la imagen a su lista de pagelettes. Arrastre la imagen hasta la posición donde desee que aparezca. Luego, haga clic en el botón Image, de modo que el resto de la ventana Web Page Wizard despliegue la configuración de la imagen. En el cuadro Image, digite el nombre de archivo del gráfico o haga clic en el botón ubicado a su derecha para encontrar el archivo en su disco duro. El asistente Web Page Wizard llena el tamaño de la imagen automáticamente, pero usted puede configurar la forma de alinear. En el cuadro Image Hint, digite un título para la imagen: la mayoría de los exploradores lo despliegan cuando el mouse se detiene en la imagen y las personas que usan programas de lectura puede escuchar el título aunque no puedan ver la imagen. Haga clic en View Page para ver como se aprecia su página.

✔ **Netscape Composer:** Con su cursor ubicado en el lugar de la página donde desea que aparezca la imagen, haga clic en el botón Image, en la barra de herramientas. En el cuadro Image Location, digite el nombre del archivo o haga clic en Select File para buscar el archivo en su disco. Haga clic en uno de los botones de la sección Text Alignment And Wrapping Around Images. Haga clic en el botón Alt Text/LowRes, digite un título en el cuadro Alternate Text y haga clic en OK. Luego, haga clic en OK para terminar de especificar su imagen.

✔ **Word and WordPerfect:** En Word, seleccione Insert⇨Picture⇨From File y especifique la imagen. En WordPerfect 8 ó 9, seleccione Insert⇨Graphics⇨ From File.

# Vincular a Otras Páginas

El hiper en hipertexto es la cosa que hace que la Web sea tan divertida. Un *hipervínculo* (o simplemente *vínculo*) es la cosa de la página que le permite surfear en la Web —puede ir de página en página solo haciendo clic en el vínculo. Una página Web, a duras penas, es una página si no vincula a alguna otra parte.

La inmensa riqueza de la Web viene de los vínculos que los constructores de páginas Web han colocado en sus páginas. Usted, probablemente, deseará contribuir a esta riqueza incluyendo vínculos a lugares que sepa que la gente que visita su página también pueda estar interesada. Procure no incluir vínculos a lugares que todo el mundo ya conozca y tenga en sus marcadores. Por ejemplo, los motores comunes de búsqueda de Internet y los índices ya están bien documentados, así que abandónelos por completo. Si su página principal menciona su interés en una de sus aficiones, como el uso de la canoa, el volibol, las aves o su profesión, incluya algunos vínculos a los sitios relacionados que usted sepa que son interesantes.

Para hacer un vínculo en su página de Web, siga estas instrucciones:

✔ **CoffeeCup Web Page Wizard:** Ponga un pagelette de vínculo en su lista de pagelettes, en la posición donde desea que el vínculo aparezca. Arrastre uno sin uso de cualquier otra parte de su lista de pagelettes o arrastre un Link a la lista de pagelettes. Luego, haga clic en el pagelette de Link para ver la configuración del vínculo. En el cuadro Link Address, digite el URL exacto (comenzando con *http://*), haga clic en el botón amarillo de la carpeta, a la derecha del cuadro, para el vínculo a otra página creada, o haga clic en el botón de Internet Explorer o de Netscape para encontrar un URL en su lista de favoritos de Internet Explorer o en su lista de marcadores de Netscape. En el cuadro Link Text, digite el texto que desea que aparezca en la página. (Para usar un cuadro como un vínculo, siga las instrucciones en el capítulo precedente, para agregar el cuadro y digitar el URL del cuadro A Make Image Link).

✔ **Netscape Composer:** Destaque el texto que desea que sea un vínculo y haga clic en el botón Link de la barra de herramientas. En la ventana de diálogo Character Properties (¡un nombre inesperado para la ventana que aparece! ) digite el URL exacto en el cuadro A Link To Page Location Or Local File, o haga clic en el botón Select File para escoger otra página Web que haya creado.

✔ **Word y WordPerfect:** Primero, seleccione el texto que desea convertir en un vínculo. Luego, publique el comando para crear el vínculo. En Word, seleccione Insert⇨ Hyperlink (o presione Ctrl+K) y, digite el URL exacto en el cuadro Type The File Or Web Page Name, o bien, seleccione la página Web de la lista de páginas que ha visitado recientemente o haga clic en el botón File or Web Page para encontrar la página deseada. En WordPerfect 8 ó 9, seleccione Tools ⇨Hyperlink y digite el URL exato en el cuadro Document, o haga clic en Browse Web para encontrar el URL.

Si creó varias páginas, puede poner vínculos entre sus ellas; asegúrese de subir todas las páginas para garantizar que los vínculos aún funcionen.

# Buen Diseño de Páginas

Después de que coloque una página Web básica, use los consejos de esta sección para evitar los errores que los novatos "Websters" cometen a menudo.

## Fuentes y estilos

No sobreformatee su texto con muchas fuentes, uso excesivo de las fuentes de colores, énfasis con palabras en **negrita**, *italica,* subrayado, o cualquier ***combinación.*** Los diseñadores experimentados, despreciativamente lo llaman texto de "notas de rescate". El texto pomposo molesta a los lectores.

## Imágenes de fondo

Las imágenes de fondo en cascada pueden ser frescas si son sutiles, pero casi siempre hacen el texto completamente ilegible. El texto negro en un fondo blanco sólido (como las páginas de este libro) ha resistido el paso del tiempo por miles de años.

Para configurar el color de fondo de su página Web, siga estas instrucciones:

- ✔ **CoffeeCup Web Page Wizard:** Haga clic en el botón View Page y haga clic en las entradas de la lista desplegable Page Themes, en la parte izquierda de la ventana. Deténgase cuando encuentre una que le guste.

- ✔ **Netscape Composer:** Seleccione Format⇨Page Colors And Properties del menú. En el recuadro de diálogo que aparece, Page Properties, haga clic en la pestaña Colors And Backgrounds. Haga clic en los botones de color para configurar los colores del texto normal, vincule el texto y el otro texto. Si tiene una imagen que le gustaría usar como fondo de la página (en cascada, hasta llenar la página), haga clic en el cuadro de verificación Use Image y digite el nombre del archivo.

- ✔ **Word:** Seleccione Format⇨Background y escoja un color. Para poner en cascada una imagen del fondo, seleccione: Format⇨Background⇨Fill Effects.

- ✔ **WordPerfect:** Seleccione File⇨Properties y haga clic en la pestaña Text/Background Colors. Haga clic en el botón Background Color para configurar el color o digite un nombre de archivo en el cuadro Background Wallpaper.

# *Imágenes grandes*

Muchas páginas Web están sobrecargadas con imágenes que, aunque bellas, tardan un largo tiempo en cargarse –tanto que muchos usuarios pueden rendirse antes de que las páginas estén completamente cargadas. Recuerde que no todo el mundo tiene una computadora o una conexión a la Internet tan rápida como la suya.

Se necesitan algunos pasos para hacer que sus páginas Web se carguen más rápidamente. El paso principal, por supuesto, es limitar el tamaño de las imágenes que usa, encogiéndolas con un editor de gráficos como Paint Shop Pro. Una imagen de 20K (20,000 bytes grandes) tarda el doble de tiempo en cargarse que una imagen de 10K, la cual dura el doble de una imagen de 5K. Puede considerar que las imágenes se cargan a 1K por segundo en una conexión de marcado telefónico, de modo que una imagen de 5K se carga, aproximadamente, en cinco segundos, lo cual es muy rápido. Una imagen de 120K dura dos minutos en cargarse, ojalá que la imagen valga la espera.

Considere poner una imagen pequeña en una página y darles a los visitantes la opción (a través de un vínculo) de cargar el cuadro en tamaño natural. Nosotros sabemos que está muy orgulloso de su perra y de que ella merece un lugar de honor en su página principal, pero no todos los visitantes de su sitio esperarán excitados que su cachorro se descargue (odiamos cuando hacen eso en la alfombra).

En archivos GIF, las imágenes con menos colores se cargan más rápido que las imágenes con más colores. Si usa un editor de gráficos para reducir un GIF de 256 colores a 32 ó incluso 16 colores, generalmente, la apariencia apenas se altera, pero el archivo se encoge dramáticamente. Configure su programa de gráficos para almacenar el archivo GIF en formato *entrelazado*, que les permite a los exploradores desplegar una aproximación poco definida de la imagen conforme esta se descarga, para ofrecer un indicio de qué viene.

En archivos JPEG, puede ajustar el nivel de "calidad": la calidad inferior hace más pequeño el archivo. Puede bajar la calidad de las imágenes Web con poco efecto en lo que aparecerá en las pantallas de los usuarios.

También puede aprovechar el cache que los exploradores usan. El cache conserva copias de las páginas y las imágenes previamente visitadas. Si la imagen de una página que es descargada ya está en el cache del explorador, esa imagen no se carga otra vez. Cuando use el mismo icono en varios lugares de una página o en varias páginas visitadas una tras otra, el explorador descarga el archivo del icono solo una vez y reutiliza la misma imagen en todas las páginas. Al crear sus páginas Web, trate de usar los mismos iconos de una página en la siguiente, para darles a sus páginas un estilo coherente y apresurar las descargas.

## *Vive y aprende*

Si está visitando las páginas Web de otras personas y se encuentra con una que sea particularmente linda, puede buscar en la fuente de HTML de la página para ver cómo está construida. En Netscape, seleccione View➪Page Source o presione Ctrl+U; en Internet Explorer, seleccione View➪Source; y en Opera seleccione View➪Source.

# *Poner su Página en la Web*

Después de que haya hecho algunas páginas con las que esté feliz (o lo suficientemente feliz) y está listo para que otras personas las vean, tiene que publicar sus páginas para el mundo. Aunque casi todos los ISP tienen un servidor de Web para usuario, dos ISPs no manipulan el proceso de subir información de la misma forma.

Para subir sus archivos, necesita un programa FTP (protocolo de transferencia de archivos). Afortunadamente, los programas de diseño de Web bien diseñados, convenientes y completamente excitantes como CoffeeCup Web Page Wizard y Netscape Composer, tienen un programa FTP incorporado. Todos pueden almacenar el nombre del anfitrión, el nombre de usuario y la contraseña de su servidor Web la primera vez que sube una página Web, de modo que no tenga que introducir esta información repetidamente. Aquí se explica cómo usarlos para subir sus páginas Web y los archivos de gráficos que contienen los cuadros exhibidos en las páginas:

✔ **CoffeeCup Web Page Wizard:** Haga clic en el botón Save Page para guardar su página (digite un nombre de archivo y haga clic en Save). Luego, haga clic en el botón Send To Web para iniciar el Upload Wizard. La primera vez que suba una página Web, haga clic en el botón Add y digite un nombre para el servidor (uno que reconozca), su nombre de usuario para ese servidor, su contraseña para ese servidor y el nombre de anfitrión (algo así como ftp.concentric.com). Haga clic en Apply para guardar este perfil de servidor de Web. Seleccione el servidor al cual desea subir las páginas y haga clic en el botón Upload. ¡Listo!

✔ **Netscape Composer:** Haga clic en el botón Publish en la barra de herramientas y llene el título de la página en Page Title (el nombre que desee que aparezca en la barra de títulos del explorador cuando su página aparezca), el nombre de HTML Filename (el nombre del archivo que usará al descargar la página, usualmente el mismo nombre que usará en su propia computadora, para evitar la confusión), HTTP Or FTP Location (el nombre del anfitrión del servidor de la Web), su nombre de usuario y la contraseña. Haga clic en OK para empezar a subir.

✔ **Word:** Seleccione File⇨Save As. Haga clic en el cuadro Save In en la esquina superior izquierda del recuadro de diálogo Save As y seleccione FTP Locations. Para decirle a Word sobre el servidor de Web al cual desea subir sus páginas Web, haga clic en Add/Modify FTP Locations. Digite el nombre del anfitrión del servidor Web, su nombre de usuario (haga clic en User) y su contraseña. Haga clic en el botón Add. Cuando haga clic en OK, regrese a la ventana de diálogo Save As y ahora aparece la dirección de su servidor Web. Haga clic en el servidor y clic en Open para conectarse al servidor de Web — usted verá el archivo y las carpetas que tiene en el servidor. Haga clic en Save para subir su página.

**WordPerfect:** Seleccione File⇨Internet Publisher y haga clic en Publish To HTML. En el recuadro de diálogo Publish To HTML, digite el nombre de archivo de la página en el cuadro HTML Source File Name (use el mismo nombre que ha estado usando para la página, pero terminado con .html). Haga clic en Add para decirle a WordPerfect sobre el servidor de Web. En el recuadro de diálogo Server Information, digite un nombre para el servidor del cuadro Label (este es solo un nombre para que lo vea usted) el nombre del anfitrión del servidor de Web, **21** en el cuadro de Port (no pregunte), su nombre de usuario y la contraseña. Haga clic en OK para volver al cuadro de diálogo Publish To HTML –ahora el servidor Web aparece en el recuadro Publish To Server. Haga clic en Publish para subir el archivo.

Por supuesto, muchos programas editores de Web no incluyen programas FTP, así es que puede actuar sin la ayuda de nadie en lo que se refiere a subir sus páginas Web. Asumiendo que domina los detalles del servidor que comentamos al principio del capítulo, aquí está lo que debe hacer:

1.**Ejecute su programa FTP.**

Nosotros usamos WS_FTP (nuestra página Web `net.gurus.com/ftp` contiene instrucciones), aunque cualquier programa FTP e incluso Netscape Navigator funcionará. Si tiene Windows XP, puede usar su característica de Web Folders, que es descrita en el Capítulo 16.

2. **Abra su sesión con el servidor de subir del proveedor, usando su propio nombre de usuario y su contraseña.**

En Netscape Navigator, digite la localización `ftp://username@ftp.` `gorgonzola.net` en el cuadro Location (y ajuste de conformidad tanto su nombre de usuario como el nombre del servidor) y digite su contraseña de sesión cuando se le pida.

3. **Cambie el directorio (carpeta) a donde pertenezca su página Web.**

El nombre es usualmente algo como /pub/elvis, /www/elvis o /pub/elvis/www (asumiendo que su nombre de usuario sea elvis). En un explorador de la Web, solo haga clic hasta que encuentre el directorio apropiado.

**4. Suba su página Web.**

Para las páginas Web, use el modo ASCII, no el binario, porque las páginas Web se guardan como archivos de texto. Use modo binario cuando suba archivos de gráficos. Si usa Netscape Navigator, arrastre cada archivo desde Windows Explorer o desde File Manager hasta la ventana de Netscape o seleccione File⇨ Upload File.

Después de que termine de subir los archivos, si la página de su servidor se llama mypage.htm, su URL será algo así:

```
http://www.gorgonzola.net/~elvis/mypage.htm
```

De nuevo, los URL varían de acuerdo con el proveedor. Algunos no siguen la convención de poner una crema (~) frente al nombre de usuario.

Generalmente, debería nombrar a su página principal, la que desea que las personas vean de primero, index.html. Si alguien va a su directorio de Web sin especificar un nombre, como `www.gorgonzola.net/~elvis`, la convención universal es desplegar la página llamada index.html o index.htm. Si no tiene una página con ese nombre, muchos servidores Web construyen una página con un directorio que enumera los archivos de su directorio Web. Aunque esta lista es lo suficientemente funcional porque les permite a las personas ir a cualquiera de sus páginas con un clic, no es algo lindo. Si crea una página de index.html y no aparece automágicamente cuando digita el URL sin un nombre de archivo, pregúntele a su ISP si este usa un nombre de archivo predeterminado diferente.

Asegúrese de revisar cómo se ve su página después de que está en la Web. Inspecciónela desde la computadora de alguien más, para asegurarse de que no contenga ninguna referencia a archivos de gráficos almacenados en su propia computadora que haya olvidado subir. Si desea ser compulsivo, inspeccione cómo se ve desde varios exploradores —Netscape, Internet Explorer, Opera, AOL, TV MSN y Lynx, para nombrar unos cuantos.

Poco después de subir unas páginas, probablemente, advertirá un error claro. (Siempre los cometemos). Para actualizar una página, edite la copia de su computadora y, luego, súbala a su proveedor de la Internet, reemplazando la versión precedente. Si cambia algunas páginas, pero no todas, no tiene que subir las páginas que no ha cambiado.

# *Sea el Master de su Dominio*

La dirección de una página principal, como:

```
www.people.stratford-on-avon-internet.com/~shakespeare/
         PrinceOfDenmark/index.html
```

no atraerá tantos visitantes como:

```
www.hamlet.org
```

Obtener su propio dominio es mucho más fácil y barato de lo que podría imaginar. Existen tres pasos:

1. **Seleccione un nombre.**

   Usted deseará uno que sea fácil de recordar y escribir. Seleccione un par de nombres alternos en caso de que el que usted quiera esté ocupado. No use una variante de una marca registrada popular como Coca-Cola o Sony (o Dummies) a menos que le guste tratar con abogados. También asegúrese de que no esté ya tomado; puede revisar la base de datos WHOIS para .com, .net, and .org en `www.whois.net` o `www.crsnic.net`.

2. **Pídale a su ISP ser el "anfitrión" de su nombre.**

   Eso significa que su ISP pronuncia ciertos hechizos que le dicen a la Internet dónde ir cuando alguien digita su dirección Web personal. Muchos ISP cobran una tarifa por este servicio, pero otros lo hacen gratis. También, es posible que su ISP maneje los asuntos del registro.

3. **Registre su nombre, si su ISP no lo hace.**

   Cientos de centros de registro compiten en el negocio de las populares categorías .com, .net y .org. (a nosotros nos gusta el extrañamente denominado `www.gandi.org` — y no solo porque es realmente barato). La tarifa anual oscila entre $10 y $15.

# Abrir un Quiosco Rural en la Autopista de la Información

Vender cosas en la Internet solía necesitar de centenares de miles de dólares de software y talento en programación. Una cantidad de sitios ahora le permiten crear una tienda Web con tarifas muy modestas. Nos gusta zStores de Amazon.com, `zstores.amazon.com`, que es particularmente fácil de configurar. Incluso tramitan ventas de tarjeta de crédito por usted, y esto elimina lo que fue una vez un horrible dolor de cuello.

Si no le gusta crear páginas Web ni configurar una tienda entera, todavía puede enviar artículos individuales, ya sea en consignación, a sitios como `www.half.com` o, a subasta, a sitios como `www.ebay.com`. Refiérase al Capítulo 9 para más detalles.

# ¡Grítelo!

Después de que su página esté en línea, quizás desee obligar a las personas a venir y hacer una visita. Aquí hay algunas formas de dar publicidad a su sitio:

✔Visite sus directorios de Web favoritos y sus motores de búsqueda, como Google (`google.com`), Yahoo (`www.yahoo.com`) y AltaVista (`www.altavista.com`), y proponga su URL (el nombre de su página) para que lo añadan a su base de datos. Estos sitios tienen en sus páginas principales una opción para añadir una página nueva. (Algunas veces es un vínculo pequeñísimo cerca del fondo de la página). Los índices automatizados, como AltaVista, añaden las páginas pronto, pero los directorios manualmente mantenidos, como Yahoo, quizás ni los acepten del todo. No pague para que su sitio se incluya: cada motor de búsqueda respetable y cada directorio tienen una opción para agregar su sitio gratis, aunque se tarda un rato para que su sitio aparezca.

✔Visite `www.submit-it.com`, un sitio que le ayuda a enviar su URL a un montón de directorios e índices. Usted puede proponer su sitio gratis a 20 sitios de búsqueda o puede pagar, si quiere que ellos envíen su URL a una lista mucho mayor.

✔ Encuentre y visite otros sitios similares o relacionados y ofrézcase para intercambiar vínculos entre su sitio y el de ellos.

Llevar montones de tráfico a su sitio toma tiempo. Si su sitio ofrece algo diferente que es de interés real para otras personas, puede crear uno propio. Incluso nosotros, los autores *Para Dummies,* hemos entrado en acción: algunos de nuestros sitios de cosecha propia que continúan creciendo en popularidad son la página Math in the Movies de Arnold Reinhold, en `www.greattapes.com`; Harry Potter Timeline de Margy, en `geocities.com/hptimeline`, y Airline Information On Line, de John, en el sitio de Internet: `airline.iecc.com`. ¡Solo imagínese lo que usted podría hacer!

# Parte IV
# Correo Electrónico, Chat y Otras Maneras de Estar en Línea

**La 5a Ola**             **Por Rich Tennant**

"DESDE QUE OBTUVIMOS LA CONEXIÓN, HA PASADO ONCE DÍAS ENTEROS SIN MOVERSE DE ESA SILLA. Y LO PEOR DE TODO ES QUE LO LLAMA "CORRER" LA INTERNET".

# Capítulo 11

# Está en el Correo

* * * * * * * * * * * * * * * * * * * * * * * * * * * * * * * * * * * * * * * * * * * * * *

*En este capítulo*

▶ Encontrar direcciones de correo electrónico

▶ Enviar correo electrónico

▶ Recibir correo electrónico

▶ Seguir la etiqueta del correo electrónico

* * * * * * * * * * * * * * * * * * * * * * * * * * * * * * * * * * * * * * * * * * * * * *

*E*l correo electrónico, o *e-mail,* sin duda es el servicio más popular de la Internet, si bien es uno de lo más viejos también es (para algunos) de los más aburridos. Aunque el correo electrónico no obtiene tanta prensa como la World Wide Web, más personas lo usan. Cada sistema de la Red da soporte a algún tipo de servicio de correo, lo cual quiere decir que, no importa qué tipo de computadora utilice, si está en la Internet, puede enviar y recibir correo.

Debido a que el correo, mucho más que cualquier otro servicio de Internet, está conectado a muchos sistemas no de Internet, puede intercambiar correo con muchas personas que, de otra manera, no tienen acceso a la Internet, además de toda la gente que ya está en la Red. Por ejemplo, puede intercambiar mensajes de correo electrónico con usuarios de AOL y con muchas personas con teléfonos celulares aunque no estén directamente conectados a Internet.

## ¿Cuál es Mi Dirección?

Todo el mundo con acceso de correo electrónico a la Internet tiene al menos una *dirección de correo electrónico,* que es el espacio cibernético equivalente de una dirección postal o a un número de teléfono. Cuando envíe un mensaje de correo electrónico, introduzca la dirección o las direcciones de los destinatarios para que la computadora sepa dónde enviarlo.

Antes de que envíe correo, tiene que conocer su dirección de correo electrónico, para que se la puede dar a las personas que desean ponerse en contacto con usted. También tiene que conocer las direcciones de los destinatarios para que les pueda escribir. (Si no tiene a amigos o si tiene la intención de enviar solo correo anónimo de odio, puede saltarse este capítulo).

Las direcciones de correo de la Internet tienen dos partes, separadas por una @ (la *arroba*). La parte antes de la @ es el *buzón,* que es (hablando en términos generales) su nombre personal, y la parte siguiente es el *dominio,* usualmente, el nombre de su proveedor de servicio de la Internet (ISP) como `aol.com` o `fltg.net`.

## *La parte del nombre de usuario*

El buzón es usualmente su *nombre de usuario,* el nombre que su ISP le asigna a su cuenta. Si tiene suerte, puede seleccionar su nombre de usuario; en otros casos, los ISPs estandarizan los nombres de usuario y usted obtiene el que se le asigna. Algunos nombres de usuario son solo el primer nombre, el segundo nombre, siglas, primer nombre y última inicial, primera inicial y apellido, o cualquier otra cosa, incluyendo nombres *ficticios*. Con el paso de los años, por ejemplo, John ha tenido los nombres de usuario `john, john1, jrl, jlevine, jlevine3` (ha debido de haber por lo menos tres `jlevines` por ahí) y hasta `q0246`; Carol ha sido `carol, carolb, cbaroudi` y `carol377` (el proveedor tiró un número aleatorio); y Margy trata de quedarse con `margy` pero ha terminado con `margy1` o con `73727,2305` en ocasiones. Algunos ISPs asignan nombres como `usd31516`. Uy.

Por ejemplo, puede escribirle al Presidente de los Estados Unidos a `president@whitehouse.gov`. El buzón del Presidente es `president` y el dominio que almacena su buzón es `whitehouse.gov` — la Casa Blanca, lo suficientemente razonable.

Antes, cuando menos usuarios de correo electrónico andaban por ahí y la mayoría de usuarios de cualquier sistema particular se conocían directamente, lograr descifrar quién tenía cuál nombre de usuario no era tan difícil. Estos días, debido a que ese proceso se está volviendo mucho más de un problema, muchas organizaciones crean nombres coherentes de buzón para todos los usuarios, más a menudo usando los nombres y apellidos de usuario con un punto entre ellos. Con este tipo de esquema, su nombre de buzón puede ser algo así como `elvis.presley@bluesuede.org`, aunque su nombre de usuario puede ser otra cosa (si su nombre no es Elvis Presley, ajuste este ejemplo apropiadamente. Por otra parte, si su nombre es Elvis Presley, por favor contáctenos inmediatamente. Conocemos a algunas personas que lo andan buscando).

Tener varios nombres para el mismo buzón no es problemático, así es que los nombres nuevos, más largos y coherentes son creados invariablemente en adición a —más que en vez de— los pequeños apodos tradicionales.

# La parte del nombre del dominio

El nombre del dominio de los ISP en los Estados Unidos, generalmente, termina con tres letras (llamadas la *zone (top-level domain (zona o dominio de alto nivel o TLD)* que le da una pista de qué clase de lugar es. Las organizaciones *comerciales* terminan con `.com`, lo cual incluye tanto a proveedores como America Online y CompuServe y muchas otras compañías que no son proveedores públicos pero que son entidades comerciales, como `aa.com` (AMR Corporation, mejor conocida como American Airlines) `greattapes.com` (el almacén de videos en línea de Margy) y `iecc.com` (la Invincible Electronic Calculator Company). Los colegios y las universidades terminan con `.edu` (como `.yale.edu`, las organizaciones de redes terminan con `.net`, los sitios del gobierno de los Estados Unidos terminan en `.gov`, los sitios militares terminan con `.mil`, y las organizaciones que no caen en ninguna de estas categorías (como los sitios sin fines de lucro) terminan en `.org`. Los dominios de fuera de los Estados Unidos usualmente terminan con un código de país, como `.fr` para Francia o `.zm` para Zambia. Refiérase a nuestro sitio Web (en `net.gurus.com/countries`) para nuestra lista de códigos de países. Las empresas pequeñas, los gobiernos locales y las escuelas primarias usualmente terminan con la abreviación estatal de dos letras seguida por `.us` (tal como el sitio de la comunidad Web de John, en `www.trumansburg.ny.us`).

## ¿A qué se refiere con que no sabe su propia dirección?

Sucede frecuentemente —usualmente porque un amigo usa un sistema privado de correo electrónico que tiene un portal de acceso al mundo exterior y que proporciona instrucciones sobre cómo enviar los mensajes, pero ningún indicio sobre cómo las personas ajenas envían sus cosas. Por fortuna, usualmente, la solución es fácil: dígale a su amigo que le envíe un mensaje. Todos los mensajes tienen las direcciones del remitente, y todos, excepto el más primitivo de los sistemas de correo, colocan una dirección de remitente utilizable. No se asombre si la dirección de su amigo tiene una gran cantidad de puntuación extraña. Después de que un mensaje pasa a través de algunos portales de acceso, la dirección de su amigo puede verse como ésta:

```
"blurch::John.C.Calhoun-
   "%farp
   @slimemail.com
```

Si digita la dirección extraña de nuevo, usualmente funciona, de modo que no se preocupe por ello. Mejor todavía, haga clic en Reply para que su programa de correo electrónico digite la dirección por usted, y use el libro de direcciones de su programa de correo electrónico para almacenar la dirección de modo que nunca tenga que digitarla otra vez.

En 1997, un grupo internacional propuso añadir algunos otros dominios genéricos, como `.firm`, `.arts`, y `.web`. Después de un largo desvío a través de un laberinto de políticas de la propiedad intelectual internacional , en el 2001 aparecieron los primeros nuevos dominios: `.biz` e `.info`, hechos en una forma torpe que garantizó que muy posiblemente `whatever.biz` y `whatever.info` sean lo mismo que `whatever.com`. Pondremos cualquier actualización importante sobre la materia en la Web, en `net.gurus.com/domains`.

Su buzón, usualmente, vive en el servidor de correo de su ISP, porque cuando se suscribe a una cuenta de Internet, casi siempre obtiene uno o más buzones como parte del trato. Pero si no tiene un ISP (digamos, si se conecta desde una biblioteca pública) entonces no todo está perdido. Muchos sitios Web brindan buzones gratis que puede usar –intente Hotmail en `www.hotmail.com`, Mail.com en `www.mail-.com` o Yahoo Mail en `mail.yahoo.com`. Yahoo y Hotmail usan el nombre de dominio del sitio Web (`yahoo.com` o `hotmail.com`) como la segunda parte de su dirección de correo, mientras mail.com ofrece una larga lista de dominios como `seductive.com` o `doctor.com`.

## Juntar las piezas

Escriba su dirección de correo electrónico en la Tabla 11-1 y luego péguela con cinta adhesiva en una pared cerca de su computadora. Las mayúsculas y las minúsculas no tienen importancia en los dominios y raramente tienen importancia en los nombres de buzón. Para facilitarlo a sus ojos, por consiguiente, la mayoría de dominios y nombres de buzón de este libro aparecen en letra minúscula.

| Tabla 11-1 | Información que Su Programa de Correo Electrónico Necesita Saber | |
|---|---|---|
| *Información* | *Descripción* | *Ejemplo* |
| Su dirección de correo electrónico | Su nombre de usuario `internet8@gurus.com` seguido de una @ y del nombre del dominio. | |
| Su contraseña de correo electrónico | La contraseña de su buzón de correo electrónico (generalmente la misma contraseña de su cuenta). No la escriba aquí ¡Es un secreto! | dum3my |

## Tabla 11-1 (Continuación)

| Información | Descripción | Ejemplo |
|---|---|---|
| Su servidor de correo entrante (POP3 ó IMAP) | El nombre de la computadora que recibe sus mensajes de correo electrónico (pregúntele este nombre a su ISP; ignórelo si usa correo basado en la Web). | `pop.gurus.com` |
| ¿Es POP3 ó IMAP? | ¿Cuál protocolo usa su buzón de correo y qué necesita su programa de correo electrónico para manejar correo? | |
| Su servidor de correo saliente (SMTP) | El nombre de la computadora que distribuye su correo saliente al resto de la Internet (a menudo es el mismo del servidor POP3 ó IMAP; sáltese este paso si usa correo basado en la Web) | `smtp.gurus.com` |

Si envía un mensaje a otro usuario de su dominio (la misma máquina o grupo de máquinas) puede omitir la parte del dominio al digitar la dirección. Si usted y un amigo usan AOL, por ejemplo, puede omitir la parte `@aol.com` de la dirección cuando la escriba.

Si no sabe cuál es su dirección de correo electrónico, un buen truco es enviarse un mensaje y usar su nombre de inicio de sesión como si fuera su dirección de correo. Luego, examine la dirección del remitente en el mensaje. O bien, puede enviar un mensaje a *Internet For Dummies* Mail Central, en `internet8@gurus-.com`, y un robot amigable le devolverá un mensaje con su dirección. (Mientras esté en ello, díganos si le gusta este libro porque nosotros también leemos este correo y contestamos cuando el tiempo lo permite). Si planea probar su correo electrónico docenas de veces y no le importa si leemos su mensaje o no, envíelo a `test@gurus.com`.

# ¿Dónde Está Mi Correo?

Si es el tipo de persona que pasa la noche preocupándose por preguntas oscuras, pudo habérsele ocurrido que su computadora solo puede recibir correo electrónico mientras está conectado a la Internet, entonces, ¿qué pasa con el correo que las personas envían durante las 23 horas del día en las cuales usted se ocupa de la vida real? (Si su computadora está conectada permanentemente a la Internet con un DSL, cable o conexión de oficina esta pregunta nunca se le pudo haber ocurrido).

Cuando su correo llega, el correo no es entregado a su computadora automáticamente. El correo se entrega a un servidor de correo entrante, el cual conserva el correo hasta que usted se conecte a la red y ejecute su programa de correo, que entonces recoge los mensajes. Dos tipos de servidores de correo entrantes son comunes: *POP* (también conocido como *POP3,* por Post Office Protocol, versión 3) e *IMAP* (Internet Mail Access Protocol). Para enviar correo, su *programa de correo electrónico* tiene que llevar el correo a la oficina postal – su *servidor de correo saliente (o servidor SMTP,* por Simple Mail Transfer Protocol). Es como tener un apartado de correos, solo que en vez de entregar en la casa –tiene que recogerlo en la oficina de correos y, también, entregar su correo saliente allí. (Extraño pero cierto: Margy y Carol, debido a que son normales, obtienen su correo electrónico por un servidor de correo y el periódico les es entregado en sus casas; a John, que es anormal, le entregan el correo electrónico directamente a la computadora de su casa, pero va caminando a la oficina de correos todos los días, a menudo bajo una llovizna gélida, para obtener su correo regular).

A menos de que use un explorador de Internet para leer el correo electrónico desde un sitio basado en la Web, tiene que configurar su programa de correo electrónico con el nombre de sus servidores de correo entrantes y salientes. (Los usuarios de Internet por cable y por módem DSL tienen que hacer esto, también). Cuando su programa de correo electrónico recoge el correo, lo succiona desde el servidor de correo entrante de su ISP hasta su PC o Macintosh a velocidad máxima. Luego de que haya descargado su correo hasta la computadora, si marca por teléfono a la red, puede desconectarse, liberando su teléfono. Entonces, puede leer y responder su correo mientras *está sin conexión.* Después de que esté listo para enviar sus respuestas o sus mensajes nuevos, puede reconectarse y transmitir su correo saliente al servidor de correo saliente, otra vez, a la velocidad máxima de la red.

¿Escriba los nombres de sus servidores de correo entrante (SMTP) y saliente (POP3 o IMAP) en la Tabla 11-1 (la cual está colgando en su pared, ¿correcto?). Si no sabe qué escribir, pregúntele a su ISP. Con suerte, su programa de correo tiene los nombres de servidor determinados automáticamente, pero cuando (note que no decimos si) el esquema se fastidia, usted se alegrará de saber cómo restaurar la configuración.

AOL tiene su propio sistema de correo, de modo tal que los usuarios de AOL no usan servidores POP, IMAP o SMTP.

¡Después de que envía una pieza de correo electrónico, no la puede cancelar! Algunos programas de correo electrónico mantienen los mensajes salientes en una *cola* para enviarlos poco a poco. Pero después de que sus mensajes vayan al servidor de correo saliente, no hay forma de llamarlos de vuelta. (Nota para los usuarios de AOL: cuando envíe un mensaje a otra dirección de AOL, en vez de la Internet, puede cancelar el mensaje hasta el momento en que el recipiente lo abre y lo lee).

# *Demasiados Programas de Correo Electrónico*

Es hora de un poco de combate mano a mano con su sistema de correo electrónico. Las malas noticias son que existen incontables programas de correo electrónico — programas que leen y escriben mensajes de correo electrónico (tantos existen que ninguno de nosotros se tomó la tarea de contarlos). O ha obtenido su software gratis, o ha conseguido su software de libre evaluación y su software comercial, o tal vez lo consiguió todo porque venía con su computadora. Todas hacen más o menos lo mismo porque todos son programas de correo electrónico, después de todo.

Aquí hay un informe rápido sobre los programas de correo electrónico:

✔ **Windows PC o Macintosh con una cuenta de Internet:** Los programas de correo electrónico más usados son Eudora (que está disponible en `www.eudora-.com`), Netscape Messenger o Mail (que viene con la suite Netscape Communicator o Netscape 6.x) y Outlook Express (que viene con Internet Explorer y con Windows). Pegasus es otro programa excelente y gratuito de correo electrónico para este tipo de cuenta de la Internet, disponible en el sitio Web `www.pmail.com`. Muchas personas también usan Microsoft Outlook (no es lo mismo que Outlook Express, a pesar del nombre) que viene con Microsoft Office. Refiérase al Capítulo 16 para descubrir cómo obtener Eudora, Pegasus, Netscape, Outlook Express y otros programas de la Red.

✔ **America Online (AOL):** Le dolerá mucho saber que AOL no tiene un servidor POP estándar ni IMAP, así no puede usar programas de correo estándar para leer su correo AOL. Más bien, tiene que usar la capacidad limitada de correo electrónico del software de AOL para leer y enviar su correo, o bien, revisar su correo en el sitio Web de la AOL en `www.aol.com`. Realmente, tiene una posibilidad: ahora que la AOL posee a Netscape, puede leer y enviar correo de AOL con Netscape. Y el programa de correo de Netscape 6 es mucho, mucho mejor que el correo incorporado de AOL. Después de leer este capítulo, los usuarios de AOL pueden recurrir al Capítulo 17 para instrucciones detalladas.

✔ **MSN TV (antes, WebTV):** Si usa este paquete de conexión a la Web, también obtendrá un servicio de correo electrónico. Refiérase a nuestro capítulo sobre MSN TV en `net.gurus.com/msntv`.

✔ **Correo basado en la Web:** Muchos sistemas ofrecen cuentas de correo gratuitas a las que se puede acceder a través de la Web. Las más conocidas son Mail.com, `www.mail.com`, Yahoo Mail en `mail.yahoo.com` y Hotmail en `www.hotmail.com`. Se usa el explorador de Internet para poder leer y enviar correo electrónico (refiérase al Capítulo 6 si necesita ayuda sobre usar un explorador).

✔ **Cuentas de UNIX:** Ciertamente puede usar Pine. Si su ISP no lo tiene, exíjalo. Para una descripción del uso de Pine, refiérase a nuestro sitio Web en `net.gurus-.com/shell/pine.phtml`.

Si está conectado de alguna otra manera, probablemente tiene un programa de correo diferente. Por ejemplo, puede usar una PC de la red de área local de su compañía que ejecute cc:Mail o Lotus Notes y que tengan un vínculo de solo correo con el mundo exterior. No describimos programas de correo de red de área local aquí, pero no deje la lectura. Sin importar el tipo de correo que utilice, los elementos básicos de leer, enviar, destinar y archivar correos son extremadamente parecidos, así que vale la pena quedarse y leer todo este capítulo aunque no esté utilizando ninguno de los programas de correo descritos aquí.

# Programas Populares de Correo Electrónico

Después de que entienda lo que un programa de correo electrónico se supone debe hacer, es mucho más fácil dejar en claro cómo hacer que un programa específico de correo electrónico haga lo que uno quiere. Hemos recogido los tres programas de correo electrónico más populares para mostrarle las cosas (los usuarios de AOL deberían echar un vistazo al Capítulo 17):

✔ **Eudora:** Este popular programa de correo electrónico se ejecuta bajo Windows (todas las versiones) y en Macintosh y se comunica con su servidor de correo. Eudora es popular, por dos razones: es fácil de usar y es barato. Puede obtener una versión gratuita desde `www.eudora.com/eudoralight`, esta versión exhibe anuncios. Si le agrada, puede adquirir su copia por una tarifa modesta:

cuando lo haga, los anuncios desaparecen y tendrá algunas capacidades adicionales. Este capítulo describe Eudora 5 (que está disponible para Windows y para Mac, la última versión es 5.2).

**✓Netscape Mail and Messenger:** El explorador Web Netscape 6, que describimos en el Capítulo 6, incluye un programa bastante bueno de correo electrónico, llamado Netscape Mail. La versión más vieja de Netscape, Netscape Communicator 4.7, aún es usada ampliamente e incluye un buen programa de correo electrónico llamado Netscape Messenger. Este capítulo describe ambas versiones. Si usa una cuenta de AOL, Netscape Mail es el único programa (además del programa mismo de AOL) que puede enviar y recibir correos electrónicos de AOL.

**✓Outlook Express:** Windows 98 y posteriores vienen con versiones de Outlook Express, un programa gratuito de correo electrónico de Microsoft. Cuando obtiene una copia del explorador Web de Microsoft, Internet Explorer, también obtiene una copia de Outlook Express. Describimos a Outlook Express 6.0, el cual viene con Windows XP y con Internet Explorer 6.0. También lo puede descargar de `www.microsoft.com`. **Nota:** Outlook Express no equivale a Outlook 97, 98, 2000 ni XP, los cuales vienen con varias versiones de Microsoft Office.

Para complementar nuestro debate, también describimos un sistema de correo basado en la Web: Yahoo Mail, que está en `mail.yahoo.com`. Hotmail de Microsoft (`www.hotmail.com`) es similar. Nuestras instrucciones para Yahoo Mail tienen que ser un poco vagas, porque como todos los sitios Web, pudo haber sido completamente rediseñado dos veces desde el momento en que escribimos este libro (incluso si obtiene la primera copia directamente de la imprenta).

# Configurar su Programa de Correo electrónico

Antes de que pueda usar su programa de correo electrónico, necesita decirle en dónde se guarda su buzón (usualmente en un servidor de correo de su ISP) y a dónde enviar el correo saliente (usualmente en el mismo servidor de correo de su ISP). Para Yahoo Mail y otros servidores de correo electrónico basados en la Web, tienen que crear su propio buzón. Siga las instrucciones de los siguientes capítulos para levantarse y correr. Los posteriores capítulos describen cómo enviar y recibir correo usando cada programa.

# *Eudora*

Descargue e instale Eudora 5 siguiendo las instrucciones del Capítulo 16 –lo puede traer de www.eudora.com/eudoralight o de una biblioteca de software como TU-COWS (www.tucows.com). Cuando ejecuta el archivo descargado para instalar Eudora, puede escoger instalar PureVoice, un programa de accesorios que le posibilita enviar trocitos de voz así como texto. El programa de instalación también le pregunta dónde desea sus archivos de correo: en la carpeta de programa User´s Application Data (una mala idea, porque se mezcla con sus archivos de programa) o en una carpeta Custom Data, es decir de información personalizada (una buena idea). Seleccione la última y haga clic en el botón Browse para especificar una carpeta (¿qué tal C:\Mail?) en la cual almacenar sus mensajes de correo.

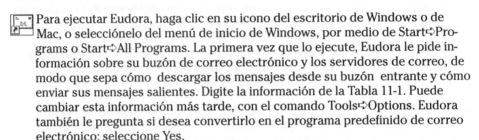 Para ejecutar Eudora, haga clic en su icono del escritorio de Windows o de Mac, o selecciónelo del menú de inicio de Windows, por medio de Start⇨Programs o Start⇨All Programs. La primera vez que lo ejecute, Eudora le pide información sobre su buzón de correo electrónico y los servidores de correo, de modo que sepa cómo descargar los mensajes desde su buzón entrante y cómo enviar sus mensajes salientes. Digite la información de la Tabla 11-1. Puede cambiar esta información más tarde, con el comando Tools⇨Options. Eudora también le pregunta si desea convertirlo en el programa predefinido de correo electrónico: seleccione Yes.

 La mayoría de virus de correo electrónico están diseñados para funcionar con Outlook Express, de modo que está relativamente seguro usando Eudora. Sin embargo, necesita ajustar la siguiente configuración en Eudora para estar seguro de que nadie hará que Eudora ejecute un programa malicioso a sus espaldas:

1. **Cambie la carpeta de sus documentos adjuntos.**

   Eudora tiene una carpeta en la cual almacena los archivos que llegan adjuntos a sus mensajes de correo electrónico. Cambie esta carpeta seleccionando <u>T</u>ools⇨<u>O</u>ptions, desplace la lista (Category) Categoría a la izquierda, haga clic en la categoría Attachments, haga clic en el botón grande Attachment Directory y seleccione una carpeta de su disco duro (¿qué tal C:\Archivos descargados?).

2. **Asegúrese de que la opción Allow Executables In HTML Content (Permitir Ejecutables en Contenido HTML) no esté seleccionada.**

   ¿Todavía está en el recuadro de diálogo de Options que abrió en el paso 1, correcto? Haga clic en la categoría Viewing Mail, de la lista de Category y asegúrese de que el cuadro de verificación Allow Executables In HTML Content (Permitir Ejecutables en Contenido HTML) esté sin verificar.

3. **Asegúrese de que la opción Launch A Program From A Message (Ejecutar Un Programa Desde Un Mensaje) esté seleccionada.**

   Todavía en el recuadro de diálogo Options, desplácese más abajo de la lista de la categoría, haga clic en la categoría Extra Warnings (Advertencias extras) y asegúrese de que el cuadro de verificación Launch A Program From A Message (Ejecutar Un Programa Desde Un Mensaje) esté verificado.

4. **Haga clic en OK, en el recuadro de diálogo Options.**

   Eudora es seguro de usar —tan seguro como cualquier programa de correo electrónico lo pueda ser.

Después de que Eudora esté corriendo, verá su ventana, la cual es semejante a la de la Figura 11-1. La lista de sus carpetas de correo, generalmente, aparece a la izquierda (a menos que la haya movido) incluyendo las carpetas In (Dentro) y Out (Fuera).

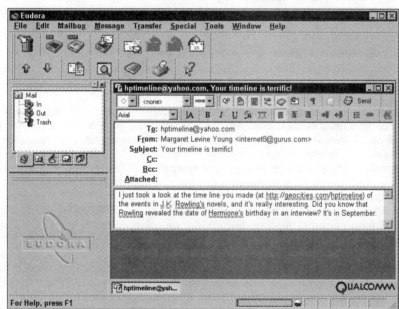

**Figura 11-1:**
Eudora 5 dice, Hola. Nosotros pagamos la tarifa de registro, así que no aparecen comerciales.

# Netscape Messenger 4.7

Descargue e instale Netscape Communicator siguiendo las instrucciones del Capítulo 16. Usted puede descargar Netscape del sitio Web de Netscape (home.netscape.com) o de una biblioteca de software como TUCOWS (www.tucows.com). Cuando instala Netscape Communicator, obtiene un montón de otros programas que puede o no querer, como AOL Instant Messenger (un programa de charla en línea descrito en el Capítulo 14).

 Para ejecutar Netscape Messenger, haga clic en el icono del escritorio de Windows o de Mac, seleccione Start⇨Programs⇨Netscape Communicator⇨Netscape Messenger desde la barra de tareas de Windows. Si ya está ejecutando Netscape Navigator, o si hace clic en el icono, se ejecuta el Navigator en vez del Messenger, seleccione Communicator⇨Messenger, desde el menú.

La primera vez que ejecute Netscape Messenger (y algunas otras veces también) quizás vea un mensaje que le pregunta si desea que Netscape sea su programa de correo predefinido —esto es, el programa que se ejecuta automáticamente cuando otro programa llama el servicio de correo electrónico (por ejemplo, si hace clic en el vínculo de una dirección de correo electrónico, de una página Web). Si planea usar Netscape Messenger regularmente, seleccione Yes. Si selecciona No, entonces el comando Communicator⇨Messenger puede ejecutar otro programa de correo electrónico en su lugar.

Cuando Netscape Messenger se ejecuta, verá la ventana Netscape Folder. La primera vez, Netscape le pide la contraseña de su buzón que, usualmente, es la misma contraseña de su cuenta de Internet (refiérase a la Tabla 11-1).

Si ve un mensaje de error sobre un buzón de POP3 ó de IMAP, Netscape reclama que no sabe el nombre de la computadora en la que su correo se guarda. Haga clic en OK para eliminar el mensaje de error. Cuando vea la ventana de Netscape, seleccione Edit⇨Preferences, desde el menú y haga clic en Mail Servers, desde la lista de categoría, a la izquierda (está bajo el nombre de Mail & Newsgroups). El cuadro Incoming Mail Servers enumera todos los buzones de POP3 e IMAP de los que Netscape conoce (si usa buzones IMAP, puede recuperar correo desde más de un buzón —algunos de nosotros tienen varios). Para editar la información de un buzón de correo, haga clic en el nombre del servidor de correo y haga clic en Edit. Para agregar un nuevo buzón, haga clic en Add. En el cuadro de diálogo Mail Server Properties, digite el nombre del servidor de correo de su proveedor de servicios de Internet (refiérase a la Tabla 11-1), el tipo de servidor (POP3 ó IMAP) y su nombre de usuario. Si no desea tener que digitar su contraseña cada vez que tiene correo, haga clic en la casilla de verificación Remember Password. Mientras tenga abierto el cuadro de diálogo de preferencias, haga clic en la categoría Identity y verifique que su nombre y la dirección de correo electrónico estén correctos. Haga clic en OK para volver a la ventana Preferences y haga clic en OK de nuevo.

La ventana de Netscape Messenger (que extrañamente se llama Netscape Folders, la mayoría del tiempo —no nos pregunte por qué) se ve como la mostrada en la Figura 11-2. La lista de sus carpetas de correo —incluyendo sus carpetas Inbox (Carpeta de entrada) y Unsent Message (Mensajes no enviados— está al lado izquierdo; la lista de mensajes en la carpeta de correos seleccionada actualmente está a la derecha y arriba, y el texto del mensaje seleccionado actualmente está a la derecha y abajo.

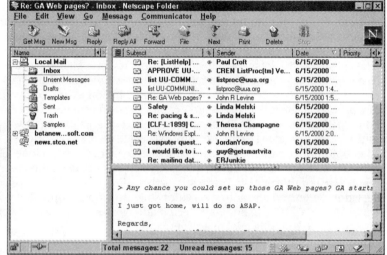

**Figura 11-2:**
Netscape
Messenger
4.7 le
muestra su
correo
electrónico.

Aunque la mayoría de virus son diseñados para infectar a través de Outlook Express, puede meterse en líos con otros programas de correo electrónico, también. Haga un cambio en su configuración de Netscape para protegerse aún más: dígale a Netscape que no corra los programas de JavaScript que vienen como parte de los mensajes de correo electrónico. Seleccione Edit⇨Preferences desde la ventana de Navigator o de Messenger. Desplace la lista de categoría hacia Advanced y haga clic en ella. Despeje la casilla de verificación Enable JavaScript For Mail And News (permitir JavaScript para Correo y Noticias). Luego, haga clic en OK.

# Netscape Mail 6

Netscape 6 viene con un programa de correo llamado Netscape Mail. Refiérase al Capítulo 16 sobre cómo descargar e instalar el programa y al Capítulo 6 sobre cómo usar el navegador de la Web. Cuando lo instale, Netscape le advierte para que "active" el programa solicitando un nombre de usuario de Netscape. Este proceso no tiene nada que ver con el programa de Netscape, pero le da un nombre de usuario para el programa de mensajes instantáneos de AOL y una dirección de correo electrónico en netscape.net. Si usa AOL o si ya tiene un nombre de usuario de AOL Instant Messenger, digítelo como su nombre de usuario de Netscape. Si no tiene un nombre de mensajería instantánea y no desea uno, haga clic en Cancel.

Inicie Netscape 6 haciendo clic en el respectivo icono del escritorio o seleccionando Start⇨All Programs⇨Netscape⇨Mail. Si ya está corriendo Netscape, seleccione Tasks⇨Mail, presione Ctrl+2 ó haga clic en el icono del sobre, en la esquina inferior izquierda de la ventana. La primera vez que ejecute Netscape Mail, el asistente Account Wizard se lanza preguntándole su nombre y el nombre de usuario de Netscape. Luego, se abre Netscape Mail, mostrando el buzón Netscape.net (el correo que ha recibido en *username*@netscape.net). Lo más probable es que desee leer el correo desde su buzón existente, ¿verdad? No hay problema: ejecute el asistente Account Wizard otra vez, seleccionando Edit⇨Mail/News Account Settings y haciendo clic en el botón New Account button. Esta vez, el asistente Account Wizard le da más selecciones —haga clic en el botón Next para moverse de pantalla en pantalla. Seleccione ISP Or Email Provider si desea usar el buzón que viene con su cuenta de Internet, o AOL Account si usted utiliza AOL. Digite su nombre, dirección de correo electrónico, servidor de correo entrante y servidor saliente, puede copiar la información desde la Tabla 11-1. Cuando haya terminado, verá su nueva cuenta en la ventana Account Settings, la cual puede cerrar.

La ventana de Netscape Mail se ve como la que aparece en la Figura 11-3. Una lista con sus buzones ("Mail Folders"; es decir, Carpetas de Correo) aparece en la parte superior izquierda, y bajo ella la barra My Sidebar (vínculos hacia otra información). A la derecha hay una lista con los mensajes en el buzón y el texto del mensaje seleccionado. Siga las instrucciones en la advertencia al final de la sección previa para evitar que Netscape Mail ejecute los programas de JavaScript que lleguen por correo electrónico.

**Figura 11-3:**
Netscape Mail 6 despliega sus carpetas de correo a la izquierda, los mensajes en el buzón seleccionado en la parte superior derecha, y el mensaje seleccionado abajo y a la derecha.

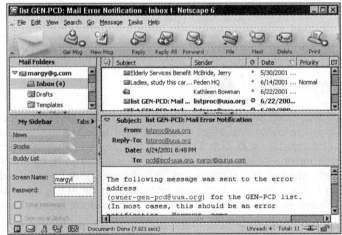

# Outlook Express

Si tiene Windows, no tiene que instalar Outlook Express —simplemente, está allí.
De hecho, no conocemos ninguna forma de librarnos de él (Microsoft asegura que
Internet Explorer es una parte integral de Windows y, quizás, Microsoft está listo
para decir lo mismo sobre Outlook Express).

Para ejecutar Outlook Express en Windows XP, seleccione Start⇨E-mail Outlook Express o Start⇨All Programs⇨Outlook Express. En otras versiones de
Windows, seleccione Start⇨Programs⇨Outlook Express o Start⇨Programs
⇨Internet Explorer⇨Outlook Express — probablemente lo encontrará en alguno de esos lugares. O haga doble clic en el icono de la "e" azul de su escritorio.

La primera vez que ejecute Outlook Express, el asistente Internet Connection Wizard se despierta y le hace algunas preguntas: la mayoría de las preguntas ya las
debe tener contestadas en la Tabla. Digite su nombre, su dirección de correo electrónico, su servidor de correo entrante (POP o IMAP), el servidor (SMTP) de correo saliente, su nombre de usuario y su contraseña. Haga clic en Next después de
llenar la información que el asistente le pide y, haga clic en Finish, cuando el asistente le diga que se puede ir.

Después de toda la operación, verá la ventana de Outlook Express, mostrada en la
Figura 11-4.

**Figura 11-4:**
La ventana de
Outlook Express
6.0 está dividida
en tres
secciones que
muestran la
lista de
carpetas (y
contactos, los
cuales nunca
usamos) la lista
de mensajes en
la carpeta
actual y el texto
del mensaje
seleccionado.

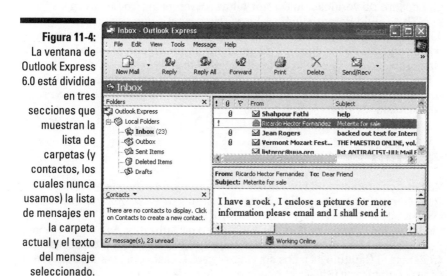

Si necesita agregar o cambiar una cuenta de correo electrónico más tarde, seleccione Tools⇨Accounts, desde el menú de Outlook Express. Puede editar una cuenta haciendo clic en ella y, luego, en el botón Properties. Agregue una cuenta de correo (un buzón) haciendo clic en el botón Add.

Outlook Express, debido a que Microsoft lo ha incluido con Windows, lentamente está apoderándose del mundo de los programas de correo electrónico. Como resultado, muchos virus tienen como blanco específico a Outlook Express y su seguridad falla, así que si utiliza Outlook Express, necesita hacer unas cuantas cosas para protegerse:

✔ **Nunca abra un documento adjunto ni ejecute un programa que alguien le envíe, incluso si conoce al remitente.** Solo abra un documento adjunto después de comprobar con el remitente que él o ella, realmente, había tenido *la intención* de enviarle el programa; muchos virus se dispersan enviando mensajes a personas del libro de direcciones de Outlook Express sin su conocimiento.

✔ **Revise frecuentemente el sitio Web de Microsoft (como una vez por semana) en busca de informes de seguridad.** Visite `www.microsoft.com/windows /ie/downloads` para las últimas actualizaciones de seguridad, incluyendo parches (correcciones) tanto para Outlook Express como para Internet Explorer. Asegúrese de descargar e instalar todas las actualizaciones de seguridad de la sección Updates.

✔ **Pídale a Outlook Express que sea cuidadoso.** Si no espera recibir archivos adjuntos, seleccione Tools⇨Options, haga clic en la pestaña de Security y seleccione el cuadro de verificación Do Not Allow Attachments To Be Saved Or Opened That Could Potentially Be A Virus (No permitir que se abran o se guarden los documentos adjuntos que pudieran ser un virus); ¡Microsoft debería pasar los nombres de los cuadros de verificación por un corrector gramatical!. Asimismo, seleccione la casilla de verificación Warn Me When Other Applications Try To Send Mail As Me (Adviértame cuando otras aplicaciones intentan enviar correo como yo). Esta configuración podría evitar que un virus se propague a sí mismo.

## Yahoo Mail

Yahoo Mail es nuestro servicio favorito de correo basado en Internet debido a todas sus características. Después de que configure su Yahoo ID, obtiene un buzón, un sitio Web en `geocities.com` y una identificación que puede usar para comprar y vender en las tiendas en línea de Yahoo y en las subastas. Su Yahoo ID funciona al usar Yahoo Messenger para enviar mensajes instantáneos o conferencia de voz (refiérase al Capítulo 14). Los servicios exactos (así como las instrucciones exactas para configurar y utilizar el buzón de Yahoo Mail) cambian de semana a semana conforme la gente de Yahoo cambia su sitio Web, pero le podemos dar una idea general.

## Formatear o no formatear

Hace unos cuantos años, alguien se cansó de la apariencia simple, no formateada, del correo electrónico. Después de todo, ahora que casi todas las computadoras pueden usar negrita, itálica, fuentes y tamaños diferentes, ¿por qué no usarlos en el correo electrónico?

Un problema es que no todos los programas de correo electrónico pueden desplegar correo electrónico formateado. El formato, usualmente, toma una de dos formas: MIME (en el cual el texto formateado se envía como un archivo adjunto al mensaje) y el HTML (en el cual los códigos de formato de la página Web son incluidos en el texto). Si su programa de correo no puede desplegar correo formateado y recibe un mensaje formateado, verá toda clase de galimatías mezcladas con el texto del mensaje, volviéndolo ilegible.

Otro problema es que cualquier correo formateado con HTML, potencialmente, puede contener virus, las páginas hostiles Web tomarían la pantalla y podría tener otro tipo de contenido molesto o peligroso. Algunas personas desactivan el correo de HTML, tanto el correo bonito suyo como el de la clase sucia, para evitar tener que ocuparse de la clase sucia.

Si sabe que la persona a quien le escribe es capaz de manejar correo electrónico formateado, puede seguir adelante y usarlo. La negrita, las letras itálicas y el color pueden añadir énfasis e interés en sus mensajes, aunque no son sustitutos de la escritura clara y sucinta. Si recibe mensajes formateados de alguien, también le puede enviar mensajes formateados. Sin embargo, si no sabe si el programa de correo de su destinatario puede exhibir formato no lo use. Y cuando envíe mensajes a una lista de correo (lo cual discutimos en el Capítulo 13) asegúrese de no usar el formato —nunca se sabe quién está en la lista y quién recibirá su mensaje.

Para configurar un buzón, inscríbase para obtener una Yahoo ID (no se preocupe, es gratis). Vaya a `www.yahoo.com` y haga clic en el vínculo Check Mail. Alternativamente, puede ir directamente a `mail.yahoo.com`. Usted verá vínculos para iniciar sesión si ya tiene una Yahoo ID, así como también un vínculo de Sign Me Up. Haga clic y rellene los formularios con información sobre usted. No preguntan nada demasiado curioso. Asegúrese de hacer clic en los vínculos para leer los términos de servicio (las reglas del juego) y la política de privacidad (lo que tienen intención de hacer con la información que da).

En la Tabla 11-1, escriba su dirección de correo electrónico, que es su Yahoo ID seguida por *@yahoo.com*. No necesita llenar más informaciones. ¡Ya está listo!

Para acceder a su buzón de Yahoo Mail, visite `mail.yahoo.com` (o haga clic en Check Mail en `www.yahoo.com`) e inicie la sesión con su nueva Yahoo ID y con la contraseña. Verá una página Web con vínculos para enviar y leer correo electrónico (descrito más adelante en este capítulo).

Algo bueno sobre los buzones de correo basado en la Web, como Yahoo, es que usted puede leer y enviar mensajes desde cualquier computadora. Su buzón estará guardado en los servidores de correo de Yahoo y cualquier computadora con un explorador de la Web puede acceder a él. Naturalmente, nadie puede leer sus mensajes o enviar mensajes haciéndose pasar por usted, sin digitar su contraseña. En este capítulo y en el siguiente, cuando le digamos cómo enviar y recibir correo con Yahoo Mail, tenga en mente que no tiene que estar en su computadora, ya que puede revisar su correo desde la computadora de un amigo o desde la computadora de una biblioteca pública. Un punto flaco de todo esto es que leer y enviar mensajes en un sitio Web tiende a ser un poco lento a menos de que tenga una conexión rápida a Internet, ya que tiene que esperar que una página Web se cargue cada vez que hace clic en nuevo mensaje.

# Enviar Correo es Fácil

Enviar correo es lo suficientemente fácil como para que nosotros, en vez de explicar la teoría, le demos solo unos cuantos ejemplos.

## Enviar correo con Eudora

Aquí se explica cómo enviar algo de correo:

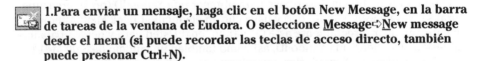

1. **Para enviar un mensaje, haga clic en el botón New Message, en la barra de tareas de la ventana de Eudora. O seleccione Message⇨New message desde el menú (si puede recordar las teclas de acceso directo, también puede presionar Ctrl+N).**

Eudora arroja una ventana de mensaje nuevo, con unos espacios en los cuales puede digitar la dirección, el asunto y el texto del mensaje.

2. **En la línea To (Para), digite la dirección del destinatario (internet8@gurus.com, por ejemplo).**

Para su primer mensaje de correo electrónico, quizás desee escribirnos a nosotros (ya que nosotros le enviaremos un mensaje para confirmarle cuál es la dirección de correo electrónico) o a usted mismo (si ya sabe cuál es su dirección de correo electrónico).

3. **Pulse Tab para pasar de la línea From (Desde) (que ya está llena con lo que Eudora supone que es su dirección) a la línea Subject (Asunto) y digite un asunto.**

Llene la línea del asunto con algo corto y específico.

4. **Pulse Tab dos veces para pasar de los campos Cc: y Bcc: (o digite las direcciones de las personas que deben obtener una copia o una copia ciega de su mensaje). O haga clic en la gran área blanca de la parte inferior de su ventana.**

El término *carbon copy (con copia* o, literalmente, *copia al carbón)* debería ser familiar para aquellos que nacieron antes de 1960 y que recuerdan la antigua práctica de poner hojas de papel carbón entre las hojas de papel corriente para hacer copias extra al usar una máquina de escribir (por favor, no nos pregunte qué es una máquina de escribir). En el correo electrónico, una copia al carbón es sencillamente una copia del mensaje que envía. Todos los destinatarios, tanto en las líneas To: como Cc: verán quien recibe su mensaje. Las *Blind carbon copies (Copias ciegas)* son copias que se envían a las personas sin poner sus nombres en el mensaje, de modo que los otros destinatarios no lo sepan. *Usted* puede discernir por qué le gustaría enviarle una copia a alguien sin que los demás sepan que usted le mandó una copia.

5. **Digite su mensaje.**

Si ha configurado una *firma* para usted (como se describe en el siguiente capítulo) esta aparece en la parte inferior del mensaje automágicamente. Asegúrese de digitar su mensaje encima de su firma.

6. **Para enviar el mensaje, haga clic en el botón Send o Queue, en la esquina superior derecha de la ventana de mensaje (lo que dice el botón depende de cómo está configurado Eudora).**

Si el botón está marcado como Send, tan pronto como usted haga clic sobre él, Eudora intenta enviar el mensaje de inmediato. Si está marcado como Queue, su mensaje se alojará en la bandeja de salida, para ser enviado después.

Una razón para tener un botón Queue es si usted tiene una conexión de marcado de modo que su computadora no tenga que estar conectada a Internet todo el tiempo. Después de que haya puesto en cola unos cuantos mensajes, puede enviarlos todos al mismo tiempo.

7. **Si su computadora no está conectada aún, marque por teléfono y conéctela a su proveedor.**

Puede saltarse este paso. Eudora trata de conectarse automáticamente cuando envía mensajes (refiérase al paso 6).

8. **Devuélvase a Eudora y seleccione File⇨Send Queued Messages (Ctrl+T para los perezosos) desde el menú, para transmitir todos los mensajes que ha puesto en cola.**

Incluso si deja la computadora conectada mientras escribe sus mensajes de correo electrónico, no es mala idea configurar a Eudora para poner en cola el correo y enviarlo hasta que usted se lo diga (seleccione Tools⇨Options desde el menú de Eudora, haga clic en la categoría Sending Mail y asegúrese de que Immediate Send no esté marcado). De este modo, tiene unos cuantos minutos después de que escriba cada mensaje para estar seguro de si realmente quiere enviarlo. A pesar de que hemos estado usando correo electrónico por más de 20 años, todavía botamos muchos mensajes que redactamos antes de que se envíen.

Eudora puede enviar correo electrónico formateado, pero no todos pueden leerlo (para las personas con programas de correo electrónico más viejos, su mensaje puede verse como si hubiera pasado por una licuadora). Si tiene problemas, puede controlar si Eudora envía texto formateado (o con *estilo*). Seleccione Tools⇨Options, desde el menú, haga clic en texto con estio, de la lista de categoría y seleccione ya sea Send Plain Text Only (Enviar solo texto) o Ask Me Each Time (Pregúnteme cada vez). Refiérase a la barra lateral: "Formatear o no formatear", anteriormente, en este mismo capítulo.

## La misma idea, usando Netscape Messenger o Netscape Mail

Los pasos para enviar correo desde Netscape Messenger 4.7 ó Netscape Mail 6 son casi idénticos a los de enviar correo desde Eudora (está haciendo la misma cosa, después de todo):

 **1. En la ventana Netscape Folders (o sea, Netscape Messenger), haga clic en el botón New Msg de la barra de herramientas o pulse Ctrl+M.**

Todavía se abre otra ventana, la de Composition o Compose, con un mensaje en blanco.

Si Netscape se queja por no saber su dirección de correo electrónico, haga clic en OK. En Netscape Messenger, seleccione Edit⇨ Preferences, haga clic en Identity, de la lista de categorías, llene los primeros dos espacios en blanco y haga clic en OK. En Netscape Mail, seleccione Edit⇨Mail/News Account Settings para arreglar su dirección electrónica. Luego haga clic en el botón New Msg de nuevo.

**2. Llene la dirección del receptor (o las direcciones de los receptores) en el cuadro To (Para), digite el asunto y el mensaje.**

 **3. Haga clic en Send para enviar el mensaje.**

El mensaje emprende su vuelo hacia su ISP y hacia el destinatario.

Cuando envíe un mensaje en el cual haya utilizado formato (como negrita o itálicas, usando los botones de las ventanas Composition o Compose), Netscape quizás le pregunte si realmente desea enviar mensajes con formato. Refiérase a la barra lateral "Formatear o no formatear", anteriormente en este capítulo para saber cuándo enviar mensajes formateados.

# Enviar correo con Outlook Express

Aquí se explica cómo enviar correo, después de que ejecute Outlook Express y le diga sobre su cuenta de correo electrónico:

1. **Inicie Outlook Express. No necesita conectarse a su proveedor de servicios de Internet (aún) pero si ya está conectado está bien.**

   Haga clic en el icono de Outlook Express, que está sobre su escritorio o en la barra de tareas, o selecciónelo desde el menú Start⇨Programs.

   La ventana de Outlook Express, mostrada en la Figura 11-3, presenta una lista de carpetas a la izquierda, el contenido de la carpeta actual a la derecha y arriba y el texto del mensaje actual, abajo a la derecha (cuando inicie el programa, no aparece seleccionada ninguna carpeta o programa, así que no verá mucho).

2. **Haga clic en la carpeta Inbox.**

   Está listado bajo Local Folders (que está almacenado en su computadora) en la lista de carpetas.

    3. **Haga clic en el botón New Mail, en la barra de herramientas, pulse Ctrl+N o seleccione Message⇨New Message, desde el menú.**

   Ve una ventana de New Message, con cuadros para llenar y destinar el mensaje.

4. **En el cuadro To, digite la dirección a la cual enviará el mensaje y luego pulse Tab.**

   No pulse Enter a menos que desee agregar otra línea al cuadro To, de modo que pueda digitar una dirección adicional para enviar el mensaje.

5. **Si desea enviar una copia del mensaje a alguien, digite la dirección de la persona en el cuadro Cc. Luego pulse Tab. En el cuadro Subject, digite un resumen del mensaje. Luego pulse Tab otra vez.**

   El cursor debería estar intermitente en el área del mensaje, el gran cuadro vacío a donde va el mensaje actual.

6. **En el gran cuadro vacío, digite el texto del mensaje.**

   Cuando haya digitado su mensaje, puede pulsar F7, ó seleccione Tools ⇨Spelling to check its spelling.

**7. Para enviar el mensaje, haga clic en el botón Send (el que está ubicado más a la izquierda) en la barra de herramientas, pulse Alt+S (no Ctrl+S, que significa Guardar) o seleccione File⇨Send Message, desde el menú.**

Outlook Express deja el mensaje en la carpeta Outbox, esperando que este sea enviado. Si está conectado a su proveedor de Internet, Outlook Express puede ser configurado para enviar el mensaje inmediatamente. Puede saltarse los pasos 8 y 9.

**8. Conéctese a su proveedor de Internet si aún no está conectado.**

Para enviar el mensaje, tiene que escalar la Red.

 **9. Haga clic en el botón Send/Recv, en la barra de herramientas, pulse Ctrl+M o seleccione Tools⇨Send And Receive⇨Send All, desde el menú.**

Su mensaje está en camino.

 Si usa comandos de formato, como seleccionar fuentes y colores, al redactar su mensaje, algunas personas tendrán problemas al leerlo, específicamente, las personas con programas de correo más viejos. Si tiene problemas, seleccione Format⇨Plain Text en la ventana New Message, cuando esté redactando el mensaje. Refiérase a la barra lateral: "Formatear o no formatear", anteriormente en este capítulo, para saber cuándo debería formatear los mensajes que envía.

# Yahoo para Yahoo Mail

Comenzar con un sistema de correo electrónico basado en la Web es todavía más fácil. Visite el sitio Web (`mail.yahoo.com` – o inicie en `www.yahoo.com`) y haga clic en el vínculo Check Mail. Si todavía no tiene un buzón allí (o si desea uno nuevo) puede obtenerlo gratuitamente.

Después de que tenga una Yahoo ID y un buzón de correo de Yahoo Mail, siga estos pasos (más o menos: quizás el sitio Web de Yahoo haya cambiado unas 10 veces desde que escribimos esto):

**1. Inicie sesión.**

Visite `mail.yahoo.com` (o haga clic en Check Mail en `www.yahoo.com`) e inicie sesión con su Yahoo ID y su contraseña.

**2. Haga clic en el vínculo Compose (o en cualquier otro vínculo sobre escribir y enviar un mensaje).**

Verá una página Web que se parece a la mostrada en la Figura 11-5.

**3. Digite su mensaje.**

Digite la dirección en el cuadro To (Para) y el tema del mensaje en el cuadro Subject (Asunto). En el cuadro grande, digite el texto de su mensaje.

**4. Desplácese hacia abajo y haga clic en el botón Send.**

¡Eso es todo lo que se necesita!

**Figura 11-5:**
Yahoo! Mail le permite leer su correo electrónico en la Web —desde cualquier computadora de la Red.

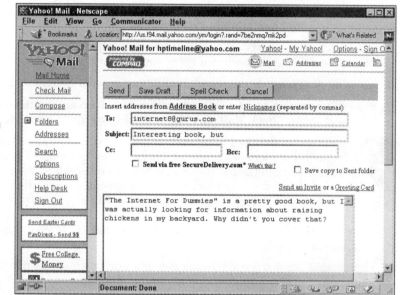

# Correo en Su Camino

Si empieza a enviar correo electrónico (y en algunos casos, aunque no lo haga), empezará también a recibirlo. La llegada de correo electrónico siempre es excitante, aunque reciba 200 mensajes por día (excitante de un modo depresivo, en algunos casos).

Puede hacer mucho de lo que hace suele hacer con el correo mientras no está conectado a su cuenta. Por otra parte, cuando realmente desea revisar su correo, tiene que estar conectado. Eudora puede imaginarse que no está conectado y marca un número por usted (el cual, en nuestra experiencia, no siempre funciona).

Puede decirle a su computadora que se conecte a la Internet automágicamente cuando le pida a su programa de correo electrónico enviar o ir a traer su correo. Para configurar a Windows para marcar a la Internet automáticamente, vea lo descrito en el Capítulo 5.

## *Leer correo con un programa de correo electrónico*

Para revisar su programa de correo electrónico con Eudora, Netscape, Outlook Express o casi cualquier otro programa, siga estos pasos:

1. **Conéctese a Internet, si no lo está todavía.**

   Puede saltarse este paso si su computadora siempre está conectada a la Internet o si se conecta automáticamente cuando lo necesita hacer.

2. **Inicie su programa de correo electrónico, si no está corriendo aún.**

3. **Si su programa no recuperó los mensajes de correo automáticamente, haga clic en el botón Check Mail, Get Msg o Send/Recv, de la barra de tareas.**

   Si tiene una conexión a la Internet de tiempo completo, su programa de correo electrónico puede recuperar sus mensajes automáticamente, en cuyo caso solo tendría que iniciar el programa para obtener su correo. Además, si deja su programa de correo electrónico corriendo, incluso oculto al pie de su pantalla como un icono, puede revisar si hay correo nuevo una que otra vez, automáticamente. La mayoría de programas de correo electrónico incluso pueden recolectar el correo mientras lee o en vía otros mensajes.

   El programa puede reproducir una melodía, abrir un mensaje o mostrarle un lindo cuadro de un cartero que le entrega una carta mientras recibe los mensajes. El correo aparece en su bandeja de entrada, la cual es una ventana o una carpeta llamada In o Inbox, hay una línea por cada mensaje. Si no lo ve, haga doble clic en el buzón In o Inbox, de la lista de buzones que usualmente aparece al lado izquierdo de la ventana.

4. **Para ver un mensaje, haga doble clic en la línea o haga clic en la línea y pulse Enter.**

   Para dejar de ver un mensaje, haga clic en el botón Close (X), en la esquina superior derecha de la ventana de mensajes (la forma estándar de librarse de una ventana) o pulse Ctrl+W o Ctrl+F4.

Los botones de la barra de herramientas del programa de correo electrónico en la parte superior de su ventana, le permiten disponer de su correo. Primero, haga clic (una vez) en el mensaje que desea, para destacarlo. Luego, haga clic en el bote de basura o en el botón de eliminar de la barra de herramientas para borrar el mensaje, o haga clic en el icono de la impresora para imprimir el mensaje. Puede hacer muchas otras cosas con los mensajes (como responderlos, guardarlos y reenviarlos) lo cual es comentado en el Capítulo 12.

# Oiga, Señor Postmaster

Cada huésped de Internet que puede enviar o recibir correo tiene una dirección de correo especial llamada `postmaster` que, se supone, debe llevar un mensaje para la persona responsable de ese hospedaje. Si le envía correo a alguien y obtiene un extraño mensaje de error, puede intentar enviándole un mensaje al "postmaster". Si `king@bluesuede.org` devuelve un mensaje de error desde `bluesue-` `de.org`; por ejemplo, puede intentar hacer una pregunta cortés a `postmaster-` `@bluesuede.org`. Debido a que el postmaster, usualmente, es un voluntario con exceso de trabajo encargado de administrar el sistema, se considera incorrecto pedirle al postmaster favores mucho más grandes que: "¿Acaso esta dirección tiene un buzón en este sistema de correo?"

# ¿Qué son todas esas abreviaturas?

Los usuarios de correo electrónico a veces son digitadores perezosos y utilizan muchas abreviaturas. Estas son algunas de las más usadas:

| Abreviación | Significado |
|---|---|
| AFAIK | As far as I know (Hasta donde yo sé) |
| BTW | By the way (Por cierto) |
| IANAL | I am not a lawyer, (but...) (No soy un abogado... pero) |
| IMHO | In my humble opinion (En mi humilde opinión) |
| ROTFL | Rolling on the floor laughing (Cayéndose de risa) |
| RSN | Real soon now (vaporware) (Ahora muy pronto) |
| RTFM | Read the manual — you could have and should have looked it up yourself (Lea el manual — usted podría y debería haber descubierto eso por su propia cuenta). |
| TIA | Thanks in advance (Gracias de antemano) |
| TLA | Three-letter acronym (Abreviatura de tres letras) |
| YMMV | Your mileage may vary (Su kilometraje puede variar) |

Aquí hay algunos trucos para programas específicos de correo electrónico:

- **Eudora:** Si necesita marcar a una cuenta de Internet para obtener su correo, puede decirle a Eudora que se conecte a Internet automágicamente, cuando le pida recoger su correo. Seleccione <u>T</u>ools⇨<u>O</u>ptions desde el menú, desplace la lista de iconos hasta que vea Internet Dialup y haga clic en él. Seleccione el cuadro de verificación Have Eudora Connect Using Dial-Up Networking (hace que Eudora se conecte por marcado telefónico). Para abrir su buzón In, puede hacer clic en el icono de In, en la barra de herramientas.

- **Netscape Messenger:** Si no puede ver su bandeja de entrada, haga clic en el ítem Local Mail, y luego haga clic en Inbox.

# Las diez mayores razones para no llamar a alguien y en lugar de eso pedirle su dirección de correo electrónico

- ✔ Usted quiere asombrar a una amiga perdida desde hacía tiempo.

- ✔ Usted quiere asombrar a una ex amiga perdida desde hacía tiempo que tenía una deuda con usted por una fuerte cantidad de dinero y piensa que ella le ha hecho una mala jugada.

- ✔ Usted o su amigo no hablan inglés (realmente ocurre –muchos internautas están fuera de los Estados Unidos).

- ✔ Usted o su amigo no hablan del todo (realmente ocurre –las redes ofrecen un lugar excepcionalmente amigable para la mayoría de la gente con impedimentos porque nadie sabe ni se preocupa por tales cosas).

- ✔ Son las 3 a.m. y necesita enviar un mensaje ahora mismo o nunca podrá conciliar el sueño.

- ✔ No conoce el número telefónico y, debido a una experiencia desafortunada de infancia, tiene un miedo de muerte a pedir asistencia telefónica.

- ✔ El teléfono solo acepta cuartos de dólar; nadie por ahí puede romper su billete de $ 100.

- ✔ Su compañía ha instalado un sistema telefónico nuevo, nadie ha descubierto cómo usarlo y, no importa lo que marque, siempre termina con una línea de oración.

- ✔ Inadvertidamente derramó una lata entera de gaseosa en el teléfono y no puede esperar hasta que se seque para hacer la llamada.

- ✔ La llamó ayer, no escribió la respuesta y la olvidó. Uy.

## MSN Hotmail y Microsoft Passport

Hotmail, que es propiedad de Microsoft, es un muy popular sistema de correo electrónico basado en la Internet (está en www.hotmail.com). Inscribirse para una cuenta gratis de Hotmail que ahora también le otorga Microsoft Passport, que puede usar en otros sitios Web (o podrá, en la medida que Microsoft venda sus servicios a otros sitios de comercio electrónico). Su Microsoft Passport también lo identifica en el sistema Windows Messenger descrito en el Capítulo 14. La idea de Microsoft parece hacer que cada usuario de Windows (esto es, el 90 por ciento de los usuarios de computadoras en el mundo) almacenen sus identidades en línea en la base de datos de Microsoft Passport (y en algunas versiones más nuevas, conocidas como Hailstorm y .NET). Una idea que francamente nos pone nerviosos. Usamos Hotmail, pero pensamos que conservaremos nuestras propias identidades, ya que no usamos muchos de los otros servicios de Microsoft, y tenemos un ID separado para cada uno.

✔ **Netscape Mail:** Para desplegar su bandeja de entrada, haga clic en el nombre de su dirección de correo electrónico en la lista Mail Folders.

✔ **Outlook Express:** Si no ve su bandeja de entrada, haga doble clic en el ítem de Local Folders, de la lista de carpetas.

## Leer su Correo de Yahoo

Para leer su correo de Yahoo, inicie su sesión de Yahoo Mail como siempre. Luego, haga clic en el vínculo Check Mail para ver la lista de sus mensajes entrantes. Haga clic en la línea del asunto de un mensaje para ver el texto completo del mensaje. ¿Es así de fácil o qué?

Otra forma de encontrar mensajes es haciendo clic en el cuadro cerca del vínculo de Folders. Aparece la lista de sus carpetas, incluyendo un vínculo a su carpeta de la bandeja de entrada. El siguiente capítulo explica las cosas que puede hacer con el correo que recibe, como contestarlo o eliminarlo.

# Unas Palabras de las Damas de la Etiqueta

Tristemente, las grandes damas de la etiqueta, como Emily Post y Amy Vanderbilt, murieron antes de la invención del correo electrónico. Esto es lo que quizás ellas habrían  sugerido sobre qué decir y, más importante, qué *no decir* en el correo electrónico.

El correo electrónico es un híbrido divertido, algo entre el teléfono (o el correo de voz) y las cartas. Por un lado, es rápido y usualmente informal; por otro, no se pueden ver las expresiones de la otra persona ni escuchar su tono de voz, debido a la naturaleza escrita del medio.

Unos consejos:

✔ Cuando envíe un mensaje, cuide el tono de su lenguaje.

✔ No use solo letras mayúsculas, parecería que está GRITANDO.

✔ Si alguien le envía un mensaje increíblemente ofensivo y fuerte, es posible que sea un error o un chiste que salió mal; tenga especial cuidado con los sarcasmos fallidos.

## ¡Arrojar llamas!

La ofensas excesivas y sin sentido por correo electrónico son tan común que tienen un nombre propio: *Arrojar llamas.* No lo haga, lo haría quedar como un idiota.

Cuando reciba un mensaje ofensivo que simplemente *tiene* que contestar, déjelo en su bandeja de entrada electrónica por un rato y espere hasta después de almuerzo. Entonces, no se vengue echando llamas. El remitente probablemente no se dio cuenta de cómo se veía el mensaje. En casi 20 años de usar correo electrónico, podemos dar fe de que nunca, en toda la vida, nos hemos lamentado por no enviar un mensaje colérico (aunque nos *hemos lamentado por* enviar unos cuantos... ¡ay!).

Cuando envíe correo, tenga en mente que quien lo lea no tendrá ni idea de lo que *tuvo la intención* de decir —solo de lo que usted dijo. El sarcasmo sutil y la ironía son casi imposibles de usar en el correo electrónico y, usualmente, dan la impresión de estar enojado o de ser tonto (si es un escritor sumamente espléndido, puede hacer caso omiso de este consejo — no diga que no se lo advirtimos).

Otra posibilidad que debe conservar en su mente es que, técnicamente, no es difícil falsificar direcciones de remitente de correo electrónico. Si obtiene un mensaje completamente extravagante que no parece provenir de esa persona, quizás alguien más lo haya falsificado, por travesura. (No, no vamos a decirle cómo falsificar correo electrónico. ¿Cuán estúpidos piensa que somos?).

# ¡Sonría!

A veces ayuda poner una :-) (llamada *carita sonriente o emoticono*), lo cual significa: "Esto es un chiste" (trate de doblar su cabeza hacia la izquierda si no nota por qué es una sonrisa). En algunas comunidades, especialmente, en CompuServe, `<g>` o `<grin>` sirve para el mismo propósito. Este es un ejemplo típico:

```
People who don't believe that we are all part of a warm,
          caring community who love and support each
          other are no better than rabid dogs and
          should be hunted down and shot. :-)
```

Nosotros creemos que cualquier chiste que necesite de una carita sonriente, probablemente, no valía la pena hacerlo, pero los gustos difieren.

Para más información sobre la etiqueta en línea, refiérase a nuestra página Web `net.gurus.com/netiquette`.

# ¿Qué tan Privado Es el Correo Electrónico?

Relativamente, pero no por completo. Cualquier destinatario de su correo puede reenviárselo a otras personas. Algunas direcciones de correo son realmente listas que redistribuyen mensajes a muchas otras personas. Hemos recibido correo mal encaminado en nuestro buzón `internet8@gurus.com` con detalles sobre las vidas y anatomías de nuestros corresponsales, detalles que ellos desearían que nosotros olvidáramos. (Así que lo hicimos).

Si envía correo desde el trabajo o para alguien en el trabajo, su correo no es privado. Usted y su amigo pueden trabajar para compañías de la más alta integridad, cuyos empleados nunca soñarían con leer el correo electrónico privado. Sin embargo, cuando ocurren problemas y alguien acusa a su compañía de filtrar información confidencial y un abogado corporativo dice: "Examinen el correo electrónico", entonces alguien lee todo el correo electrónico (esta situación le ocurrió a un amigo nuestro que no se puso demasiado contento al descubrir que toda su correspondencia íntima con su prometida había sido leída). El correo electrónico que envía y recibe se guarda en su disco, y la mayoría de compañías hacen una copia de respaldo de sus discos regularmente. Leer su correo electrónico es demasiado fácil para alguien que realmente quiera hacerlo, a menos que usted lo codifique.

La regla general es no enviar nada que usted no querría ver publicado al lado del enfriador de agua o, quizás, garabateado al lado de un teléfono público. Los últimos sistemas de correo electrónico están empezando a incluir características para codificar, las cuales mejoran un poco la situación de la privacidad, de tal modo que nadie que no sepa la palabra clave usada para codificar el mensaje no lo podrá descifrar.

Las herramientas más comunes para codificar correo son conocidas como S/MIME, PEM (correo de privacidad mejorada) y PGP (Muy buena privacidad). PGP es uno de los programas de codificación más utilizados, tanto en los Estados Unidos como en otros lugares. Muchos expertos piensan que es tan fuerte que ni siquiera la Agencia Nacional de Seguridad (NSA) puede irrumpir en ellos. No sabemos sobre eso; si el NSA quiere leer sus correos electrónicos, entonces usted debe tener problemas más complicados de los que le podemos ayudar a solucionar. S/MIME es un programa emergente estándar para codificar que tanto Netscape como Outlook Express respaldan.

El PGP se puede obtener gratis en la Red. Para encontrar más información sobre asuntos relacionados con la privacidad y la seguridad, incluyendo cómo usar PGP y S/MIME, apunte su explorador de Internet a `net.gurus.com/pgp`.

# ¿A Quién Le Escribo?

Como probablemente lo ha imaginado, un detallito le impide enviar correo electrónico a todos sus amigos: no conoce sus direcciones. En este capítulo, se enterará de muchísimas formas de buscar direcciones. Le evitamos el problema de leer el resto de este capítulo comenzando con la forma más fácil y más confiable de encontrar direcciones de correo electrónico de personas:

Puede llamarlas por teléfono y preguntarles.

Tecnología pasada, ¿correcto? Por alguna razón, esta técnica parece ser absolutamente la última cosa que la gente quiere hacer (refiérase a la cercana barra lateral: "Las diez mayores razones para no llamar a alguien y en lugar de eso pedirle su dirección de correo electrónico"). Inténtelo de primero. Si conoce o puede encontrar el número telefónico, este método es mucho más fácil que cualquiera de los otros.

Otra forma de encontrar la dirección de correo electrónico de una persona es usando un directorio en línea. ¿No sería estupendo si algún directorio en línea incluyera la dirección de correo electrónico de todo el mundo? Tal vez, pero la Internet no tiene uno. En primer lugar, nada dice que la dirección de correo electrónico de alguien tiene conexión con su nombre. Por otro, no todos quieren que los demás sepan su dirección de correo electrónico. Aunque muchos directorios traten de acumular direcciones de correo electrónico, ninguno está completo y muchos solo funcionan si las personas voluntariamente se listan en el servicio.

Esta situación se repite, claro está. Nuestro punto es que la mejor forma de encontrar la dirección de correo electrónico de alguien es preguntando. Cuando ese método no sea una opción, pruebe uno de estos directorios de "páginas blancas " :

✔ **SuperPages.com** en `wp.superpages.com`

✔ **BigFoot** en `www.bigfoot.com`

✔ **WhoWhere** en `whowhere.lycos.com`

✔ **Yahoo People Search** en `people.yahoo.com`

Otra aproximación es ir a un motor de búsqueda, como Google (google.com) o AltaVista (www.altavista.com) y digitar el nombre y los apellidos de la persona, entre comillas. Verá la lista de páginas que incluyen el nombre –por supuesto, puede haber muchos con el mismo nombre, si su amigo se llama Jorge Salas o Juan Díaz. ¡Pruebe ir en busca de su nombre y vea lo que encuentra!

# Capítulo 12

# Colocar el Correo en Su Lugar

*En este capítulo*

▶ Eliminar correo

▶ Responder correo

▶ Reenviar y archivar correo

▶ Evitar y eliminar cartas en cadena

▶ Enviar y recibir correo electrónico y documentos adjuntos

▶ Intercambiar correo electrónico con robots y máquinas de fax

▶ Lidiar con correo no solicitado

Está bien, ahora sabe cómo enviar y recibir correo. Es hora de algunos consejos y trucos para convertirlo en un real aficionado del correo. Describimos Eudora 5.1, Netscape Messenger 4.7, Netscape 6 Mail, Outlook Express 6.0 y Yahoo Mail (refiérase al Capítulo 11 para sus descripciones).

Después de que vea un mensaje de correo electrónico, puede hacer muchas cosas diferentes con él (casi las mismas que con el correo escrito). Estas son sus elecciones posibles:

✔ Botarlo.

✔ Responderlo.

✔ Reenviárselo a otras personas.

✔ Archivarlo.

Puede hacer todas estas cosas con cada mensaje. Si no le dice a su programa de correo qué hacer con un mensaje, este usualmente se queda en su buzón para uso posterior.

# Eliminar el Correo

Cuando uno empieza a recibir correo electrónico, el sentimiento es tan excitante que es difícil pensar en solo arrojar el mensaje. Eventualmente, sin embargo, *tendrá* que aprender a deshacerse de los mensajes, de otro modo, su computadora se quedará sin espacio. Empiece desde ahora. Borre a menudo.

Arrojar correo es tan fácil que, probablemente, ya sepa cómo hacerlo. Despliegue el mensaje o selecciónelo de la lista de mensajes de una carpeta. Luego haga clic en la canasta de basura, en una X grande, o en cualquier icono de basura que parezca en la barra de herramientas, o pulse Ctrl+D o Del (en la Mac, pulse ⌘+D o Delete). En Yahoo Mail, haga clic en el vínculo Inbox o Check Mail, para ver la lista de sus mensajes. Luego haga clic en cuadro de verificación del mensaje y, después, en el botón Delete Checked Mail. Cuando busque un mensaje en Yahoo Mail, puede hacer clic en el botón Delete, también.

A menudo, puede eliminar correo sin ni siquiera leerlo. Si se suscribe a listas de correo (descritas en el Capítulo 13) ciertos temas pueden no interesarle. Después de ver la línea del asunto, quizás desee eliminar el mensaje sin leerlo. Si es el tipo de persona que lee todo lo que Ed McMahon le envía, puede tener problemas lidiando con el correo electrónico no solicitado. Considere pedirle ayuda a un profesional.

Cuando elimina un mensaje, la mayoría de programas de correo electrónico no lo bota inmediatamente. En su lugar, archivan el mensaje en la carpeta de la basura o, simplemente, lo marcan como eliminado. De vez en cuando (usualmente cuando sale del programa de correo electrónico) el programa vacía su basura y, verdaderamente, elimina los mensajes.

# Va de Vuelta, Sam: Responder Correo

Responder correo es fácil: seleccione Message⇨Reply (en Outlook Express, es Message⇨Reply to Sender), haga clic en el botón Reply, en la barra de herramientas, o pulse Ctrl+R en Yahoo Mail, haga clic en Reply

Ponga atención a dos asuntos en particular:

✔**¿Para quién es la respuesta?** Mire cuidadosamente la línea To: que su programa de correo ha llenado por usted. ¿Es a quién usted pensó dirigirle el mensaje? Si la respuesta es dirigida a una lista de direcciones, ¿realmente tuvo la intención de publicar en esa lista, o su mensaje es de una naturaleza más personal y puede ser dirigido mejor al individuo que envió el mensaje?

¿Tiene la intención de contestarle a todo un grupo? ¿Están todas las direcciones que piensa contestar incluidas en la lista To: Si la lista To: no es correcta, puede mover el cursor allí y la puede editar según sea necesario.

🗸 **¿Desea incluir el contenido del mensaje al cual está contestando?** La mayoría de programas de correo electrónico empiezan a responder el mensaje con
el contenido del mensaje que está contestando. En Eudora, si una parte del
mensaje original estaba seleccionada cuando hizo clic en Reply, solo ese texto
aparece en la respuesta. La barra de herramientas de Netscape Messenger tiene un botón para citar en el que puede hacer clic para pegar el texto citado del
mensaje original en su respuesta. Sugerimos que empiece incluyéndolo y que
luego edite el texto para incluir solo el material relevante. Si no les da el contexto a las personas que reciben mucho correo electrónico, su respuesta puede carecer de sentido. Si responde una pregunta, incluya la pregunta en la
respuesta. No tiene que incluir el texto completo, pero dele un descanso a su
lector. Es posible que haya leído 50 mensajes desde que le envió ese correo y
quizás no tenga idea de que le está hablando, a menos de que se lo recuerde.

Cuando contesta un mensaje, la mayoría de programas llenan el campo del asunto
(Subject) con las letras *Re:* (forma breve de *referente a*) y el campo del asunto del
mensaje al que está contestando.

Ocasionalmente, puede recibir un mensaje que ha sido enviado a un millón de personas, cuyas direcciones aparecen en docenas de líneas de la
sección To: del mensaje. Si responde un mensaje como este, vea en la
sección To: de su mensaje para asegurarse de no enviarle su respuesta
a la lista completa de destinatarios.

# Mantener Contacto con Sus Amigos

Después de que empiece a usar su correo electrónico, rápidamente descubrirá
que tiene tantos corresponsales regulares que seguir la pista de sus direcciones
de correo electrónico es un dolor. Afortunadamente, cada programa popular le
proporciona un *libro de direcciones* en el cual puede guardar las direcciones de
sus amigos de modo que pueda enviarle correos a Mama, por ejemplo, hacer que
sean automáticamente remitidos a chairman@exec.hq.giantcorp.com. También
puede crear listas de direcciones de modo que pueda enviarle correos a family,
por ejemplo, y que este sea enviado a Mamá, a Papá, a su hermano, a ambas hermanas y a su perro, todos los cuales tienen direcciones de correo electrónico.

Todos los libros de direcciones le permiten hacer las mismas cosas: guardar en él
la dirección de un mensaje que acaba de leer, usar la dirección que ha guardado y
editar su libro de direcciones.

## Libro de direcciones de Eudora

Eudora tiene un buen libro de direcciones, y agregar personas en él es fácil. Si está leyendo un mensaje, seleccione Special⇨Make Address Book Entry (o pulse Ctrl+K). Eudora le sugiere usar el nombre real de la persona para el libro, lo cual generalmente funciona bien. Luego, haga clic en OK.

 Para usar el libro de direcciones mientras está redactando un mensaje, puede abrir este haciendo clic en el icono del libro Address o seleccionando Tools⇨ Address Book (Ctrl+L). En la ventana Address Book (mostrada en la Figura 12-1), haga clic en el nombre que usará y luego haga clic en los botones To, Cc, o Bcc para agregar la dirección seleccionada al mensaje (cierre la ventana de Address Book cuando haya terminado, haciendo clic en el botón Close o en la X). O bien, use ese acceso directo: digite las primeras letras del nombre en la línea To o Cc, lo suficiente para distinguir el nombre deseado de otros y, luego, pulse Enter. Eudora termina de introducir el nombre por usted.

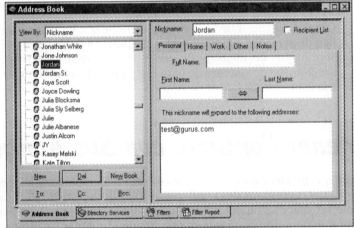

**Figura 12-1:**
Libro de
direcciones
de Eudora.

Para incluir a alguien en su libro de direcciones, haga clic en el botón Address Book y, luego, en el botón New para crear una entrada nueva llamada Untitled (Sin título). Esta nueva entrada aparece en la lista de nombres, sin nombre ni dirección. Cambie el Nickname del nombre que desea usar para esta persona, e introduzca su nombre y sus apellidos y la dirección de correo electrónico.

# Libro de direcciones de Netscape

Para usar el libro de direcciones cuando está creando un mensaje en Netscape Messenger o Mail, haga clic en el botón Address, en la ventana Composition. Netscape arroja una ventana que enumera los contenidos de su libro de direcciones. En Netscape Messenger, haga doble clic en la dirección o las direcciones que desea y, luego, haga clic en OK para continuar redactando su mensaje. En Netscape 6 Mail, haga clic en la dirección y en el botón To antes de hacer clic en OK. O digite el nombre de alguien en su libro de direcciones; cuando pulse Tab, Netscape lo reemplaza con la dirección.

Para editar su libro de direcciones, seleccione Communicator⇨Address Book (en Netscape Messenger) o Tasks⇨Address Book, o pulse Ctrl+5 (en Netscape Mail). Cuando la ventana Address Book aparece, puede crear una entrada para una persona haciendo clic en New Card. Para editar una entrada, selecciónela y haga clic en el botón Properties o Edit, en la barra de herramientas. Para crear una lista de direcciones, haga clic en el botón New List, que crea una lista vacía y, luego, digite las direcciones necesitadas.

Cuando esté leyendo este mensaje en Netscape Messenger, puede agregar la dirección del remitente a su libro de direcciones seleccionando Message⇨Add Sender to Address Book. Esta acción hace aparecer una ventana New Card, en la cual puede introducir el nombre o apodo y, luego, haga clic en OK para agregar el nombre al libro de direcciones.

# Libro de direcciones de Outlook Express

El proceso de copiar la dirección de un corresponsal en el libro de direcciones es fácil pero oscuro: haga doble clic en un mensaje de su corresponsal para abrir ese mensaje en su propia ventana. Luego, haga clic derecho en el nombre de la persona de la línea From y seleccione el comando Add To Address Book, del menú que aparece. Puede revisar la entrada del libro de direcciones que crea y, luego, haga clic en OK (otra forma de hacer lo mismo es con clic derecho en el nombre del remitente de la lista de mensajes de la ventana de Outlook Express y seleccionando Add Sender To Adress Book, del menú que aparece).

Para desplegar y editar el libro de direcciones, haga clic en el botón Addresses, en la barra de herramientas (quizás necesite hacer la ventana de Outlook Express más ancha para verla —está cerca del extremo derecho de la barra de tareas). Haga clic en el botón New, en la barra de herramientas de la ventana Address Book y seleccione New Contact en el menú que aparece.

Después de poner algunas entradas en su libro de direcciones, puede usarlas para crear un mensaje haciendo clic en el pequeño icono del libro, a la izquierda de la línea To o Cc en la ventana de New Message. En la ventana que aparece, Select Recipients, haga doble clic en la entrada del libro o en las entradas que desee usar y luego haga clic en OK. Si no sabe la dirección de correo de alguien, seleccione Edit⇨Find⇨People en la ventana New Message (o pulse Ctrl+E) para desplegar la ventana Find People. Puede buscar en su libro de direcciones o en varios directorios de Internet, como en Bigfoot (`www.bigfoot.com`) y en Yahoo People Search (`people.yahoo.com`).

## Libro de direcciones de Yahoo Mail

Cuando ha abierto sesión en Yahoo Mail, haga clic en el vínculo Address para desplegar su libro de direcciones. Haga clic en el botón New Contact para añadir a alguien. Llene el formulario que aparece y asegúrese de introducir un *sobrenombre* para la persona: este es el nombre que puede digitar al remitir un mensaje de correo electrónico, en vez de digitar la dirección entera de la persona. Yahoo Mail incluye espacios para la dirección postal de la persona y los números de teléfono, pero puede dejar los espacios en blanco.

Después de que alguien está en su libro de direcciones, Yahoo Mail brinda dos formas de remitir mensajes: al componer un mensaje, digite el sobrenombre de la persona; o al mirar el libro de direcciones, haga clic en el cuadro To, Cc, o Bcc, cerca del nombre de la persona y haga clic en el botón Go, al lado del cuadro Send Email.

# Papas Calientes: Reenviar Correo

Puede reenviarle correo electrónico a alguien más. Es fácil. Es barato. El reenvío es una de las mejores cosas del correo electrónico y, al mismo tiempo, una de las peores. Es bueno porque, fácilmente, puede pasar mensajes a personas que necesitan conocerlos. Es malo porque usted (no usted, personalmente, sino, hum, personas alrededor de usted —eso es) así de fácil puede enviar mareas de mensajes a receptores que, de otro modo, no escucharían tan rápido otro comunicado de prensa del Ministerio de la Verdad (u otro chiste que esté rondando por ahí). Piense sobre si mejorará la calidad de vida de alguien remitirle un mensaje.

Lo que usualmente es conocido como el *reenvío* de un mensaje involucra enrollar el mensaje en un mensaje suyo nuevo, como pegar notas Post-it a lo largo de una nota original y enviar por correo la nota con todos los Post-it a alguien más.

Reenviar correo es casi tan fácil como responderlo: seleccione el mensaje y haga clic en el botón Forward, o seleccione Message⇨Forward. Pulsar Ctrl+L también funciona en Netscape, mientras Ctrl+F reenvía en Outlook Express. El programa de correo redacta un mensaje que contiene el texto del mensaje que desea reenviar; todo lo que tiene que hacer es remitir el mensaje, agregar unos cuantos comentarios y enviarlo.

 ✔ Eudora y Outlook Express brindan el texto reenviado en la parte del mensaje de una ventana. Cada línea es precedida por un signo de mayor que (>) o una barra vertical. Entonces, puede editar el mensaje y agregar sus propios comentarios. Refiérase a la barra lateral "Reenviar Rápido" para unos consejos referentes al reenvío de correo.

 ✔ Netscape Messenger no le muestra el texto del mensaje original –simplemente tiene que confiar en el programa para enviar el texto (el programa trata el mensaje como un *archivo adjunto*, sobre lo cual leerá más adelante en este capítulo). Los comentarios que digita en el cuadro del mensaje aparecen junto con el texto del mensaje original.

Si desea que Netscape incluya el texto del mensaje original de la manera habitual (con cada línea precedida por un >) seleccione mejor el comando Message⇨ Forward As⇨Quoted.

 ✔ Netscape Mail pone el mensaje original en la parte inferior de su nuevo mensaje, precedida por una línea que dice (¡sorpresa!) "Mensaje Original". Muy conveniente.

 ✔ En Yahoo Mail, hacer clic en Forward envía los mensajes originales como un documento adjunto a su mensaje nuevo. En su lugar, puede hacer clic en el cuadro ubicado a la derecha del botón Forward, configurarlo a Inline Text y, luego, hacer clic en Forward.

 Algunas veces, el correo que recibe realmente pudo haber sido dirigido a alguien más. Probablemente desea pasarla sin adjuntar el carácter > al principio de cada línea y usted debería dejar intacta la información del emisor y de "responder a", de modo que si el nuevo receptor del correo desea responder, la respuesta vaya al originador del correo, no a usted solo por el hecho de que usted se basó en él. Algunos programas de correo llaman a esta característica *remailing (reenvío)* o *bouncing (rebote)* la versión electrónica de garabatear otra dirección en el exterior de un sobre y ponerla de nuevo en el buzón.

 Eudora llama a este proceso *redireccionar;* puede redireccionar el correo seleccionando Message⇨Redirect desde el menú, o haciendo clic en el icono Redirect, en la barra de herramientas. Eudora se adhiere a una cortés forma de indicarle al nuevo lector cómo encontró el mensaje. Debido a que Netscape, Outlook Express y Yahoo Mail no tienen redirección, tiene que reenviar los mensajes en su lugar.

# Reenviar Rápido

Cuando reenvíe correo, generalmente, es una buena idea librarse de las partes que carezcan de interés. Toda la palabrería del encabezado del mensaje, frecuentemente, es incluida en el mensaje reenviado, y casi todo es incomprensible y poco interesante, así que también quítela de en medio.

La parte difícil es editar el texto. Si el mensaje es pequeño, como de una pantalla o poco más, probablemente, lo debería dejar solo:

```
>¿Hay mucha demanda de pizza
   de frutas?

>

Indague en nuestro departa-
   mento de investigaciones
   y descubra que los ingre-
   dientes favoritos de
   pizza del grupo de edades
   entre 18 y 34 años son el
   peperoni, la salsa, el
   jamón, la piña, los
   chiles, los hongos, la
   hamburguesa y el brócoli.
   Específicamente, pregunte
   por pasas, pero no encon-
   traron respuestas
   estadísticamente satis-
   factorias.
```

Si el mensaje es realmente largo y solo parte de él es relevante, debería, como una cortesía con el lector, cortarlo para solo incluir la parte interesante. Le podemos decir por experiencia que la gente pone mucha más atención a una carta concisa de una línea que a doce páginas de material citado seguido de una pregunta de dos líneas.

A veces tiene sentido editar el material incluso más, particularmente para enfatizar en una parte específica. Cuando lo hace, por supuesto, asegúrese de no editar hasta el punto de poner palabras en la boca del autor original o tergiversar el sentido del mensaje, como en la siguiente respuesta:

```
>Indagué en

>nuestro departamento de
   investigaciones y des-
   cubrí que

>los ingredientes favoritos
   de pizza... pero

>no encontraron respuestas
   estadísticamente

>satisfactorias.
```

Esa es una vía excelente de hacer nuevos enemigos. A veces, es mejor parafrasear un poco —en ese caso, ponga la parte parafraseada entre llaves, como aquí:

```
>[Cuando les pregunte sobre
   las pasas en las pizzas,
   investigación]

>no encontraron respuestas
   estadísticamente

>satisfactorias.
```

Las personas debaten sobre si parafrasear para achicar citas es una buena idea. Por un lado, si lo hace bien, le ahorra muchísimo tiempo. Por otro lado, si lo hace mal y alguien se siente ofendido, pasará una semana de acusaciones y disculpas que le quitarán cualquier tiempo que haya aprovechado. La decisión es suya.

# Papas Frías: Guardar Correo

Guardar correo electrónico para una futura referencia es como poner papas en la nevera para usarlas después (no se enoje si no lo ha intentado —las papas hervidas añejas son deliciosas con bastante mantequilla o crema). Mucho correo electrónico vale la pena de ser guardado (y mucho no, por supuesto, pero cubrimos ese asunto anteriormente en este capítulo).

Puede guardar el correo electrónico de varias maneras:

✔ Guárdelo en una carpeta llena de mensajes.

✔ Guárdelo como un archivo de texto regular.

✔ Imprímalo y póngalo en un archivador junto al correo de papel.

El método más fácil, usualmente, es poner mensajes en una carpeta (una carpeta no es más que un archivo lleno de mensajes con algún tipo de separación entre cada mensaje). Los programas de correo electrónico usualmente vienen con una serie de carpetas llamadas In (o Inbox, Bandeja de entrada) Outbox (Bandeja de salida), Sent (Enviados) y Trash (Basura) y acaso unas otras más. Pero también se puede crear otras carpetas.

La gente utiliza dos enfoques básicos para archivar el correo: por remitente y por tema. Sea cual sea el que usted utilice, uno o el otro es cuestión de gusto. Al archivar por tema, queda a su decisión o gusto nombrar las carpetas. La parte más difícil es utilizar nombres que se puedan recordar. Si no es cuidadoso, puede terminar usando nombres ligeramente diferentes en cuatro carpetas, cada una de las cuales con la cuarta parte de mensajes sobre un tema particular. Intente usar nombres que sean obvios, no use abreviaturas. Si el tema es contabilidad, llame a la carpeta Contabilidad, porque si la abrevia, nunca estará seguro de si se llamaba `Antab`, `cont`, o `Ct`.

Puede guardar todo un mensaje o parte de él copiándolo en un archivo de texto o en un documento de procesador de palabras. Seleccione el texto del mensaje usando su mouse. Pulse Ctrl+C (⌘+C en una Mac) o seleccione Edit⇨Copy para copiar el texto en el portapapeles. Váyase a su procesador de palabras (o cualquier programa en el cual desee copiar el texto) y pulse Ctrl+V (⌘+V en la Mac) o seleccione Edit⇨Paste para que el mensaje aparezca donde se encuentra el cursor.

## Administrar archivos con Eudora

Para archivar un mensaje en Eudora, haga clic en el mensaje y seleccione Transfer, desde el menú. El menú Transfer enumera todos sus buzones —todas las elecciones que tiene para archivar su mensaje. Seleccione el buzón en el cual desea colocar su mensaje. ¡Tarán!: ya está ahí. También puede usar el mouse para deslizar el mensaje de un buzón a otro.

La primera vez que intente archivar algo, quizás note que no tiene ningún lugar donde hacerlo. Cree un nuevo buzón en el cual pueda guardar sus mensajes, seleccionando Transfer⇨New. Cada vez que desee crear un nuevo buzón, seleccione New. Aunque, eventualmente, tendrá suficiente espacio para manejar la mayoría de su correo, por un momento, parecerá que siempre está seleccionando New. Si necesita muchos buzones, puede crearlos dentro de las carpetas, para mantenerlo todo organizado.

Puede ver todos los mensajes de un buzón al seleccionar Mailbox, desde el menú. Si desea ver todos sus buzones, seleccione Tools⇨Mailboxes —aparece la lista de buzones. Haga doble clic en cualquier buzón de la lista para ver su contenido.

Si desea guardar el mensaje en un archivo de texto, haga clic en el mensaje, seleccione File⇨Save As desde el menú, muévalo a la carpeta en la que desea guardar el mensaje, digite un nombre para el archivo y haga clic en OK.

## Administrar archivos con Netscape

Netscape Messenger muestra sus carpetas de archivo al lado izquierdo de su ventana, bajo el encabezado Local Mail. Netscape Mail enumera sus carpetas de correo en Mail Folders, bajo sus direcciones de correo electrónico.

Puede guardar un mensaje en una carpeta haciendo clic derecho en el mensaje, eligiendo Move Message (o Move To), desde el menú que aparece, y eligiendo la carpeta de la lista. O puede seleccionar el mensaje y arrastrarlo a una carpeta de la lista de carpetas. Para crear la nueva carpeta, seleccione File⇨New Folder o File⇨New⇨Folder.

Para guardar un mensaje o varios mensajes en un archivo de texto, selecciónelos y elija File⇨Save As⇨File desde el menú (o pulse Ctrl+S). Haga clic en el cuadro Save As Type y seleccione Plain Text o Text Files, desde la lista que aparece. Digite un nombre de archivo y haga clic en el botón Save.

# Cartas en cadena: ¡Arrrrrggghhh!

Una de las cosas más aborrecidas que puede hacer con el correo electrónico es pasar cartas en cadena. Debido a que todos los programas de correo tienen comandos de reenvío, con solo unos teclazos puede enviar una carta en cadena a centenares de personas. No lo haga. Las cartas en cadena son lindas por casi dos segundos y, luego, son simplemente molestas. Después de 20 años de usar correo electrónico, nunca hemos recibido una carta en cadena que tenga algún valor. ¡Eso es **NUNCA**! (Por favor, excuse nuestros gritos). ¿Del mismo modo, no las pasa usted también de largo?... ok.

Unas cuantas cartas en cadena, simplemente, siguen viniendo una y otra vez, a pesar de nuestros mejores esfuerzos por erradicarlas.

**Haga dólares grandes con una carta en cadena:** Estas cartas, usualmente, contienen muchos testimonios de personas que ruedan en masa y le piden que envíe $5 al nombre ubicado en la parte superior de la lista, que ponga su nombre en la parte inferior y que le envíe el mensaje a otro montón de bobos. Algunas incluso dicen: "Esta no es una carta en cadena" (usted, supuestamente, está ayudando a compilar una lista de direcciones o enviando informes de algún tipo y esta es la señal 100 por ciento garantizada de que todo se trata de una carta en cadena). Ni siquiera piense en ello. Estas cartas en cadena son extremadamente ilegales en los Estados Unidos, aunque digan que no lo son y, además, ni siquiera funcionan. (¿Para qué enviar dinero? ¿Por qué no, solamente, añadir su nombre y enviarla igual? ¿Caray,

por qué no, simplemente, reemplazar todos los nombres de la lista con el suyo?). Piense en ellas como en virus de ingenuidad. Envíe una nota educada al administrador de correos del remitente para animarlo a que les solicite a los usuarios que no envíen más cartas en cadena. Si no cree que son ilegales, observe el sitio Web del Servicio Postal norteamericano en `www.usps.gov/websites/depart/inspect/chainlet.htm`.

**Una gran compañía le enviará dinero por leer correo electrónico:** Este ha circulado tanto con Disney y Microsoft como la corporación designada. El mensaje asegura que la compañía está llevando a cabo una prueba de mercadeo y que puede obtener muchos billetes o un viaje a Disney si reenvía la carta. Sí, por supuesto. Una variación de este mensaje es que algo interesante, pero no especificado, ocurrirá cuando lo reenvíe; nosotros suponemos que es cierto en la medida de que hacer que todos sus amigos se enteren de lo inocente que es usted cuenta como algo interesante.

**Un virus horrendo destrozará su computadora:** Ocasionalmente estas son ciertas, pero en general no lo son, y cuando son verdaderas, tienden a ser virus que han estado por ahí desde 1992. Si ejecuta software que está sujeto a virus (Microsoft Outlook Express y Outlook son particularmente vulnerables) vea el sitio Web del vendedor y los sitios que pertenecen a los fabricantes de software de antivirus para buscar informaciones más creíbles, actualizaciones descargables y consejos sobre antivirus.

## Administrar archivos con Outlook Express

Para guardar un mensaje en Outlook Express, solo se coloca en una carpeta. Usted empieza con las carpetas llamadas Inbox (Bandeja de entrada), Outbox (Bandeja de salida), Sent Items (Elementos enviados), Drafts (Borradores) y Deleted Items (Elementos eliminados). Para crear una nueva carpeta, seleccione File⇨Folder⇨New desde el menú y póngale nombre a la carpeta (cree una llamada Personal, solo para que lo pruebe). La carpeta nueva aparece en la lista de carpetas al lado izquierdo de la ventana del Outlook Express. Mueva los mensajes a una carpeta haciendo clic en el encabezado y arrastrándolo por encima del nombre de la carpeta o seleccionando Edit⇨Move To Folder desde el menú. Puede ver la lista de encabezados de mensajes de cualquier carpeta haciendo clic en el nombre de esta. Si tiene muchos mensajes para archivar, incluso puede crear carpetas dentro de las carpetas, para mantener las cosas organizadas.

Puede guardar el texto de un mensaje en un archivo de texto, haciendo clic en el mensaje y seleccionando File⇨Save As desde el menú, haciendo clic en el cuadro Save As y eligiendo Text Files (*.txt), digitando un nombre y haciendo clic en el botón Save.

## Administrar archivos con Yahoo Mail

Para guardar un mensaje en una carpeta, haga clic en el cuadro Choose Folder y seleccione la carpeta en la que desea que esté el mensaje. Luego haga clic en el botón Move. Para crear una nueva carpeta, seleccione New Folder en la lista de carpetas y haga clic en Move. Yahoo Mail le pide que introduzca un nombre para la carpeta.

Para ver la lista de sus carpetas, haga clic en el botón de más a la izquierda del vínculo Folders, ubicado a la izquierda de la página Web de Yahoo Mail. Sus carpetas incluyen Inbox (Bandeja de entrada), Sent (Enviados), Draft (Borradores) y Bulk Mail (el sitio donde Yahoo almacena las cosas que a sus ojos son correos no solicitados). Haga clic en el nombre de una carpeta para ver el mensaje de ella.

# Correo Exótico y Documentos Adjuntos del Correo

Tarde o temprano, el viejo y sencillo correo electrónico, de todos los días, deja de ser lo suficientemente bueno para usted. Alguien le va a enviar una imagen que, simplemente, tiene que ver o deseará enviarle algo lindo a su nuevo mejor amigo de Paris. Para enviar cosas que no sean texto a través del correo, el mensaje usa formatos de archivo especiales. Algunas veces, el mensaje entero está en un formato especial y, algunas veces, las personas pegan cosas a su correo de texto puro. El formato más extensamente usado para pegar archivos a los mensajes es llamado MIME *(Extensiones de uso múltiple del correo de Internet )*. Todos los programas que describimos en este capítulo pueden enviar y recibir archivos adjuntos usando MIME, pero hay programas de correo electrónico que no pueden.

Generalmente, puede enviar un archivo como un documento adjunto de correo usando su programa de correo regular para redactar el mensaje regular y luego hacer un comando para pegar el archivo al mensaje. Usted puede enviar el mensaje usando los comandos usuales del programa.

Cuando recibe un archivo que está pegado a un mensaje de correo electrónico, su programa de correo es responsable de advertir sobre el archivo adjunto y hacer algo inteligente con él. La mayoría del tiempo, su programa de correo guarda el archivo adjunto como un archivo separado en la carpeta o el directorio especificado. Después de que el archivo haya sido guardado, lo puede usar como usaría cualquier otro archivo.

Por ejemplo, puede enviar estos tipos de archivos como adjuntos:

✔ Pinturas, en archivos de imágenes

✔ Documentos de procesadores de palabras

✔ Sonidos, en archivos de audio

✔ Películas, en archivos de video

✔ Programas, en archivos ejecutables

✔ Archivos comprimidos, como archivos ZIP

Refiérase al Capítulo 19 para ver una descripción de los tipos de archivos que puede encontrar como documentos adjuntos.

Los virus de correo electrónico, usualmente, llegan como documentos adjuntos. Si recibe un mensaje con un documento inseperado, aunque sea de alguien conocido, **NO LO ABRA** hasta que le pregunte al remitente si lo envió deliberadamente. A veces, los virus utilizan todas las direcciones del libro de direcciones de sus víctimas, para poder enviarse a sí mismos a todos los amigos de la víctima. Algunos tipos de documentos adjuntos no pueden cargar virus, como las imágenes GIF y JPG.

## Documentos adjuntos en Eudora

 Para adjuntar un archivo con un mensaje en Eudora, redacte un mensaje como lo hace siempre. Luego, seleccione Message⇨Attach File desde el menú, haga clic en el botón Attach, en la barra de herramientas, o pulse Ctrl+H. Eudora le ayuda a seleccionar el documento que desea adjuntar. Eudora envía los archivos como documentos adjuntos MIME y puede manejar los archivos entrantes usando cualquiera de los tres métodos de adjuntar.

 Si arrastra un archivo desde Windows Explorer, My Computer o File Manager a Eudora, el archivo se adjunta al mensaje que está escribiendo. Si no está escribiendo un mensaje, se empieza a escribir uno. ¡Qué servicio!

Cuando Eudora recibe correo con documentos adjuntos, automáticamente los guarda en su disco (en un directorio que se debe especificar en Tools⇨Options, en la categoría Attachments) y le dice dónde están y cómo se llamarán.

## Documentos adjuntos en Netscape

 Para adjuntar un archivo al mensaje que está redactando, haga clic en el botón Attach (en Netscape Messenger, puede seleccionar File). Luego, seleccione el archivo que desea enviar. O bien, en Netscape Mail, simplemente arrastre el o los archivos al cuadro de Attachments, en la ventana de redacción de correo.

 Para el correo entrante, Netscape despliega cualquier adjunto que sepa abrirse por sí mismo (las páginas Web y los archivos de imágenes GIF y JPEG). Para otros tipos de documentos adjuntos, despliega una pequeña descripción del archivo, en la cual se puede hacer clic. Entonces, Netscape ejecuta el programa apropiado para desplegar un programa, si conoce de uno, o le pregunta si guarda el documento adjunto o si configura un programa, para que se ejecute y pueda desplegar el archivo.

## Documentos adjuntos en Outlook Express

 En Outlook Express, se adjunta un archivo al mensaje seleccionando Insert ⇨File Attachment desde el menú mientras está redactando un mensaje, o bien, haga clic en el icono de la prensa de papel, en la barra de herramientas (puede estar fuera del lado derecho de la barra de herramientas –haga la ventana Composition más ancha para desplegarla). Luego, seleccione el archivo que adjuntará. O, simplemente, arrastre el archivo a la ventana de redacción de mensajes. Luego, seleccione el mensaje de la manera usual.

Cuando un mensaje entrante contiene un documento adjunto, el icono de una prensa de papel aparece en el mensaje (en la lista de mensajes entrantes) y en el encabezado de este. Haga clic en la prensa de papel para ver el nombre del archivo y haga doble clic para ver el documento adjunto.

## Documentos adjuntos en Yahoo Mail

Para adjuntar cosas en Yahoo Mail, redacte un mensaje como lo acostumbra. Luego desplácese hacia el cuadro Attachments y haga clic en el vínculo Edit Attachments. Una ventana aparece y ella especifica el nombre del archivo que desea adjuntar. Haga clic en el botón Browse para encontrar el archivo en su computadora (quizás necesite cambiar el cuadro Files Of Type en cuadro de diálogo File Upload a All Files para ver todos sus archivos). Luego, haga clic en el botón Attach File y en el botón Done. Su explorador Web copia el archivo desde su disco duro y lo envía al sistema de Yahoo Mail para incluirlo en su mensaje (¡increíble!). Luego, vuelve a la página Web de Yahoo Mail, con el nombre de archivo introducido en el cuadro de Attachments. Envíe el mensaje como lo hace normalmente.

Cuando recibe un mensaje con documentos adjuntos, aparece un cuadro en la parte inferior del mensaje, con el nombre del archivo y el tamaño del documento adjunto. Haga clic en el botón Download File para descargar el archivo en la computadora.

## Oiga, Don Robot

No todas las direcciones de correo tienen a una persona real detrás de ellas. Algunas son listas de correos (de las cuales hablamos en el Capítulo 13) y algunas son robots: programas que automáticamente responden los mensajes. Los robots de correo se han hecho populares como una forma de bases de datos de consulta y para recuperar archivos, ya que configuran una conexión de correo electrónico, puesto que es mucho más fácil que instalar una que maneje la transferencia estándar de archivos. Usted le envía un mensaje al robot (usualmente llamado *mailbot* o *servidor de correo)*, este toma alguna acción basado en el contenido de su mensaje y, luego, el robot devuelve una respuesta. Si, por ejemplo, le envía un mensaje a `internet8@gurus.com`, entonces recibe una respuesta que le dice su dirección de correo electrónico. Algunas compañías usan mailbots para devolver respuestas automáticas a solicitudes múltiples de información enviada a `info@whatever.com`.

# Su Propio Administrador de Correo

Después de que empiece a enviar correo electrónico, se encontrará con que recibe bastante de él, particularmente, si se pone en algunas listas de direcciones (refiérase al Capítulo 13). Su correo entrante pronto se convierte en un goteo, luego, en una corriente y, después, en un torrente; y muy pronto, no podrá pasar por su teclado sin mojarse las manos, metafóricamente hablando.

Afortunadamente, la mayoría de sistemas de correo brindan formas para que administre el flujo y le impida mojarse la ropa (ya es suficiente de esta metáfora). Los usuarios de Netscape y Eudora pueden crear filtros que, automáticamente, pueden confrontar los mensajes entrantes contra una lista de remitentes y asuntos; para archivarlos en las carpetas apropiadas. Outlook Express posee el Inbox Assistant (Asistente de bandeja de entrada) que puede ordenar su correo automáticamente. Otros programas de correo tienen características de filtro similares.

Por ejemplo, puede crear filtros que le digan a su programa de correo: "Cualquier mensaje que venga de la lista de correos de AVES debe ser archivado automáticamente en la carpeta Pollos". O puede crear filtros para archivar cierto tipo de mensajes (sabe a lo que nos referimos) directamente en su buzón Trash, de modo que nunca tendrá que verlos.

✔ **Eudora:** Seleccione Tools⇨Filters para ver la ventana Filters, en la cual se enumeran los filtros que ha creado y pueda editarlos y eliminarlos.

✔ **Netscape Messenger y Mail:** Seleccione Edit⇨Message Filters, desde el menú, para desplegar la ventana Message Filters, donde puede ver, crear, editar y eliminar los filtros.

✔ **Outlook Express:** Dígale al asistente de la bandeja de entrada cómo ordenar su correo en carpetas, seleccionando Tools⇨Message Rules⇨Mail desde el menú.

## Surfear con un clic

La mayoría de programas de correo electrónico devuelven URLs (direcciones de sitios Web) en sus mensajes de correo electrónico como vínculos al sitio Web real. Ya no tiene que digitar estas direcciones en su explorador. Todo lo que tiene que hacer es clic en el vínculo destacado del mensaje de correo electrónico, y —¡Puf!— está en el sitio Web. Si su programa de correo electrónico tiene esta característica (todos los programas descritos en este capítulo lo hacen) entonces los URLs en los mensajes de correo electrónico aparecen subrayados y azules.

✔ **Yahoo! Mail:** Haga clic en el vínculo Options, de la página Web de Yahoo Mail, y luego, haga clic en el encabezado de Filters. Puede crear, editar o eliminar los filtros allí.

Toda esta tontería de la ordenación automática puede parecer excesiva y si recibe solo cinco o diez mensajes al día. Después de que el correo realmente empiece a fluir, negociar con esto toma mucho más tiempo de lo que solía. Conserve esas herramientas automatizadas en mente — si no para ahora, para más adelante.

# Spam, Tocino, Spam, Huevos y Spam

*Blando bocado rosado*
*Con gel salada, refulgente*
*¿Qué demonios eres?*

— Haiku sobre el SPAM, hallado en la Internet

Cada vez más a menudo, recibimos correo electrónico no solicitado de alguna organización o persona que no conocemos. En la Internet, la palabra spam (no confundir con SPAM, un producto relacionado con carne de Minnesota) ahora significa miles de copias de la misma pieza de correo electrónico no deseado, enviada ya sea a grupos de noticias de Usenet o a cuentas de correo electrónico individuales. Es también conocido como *correo electrónico basura (junk mail)* o Unsolicited Commercial E-Mail (UCE) (ello es, Correo electrónico comercial no solicitado). El mensaje usualmente consiste en publicidad insípida con esquemas de hágase rico rápidamente o, incluso, ofertas pornográficas —algo que quizás usted no desee ver y algo que, definitivamente, no desea que sus hijos vean.

El spam, desafortunadamente, es un problema mayor de la Internet porque algunos hombres de negocios de mala fama y algunos terribles políticos ocasionales han decidido que es una forma ideal de anunciar. Recibimos 50 correos de spam al día (de verdad) y el número continúa aumentando. El spam no tiene que ser comercial (hemos recibido spam religioso y político), pero sí tiene que ser no solicitado; si usted lo pidió, no es spam.

## ¿Por qué le llaman spam?

¿A la carne? Nadie lo sabe. ¿Oh, usted quiere decir al correo electrónico no deseado? Vino de la obra teatral satírica de Monty Python en la cual un grupo de vikingos cantaba la palabra Spam, repetidamente, a un solo tiempo de marcha, con lo cual ahogaba por completo todo otro discurso.

## ¿Por qué es tan malo?

Quizás piense que el spam, al igual que el correo basura de papel, es solo otra cosa molesta con la que tenemos que aprender a vivir. Pero es peor que el correo basura de muchas formas. El spam le cuesta dinero. Los receptores de correo electrónico pagan mucho más que quien lo envía para poder hacer que el mensaje transite. Enviar correo electrónico es barato: una persona que envía spam puede enviar miles de mensajes por hora desde una PC con conexión de marcado telefónico. Después de eso, le cuesta tiempo para descargarlo, leerlo (al menos la línea del asunto) y disponer de él. Si el volumen de spam continúa aumentando al alarmante ritmo actual, muy pronto el correo electrónico demostrará ser inútil, porque el verdadero correo estará enterrado debajo de la basura.

Pero el costo no lo pagan solo los receptores de spam, sino que todo este volumen de correo electrónico también daña los recursos de los servidores de correo electrónico y toda la Internet. Los ISPs tienen que pasar el costo agregado a sus usuarios. Se ha reportado que más de la cuarta parte del correo que maneja AOL es spam y muchos ISP nos han asegurado que $2 de los $20 de la tarifa mensual es dedicado a manejar y deshacerse del correo no solicitado.

Los que envían este tipo de correo anuncian cosas que nunca se verían en el correo postal. Generalmente, es fraudulento, deshonesto o pornográfico (o las tres). Muchas de las ofertas tienen el esquema absurdo de "vuélvase rico rápido". Pocos negocios honestos intentan anunciarse por la Internet, debido a la muy mala publicidad que produce, y aquellos que lo intentan hacer, rara vez cometen el mismo error dos veces.

Muchos correos no solicitados incluyen una línea que da instrucciones de cómo salir de sus listas, algo como "Envíenos un mensaje con la palabra REMOVE (ELIMINAR) en el asunto". ¿Por qué alguien gastaría su tiempo para eliminarlo de su lista? No se moleste, las listas de eliminar de los correos de spam nunca funcionan. De hecho, son un método para verificar que su dirección es real, y muy seguramente, lo que conseguirá es recibir *más* correo basura.

## ¿Qué puedo hacer?

La Internet intenta definir sus propias políticas, y la comunidad que conforman los usuarios y los inventores de este medio maravilloso no desea que la Internet caiga bajo el control de gobiernos de visión limitada o de rufianes. La Internet creció de la necesidad del flujo de información rápido y gratuito y todos los que la utilicen deberían colaborar para mantener las cosas de ese modo.

Visite estos sitios Web para leer información sobre el correo no solicitado y cómo luchar contra él, técnica, social y legalmente:

✔ spam.abuse.net (un análisis del correo no solicitado)

✔ www.cauce.org (leyes anti spam)

✔ www.abuse.net (un servicio de reenvío de quejas)

Nosotros pensamos que el spam no es un problema técnico y así las soluciones solamente técnicas no podrán detenerlo, sino que soluciones probablemente de índole legal serán las que ayuden en esta larga tarea.

# Creo que Tengo Un Virus

Los virus han estado en Internet por un largo período. Originalmente, vivían en los archivos de programas que las personas descargaban usando un programa de transferencia de archivos o sus exploradores de la Web. Ahora, la mayoría de virus se esparcen a través de los archivos enviados por el correo electrónico, como documentos adjuntos a los mensajes.

El texto simple de un mensaje no puede contener virus porque solo es texto y los virus son programas (a menudo esquivos). Pero los documentos sí pueden contenerlos y a veces lo hacen. Para que los virus operen (es decir, para que se ejecuten, infecten su computadora y envíen copias de sí mismos a otras personas vía correo electrónico), usted debe abrirlos.

En la mayoría de programas de correo electrónico (incluyendo Netscape y Eudora) los programas contenidos en los documentos adjuntos no se ejecutan hasta que usted haga clic sobre ellos, así que *no abra* programas provenientes de personas desconocidas. Ni siquiera abra programas de personas que usted sí conozca, en caso de que no haya estado esperando que ellos le enviaran ese tipo de adjuntos. Muchos virus exitosos se multiplican a sí mismos enviando copias de ellos a las primeras 50 personas de su libro de contactos, es decir, a personas que usted conoce.

No obstante, si utiliza Microsoft Outlook Express 5.0 (o versiones posteriores) o Outlook 97 (o versiones posteriores) la situación es más terrible. Outlook (que viene con Microsoft Office) abre los documentos adjuntos apenas ve el mensaje. Outlook Express (que viene con Windows) proporciona un *preview pane (panel de vista preliminar)* que despliega un archivo y sus documentos adjuntos antes de que haga clic. Las versiones primitivas de Outlook Express 5.0 y de Outlook 97, 98 y talvez 2000 les permitían a los documentos adjuntos hacer todo tipo de cosas horribles a su PC. Afortunadamente, Microsoft ha cambiado las configuraciones predefinidas en las versiones más recientes de Outlook Express y de Outlook.

En el Capítulo 11, le decimos lo que sabemos para que sus programas de correo electrónico sean menos propensos al ataque de los virus. Asegúrese de revisar el sitio Web de su programa de correo electrónico para información más actualizada.

# Capítulo 13

# Comunidades en Línea: Reunámonos

**E**l correo electrónico es una forma estupenda de comunicarse en la Internet y es la más popular. Pero otros programas de la Internet le permiten comunicarse más rápido (en tiempo real —es decir: ahora mismo) o en grupos. Si conecta un micrófono y unos parlantes a su computadora, incluso puede chatear por la Red como si fuera una línea telefónica gratuita de larga distancia. Este capítulo le enseña a usar listas de correo electrónico y tableros de mensajes basados en la Web para hacer amigos e influenciar a las personas.

## Mira quién habla

Sí, el uso más popular de las discusiones en línea es hablar de (o participar en) sexo, pero hay muchísimo más en ellas que eso. Clubes, iglesias y otros grupos usan la Internet para realizar reuniones. Los que practican pasatiempos y los fanáticos de algún tema hablan de una variedad asombrosa de temas, desde practicar el tejido hasta *Los Sopranos* y todo lo que hay de por medio. Las personas con programas médicos le dan apoyo a otros e intercambian consejos. Véalo así —cualquier asunto que las personas podrían querer tratar está, actualmente, bajo debate intenso en algún sitio de la Red.

Puede hablar con grupos de personas en la Internet de muchísimas formas:

✔ Las listas de correo electrónico, a través de las cuales puede intercambiar mensajes vía correo electrónico.

✔ Tableros de mensajes basados en la Web, allí los mensajes aparecen en una página Web.

✔ Grupos de noticias Usenet, los grupos originales de discusión en Internet, los cuales se pueden leer con un *programa lector de noticias*.

Este capítulo le dice cómo participar en las discusiones basadas en Internet usando listas de correo electrónico y tableros de mensajes. Para una descripción de los grupos de noticias Usenet y cómo leerlos, refiérase a nuestro sitio Web: `net.gurus.com/ usenet`.

Para la historia completa de las comunidades basadas en Internet, obtenga nuestro libro *Poor Richard's Building Online Communities,* publicado por Top Floor Publishing.

# Listas de Correo: ¿Está Seguro de Que No Es Correo Basura?

Una lista de correos es muy diferente de una lista de correos de anuncios. Sí, ambas distribuyen mensajes entre las personas de la lista, pero en la mayoría de listas de correos, los mensajes contiene discusiones entre los suscriptores en vez de catálogos y correo basura.

Así es como funciona un lista de correos. La lista tiene su propia dirección especial de correo electrónico y todo lo que las personas envían a esa dirección es enviado a los demás que están en la lista. Debido a que estas personas, a su vez, responden los mensajes, el resultado es una conversación entre dos o más personas. Por ejemplo, si los autores de este libro patrocinaran un debate sobre el uso y el abuso del chocolate llamado Amantes del chocolate y si el programa servidor de la lista corriera en lists.gurus.com, la dirección de la lista sería `chocolate-lo-vers@lists.gurus.com`. (Nosotros realmente corremos un montón de listas, pero ninguna sobre el chocolate. Todavía).

Las listas diferentes tienen estilos diferentes. Algunas son relativamente formales y se adhieren al tema oficial de la lista. Otros tienden a salirse volando, completamente, al espacio exterior. Tiene que leerlos por un rato para poder decir cuál lista funciona de qué manera.

Las listas de direcciones se ubican tres categorías:

- ✔ **Discusión:** Cada suscriptor puede publicar un mensaje. Estas listas conducen a discusiones libres y pueden incluir un cierto número de mensajes sobre otros temas.

- ✔ **Moderadas:** Un moderador revisa cada mensaje antes de distribuirlo. El moderador puede evitar que las publicaciones no relacionadas, redundantes o sin sentido gasten el tiempo de los demás.

- ✔ **Solo anuncios:** Solo el moderador publica mensajes. Las listas de correos de anuncios funcionan mejor para publicar un boletín de noticias, por ejemplo.

# Entrar y salir de listas de correo

Algo o alguien tiene que asumir el trabajo de seguirle la pista a quien está en la lista de direcciones y de distribuir los mensajes a todos los suscriptores. Este trabajo es *muy* aburrido para un ser humano, así que los programas, usualmente, hacen el trabajo. (¡Algunas listas todavía son dirigidas por seres humanos y los compadecemos!) La mayoría de listas son dirigidas por programas llamados list servers (servidores de listas) o mailing *list managers (administradores de listas de correos)*. Algunos programas populares de servidores de listas incluyen LISTSERV, Majordomo, ListProc, MailMan y muchos otros, así como los sistemas basados en la Internet, como Yahoo Groups y Topica.

La forma en que entra o sale de la mayoría de listas de correos es simple: usted le envía un mensaje de correo al programa servidor de la lista. Debido a que un programa está leyendo el mensaje, tiene que ser escrito y formateado exactamente bien. De otra forma, el programa le responde con un mensaje de error. Los servidores de lista son programas de computadoras muy simples y tiene que hablarles clara y sencillamente, usando comandos estandarizados. Las listas de direcciones basadas en la Web le permiten entrar y salir de una lista yendo al sitio Web y haciendo clic en vínculos.

Cuando envía un comando para entrar o salir de una lista, no envía un mensaje a la dirección de la lista, a menos que piense que los demás suscriptores estarían fascinados por sus idas y venidas. En lugar de eso, lo envía a la *dirección de servidor de la lista (o la dirección administrativa)*, que es el nombre del programa (por ejemplo, LISTSERV o Majordomo) seguido por una @ y la computadora en la que el servidor de la lista se ejecuta. Por ejemplo, nosotros hospedamos listas en nuestra computadora lists.gurus.com usando el programa del servidor de listas Majordomo, de modo que usted enviaría los comandos a `majordomo-@lists.gurus.com`.

Describimos los comandos que se usan para LISTSERV y Majordomo, los dos servidores de listas más populares, más adelante en este capítulo.

## Hablar con el ser humano encargado

Alguien se encarga de cada lista de direcciones: el *administrador de la lista*. El administrador de la lista se encarga de ayudar a la gente a entrar y salir de la lista, responder preguntas sobre la lista y ser el anfitrión del debate. Si tiene un problema con una lista, escríbale un mensaje bonito al administrador de la lista. Recuerde, la mayoría de administradores de listas son voluntarios que algunas veces comen, duermen y tienen trabajos regulares, además de mantener las listas de direcciones. Quizás tome un día (poco más o menos) obtener una respuesta. Si tarda más tiempo, sea paciente. *No envíe* cartas recordatorias enojadizas —simplemente molestan al administrador de la lista.

El administrador de la lista puede hacer todo tipo de cosas en las listas que los meros mortales no pueden hacer. En particular, el administrador de la lista puede arreglar nombres confusos de la lista o añadir un nombre que, por alguna razón, el método automático no maneja. Tiene que solicitar intervención manual si su sistema de correo no pone su dirección correcta en `From:` la línea de sus mensajes, como algunas veces ocurre cuando su sistema local de correo no está configurado perfectamente, o si su dirección cambia.

La dirección del administrador de la lista es, usualmente, la misma de la dirección de la lista, con la adición de *owner (dueño)* -al comienzo- o *request (solicite)* antes de la @. Por ejemplo, el administrador de la lista de `chocoloate-lovers@gurus-.com` sería `chocoloate-lovers-request@gurus.com`.

## LISTSERV, el administrador de correos de la computadora

El primer programa de servidor de listas fue llamado *LISTSERV*, que en un inicio funcionaba con computadoras enormes de procesador central de IBM. (Los tipos de procesador central de IBM tienen un cariño desmesurado por los nombres en mayúsculas de ocho letras, SIN EMBARGO, A LA MAYOR PARTE DE NOSOTROS NOS PARECE QUE ESTÁ GRITANDO). Con los años, LISTSERV ha crecido al punto de que es un programa que lo hace prácticamente todo con casi 15 millones de características y opciones, casi ninguna de las cuales le interesarían a usted.

Aunque LISTSERV es un poco de difícil de usar, tiene la enorme ventaja de ser capaz de manejar, fácilmente, listas de direcciones que contienen decenas o centenares de miles de miembros, algo que sofoca a muchos programas de correo regular de la Internet . (LISTSERV puede enviarle correo a 1,000 direcciones en unos minutos, mientras que esa tarea tomaría a algunos otros programas más de una hora).

## Entrar y salir de las listas de LISTSERV

Usted entra y sale de una lista de correos de LISTSERV al enviar correo a la dirección del servidor de listas, que es `LISTSERV@alguna.maquina.u.otra`, en que `alguna.maquina.u.otra` es el nombre de la máquina particular en la que vive la lista de correo. Para unirse, envíele este comando a la dirección del servidor de la lista:

```
sub nombredelista sunombre
```

Reemplace *nombredelista* con el nombre de la lista y el *nombre* con su nombre (no su dirección de correo electrónico). Digite el comando como la primer línea del mensaje, no la línea del asunto.

Suponga que desea unirse a una lista llamada `DANDRUFF-L` (las listas de correo de LISTSERV, usualmente, terminan en `-L`), que vive en `bluesuede.org`. (esta lista atrae a un montón de escamas). Para unirse, envíele a `LISTSERV@bluesue-de.org`, la lista de direcciones de servidor, un mensaje que contenga esta línea:

```
sub DANDRUFF-L Ed N. Sholderz
```

No tiene que agregar un línea de asunto ni nada más al mensaje –y mejor no lo haga para no confundir al programa LISTSERV. `SUB` es una abreviación de suscribir, `DANDRUFF-L` es el nombre de la lista y todo lo que está después se supone que debe ser su nombre real (puede poner cualquier nombre aquí, pero recuerde que este aparecerá en las direcciones de retorno de las cosas que envíe a la lista). No es necesario que le diga a LISTSERV su dirección de correo electrónico, pues el programa la puede leer desde los encabezados generados automáticamente en la parte superior de su mensaje.

Poco después, debería recibir un mensaje de bienvenida generado por una máquina, el cual le dice que se ha unido a la lista, junto con una descripción de algunos comandos que puede usar para participar de su nueva membresía a la lista de correos. Usualmente, este mensaje incluye una petición para confirmar que recibió este mensaje y que fue usted, realmente, quien quiso suscribirse. Siga las instrucciones y conteste este mensaje con la palabra *OK* en el cuerpo del mensaje. Esto les ayuda a las listas a asegurarse de que no le envían por correo cosas al vacío, y evita que la gente sea incluida en listas sin su conocimiento. Si no brinda esta confirmación, no entra a la lista.

Conserve el mensaje informativo de bienvenida que le cuenta sobre todos los comandos que puede usar en la lista. En primer lugar, le dice cómo salir de la lista de correo si esta no es de su agrado. Nosotros tenemos en nuestro programa de correo una carpeta llamada Mailing Lists, en ella almacenamos los mensajes de bienvenida de todas las listas de direcciones a las que nos unimos, para no tener que pasar por la vergüenza de solicitar ayuda para desuscribirnos más tarde.

Después de que esté suscrito, para enviar un mensaje a la lista, envíelo a la dirección de la lista, en este caso, `DANDRUFF-L@bluesuede.org`. Asegúrese de proporcionar un `Subject:` (Asunto) descriptivo para las multitudes que se beneficiarán con las perlas de su sabiduría. En cuestión de minutos, la gente de todo el mundo podrá leer su mensaje.

Para salir de una lista, debe escribir de nuevo a `LISTSERV@alguna.maquina.u.otra`, esta vez enviando esta línea en el texto del mensaje (no en la línea del asunto):

```
SIGNOFF DANDRUFF-L
```

o cualquiera que sea el nombre de la lista. No tiene que dar su nombre de nuevo porque después de que esté fuera de la lista, LISTSERV ya no tiene más interés en usted y se olvida de que alguna vez existió.

Es más difícil entrar y salir de algunas listas que de otras. Generalmente, uno pide estar en una lista y ya está en ella. En algunos casos, la lista abierta para todos los recién llegados y el administrador humano se encarga de permitirle la entrada, en cuyo caso, es posible que usted reciba algunos mensajes del administrador de la lista para discutir su solicitud. Para contactar al administrador de la lista, la dirección de correo es `OWNER` (DUEÑO) seguido por el nombre de la lista (`OWNER-DANDRUFF-L`, por ejemplo).

### Trucos estúpidos de LISTSERV

La gente que mantiene el programa de LISTSERV le ha agregado tantas campanas y flautas que se necesitaría un libro completo para describirlo todo, pero este no es ese libro. Estos son algunos comandos útiles. Para cada uno de ellos, se envía un mensaje a `LISTSERV@alguna.maquina.u.otra` con el comando en el texto de su mensaje:

✔ **Detener el correo temporalmente:** A veces, usted puede estar lejos por una semana o dos y no desea estar recibiendo cientos de correos mientras tanto. Debido a que usted planea regresar, no obstante, no desea salirse de todas esas listas. Para detener temporalmente la lista de correos DANDRUFF-L, envíe este mensaje:

```
SET DANDRUFF-L NOMAIL
```

La lista deja de enviarle mensajes. Para activarla de nuevo, envíe este mensaje:

```
SET DANDRUFF-L MAIL
```

✔ **Recibir mensajes en compendios:** Si recibe un gran número de mensajes desde una lista y preferiría recibirlos todos de una vez, como un compendio diario, envíe este mensaje:

```
SET DANDRUFF-L DIGEST
```

Aunque no todas las listas pueden ser compendiadas, las que no lo son se lo hacen saber y no se ofenden. Si más tarde desea mensajes individuales de nuevo:

```
SET DANDRUFF-L NODIGEST
```

✔ **Averigüe quién está en una lista:** Para averiguar quién se suscribe a una lista, envíe este mensaje:

```
REVIEW DANDRUFF-L
```

En algunas listas, esto solo lo pueden hacer los miembros de estas y nadie más. Debido a que algunas listas son enormes, prepárese para recibir un enorme mensaje que enumera a miles de suscriptores.

✔ **Averigüe cuáles listas están disponibles:** Para saber cuáles listas de correo de LISTSERV están disponibles en un particular servidor de listas, envíe este mensaje:

```
LISTS
```

*Nota:* Mantenga en mente que solo porque una lista existe no necesariamente implica que usted se puede suscribir en ella. Pero no duele intentarlo.

✔ **Logre que LISTSERV haga otras cosas:** Muchísimos otros comandos merodean en LISTSERV, la mayoría de los cuales solo aplican para personas con procesadores enormes de IBM. Si usted es una de estas personas o si, simplemente, es una persona fisgona, envíe un mensaje que contenga esta línea:

```
HELP
```

Recibirá una respuesta de mucha ayuda que enumera otros comandos.

# El servidor de correo de Majordomo —Una excelente elección, señor

El otro administrador de correo ampliamente usado es *Majordomo*. Empezó como una imitación de LISTSERV, pero evolucionó hasta convertirse en un sistema que opera bastante bien. Majordomo2 es la versión más nueva. Los comandos de Majordomo son casi, pero (pretenda sorprenderse ahora) no totalmente, los mismos que sus equivalentes de LISTSERV.

### Entrar y salir de las listas de Majordomo

La dirección del servidor de listas de Majordomo (la dirección a la que le envía los comandos) como podría esperarlo, es `majordomo@alguna.maquina.u.otra`. Las listas de Majordomo tienden a tener largos y expresivos nombres. Para suscribirse, envíe un mensaje como este a la dirección del servidor de listas:

```
subscribe listname
```

A diferencia de LISTSERV, no ponga su nombre después del nombre de la lista cuando se suscribe a una lista Majordomo. (Si pone algo allí, Majordomo lo considera la dirección para suscribir en vez de la suya propia). Como LISTSERV, Majordomo devolverá una pregunta de confirmación para asegurarse de que fue usted quien deseaba suscribirse. Lea el mensaje de confirmación cuidadosamente y siga sus instrucciones, ya que las confirmaciones de Majordomo tienden a ser más complicadas que las de LISTSERV.

Para desuscribirse, envíe un mensaje como este a la dirección del servidor de lista:

```
unsubscribe listname
```

---

# ¡Urrp! ¡Las computadoras compendian mensajes!

Algunas listas de direcciones son *digested (compendiadas)*. Todos los mensajes sobre un período particular (usualmente, en un día o dos) son reunidos en un mensaje grande con una tabla de contenidos al inicio. Muchas personas consideran que este método es más conveniente que recibir los mensajes por separado, puesto que usted puede ver los temas de todos los mensajes de una sola vez.

Preferimos recibir nuestros mensajes individualmente y decirle a nuestro programa de correo electrónico que ordene los mensajes entrantes en carpetas separadas, una por cada lista de correo a la que nos suscribimos. Eudora, Outlook Express, Netscape Messenger, Netscape Mail, y muchos otros programas de correo electrónico pueden ordenar sus mensajes (pero el programa de correo electrónico de AOL no puede). Refiérase a "Su Propio Administrador de Correo", en el Capítulo 12.

Después de que se haya suscrito, puede enviar un mensaje a todos los que aparecen en la lista de correos remitiéndolo a esta dirección — `listname@alguna-`
`.maquina.u.otra`.

### Trucos estúpidos de Majordomo

Para no ser derrotado por LISTSERV, Majordomo tiene su propio conjunto de comandos no particularmente útiles (como con LISTSERV, usted puede enviar un solo mensaje con tantos de estos comandos como lo desee):

✔ Para averiguar en cuáles listas del sistema de Majordomo está suscrito:

```
which
```

✔ Para averiguar todas las listas administradas por el sistema de Majordomo:

```
lists
```

✔ Para averiguar todo el resto de las cosas chistosas que Majordomo puede hacer:

```
help
```

✔ Si desea contactar al administrador humano del sistema de Majordomo porque no puede salirse de una lista u otro tipo de problema insoluble, envíele un mensaje a `owner-majordomo@ hostname`. Recuerde que debido al hecho de que los humanos duermen, comen y tienen trabajos de verdad, quizás no reciba una respuesta en uno o dos días.

## Otros servidores de listas

Muchos otros programas de servidor de la lista sirven ampliamente para listas del correo electrónico, incluyendo ListProc, MailMan, y Lyris. Para suscribirse a una lista, necesita saber cuáles órdenes entiende su servidor de lista. Cuando busca listas de direcciones para unirse, asegúrese de saber cuál es la dirección del servidor de lista a la cual le envía los comandos, el comando exacto que tiene que enviar e (idealmente) la dirección del administrador de lista que va para la persona encargada de la lista.

## Hacer clic adentro y afuera de las listas

Un montón de sitios Web ahora hospedan listas de correo, lo cual le permite unirse o, incluso, crear sus propias listas haciendo clics en vínculos de páginas Web. Estos sitios incluyen Topica (`www. topica-`
`.com`), Yahoo! Groups (`groups.yahoo.com`) y Coollist (`www.coo-`
`llist.com`).

---

## Suscribirse desde la Web

Lyris, MailMan, y Majordomo2 son grandes mejoras de LISTSERV y de ListProc porque puede subscribirse, desubscribirse y cambiar sus configuraciones de suscripción desde la Web. De tal manera que no se sorprenda si las instrucciones de una lista de direcciones le piden ir a una página Web y llenar un formulario.

Generalmente, introduce su dirección de correo electrónico en el cuadro de una página Web, hace clic en un botón Send o Subscribe y ya está en la lista. Esto, a menudo, es más conveniente que enviar por correo electrónico un comando.

Pero antes de que se subscriba, asegúrese de que haya alguna forma de darse de baja de la lista, una opción que algunos aparatos orientados hacia el mercado olvidan proveer.

---

Para suscribirse a una lista de uno de estos sitios Web, simplemente siga las instrucciones del sitio. Algunas listas de direcciones de sitios Web le permiten leer los mensajes publicados en sus listas sin realmente suscribirse —puede hacer clic en los vínculos para desplegar los mensajes en su explorador de Internet.

Puede configurar sus listas de direcciones, también. Es gratis, porque los sitios despliegan anuncios en sus páginas Web e, incluso, pueden añadir anuncios a las publicaciones de la lista. Si tiene un pasatiempo inusual, trabajo, interés o afición, puede crear una lista para discutir sobre ello. O configure una lista de un comité o un grupo familiar para que la usen y tengan conversaciones en línea.

## Enviar mensajes a listas de correo

Muy bien, usted es dado de alta en una lista de correos. ¿Ahora qué? Primero, espere una semana para ver qué tipo de mensajes llegan a la lista; de ese modo, puede tener una idea de lo que debería o no debería enviar. Cuando piensa que ha visto lo suficiente como para evitar hacer algo embarazoso, pruebe enviando algo. Es fácil: envíe un mensaje a las direcciones de la lista, que debe tener el mismo nombre de la lista — `chocolate-lovers@lists.gurus.com` o `dandruff-l@bluesuede.org` o el que sea. Tenga en mente que debido a las cientos o miles de personas que leerán sus perlas de sabiduría, al menos debería intentar escribir con buena ortografía (puede pensar que esto es obvio pero estaría tristemente equivocado). En las listas más populares, puede empezar a recibir respuestas luego de solo unos cuantos minutos de haber enviado el mensaje.

Algunas listas animan a los suscriptores nuevos para que envíen un mensaje de presentación y digan brevemente cuáles son sus intereses. Otros no. No envíe nada hasta que tenga algo que decir.

---

# Cómo evitar verse como un idiota

Aquí hay un consejo útil: Después de que se subscriba a una lista, no envíe nada a ella hasta que lo lea por una semana. Confíe en nosotros —la lista ha podido prescindir de sus perspicacias desde que comenzó y podrá prescindir de ellos por una semana más.

Puede aprender cuáles son los temas que discuten las personas realmente, el tono de la lista y otras cosas. También le da una idea bastante aproximada acerca de cuáles temas están cansadas las personas. El error novato clásico es subscribirse a una lista e, inmediatamente, enviar un mensaje haciendo una pregunta tonta que no está realmente relacionada con el tema y que había sido abatida hasta la muerte tres días antes. Aguarde un tiempo y no permite que esta situación le ocurra.

El segundo error de novatos es enviar un mensaje directamente a la lista pidiendo subscribirse o desubscribirse. Este tipo de mensaje deberìa ir al administrador de la lista o al programa servidor de lista, no a la lista misma, donde todos los otros suscriptores puedan ver lo que le ocurre.

Para resumir: El primer mensaje que envía, para unirse a una lista, debe ir a una dirección something-request o LISTSERV o majordomo no a la lista misma. *Después de que se una a la lista y la lea por un tiempo, puede enviar mensajes a la lista.*

Asegúrese de enviar mensajes de texto puro a las listas de correo. No envíe mensajes de formato "enriquecidos", documentos adjuntos ni nada además del texto. Muchos programas de correo electrónico no manejan documentos que no sean de texto y, de todos modos, muchas personas carecen de los programas necesarios para abrir un documento adjunto. Si tiene un archivo que desea distribuir en una lista de direcciones, envíe un mensaje que invite a las personas interesadas en obtenerlo para que le envíen correo electrónico privadamente.

Una última cosa para no hacer: Si no le gusta lo que publica otra persona (por ejemplo, algún novato que publica mensajes en blanco o mensajes de "desubscríbame", o si está vociferando contra un tema) no malgaste el tiempo de todos respondiéndole. The only thing stupider than a stupid posting is a response complaining about it. Instead, e-mail the person *privately* and tell him to stop, or e-mail the list manager and ask that person to intervene.

---

Después de que vea el flujo de mensajes de una lista durante un tiempo, todas estas cosas se hacen evidentes.

Algunas listas de correo tienen reglas sobre quién está permitido de enviar mensajes, lo cual significa que simplemente porque está en una lista cualquier mensaje que envíe aparecerá en ella. Algunas listas son *moderadas:* cualquier mensaje que envíe es enviado a un *moderador* humano, que decide qué va a la lista y qué no. Aunque este proceso puede sonar fascista, la moderación puede hacer que una lista sea, aproximadamente, 50 veces más interesante de lo que sería de otro modo, porque un buen moderador puede filtrar los mensajes aburridos e irrelevantes y mantener la lista en camino. Ciertamente, las personas que se quejan más del moderador de la censura escriben los mensajes que, más urgentemente, necesitan ser filtrados.

Otra regla que a veces causa problemas es que muchas listas permiten que los mensajes sean enviados solo de personas cuyas direcciones aparecen en la lista. Esta regla se convierte en un dolor si su dirección de correo cambia. Suponga que usted tiene a un buen y organizado administrador de correo y que su dirección de correo electrónico oficial cambia de `jj@shamu.pol.bluesuede.org` a `John.Jay-@bluesuede.org`, aunque su viejo correo electrónico todavía funciona. Quizás descubra que algunas listas empiezan *rebotando* sus mensajes (se los envía de nuevo a usted, en vez de a la lista) porque no entienden que `John.Jay@bluesuede.org` el nombre bajo el cual ahora envía los mensajes, es el mismo de `jj@shamu.pol-.bluesuede.org`, el nombre con el cual se suscribió originalmente a la lista. Peor, LISTSERV no le permite salirse de la lista por la misma razón. Para solucionar este problema, tiene que escribirles a los administradores humanos de cualquier lista en la que ocurra este problema y pedirles que lo solucionen manualmente.

## Los buenos puntos de contestar mensajes de listas de correos

A menudo, puede recibir un mensaje interesante de una lista al cual le gustaría responder. ¿Cuándo envía su respuesta, va solamente a la persona que envió el mensaje original o este es recibido por la *lista entera?* Depende en su mayor parte de cómo el administrador de la lista haya configurado el software operativo de la lista. Cerca de la mitad de los administradores de lista configuran las cosas para que las respuestas, automáticamente, vayan solo a la persona que envió el

# ¡Boing!

Las cuentas de las computadoras se crean y eliminan lo suficientemente a menudo y las direcciones de correo, también, lo suficientemente a menudo que una lista grande siempre contiene, en cualquier momento dado, algunas direcciones que ya no son válidas. Si envía un mensaje a la lista, su mensaje es reenviado a estas direcciones no válidas y se genera un mensaje de regreso dando cuenta de las direcciones erróneas. Los administradores de las listas de direcciones (tanto humanos como computadorizados) normalmente tratan de desviar los mensajes de error para que vayan al dueño de la lista, que podría hacer algo con ellos, en vez de a usted. Casi siempre, sin embargo, un sistema de correo persistentemente estúpido le envía, directamente, uno de estos mensajes de error. Simplemente, ignórelo porque usted no puede hacer nada al respecto.

mensaje original, asumiendo que su respuesta será solo de interés para el autor original. La otra mitad configura las cosas para que las respuestas vayan a la lista entera, asumiendo que la lista es una discusión pública activa. En los mensajes procedentes de la lista, el software automáticamente configura la línea de encabezado `Reply To: (Responder a:)` para la dirección a la cual se deberían enviar las respuestas.

Afortunadamente, usted está a cargo. Cuando comienza a crear una respuesta, su programa de correo le debería mostrar la dirección a la que contesta. Si no le gusta la dirección que está usando, cámbiela. Revise los campos `To: (Para:)` y `Cc:` para asegurarse de que envíe su mensaje a donde lo desea.

Mientras arregla la dirección del destinatario, también puede querer arreglar al `Subject: (Asunto)`. Después de unas cuantas rondas de respuestas a respuestas, a respuestas, el tema del debate a menudo se aparta del asunto original y es una buena idea cambiar el tema para describir mejor lo que se está realmente discutiendo.

## Encontrar listas de correo interesantes

Decenas de miles de listas residen en la Internet —tantas que, de hecho, se han escrito *libros* enteros solo para enumerar todas estas *listas*. Para una enorme lista de ellas que se puede buscar, revise alguno de los sitios directorios de listas de correos, como el sitio Publicly Accessible Mailing Lists, en `paml.net`. Puede buscar listas que incluyan una palabra o una frase en el nombre o en la descripción en línea de la lista. Después de que localice una lista que suene interesante, una página le dice cómo suscribirse.

Nosotros seguimos encontrando listas nuevas e interesantes y nos suscribimos a muchas de ellas, con temas que van desde la publicación de libros de informática hasta la crianza de aves domésticas. Para nuestra más reciente lista de listas interesantes, revise nuestro sitio Web: `net.gurus.com/ lists`. Si no tiene acceso a la Web, envíele correo electrónico a `lists@gurus.com` y le enviaremos nuestra lista actual. Si tiene una lista favorita que desee compartir, envíenos correo electrónico a `list-suggestions@gurus.com`. Y en vez de suscribirse a las listas que damos aquí, busque las listas que traten los temas que a *usted* le interese tratar.

### Risks Digest (Compendio de riesgos)

Este foro moderado comenta los riesgos para el público en las computadoras y los sistemas relacionados. Cubre los riesgos de la tecnología moderna (muchas estupendas historias de guerra). Para suscribirse, envíe "subscribe risks" a `Majordomo@1.sri.com`. Para recibir un compendio diario de mensajes, envíe "subscribe risks-digest" a la misma dirección.

### Privacy Forum Digest (Compendio del Foro de la Privacidad)

Esta discusión moderada sobre la privacidad en la era de las computadoras tiene muchos informes temibles sobre gente y organizaciones que usted jamás esperaría que estaban fisgoneando en su vida (los conductores de una ambulancia, por ejemplo). Para suscribirse, envíe el mensaje "subscribe privacy *sudirección"* a LISTSERV@vortex.com (reemplace *sudirección* con su dirección real de correo electrónico).

### The Jazz Lover's List (La Lista del Amante del Jazz)

Este debate acogedor, tranquilo y fluyente no se queja cuando los participantes no se quedan en un tema, sino más bien pone énfasis en crear una atmósfera de tipo de salón en la cual "las personas de pensamiento similar, inteligentes y de ambientes diversos" puedan hacer conexiones reales. Para suscribirse, envíe el mensaje "subscribe jazz-L *sunombre"* a LISTSERV@ brownvm.brown.edu.

### Liberal Judaism (Judaísmo Liberal)

Los debates sobre el judaísmo liberal (incluyendo la Reforma, los Reconstruccionistas, conservadores y los humanistas seculares), temas, opiniones, prácticas y creencias toman lugar en esta lista moderada. Para suscribirse, envíe el mensaje "subscribe MLJ *sunombre"* a Listproc@shamash.org.

### B-Movies (Películas Clase B)

Si le gustan las películas baratas y desea comentar sus cosas buenas, este es el lugar. Para suscribirse, visite el sitio Web www.topica.com/lists/B-Movies o envíe un mensaje a B-Movies-subscribe@topica.com.

### Stock Chat (Chat de Acciones)

Esta lista se concentra en consejos sobre acciones y en una discusión moderada de hacia dónde se dirige la economía. Para suscribirse (o leer los mensajes sin suscribirse) visite el sitio Web de la lista en www.topica.com/lists/stockchat o envíe un mensaje a stockchat-subscribe@topica.com.

# Discusiones en la Web: Publicar en Tableros de Mensajes

Las listas de direcciones son geniales si desea recibir mensajes de correo electrónico, pero para algunas personas, es más conveniente leer los mensajes de una comunidad Web en línea. Estas personas tienen suerte: *Los tableros de mensajes* son grupos de discusión basados en la Web, los cuales publican mensajes en un sitio Web. Como las listas de correos, algunos tableros de mensajes son legibles solo por los suscriptores, algunos le permiten publicar solo a los suscriptores y algunos son moderados (esto es, un moderador debe aprobar los mensajes antes de que aparezcan en el tablero de mensajes).

Muchos sitios Web incluyen tableros de mensajes. Algunos sitios Web están dedicados a hospedar tableros de mensajes de muchísimos temas diferentes. Estos son algunos de nuestros favoritos:

### *About.com, en www.about.com*

About.com contrató expertos de cada campo para ser los anfitriones de sus tableros de mensajes. Su página principal le permite seleccionar categorías que le interesan hasta que encuentre la comunidad particular que desea leer. Cada comunidad incluye artículos, bibliotecas de archivos y un tablero de mensajes.

### *Topica, en www.topica.com*

Topica da hospedaje a listas de correo, pero también puede leer los mensajes de la lista de correo en su sitio Web.

### *Yahoo! Groups, en groups.yahoo.com*

Yahoo Groups incluye tableros de mensajes y bibliotecas de archivos y usted puede leer los mensajes tanto en el sitio Web o por correo electrónico —su elección cuando se une a un grupo (refiérase a la Figura 13-1 para ver una imagen de la página principal de Yahoo Groups). Yahoo Groups también incluye calendarios para eventos de grupos y charlas en tiempo real en el mismo sitio. Para unirse, primero debe obtener una identificación de Yahoo, la cual también le ofrece un buzón de correo y espacio en la Web —¡qué trato! También puede crear un grupo de Yahoo haciendo clic en vínculos —puede ser publicado en un grupo público para todos o en un grupo privado para un club o una familia.

**Figura 13-1:**
Yahoo Groups
incluye
tableros de
mensajes y
charlas en
tiempo real
sobre una
sorprendente
variedad
de temas.

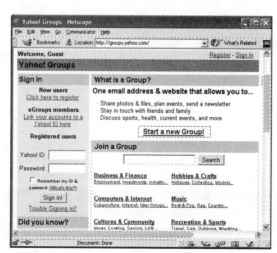

# Capítulo 14

# Digitar, Hablar y Utilizar Video por la Red

* * * * * * * * * * * * * * * * * * * * * * * * * * * * * * * * * * * * * * *

## En este capítulo

▶ Configurar su computadora con un micrófono y una cámara Web

▶ Mensajes instantáneos con ICQ

▶ Mensajes instantáneos con AOL Instant Messenger (aunque no use AOL)

▶ Buenas conferencias con Yahoo Messenger —¿por qué limitarse a digitar cuando puede escuchar voces y ver video?

▶ Otros muchos instantes

* * * * * * * * * * * * * * * * * * * * * * * * * * * * * * * * * * * * * * *

**E**l correo electrónico de Internet es muy rápido, llega en menos de un minuto. Pero algunas veces eso no es lo suficientemente rápido. Una nueva generación de sistemas de *mensajes instantáneos* le permiten desplegar un mensaje en la pantalla de alguien en cuestión de segundos. Además, tiene listas de amigos que le permiten ver cuando uno de sus amigos está en línea, para que les pueda enviar un mensaje instantáneo (perdónenos, esto nos da dolor de cabeza, permítanos un momento para tomarnos un poco de café instantáneo. Ahh, así está mejor).

Lo bueno de los mensajes instantáneos es que le permiten estar en contacto con otras personas tan rápido como si estuviera hablando con ellos por teléfono. Lo malo es que también ofrecen una cantidad de formas sin paralelo de molestar a las personas. El AOL Instant Messenger, comentado más adelante en este capítulo, tiene alrededor de dos opciones para enviar y recibir mensajes y como doce opciones para rechazar, denunciar, eliminar y lidiar de varias maneras con los mensajes no deseados (esto puede decir más sobre los usuarios de AOL que de la tecnología).

Claro, todavía mejor que digitarle mensajes a una persona, es hablarle en voz alta. Si su computadora tienen un micrófono y parlantes, puede usar la Internet para realizar llamadas telefónicas —incluso llamadas de conferencias— sin hacer pagos. Si conecta una cámara de video digital (o *webcam*) a su computadora, sus amigos incluso pueden verlo mientras habla o digita. ¡No es difícil de hacer!

# Agregar Voces y Caras

Si no desea hablar con otras personas ni verlas —es decir, si no le importa limitarse a digitar con sus amigos— entonces, pase por alto esta sección, de otro modo, siga leyendo.

## ¿Cómo dice?

Casi todas las computadoras vienen con parlantes, los cuales están conectados a una tarjeta de sonido ubicada dentro de la computadora. Estos parlantes son los productores de los diversos ruidos que producen los programas (como el anuncio de AOL "You've got mail!" ("¡Tiene Correo!"). La mayoría de las tarjetas de sonido incluyen un conector para un micrófono (revise el manual de su computadora o pregúntele a cualquier adolescente para que le ayude con esto). Si no tiene un micrófono, puede obtener alguno de los que sirven con casi cualquier computadora. Un micrófono puede costar menos de $20 en su tienda de computación local, en Radio Shack o en las tiendas de cómputo en línea, como PC Connection (`www.pc-connection.com`).

Para probar su micrófono y sus parlantes en una máquina de Windows, ejecute el programa Sound Recorder e intente grabarse y reproducirlo. Seleccione Start⇨All Programs⇨Accessories⇨Entertainment⇨Sound Recorder en Windows XP o Me. Haga clic en el botón rojo Record para iniciar la grabación y en el botón cuadrado Stop para detenerla (hablar, cantar o hacer sonidos). Haga clic en el botón Play para escuchar lo que acaba de grabar. Seleccione File⇨New para empezar y eliminar lo grabado. Seleccione File⇨Save para guardarlo como un archivo de audio WAV (nos encanta hacer grabaciones WAV de nuestros niños diciendo cosas tontas y luego enviarlos (los archivos, no los niños) a sus abuelos.

Puede ajustar el volumen de sus micrófonos (para el sonido entrante a la computadora) y sus parlantes o audífonos (para el sonido saliente), seleccionando Start⇨All Programs⇨Accessories⇨Entertainment⇨Volume Control. Si el control de su micrófono no aparece, seleccione Options⇨Properties, haga clic en el cuadro de verificación de Microsoft para que aparezca una marca y haga clic en OK.

Si desea probar sonidos de voces en su computadora desde la Red, digite el URL `net.gurus.com/ngc.wav` en su explorador y vea lo que pasa (sí, es la chillona voz de John).

¡Si puede grabarse y luego oír la grabación cuando la reproduce, ya está listo para llamadas telefónicas basadas en la Internet o para las charlas!

# ¿Cuál sistema de mensajes instantáneos debo usar?

Desafortunadamente, los sistemas de mensajes instantáneos no se hablan entre sí. Ya que el cometido de todos estos sistemas es permanecer en contacto con sus amigos, use el mismo que ellos usen. Si no está seguro de cuál sistema usan sus amigos, AOL Instant Messenger es una buena apuesta porque es fácil de instalar y, automáticamente, opera con cualquier usuario de AOL, puesto que es el mismo sistema que la AOL usa internamente. Nos gusta Yahoo Messenger, porque es gratis, da soporte a texto, a voz y a video y les permite hablar a más de dos personas (hemos mantenido reuniones en Yahoo Messenger con seis personas en la voz, dos en video y todos digitando comentarios sarcásticos al mismo tiempo). Si tiene Windows XP, ya tiene Windows Messenger, el cual viene preinstalado.

Si está realmente loco por los mensajes instantáneos, puede correr más de un sistema al mismo tiempo. ¡Mientras escribíamos este capítulo, teníamos puesto Windows Messenger, AOL Instant Messenger y Yahoo! Messenger al mismo tiempo. Fue un momento horrible de parpadeos y brillos intermitentes, pero funcionó.

## ¡Te veo!

Si desea que otras personas lo puedan ver durante las conversaciones en línea, considere obtener una *cámara Web*. Se trata de una pequeña cámara de video digital que puede conectarse a una computadora. Las cámaras Web vienen en muchos tamaños, formas y precios que van desde $ 60 hasta $ 500. Las cámaras Web más caras envían imágenes de calidad más alta a velocidades superiores y vienen con mejor software. Por otra parte, hemos tenido una gran suerte con una cámara Web de $ 60 al platicar con amistades y participar en videoconferencias.

La mayoría de cámaras Web se conecta al puerto USB de su computadora: un conector rectangular en la parte de atrás. Los sistemas más viejos no tienen puertos USB. Las mejores cámaras se conectan a las tarjetas especiales de captura de video, para lo cual debe abrir su computadora.

Si tiene una cámara digital para tomar video de su familia y de sus amigos, quizás pueda ser capaz de conectarla a la computadora para usarla como una cámara de Web. Revise el manual de la cámara.

Para noticias y revisiones de cámaras Web, refiérsase al sitio WebCamWorld, en `www.webcamworld.com`.

# ICQ: Yo Te Busco

ICQ es el actual rey de los mensajes instantáneos, con más de 110 millones de usuarios (según su sitio Web, en www.icq.com). La semana en que escribimos este capítulo, el programa fue descargado más de 800.000 veces. ICQ tiene cerca de un cuatrillón de características y opciones diferentes, pero básicamente, usted descarga e instala el programa ICQ y lo configura para obtener el número de ocho dígitos (ICQ#) que es algo parecido a un número telefónico, el cual lo identificará. Luego usted identifica algunos amigos y empieza a enviarles mensajes instantáneos y a charlar con ellos. El programa de ICQ se ejecuta en Windows, en todas las versiones desde la 3.1 en Mac, Palm Pilots, y según lo que sabemos, en ciertas máquinas expresas.

Al final del año 2001, todo el software distribuido de ICQ es *beta*, lo cual significa que, oficialmente, está siendo probado y puede dejar de funcionar en algún punto, puede cambiar las reglas si lo desean, pedirle a la gente que les pague por usarlo o algo. Pero con 110 millones de usuarios, no creemos que hagan cambios como para hacer que todos los usuarios se vayan. Este libro describe la versión 2001 de ICQ.

## Instalar ICQ

Primero, tiene que obtener una copia del software de ICQ e instalarlo en su computadora. A menos que ya tenga la copia (de un amigo o en un CD-ROM) visite la página principal de ICQ, en www.icq.com y busque un botón llamado *Download ICQ* o quizás *Get ICQ*. Haga clic en él y verá una página en la cual hay un área para los usuarios nuevos con vínculos a versiones para diversas computadoras. Siguiendo las instrucciones que se aplican para usted y siguiendo los vínculos, eventualmente, descargará el programa ICQ, que se llama algo así como icq2001b.exe (el programa es de unos 4MB). Siga las instrucciones para instalar ICQ, al ejecutar el archivo de programa que descargó. Después de instalar el software, verá la ventana del asistente Registration Wizard, que le pregunta si tiene un ICQ# o si necesita uno nuevo (el Capítulo 16 tiene más información sobre cómo descargar e instalar programas).

Cuando se registre para obtener un nuevo ICQ#, el asistente ICQ Registration Wizard lo invita para que introduzca su nombre y su dirección de correo electrónico. También tendrá que seleccionar una contraseña para proteger su número. Le recomendamos que ajuste sus configuraciones de privacidad y seguridad para que se requiera de su autorización antes de que otras personas lo puedan agregar a sus listas de contactos, para prevenir que reciba muchos mensajes de extraños. A menos que tenga mucho tiempo libre, cancele la selección del cuadro que lo hace disponible para cualquiera que desee charlar. Cuando haya terminado, el programa de ICQ empieza, con una ventanita que aparece en su pantalla, como se muestra en la Figura 14-1. Puede aparecer una ventana más grande por unos 30 segundos para informarle sobre las noticias del día.

La primera vez que ejecute ICQ, la computadora Intergaláctica de ICQ (en realidad AOL, que es la dueña de ICQ) puede enviarle un mensaje de bienvenida —¡qué detallista! Para leerlo, haga doble clic en el icono parpadeante llamado System Notice. Lea el mensaje de su ventana y luego haga clic en Close.

**Figura 14-1:**
La ventana
de ICQ (a la
izquierda) y
la ventana
Find/Add
Users, de
búsqueda
de usuarios,
están listas
para
ayudarle a
buscar
amigos con
quién
hablar.

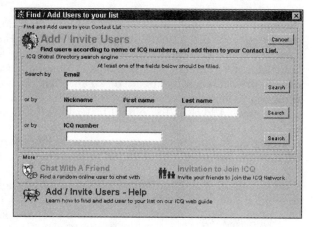

Normalmente, ICQ opera siempre que esté conectado. Minimícelo usando el botón estándar para minimizar y ello cambiará el icono de la barra de tareas de Windows y le dirá por los parlantes de su computadora cuando haya alguien intentado comunicarse con usted. Para ver su ventana, haga clic en el pequeño icono o la flor de ICQ, de la barra de tareas de Windows.

Para nosotros es molesto que la ventana de ICQ desee permanecer siempre visible, por encima de todas las otras ventanas. Usted puede cambiar esta configuración haciendo clic en el botón To Advanced Mode, y en el Switch To Advanced Mode (es decir, cambiar al modo avanzado). Haga clic en el botón Main o ICQ, en la esquina inferior izquierda de la ventana y seleccione Contact List Options⇨Always On Top, en el menú.

# Establecer contacto

Ahora está listo para ICQ. ¿Dónde están sus amigos? Haga clic en el botón Add/Invite Users de la ventana de ICQ. Verá la ventana mostrada al lado derecho de la Figura 14-1. La primera vez que ejecute ICQ, puede abrirse esta ventana automágicamente.

Las mejores formas de buscar a alguien son por el ICQ# o por la dirección de correo electrónico (hemos encontrado que la búsqueda por nombre y por apodo es menos confiable y puede obtener 50 equivalencias por cada nombre común). En la ventana Find/Add Users To Your List, digite la dirección de correo electrónico de su amigo en el cuadro Email o su número ICQ en el cuadro ICQ Number y haga clic en el botón Search. Si ICQ encuentra una equivalencia para la dirección de correo electrónico o el número, luego la(s) despliega. Haga doble clic en quien desee agregar a su lista de contactos. Normalmente, puede añadir el contacto en forma inmediata, pero algunos usuarios de ICQ han configurado sus cuentas con una opción de privacidad que requiere de su autorización antes de que se les pueda agregar a su lista de contactos. En ese caso necesita su permiso, de ser así, aparece la ventana Add User To Contact List; digite una nota para implorar sobre su caso y haga clic en Request. Hasta que obtenga el permiso de la persona para poder aparecer en su lista de contactos, el número ICQ aparece en la ventana ICQ bajo el encabezado Awaiting Authorization (en espera de autorización).

Si ICQ no encuentra equivalencia, ofrece enviarle a la víctima, uh el amigo, un correo electrónico que enaltece las maravillas de ICQ y lo anima para que se inscriba. Utilice su prudencia, por favor. Estas personas aparecen en su ventana ICQ bajo el encabezado Future Users Watch (Control de Usuarios Futuros).

Después de que agregue una persona a su lista de contactos, la ventana abre el número ICQ o el apodo de su camarada. Puede ajustar su lista de contactos en cualquier tiempo —no hay necesidad de identificarlos a todos ahora mismo. Para agregar a más personas, haga clic otra vez en la barra Add/Invite Users. Para eliminar a una persona, haga clic en la entrada de esta y seleccione Delete, en el menú. Para cambiar el nombre que aparece para una persona (por ejemplo, si su número de ICQ aparece y a usted le gustaría ver su nombre), haga clic en la entrada y escoja Rename.

# Brillar con fuerza

Cuando reciba un mensaje de una persona o del sistema de ICQ, la barra apropiada de la ventana ICQ brilla y el programa hace ruido. (¡En nuestros sistemas, hace el sonido de un vaso que se quiebra o un pequeño "Oh oh"! ¿Es esto normal?

Desafortunadamente, sí). Haga doble clic en el ítem relampagueante para ver la ventana que dice Incoming Message. Puede contestar por escrito haciendo clic en el botón Reply. Para guardar o imprimir el mensaje (es improbable que lo desee) haga clic en el botón More Functions.

Para enviarle un mensaje a alguien, haga doble clic en el nombre de la persona o en su número ICQ (de la ventana ICQ), o haga clic en él y seleccione Message del menú que aparece. Digite un mensaje y haga clic en Send. Si la persona está en línea, puede enviar un mensaje ahora mismo. En caso de que no, ICQ se ofrece a guardar el mensaje hasta que su amigo aparezca. Después de que ambos estén en línea, puede charlar; su conversación aparece en la mitad superior de la ventana (refiérase a la Figura 14-2) y en el cuadro de la mitad inferior puede derramar su siguiente perla de sabiduría.

A menos que sea un digitador veloz o que su amigo viva en Mongolia, la cosa más eficaz para digitar es "¿Cuál es su número de teléfono?" y llame a la persona por teléfono —o siga las instrucciones de la siguiente sección.

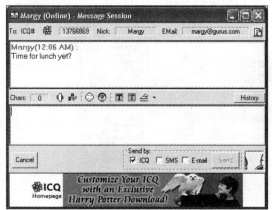

**Figura 14-2:** ICQ entrega un mensaje importante.

# Hable

ICQ viene con un programa llamado ICQphone para realizar conversaciones de voz. Si su computadora tiene micrófono y parlantes, las puede usar para hablar con sus contactos de ICQ. Debido a que la conversación tiene lugar a través de la Internet, no tiene que pagar tarifas de larga distancia, ¡sin importar en qué lugar del mundo esté su amigo!

Para usar ICQphone, cambie al modo avanzado (si ve un botón llamado To Advanced Mode en la ventana de su ICQ, haga clic en él). Inicie una charla de texto con alguien, tal como se describe en la sección previa. Luego haga clic en el botón User Menu y seleccione ICQphone⇨Send PC To PC Call del menú que aparece. Cuando observe la ventana Send Online PC To PC Call Request, digite un mensaje (como "¡Prepare su micrófono!") y haga clic en Send. Su amigo recibirá una solicitud de llamada y cuando él o ella haga clic en Accept, ambos verán la ventana ICQphone, mostrada en la Figura 14-3. La voz de la otra persona viene de los parlantes de su computadora. Hable en su micrófono de modo que su amigo pueda escucharlo. Puede utilizar el dispositivo deslizante del volumen en la ventana de ICQphone para ajustar el volumen de su parlante. Cuando haya terminado la conversación, haga clic en el botón Hang Up y cierre la ventana ICQphone.

ICQphone es una versión especial del programa de AOL Net2Phone. Puede desplegar su ventana a cualquier hora (si está en Modo Avanzado) al hacer clic en el botón Services y seleccionar ICQphone⇨Launch ICQphone Client. Lo puede sintonizar, de modo que pueda oír y ser oído, haciendo clic en el botón Menu y seleccionando Setup Wizard del menú que aparece. El asistente le ayuda a probar sus parlantes, su micrófono y la conexión a la Internet.

**Figura 14-3:**
ICQphone le
permite
llamar a otra
PC gratis o a
un teléfono
por una
tarifa por
minuto.

Pero no está limitado llamar a otros usuarios de ICQ por la Red. Desde la ventana del ICQphone puede realizar una llamada a cualquier número de teléfono del mundo, pero no es gratis. Para hacer una llamada, primero debe abrir una cuenta con ICQphone: vaya a `www.icq.com/icqphone` y siga las instrucciones. A finales de 2001, el precio de las llamadas dentro de los Estados Unidos (desde su PC a un teléfono real) era de dos centavos por minuto. Después de que obtenga una cuenta, abra la ventana de ICQphone, introduzca el número de teléfono y haga clic en Call. ¡Muy fácil!

# *Las otras 999.999 trillones de características de ICQ*

Además de mensajes y charlas, ICQ puede hacer otro montón de cosas:

✔ Puede enviar archivos y recibirlos desde sus contactos. Haga clic en el botón User Menu cuando esté charlando con alguien en modo avanzado, seleccione File➪Send File del menú que aparece, seleccione el archivo y digite un mensaje que describa el archivo. Los archivos van directamente de la computadora de una persona a otra, así que es muy rápido. Pero debo decir que nunca debería aceptar los archivos que provengan de personas desconocidas, porque podrían contener programas con virus, imágenes ofensivas u otro material indeseable.

✔ Puede unirse a grupos de charla sobre varios temas. En el modo avanzado, abra la barra de Topics (Temas) (si no está aún en la pantalla) haciendo clic en el botón Services (Servicios) y seleccionando ICQ Topics Directory Bar➪Show. Haga clic en un botón y revise alguna de las opciones de charla. Las charlas de grupo se llevan a cabo en una página Web, así que su explorador de Web aparece.

✔ En el modo avanzado, puede configurar perfiles, ajustar su estado para decirle a la gente si desea ser interrumpido, recibir correo electrónico o, en otro caso, verse envuelto en actividades comunicativas que consumen tiempo.

Para más información sobre ICQ, obtenga *ICQ 2000 Para Dummies*, de Peter Weverka y Michael Taylor.

# *AOL Instant Messenger*

AOL Instant Messenger (AIM en abreviación) es mucho menos divertido que ICQ. Todo lo que hace es permitirle enviar y recibir mensajes. Pero es más fácil de instalar que ICQ y le permite hablar directamente con los usuarios de AOL. Esta sección describe la versión de AIM 4.7. Si utiliza AOL, vaya al Capítulo 17 sobre cómo charlar en AOL.

## *Instalar Instant Messenger*

Si es un usuario de AOL, ya está listo para los mensajes instantáneos. Si no, tiene que instalar el programa AIM. Los suscriptores de AOL también pueden ejecutar el programa AIM y usar su nombre de pantalla de AOL cuando están conectados a otro tipo de cuenta de Internet.

AOL, siendo la hiper-agresiva organización de mercadeo que es, ha arreglado que AIM se incluya en un montón de paquetes. En particular, si tiene una copia de

Netscape Communicator o de Netscape 6, probablemente, ya tiene AIM. Si no lo tiene, visite www.aol.com/aim y siga las instrucciones de la página Web. Antes de descargar el programa, tiene que seleccionar un nombre de pantalla, el cual puede ser de hasta 16 letras de largo (sea creativo para no coincidir con uno de los 31 millones de nombres ya en uso) y una contraseña. También tiene que introducir su dirección de correo electrónico. AOL, agradablemente, no desea más información personal. La dirección de correo electrónico que da tiene que ser real: AOL envía un mensaje de confirmación a esa dirección y usted debe contestar o su nombre de pantalla es eliminado.

 Guarde el archivo descargado en algún sitio de su computadora (C:\Windows \Temp está bien, si no tiene ninguna otra carpeta para sus descargas). Luego, ejecute el programa descargado (que se llama aim95.exe hasta fines del 2001) para instalar el AIM. Normalmente, AIM se ejecuta en el fondo, siempre que esté conectado. Si no corre, haga clic en el icono de AIM, de su escritorio.

La primera vez que use AIM, tiene que introducir su AIM o su nombre de pantalla de AOL, como en la parte izquierda de la Figura 14-4. Digite su nombre de pantalla y la contraseña y haga clic en Sign On. Si desea usar el AIM cada vez que esté en línea, revise los cuadros Save Password y Auto-login antes de iniciar la sesión para que el AIM inicie su sesión automáticamente en el futuro. Usará la ventana AIM, mostrada en la parte derecha de la Figura 14-4. Si ve una gran ventana llena de vínculos al sitio Web de AOL, solo ciérrela.

AIM puede ejecutar el New User Wizard, que le ofrece ayuda para iniciar. Siga sus instrucciones, o haga clic en Cancel para seguir solo (siempre puede regresar al asistente seleccionando Help⇨New User Wizard desde el menú de AIM). Una pequeña ventana Ticker (Teletipo) puede aparecer también, mostrando un teletipo de noticias que se desplaza. Si no le gusta, ciérrela o haga clic en el botón del borde izquierdo para ver los detalles de las noticias o personalizar el teletipo.

**Figura 14-4:** Iniciar la sesión de AIM, la ventana de AIM y la pestaña de la lista de instalación de AOL.

# Ponerse amigable en línea

Primero cree su lista de amigos, luego podrá enviar mensajes.

Cuando AIM se abre, la pestaña Online se selecciona y muestra cuáles de sus muchos amigos están, actualmente, en línea. ¿Qué? Ninguno de sus amigos aparece en la ventana de AIM . Necesita añadir los nombres de pantalla de AOL o AIM de sus amigos a su *lista de amigos*.

 En la ventana AIM, haga clic en la pestaña List Setup para desplegar todos sus grupos de amigos. AOL brinda tres grupos: Amigos, Familiares y Compañeros de trabajo. Para agregar a un amigo, haga clic en el grupo al cual desea agregarlo, haga clic en el botón Add Buddy (junto a la esquina inferior izquierda de la ventana) digite el nombre de pantalla de su amigo y pulse Enter. Si sabe la dirección de correo electrónico pero no su nombre de pantalla, seleccione un grupo y elija: People⇨Find a Buddy⇨By E-mail, desde el menú. Al hacer esto, inicia un asistente que busca la dirección y le ayuda a agregar un nombre de pantalla que concuerde.

Después de que seleccione a sus amigos, haga clic en la pestaña Online. AIM despliega a los amigos que, actualmente, están en línea.

Para enviarle un mensaje a alguien, haga doble clic en el nombre del amigo (para abrir una ventana de mensaje), digite el mensaje, y haga clic en el botón Send. AIM despliega una ventana (mostrada en la parte izquierda de Figura 14-5) en la máquina del receptor, esta reproduce una canción pequeña y usted y su amigo pueden digitar mensajes. Cuando acabe, cierre la ventana de mensajes.

 La ventana de AIM aparece alta y delgada, pero se pueden arrastrar sus bordes para cambiar su forma; esto es útil si sus amigos tienen nombres largos.

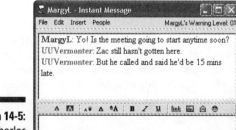

**Figura 14-5:** Charlar usando AIM.

## *Hacer ruido con AIM*

 Después de que establezca una conversación usando AIM, puede cambiar a voz (asumiendo que ambas partes tengan computadoras acondicionadas con micrófonos y parlantes). Haga clic en el botón Talk y, luego, en Connect. Su amigo verá una ventana que le preguntará si desea hacer una conexión directa con usted. Al hacer clic en Accept, en esa ventana, despliega la ventana Talk With, mostrada en la parte derecha de la Figura 14-5. Puede usar los dispositivos deslizantes para ajustar el volumen, y hacer clic en Disconnect cuando haya terminado de hablar.

## *Buzz off*

  Debido al sistema de AIM para enviar advertencias y bloquear usuarios no gratos, es evidente que AOL tiene un montón de usuarios con malos modales. Cuando esté charlando con alguien y, repentinamente, reciba un insulto o un mensaje molesto, puede hacer clic en el botón Warn, en la esquina inferior izquierda de la ventana de mensajes instantáneos. AIM le envía una advertencia al emisor. Con la cantidad indicada de advertencias (alrededor de cinco), un usuario es bloqueado para evitar que envíe mensajes instantáneos por un tiempo. Si encuentra que una persona es totalmente objetable, haga clic en el botón Block, para evitar recibir más mensajes de esa persona.

Más adelante, puede determinar quiénes pueden enviarle mensajes. En la ventana de AIM, seleccione My AIM➪Edit Options➪Edit Preferences y haga clic en la pestaña Privacy. Puede limitar los mensajes a las personas de su lista de amigos, permitírselos o bloquearlos a personas específicas. También puede agregar o eliminar personas de su libro de bloqueados.

# *Yahoo! Messenger*

Yahoo, el popular sitio Web, tiene su propio programa de mensaje instantáneo, llamado Yahoo Messenger. Es nuestro favorito porque no solo lo puede usar para digitar mensajes y hablar usando un micrófono, también puede ver a los demás usando una cámara Web. Mejor todavía, más de tres personas pueden tomar parte en la conversación. Hemos sostenido llamadas de conferencia de seis personas usando Yahoo Messenger, con un costo total de $ 0.

Para obtener el programa, vaya a `messenger.yahoo.com` y siga las instrucciones para descargar e instalar el programa. Yahoo Messenger está disponible en mu-

## Algunas obvias reglas de conducta al enviar mensajes

Enviarle a alguien un mensaje instantáneo es el equivalente en línea de aproximársele en la calle e iniciar una conversación. Si es alguien que usted conoce, está bien; si no, usualmente, es un entrometimiento.

A menos que tenga una razón convincente, no le envíe mensajes instantáneos a personas que no conoce y que no lo han invitado para hacerlo. No diga nada que no diría en una situación análoga en la calle. Si alguien ha configurado su estado de ICQ a "solo mensajes urgentes", guarde sus mensajes poco urgentes para más adelante o envíelos por correo electrónico.

Por alguna razón, la AOL está plagada de usuarios infantiles que, a veces, envían mensajes instantáneos descorteses a desconocidos o a conocidos que no están dispuestos a hablar, lo cual es el motivo por el que AIM tiene los botones Warn (Advertir) Block (Bloquear). No solo es descortés hacer eso, es tonto, ya que la AOL tiene cuartos de charlas llenos de personas ávidas de conversación sobre todo tipo de temas, descorteses o no.

La mayoría de programas de mensajes instantáneos le permiten enviar y recibir archivos. Le recomendamos que, a menos que específicamente tenga intención de usarlo, desactive esa opción. Los archivos no solicitados de personas que no conoce, usualmente, son muy crudos y bien pueden contener virus. La mayoría de programas antivirus no monitorean las transferencias de archivos a través de un programa IM.

Los mensajes que envía con ICQ, AIM y otros programas parecen ser efímeros. Pero es fácil para cualquiera en la conversación almacenar los mensajes. La mayoría de programas IM tienen el rasgo de "registro de servicio", que guarda la serie de mensajes en un archivo de texto, el cual puede ser embarazoso más tarde.

Finalmente: si alguien dice que dé una serie de comandos o que descargue e instale un programa, no lo haga. Y nunca le diga a nadie ninguna de sus contraseñas.

chas versiones, incluyendo versiones para Windows 95/98/Me/2000/XP, Mac, UNIX, Palm Pilots y una versión que corre como un subprograma (applet) de Java en su explorador de la Web, en cualquier sistema que tenga un explorador de Java habilitado.

Cuando descargue el programa, este se instala automáticamente. Para iniciar la sesión, debe crear para usted una Identificación de Yahoo gratuita.

# Docenas de Otros Sistemas de Mensajes y de Localizadores

Los mensajes instantáneos están muy de moda, a tal grado que abundan otras opciones para mensajes instantáneos. Recuerde que en cada sistema solo puede enviar mensajes a otras personas del mismo sistema, de modo que la situación es similar a la industria telefónica en los inicios de 1900, con muchas compañías uniendo cables, pero sin dos conectadas conjuntamente (si se pregunta si hay un sistema en la Internet que conecte a todo el mundo, sí lo hay. Se llama correo electrónico. Refiérase a los Capítulos 11, 12, y 13).

✔ **Windows Messenger:** Windows XP viene con el último programa de mensajes instantáneos, llamado Windows Messenger. Microsoft, finalmente, ha debido notar que este era un nicho en el cual no tenían el programa dominante y resolvieron darles a todos una copia del programa de ellos. Windows XP lo acosa para que se suscriba a un Microsoft .NET Passport, una cuenta gratis que usted utiliza para iniciar la sesión de Windows Messenger, el sitio Web de Hotmail y otros sitios Web de Microsoft . Una vez que Microsoft tenga millones de usuarios de Windows suscritos a Passports, planean vender ese servicio a otros sitios Web, también. No vemos la ventaja de Windows Messenger sobre los otros programas de mensajes instantáneos: tiene menos características buenas que Yahoo Messenger o ICQ. Tiene soporte para voz y video, pero solo con una persona a la vez.

✔ **MSN Messenger:** Este es otro programa de mensajes instantáneos de Microsoft, uno que se puede descargar y usar si no se tiene Windows XP. Visite `messenger.msn.com` para información y descargas; el programa se ejecuta en Windows 95/98, NT, 2000 y en las Mac. Antes de usar el programa, tiene que solicitar un Microsoft .NET Passport y una cuenta de Hotmail en `www.hotmail.com`. Las versiones más nuevas de MSN Messenger se pueden comunicar con Windows Messenger.

✔ **iVisit:** iVisit da soporte para texto, voz y video con otra persona o con un grupo. Puede descargar versiones gratis para Windows o Mac en `www.ivisit.com`.

✔ **CUseeMe:** Este es el programa original de charla con voz y video. Aunque no es gratis, usted puede descargar e instalar una versión de prueba de la página `www.cuseeme.com/products/cuseeme5.htm` pero después de 15 días, necesitará pagar $39.95 para seguir usándolo.

# Capítulo 15

# Charla Grupal: Hablemos

. . . . . . . . . . . . . . . . . . . . . . . . . . . . . . . . . . . . . . . . . .

### *En este capítulo*

▷ Envolverse en charlas en línea

▷ Entender la cultura del chat, etiqueta y seguridad

▷ Charlar en AOL y en la Web

▷ Participar en IRC

. . . . . . . . . . . . . . . . . . . . . . . . . . . . . . . . . . . . . . . . . .

Los *chats en línea* le permiten comunicarse con otras personas que estén en sus computadoras y conectadas a la Internet y digitando mensajes recíprocamente. El chat puede parecer una versión más veloz del correo electrónico, pero en realidad es una experiencia muy diferente. A diferencia del correo electrónico o, incluso, de los mensajes instantáneos (comentados en el Capítulo 14), el chat a menudo se lleva a cabo entre extraños. Aunque los niños a menudo usan el chat para charlar con amigos de la escuela, un aspecto importante del chat es la habilidad de conversar con alguien nuevo o, quizás, interesante, cada vez que sienta el deseo de ello.

El chat ha conducido a matrimonios al divorcio, a crear nuevas amistades y, ocasionalmente, a incidentes feos que conducen a titulares chocantes en los periódicos sensacionalistas. ¿Acaso el chat suena como algo intrigante? Le diremos cómo funciona y le sugeriremos algunos consejos para evitar problemas.

## Mire Quién Chatea

El chat en línea es parecido a hablar por una línea telefónica grupal. En la infancia del sistema telefónico, las personas usualmente compartían sus líneas con otras familias, debido a que el costo de instalar líneas telefónicas costaba muy caro. Todo el mundo en la línea grupal podía tomar parte de cualquier conversación, ofreciendo horas de diversión curiosa para las personas que no tenían nada mejor que hacer.

Usted empieza a chatear al entrar en un *cuarto electrónico de chat* o en un *canal.* Después de que se una a un cuarto, puede leer en la pantalla lo que la gente está diciendo y, luego, agregar sus propios comentarios solo digitándolos y haciendo clic en Send. Aunque varias personas que participan en el chat pueden digitar al mismo tiempo, la contribución de cada persona es presentada en pantalla en el orden de su recepción. Lo que las personas digiten aparece en la ventana general de conversación y es identificado por sus nombres de pantalla. En algunos sistemas de charlas, como en AOL, cada participante puede seleccionar un tipo de fuente y color personales para sus comentarios.

Si una de las personas de los salones de charla resulta ser alguien a quien le gustaría conocer mejor, puede pedirle establecer un *salón privado* o una *conexión privada,* que es una conversación privada entre usted y la otra persona, no muy diferente de los mensajes instantáneos. Y, por supuesto, usted podría recibir una invitación de alguien más. Es común que alguien esté en un salón de chat y esté manteniendo varias conversaciones privadas al mismo tiempo, aunque se considera descortés abusar de esta opción, (¡para no mencionar que es muy confuso!).

También podrían pedirle que se una a un salón de charla con varias personas. No estamos realmente seguros de lo que suele pasar en estos salones porque nunca nos han invitado.

## ¿Quiénes son esos tipos?

Los grupos de personas que están disponibles cuando comienza a chatear dependen de cómo está conectado usted a la Internet. Si usa America Online, puede platicar con otros usuarios de AOL. Los usuarios de MSN TV (antiguamente WebTV) tienen acceso a MSN Chat. Muchos sitios de charla basada en la Web proporcionan salas que cualquier persona con acceso a Internet pueden usar. Un sistema más viejo llamado IRC (Internet Relay Chat) todavía está disponible para cualquiera que tenga acceso a Internet y aún es popular, pero es más difícil de usar —refiérase a "Charlar por IRC", al final de este capítulo. Chatear es más o menos lo mismo de sistema en sistema (aunque los participantes varían). Este capítulo da un sentido de la esencia del chat donde quiera que vaya a hacerlo. Debido a que AOL es, por mucho, el chat más parlanchín, lo usamos para nuestras ilustraciones.

Cada salón de charla tiene un nombre; con suerte, el nombre es una indicación de lo que las personas están hablando o lo que tienen en común. Algunos canales tienen nombres como *vestíbulo,* y la gente de allí, probablemente, está siendo sociable.

# ¿Yo quién soy?

No importa cuál facilidad de charla esté usando, cada participante tiene un *nombre de pantalla o apodo,* a menudo seleccionado para que sea único, colorido o claro, y es usado como una máscara. Las personas que hablan en el chat a veces cambian su nombre de pantalla. Este anonimato hace que chatear sea un sitio virtual donde se necesita ser cuidadoso. Por otro lado, una de las atracciones del chat es conocer gente nueva e interesante. Muchas amistades cálidas y maravillosas empezaron como un encuentro casual en un salón de chat.

Cuando se una a un grupo y empiece a chatear, verá los nombres de pantalla de las personas que ya estaban allí y una ventana en la cual va fluyendo la conversación actual. Si el grupo es amistoso, alguien hasta le enviará un mensaje de bienvenida.

Como en la vida real, en un salón lleno de extraños es probable que encuentre personas que no le gusten mucho. Debido a que es posible ser anónimo en la Internet, algunas personas actúan de modo grosero, vulgar o crudo. Si es nuevo en el mundo del chat, tarde o temprano visitará algunos lugares molestos, aunque pronto aprenderá a evitarlos y a encontrar salones que ofrezcan conversaciones útiles, amigables y hasta de apoyo. Así que tenga cuidado al dejar a sus hijos chatear sin supervisión (refiérase al Capítulo 3). Incluso en los salones de chat que están diseñados para la gente pequeña y que ofrecen cierta supervisión, aparecen personas indeseables de vez en cuando.

# Formas de chatear

Los salones de chat originales consistían enteramente de personas que les digitaban mensajes a los demás. Los sistemas más modernos incluyen chat de voz (el cual requiere que usted tenga conectados y configurados en su computadora micrófono y parlantes) y hasta chat de video (lo cual requeriría una cámara Web, si desea que otras personas puedan verlo). El Capítulo 14 describe cómo funciona la voz y el video en la Internet.

# Su Primer Salón de Chat

Su primera vez en un salón de chat puede parecerle estúpida o atemorizante, o ambas cosas. Estas son algunas de las cosas que puede hacer para sacar adelante sus primeros encuentros.

✔ Recuerde que cuando entra en un salón de charla, ya puede haber una conversación en progreso. Usted no sabe qué es lo que ha pasado antes de su visita.

✔ Espere un minuto o dos para poder ver una página llena de intercambios, de modo que pueda entender algo del contexto antes de empezar a escribir.

✔ Empiece siguiendo los comentarios de un solo nombre de pantalla. Luego, siga a las personas que el primer individuo menciona o a los que este contesta. Después de que haya seguido una conversación, lo cual se llama en el ciberespacio, un thread (hilo), trate de hablar con alguien. Acostumbrarse a esto toma práctica.

✔ AOL y muchos programas basados en la Internet pueden destacar los mensajes de personas seleccionadas. Esto puede hacer que las cosas sean más fáciles de seguir.

✔ También puede indicar la gente que desea ignorar. Los mensajes de estas personas ya no aparecen en su pantalla, aunque las respuestas a ellos sí. Esto, usualmente, es la mejor manera de lidiar con las personas indeseables.

✔ Desplácese para ver los mensajes más viejos si los tiene, pero recuerde que en muchos sistemas, después de que se haya desplazado hacia arriba, aparecen nuevos mensajes hasta que se desplace hacia abajo.

## Etiqueta en línea

La etiqueta del chat no es muy diferente de la etiqueta del correo electrónico, y el sentido común es su mejor guía. Estos son algunos consejos adicionales:

✔ La primer regla del chat es no dañar a nadie. Una persona real con sentimientos está al otro lado de la computadora.

✔ La segunda regla es ser cauteloso. Realmente, no tiene ni idea de quiénes son las otras personas. Recuerde también que en el salón podría haber personas que están allí pendientes de las charlas, coleccionando información en silencio y usted no las podría descubrir porque nunca dicen nada. Refiérase al siguiente capítulo, " Seguridad ante todo."

✔ Lea los mensajes por un rato para entender lo que ocurre antes de enviar un mensaje a un grupo. (Leer sin decir nada es conocido como acechar. Cuando finalmente uno se aventura a decir algo, deja de acechar). Acechar no necesariamente es algo malo, pero sea consciente de que no siempre tendrá la privacidad que piensa tener.

✔ Mantenga sus mensajes cortos y directos al punto.

✔ No insulte a la gente, no use lenguaje sucio y no le responda a la gente que lo hace.

✔ Cree un perfil con información seleccionada sobre usted mismo. La mayoría de sistemas de chat contemplan crear perfiles (información personal) a los que otros miembros pueden acceder. No dé su apellido, número de teléfono o dirección. Precaución adicional es necesaria para los niños: ellos nunca deberían introducir su edad, ciudad natal, escuela, apellido, número de teléfono o dirección. Esta es una regla en AOL. Los padres deberían insistir en ello siempre.

✔ Aunque no debe decirlo todo sobre usted en su perfil, lo que diga debería ser verídico. La única excepción son los chats de juegos de interpretación de rol. Refiérase a la sección de MUDs y de MOOs, más adelante en este capítulo.

✔ Si desea hablar con alguien en privado, envíele un mensaje que diga"hola", quién es usted y qué desea.

✔ Si el tono de la conversación en un salón de chat lo ofende o lo aburre, intente en otro. Al igual que en el mundo de afuera, se topará con mucha gente a la que *no desea* conocer.

Para más información sobre la historia y el arte de conocer a gente en ínea, refiérase al ensayo de Philippe Le Roux: "Virtual Intimacy –Tales from Minitel and More" en nuestro sitio Web `net.gurus.com/le-roux.phtml`. **Para más consejos de etiqueta, visite:** `net.gurus.com/netiquette`.

## *La seguridad es primero*

Aquí hay algunas líneas directivas para conducir chats seguros y saludables:

✔ Muchas personas en grupos de chat mienten sobre su ocupación, edad, localidad y, sí, incluso sobre su género. Algunos piensan que, sencillamente, están siendo divertidos, otros están explorando sus fantasías y otros, sencillamente están enfermos.

✔ Sea cuidadoso al revelar información que les permita a otras personas encontrarlo en persona –como dónde vive o trabaja, a cuál escuela va, el nombre de su profesor o su número telefónico. Esta información incluye su último nombre, la dirección de correo y su lugar de culto.

✔ Nunca le dé su contraseña a nadie. Nadie nunca se la debería preguntar. Si alguien lo hace, no responda, pero dígale a su proveedor de servicios que se lo preguntaron (una vez recibimos este mensaje: "Ha habido un serio problema de seguridad y necesitamos que nos dé su contraseña para tratar de determinar el problema". Si alguna vez recibe un mensaje así —mientras se encuentra en línea— no lo crea: es falso. Si está en AOL, vaya a la palabra clave **Notify AOL** y reporte el incidente).

✔ Si un servicio de chat ofrece perfiles y una persona que no tiene perfil desea hablar con usted, tenga extra precaución.

✔ Niños: nunca, jamás, se vean con alguien sin sus padres. No den información personal sobre ustedes ni ningún miembro de la familia, aunque le ofrezcan algún tipo de premio si llena un formulario. Si tienen hermanos o hermanas menores que suelen estar en línea, asegúrense de que ellos conozcan estos elementos básicos de seguridad.

✔ Padres: si sus hijos usan el chat, entiendan que otros pueden intentar contactarlos. Revisen las líneas directivas de esta lista con sus niños antes de que ellos usen el chat. Hagan que sus niños les muestren cómo se conectan al chat e intente usar los salones de chat por su propia cuenta para que conozca su funcionamiento.

Si usted es adulto y elige conocer en persona a un amigo en línea, use al menos las mismas precauciones que usaría al conocer a alguien a través del periódico.

✔ No arregle una reunión hasta que haya hablado con las personas por un buen número de veces, incluyendo extensas conversaciones telefónicas a lo largo de días o semanas.

✔ Conózcanse en un lugar bien iluminado, en donde haya más personas, como en un restaurante.

✔ Vaya con un amigo, si puede. Si no, al menos dígales a otras personas lo que está haciendo y convenga en llamar a esa persona a una hora específica (por ejemplo, una media hora) después de la hora planeada para el encuentro.

✔ Arregle para quedarse en un hotel si tuvo que viajar una larga distancia para conocer a alguien. No cometa el error de quedarse en la casa de la persona. Y no invite a la persona para que se quede en su casa.

## Abreviaturas de chats y caritas sonrientes

Muchas abreviaturas de correo electrónicos (refiérase al Capítulo 11) también se usan en los chats; sin embargo, debido a que el chat es en vivo e inmediato, algunas son únicas. También hemos colocado en la lista algunos emoticonos (a veces llamados caritas sonrientes): combinaciones divertidas de signos de puntuación, que se usan para demostrar los estados de ánimo de quien digita. Si al principio no ve lo que son, inténtelo inclinando su cabeza hacia la izquierda un poco. La Tabla 15-1 le muestra una breve lista de las abreviaturas de los chats y los emoticonos.

| Tabla 15-1 | Taquigrafía del chat |
|---|---|
| *Abreviatura* | *Significado* |
| AFK | Away from keyboard (Lejos del teclado) |
| A/S/L | Age/sex/location (response may be 35/f/LA) [Edad/Sexo/Lugar (La respuesta puede ser 35/f/México)] |
| BAK | Back at keyboard (De vuelta en el teclado) |
| BBIAF | Be back in a flash (Vuelvo en un santiamén) |
| BBL | Be back later (Vuelvo más tarde) |
| BRB | Be right back (Vuelvo en seguida) |
| BTW | By the way (Por cierto) |
| CYBER | (Se trata de una conversación de naturaleza lasciva. Es una abreviatura de cybersex, es decir, cibersexo) |
| GMTA | Great minds think alike (Las grandes mentes piensan parecido) |
| FTF or F2F | Face to face (De cara a cara) |
| IC | In character (playing a role) [En un personaje (interpretando un papel)] |
| IGGIE | To set the Ignore feature, as in "I've iggied SmartMouthSam" (Darle a alguien el estado de Ignorar) |
| IM | Instant message (Mensaje instanáneo) |
| IMHO | In my humble opinion (En mi humile opinión) |
| IMNSHO | In my not so humble opinion (En mi opinión no tan humile) |
| J/K | Just kidding (Solo bromeando) |
| LTNS | Long time no see (Tanto tiempo sin verte) |
| LOL | Laughing out loud (Riéndose en voz alta) |
| M4M | Men seeking other men (Hombres en busca de hombres) |

| Tabla 15-1 | Taquigrafía del chat |
|---|---|
| *Abreviatura* | *Significado* |
| NP | No problem (No hay problema) |
| OOC | Out of character (an RL aside during RP) [Fuera del personaje (como algo de RL durante un RP) |
| PM | Private message (same as IM) [Mensaje privado (igual que IM)] |
| RL | Real life (opposite of RP) [Vida real (en oposición a RP)] |
| ROTFL | Rolling on the floor laughing (Revolcarse de risa) |
| RP | Role play (acting out a character) [Interpretación de papel (actuar como un personaje)] |
| RTFM | Read the manual (Lea el manual) |
| TOS | Terms of service (the AOL member contract) [Términos de servicio (contrato de miembro de AOL)] |
| TTFN | Ta-ta for now! (¡Adiós por ahora!) |
| WAV | A sound file (Un archivo de audio) |
| WB | Welcome back (Bienvenido de nuevo) |
| WTG | Way to go! (¡Qué manera!) |
| :) ó :-) | Una sonrisa |
| ;) | Un guiño |
| {{{{bob}}}} | Un abrazo para Bob |
| :( ó :-( | Cara triste |
| :'( | Llorando |
| O:) | Ángel |
| }:> | Diablo |
| :P | Sacando la lengua |
| *** ó xox | Besos |
| <---- | Marcador de acción (<----comiendo pizza, por ejemplo) |

Además de las abreviaciones de la tabla, los que participan de los chats a veces usan abreviaturas estilo taquigráfico, como en "Si pd lr sto sta lsto p L chat".

## La ciudad de los problemas

Algunas personas actúan más en línea mientras se esconden detrás del anonimato que el chat ofrece. Usted tiene cuatro buenas opciones y una mala opción cuando esta situación se le presente:

✔ Vaya a otro salón de chat. Algunos son sencillamente sucios. No tiene por qué quedarse.

✔ No le ponga atención al creador de problemas, solo converse con las otras personas.

✔ Haga que quienes lo ofenden desaparezcan de su pantalla. En AOL, haga doble clic en el nombre de pantalla del patán y, luego, haga clic en el cuadro Ignore.

✔ Quéjese con el proveedor de servicios del individuo. Esta técnica es más eficaz en los proveedores de valor agregado. Refiérase a "Llamar a los policías de AOL", más adelante en este capítulo.

✔ Si cree que alguien está en daño físico o si se trata de niños que son explotados, debe reportar el asunto a la policía del mismo modo que haría con cualquier otro tipo de actividad criminal.

✔ (La mala opción). Respóndale de la misma manera, lo cual le dará al ofensor la atención que andaba buscando, esto podría ocasionar que usted fuera expulsado de su servicio. Dé un buen ejemplo o solo siéntase silenciosamente superior.

## A Chatear

Empezar a chatear en un servicio en línea, como AOL es fácil porque el chat de hecho es una de las mayores atracciones de AOL. Dios sabe que nadie está allí por los anuncios. En esta sección, cubrimos el chat en AOL, el chat basado en la Web y el chat a través de IRC.

## Chatear en AOL

Cuando usted chatea en AOL, tiene una conversación con otros usuarios de AOL. Solo los miembros de AOL pueden participar de los salones de chat de AOL. Debido a que AOL puede (y de hecho lo hace) expulsar a los chateadores revoltosos, sus salones de charla suelen ser un poco más civilizados que los de otros servicios. La popularidad del chat de AOL puede deberse a que AOL es el más grande proveedor con valor agregado.

Puede empezar a chatear en America Online 7.0 haciendo clic en el icono de Chat, en la barra de herramientas (o use la palabra clave **chat** para ver la ventana People Connection. Luego, haga clic en el icono de Chat Now.

Usted entra en el *lobby (vestíbulo)* de AOL, que es un salón para la gente que está buscando el salón de chat adecuado para entrar o que, sencillamente, desea hablar con la primer persona que encuentre. Verá dos ventanas, una más grande a la izquierda, en la que se está llevando a cabo la conversación, y una más pequeña a la derecha donde aparece la lista de las personas (los nombres de pantalla) de este salón (refiérase a la Figura 15-1). Si es una de esas personas que tiene que decir algo apenas entra en el salón, digite algo en el área de texto, debajo de la ventana de conversación y haga clic en Send. En unos cuantos segundos, su comentario aparece en la ventana de la conversación.

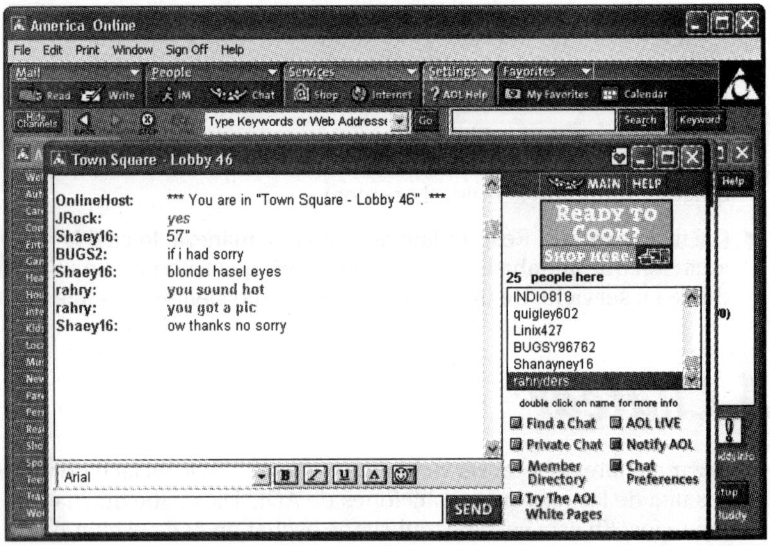

**Figura 15-1:**
Chatear en el vestíbulo de AOL. Si esta clase de conversación es muy acelerada para usted, no va a disfrutar los salones de chat.

AOL limita el número de personas de un salón a 25, de modo que cuando un salón está lleno y un usuario nuevo quiere integrarse al grupo, un salón nuevo (similar) es creado automáticamente. Por eso es que puede encontrarse en Lobby393 –los "lobbies" numerados del 1 al 392 ya están llenos.

## *Mire quién está aquí*

Si desea saber algo sobre los otros ocupantes del salón, haga doble clic en uno de los nombres de la ventana etiquetada People Here. Aparece un cuadrito que le posibilita hacer una de varias cosas:

- ✔ **Ignorar Miembro:** Si marca este cuadro, no recibirá más mensajes del usuario. Es una buena manera de dejar de recibir mensajes de gente molesta.

- ✔ **Enviar Mensaje:** Haga clic aquí para enviar un mensaje de correo instantáneo para este usuario. Es como enviarle un murmullo al oído. Si alguien envía un mensaje así (un mensaje instantáneo o IM), aparece en una ventana pequeña. Usted puede ignorar o responder un mensaje. Los dos pueden mantener una conversación por el tiempo que lo deseen. El Capítulo 14 describe los mensajes instantáneos.

- ✔ **Obtener Perfil:** Haga clic en este botón para recuperar el perfil de este usuario. Un *perfil* es la lista de información suplida por una persona sobre ella misma. Pero no puede garantizarse que un perfil incluya datos reales.

- ✔ **Ver la página principal:** Haga clic en este botón para ver la página principal del usuario, asumiendo que lo haya creado en AOL Hometown (refiérase al Capítulo 17).

## *"¿Quién soy yo y qué estoy haciendo aquí?"*

Usted es identificado por su nombre de pantalla. Si usted no hace nada al respecto, será el *nombre maestro de pantalla,* el que usted usó cuando se suscribió a AOL. Muchas personas, por razones de privacidad, usan un nombre de pantalla diferente cuando charlan. AOL permite que en cada cuenta se use un máximo de siete nombres de pantalla diferentes, siempre que ningún otro usuario de AOL ya los use. Uno de los nombres de pantalla es el nombre maestro de pantalla, que nunca puede cambiarse. Si desea agregar o cambiar otros nombres de pantalla, debe iniciar sesión en AOL con el nombre maestro de pantalla. Después de que haya establecido los otros nombres de pantalla y las otras contraseñas, puede iniciar sesión en AOL usando el nombre alternativo. Cada nombre de pantalla tiene un buzón separado. Usted puede usar nombres de pantalla para miembros familiares diferentes o para personalidades diferentes (por ejemplo, sus personalidades de negocios).

Para configurar su perfil (la información personal, que otros usuarios pueden ver cuando usted charla), haga clic en el botón Member Directory, bajo la ventana People Here o vaya a la palabra clave **profile**. En la ventana Member Directory, puede buscar nombres conocidos en la lista de socios de AOL. Un botón designado My Profile le permite hacer ajustes o modificar su propia configuración de perfil.

### Otros salones públicos

Probablemente, no encontrará mucha conversación de interés en el salón del vestíbulo al que llegó cuando se unió a las charlas. Al hacer clic en el botón Find a Chat (en la ventana de chat del vestíbulo o en la ventana People Connection), aparece la ventana Find a Chat. Haga clic en una categoría de la lista Highlight a Category y, luego, haga clic en el botón View Chats para ver los nombres de los salones de esa categoría junto con el número de ocupantes actuales de cada uno.

La lista Highlight a Category tiene dos pestañas, para los salones creados por AOL (o su personal de People Connection) y los salones creados por los miembros de AOL. Las categorías del salón son en su mayor parte obvias: cubren temas que podrían interesarle para hablar, además de áreas geográficas, si le gustaría hablar con gente de su área.

Para entrar en un salón de charla, haga clic en su nombre y, luego, en el botón Go Chat. La Figura 15-1 muestra un chat que se lleva a cabo en un vestíbulo; las charlas de los otros salones se ven igual. Todo lo que digite en el cuadro pequeño de la parte inferior, al lado del botón Send, es parte de la conversación. Puede pulsar la tecla Enter después de digitar su mensaje o hacer clic en Send. Cuando desee salir de un salón, cierre su ventana.

### Cuartos creados por miembros

En la ventana Find a Chat, puede crear su propio salón de charla haciendo clic en el botón Start Your Own Chat. Estos salones tienen las mismas categorías que los cuartos públicos —usualmente, son tontas, serias o encrespadas.

### Charlas privadas

Los nombres de los salones privados, a diferencia de los salones públicos o de miembros, no se revelan. Para unirse a uno, tiene que saber su nombre; es decir, alguien debe invitarlo a que se una. Cuando hace clic en el botón Enter a Private Chat, en la ventana Find a Chat, usted recibe instrucciones para digitar el nombre del salón al que desea unirse. Si no existe, se crea uno y usted es el ocupante exclusivo.

Los salones privados facultan a las personas para que hablen más íntimamente —hay poco peligro de que un desconocido llegue a molestar. Dos (o más) personas pueden convenir en crear un salón privado y encontrarse allí.

Los salones privados tienen mala fama: si es invitado a uno, debería tener cuidado y guardar su privacidad. Recuerde que lo que las otras personas dicen sobre ellas mismas puede no ser cierto. Si entra en un salón de charla privada con alguien que no conoce, no se sorprenda si la conversación se vuelva ruda.

## Chat en el camino

A los estadounidenses les gusta pensar que todas las modas pasajeras se originan en California. Pero hay un fenómeno entre adolescentes que ya es salvajemente popular en Asia y que no ha llegado a Hollywood todavía. Es el matrimonio de los teléfonos celulares con la mensajería instantánea el cual les permite a los niños intercambiar mensajes de texto soso desde cualquier lugar. Encontrar campo en las bandas de radio para este servicio y las características inalámbricas de tercera generación relacionadas se han atrasado en los Estados Unidos y en Canadá, pero todo ello está en camino.

### *Llamar a los policías de AOL*

Otro botón bajo la ventana People Here se llama AOL Notify. Si piensa que alguien viola las condiciones de servicio de AOL: pidiéndole su contraseña, el número de la tarjeta de crédito, utilizando un lenguaje ofensivo, o de cualquier otra manera comportándose incorrectamente, usted puede y debe reportar a esa persona a AOL. Cuando haga clic en el botón AOL Notify, aparece una ventana para ayudarle a reunir toda la información que desea denunciar: la categoría de charla y el salón en que estaba, el diálogo ofensivo del chat pegado en una ventana y el nombre de pantalla del delincuente, por ejemplo. Luego, puede enviar el reporte a AOL y ellos prometen revisarlo dentro de 48 horas.

Debido a este patrullaje y al poder de AOL para terminar (permanentemente) las cuentas de las personas que juegan sin respetar las reglas, los salones de charla de AOL tienen una reputación merecida de seguridad y de ser un buen lugar para jugar. Que la AOL tenga tantos suscriptores a quienes les gusta el chat significa que usted tiene buenas probabilidades de encontrar un salón de charla que cumpla con sus necesidades.

## *Charlar en la Web*

Mientras AOL limita las charlas a sus miembros pagados, muchos sitios Web le permiten charlar con nada más que su explorador de Internet. Estos sitios tienen programas de charla basados en Java que su explorador puede descargar y ejecutar automáticamente. Algunos otros sitios de chat de Web requieren que descargue un sub programa o un control ActiveX para añadirle capacidad de chat a su navegador (refiérase al Capítulo 7 para información sobre Java y cómo usar subprogramas o "plugins").

La mayoría de programas de charla basados en la Web se parecen mucho a la pantalla de chat de AOL (refiérase a la Figura 15-1). Una ventana grande despliega la conversación que se lleva a cabo, una más pequeña abre los nombres de pantalla de los participantes y un área de texto en donde usted digita sus mensajes y se halla un botón Send.

Algunos sitios Web de charla son:

✔ Delphi Forums en `www.delphi.com` (uno de los sitios de discusión más viejos de la Internet (y dura mucho en cargarse)

✔ Excite Chat en `www.excite.com/communities` (mostrado en la Figura 15-2)

✔ Yahoo! Chat en `chat.yahoo.com`

✔ Yahooligans! Chat en `www.yahooligans.com` (para niños)

✔ Headbone Zone Chat en `www.headbone.com` (para niños, con horas limitadas –usualmente 2 p.m. a 6 p.m., de 10 a.m. a 6 p.m. los fines de semana –con filtros y notificación de los padres)

Muchos otros sitios Web tienen un chat específico para el tema específico del sitio. Busque *Chat* en `www.dmoz.org` para encontrar una variedad de temas de chat.

## Charlar por IRC

IRC (Internet Relay Chat), una forma más vieja de chat, está disponible en la mayoría de proveedores de Internet, así como también en AOL. Para usar IRC, tiene que instalar un programa *cliente de IRC* en su computadora. Un cliente IRC (o simplemente el *programa IRC*).

✔ **mIRC** para Windows

✔ **ircii** para Linux y Unix (gratuito)

✔ **Ircle** para la Macintosh

Puede encontrar estos programas IRC, junto con otros, en sitios Web de programas de prueba, como TUCOWS (`www.tucows.com`) o en la página de IRC Help (`www.irchelp.org`).

El chat de IRC no es muy diferente del chat de AOL, pero puede usarlo para hablar con personas que no sean miembros de AOL.

Para la historia completa de IRC., visite nuestra página
`net.gurus.com/irc`.

**Figura 15-2:**
Excite Chat
hospeda
cientos de
salones de
chat que
están
abiertos
para todos
los usuarios
de Internet
—no solo
los de AOL

# Bajar al BARRO de los MUDs

*MUD,* que originalmente era la sigla de Multiple User Dungeon (Calabozo de Usuarios Múltiples), fue inventado para permitirles a los usuarios de la Internet participar en el juego de interpretación de papeles de fantasía Dungeons & Dragons. Sin embargo, los MUDs han evolucionado desde esos orígenes, a una forma completamente nueva, para que las personas interactúen electrónicamente; ha cambiado tanto que el nombre *MUD* ahora es interpretado como Multiple User Dimension (Dimensión de Varios Usuarios) o Multiple User Dialogue (Diálogo de Varios Usuarios).

*Los MOOs* son una variante donde usted no solo interactúa con los otros personajes de allí sino que, además, puede programar salones e implementos nuevos. Para participar, se usa un programa llamado telnet o un programa especial diseñado para MUDs.

Los MUDs y los MOOs son charlas llevadas a una dimensión completamente nueva. No solamente escoge un sobrenombre, sino que cobra una identidad completamente nueva —un papel de fantasía que debe desempeñar en el MUD.

Algunos MUDs y MOOs se basan en los mundos creados en conocidas películas y novelas, incluyendo *Star Trek, La guerra de las galaxias, El Señor de los anillos,* de J.R.R. Tolkien, *The Hitchhiker's Guide to the Galaxy,* de Douglas Adams y, especialmente *The Dragonriders of Pern* de Anne McCaffrey.

Muchos MUDs están orientados a las batallas y tienen combates simulados e incluso guerras. Su identidad virtual puede ser atrozmente asesinada en línea a menudo. Algunas personas encuentran esto divertido.

De los centenares (¿miles?) de MUDs, cada uno tiene su propia personalidad. Antes de sumergirse, asegúrese de leer sobre él y de encontrar cuál software necesita para participar. Aquí hay algunos buenos lugares para buscar uno que le pueda interesar:

✔ **The MUD Resource Collection:** `www.godlike.com/muds`

✔ **The MUD Connector:** `www.mudconnect.com`

Si el MUD que eligió se basa en un libro o en una película, lea el libro o vea la película. A las personas de los MUDs les gustan los detalles.

# Parte V

# Otros Elementos Esenciales de Internet

**La 5a Ola**        **Por Rich Tennant**

# Capítulo 16

# Birlar Archivos de la Red

● ● ● ● ● ● ● ● ● ● ● ● ● ● ● ● ● ● ● ● ● ● ● ● ● ● ● ● ● ● ● ● ● ● ● ● ●

*En este capítulo*

▶ ¿Por qué descargar?

▶ Usar su explorador de la Web para birlar archivos

▶ ¿Por qué subir archivos?

▶ Subir sus páginas a servidores de la Web

▶ Compartir archivos con otros ciudadanos de la Red

▶ Instalar el software que ha tomado de la Red

● ● ● ● ● ● ● ● ● ● ● ● ● ● ● ● ● ● ● ● ● ● ● ● ● ● ● ● ● ● ● ● ● ● ● ● ●

La Internet está colmada de computadoras y esas computadoras están colmadas de archivos. ¿Qué hay en esos archivos?: programas, ilustraciones, sonidos, películas, documentos, hojas de cálculo, recetas, *Don Quijote de la Mancha* (el libro entero y algunos de sus análisis), lo que usted diga. Muchas computadoras están configuradas para que se puedan copiar algunos de los archivos que contienen, usualmente gratis. En este capítulo, le contamos cómo encontrar algunos de esos archivos y cómo copiarlos y usarlos. Para una lista de los tipos de archivos que puede descargar y lo que puede hacer con ellos después de que los tenga, refiérase al Capítulo 19. Como una bonificación, también le diremos cómo copiar archivos desde su propia computadora hasta otra, más comúnmente una página Web que haya creado para colocarla en un servidor de la Web que la haga disponible al resto de la Red.

*Descargar* significa copiar archivos desde una computadora de "arriba en La Internet" hasta "abajo", a su computadora. *Subir* significa lo opuesto: copiar un archivo desde su computadora hasta "arriba", en una computadora de la Internet.

Probablemente, no se sorprenderá de escuchar al menos tres formas diferentes de descargar y subir archivos:

✔ Haga clic de un vínculo de una página Web. Los exploradores de la Web pueden descargar los archivos, también. De hecho, lo hacen todo el tiempo: descargan páginas Web para que usted las pueda ver.

✔ Participe en un servicio para compartir archivos.

✔ Ejecute un programa para transferir programas. *FTP* significa File Transfer Protocol (Protocolo para transferir archivos), una forma más vieja pero aún popular en que las computadoras se transfieren archivos a través de la Red.

También puede transferir archivos adjuntándolos a mensajes de correo electrónico enviados a otros usuarios de correo electrónico, lo cual es comentado en el Capítulo 12.

# Descargar Archivos de la Web

Obtener archivos de la Web es la simplicidad en sí misma. Probablemente, ha estado haciéndolo por años sin darse cuenta. Cada página Web, cada icono o imagen y cada adorno que tiene el fondo de una página Web, es un archivo. Cada vez que hace clic en un vínculo o que digita un URL para ir a una página Web, al menos está obteniendo un archivo. Si es una página con muchos gráficos, obtiene muchos archivos, uno por cada ilustración. Sin tomar en cuenta cuántos archivos tenga, su explorador de Internet administra automáticamente el espacio que usa para los archivos descargados de modo que no llenen su disco. Usted, probablemente, ya ha descargado cientos de archivos de la Internet —y puede decírselo a sus amigos.

## Caer en la cuenta

Para descargar una foto por la Web, primero abra el cuadro en su explorador de Internet. Cuando vea una foto que desea guardar en su disco duro, haga clic derecho en el cuadro. Del menú que aparece, seleccione Save Image As o Save As. Dígale a su navegador dónde guardar la foto. ¡Eso es todo lo que se necesita!

Los archivos de gráficos tienen extensiones especiales que identifican el tipo de formato de gráficos que son. Cuando descarga una foto, puede cambiar el nombre del archivo, pero *no puede cambiar* la extensión. Refiérase al Capítulo 19 para más detalles.

Solo porque una foto esté ahora almacenada en su disco duro no quiere decir que usted la posea. La mayoría de fotos de páginas de Web tienen derechos de copia. A menos que una foto provenga de un sitio que específicamente ofrezca cuadros como imágenes prediseñadas reutilizables, tiene que obtener el permiso de reusar la foto para la mayoría de propósitos o incluso para subirla a su propia página Web no comercial.

# Obtener el programa

Descargar un archivo de programa por medio la Web es también fácil: se hace clic en un vínculo que conduzca hacia él, frecuentemente, un vínculo que dice ya sea *Download* o el nombre del programa. Su explorador de Internet se detiene y le pregunta qué hacer con el archivo. Si es un programa (en Windows, un archivo con la extensión .exe, .com, o .dll) o un archivo ZIP, entonces la cosa más razonable que su navegador puede hacer es guardarlo en el disco para que lo puede ejecutar (el programa) o lo pueda extraer del ZIP. Si es un archivo ZIP y tiene WinZip (mencionado más tarde en este capítulo) instalado, también puede decirle al explorador que corra WinZip directamente; a nosotros nos parece ese método menos conveniente de lo que podría parecer.

Si tiene interés en descargar un programa de la Internet, por ejemplo, puede ir a TUCOWS, para hallar software para Windows y también para Macintosh, en www.tucows.com. Después de que esté en el lugar, haga clic en los vínculos para seleccionar el sistema operativo que usa, elija un sitio cerca de usted y escoja el tipo de programa que desea descargar. TUCOWS abre una lista de programas que se pueden descargar. Alternativamente, digite un nombre de programa en el cuadro Search para encontrar programas que se llamen así. Cuando encuentre la página del programa, puede descargar su archivo de programa: simplemente haga clic en el nombre del programa, en el botón Download Now, o en otro vínculo (en la Figura 16-1, se hace clic en el vínculo para la versión de Windows). Después de que el archivo esté en su computadora, pase a la sección "No es Solo Un Archivo, Es Software", más adelante en este capítulo, para instalarlo y ejecutarlo.

# Obtener otros archivos

Para descargar otros tipos de archivos —archivos de sonido, archivos de video, cualquier cosa— siga los mismos pasos que para descargar un programa. Encuentre una página Web que contenga un vínculo al archivo que desea. Luego, haga clic en el vínculo del archivo deseado y dígale a su navegador dónde almacenarlo.

Para la música (archivos en formato MP3) intente MP3.com (www.mp3.com) Audiogalaxy (www.audiogalaxy.com), **Music for Free** (www.music4free.com) y Lycos Music (music.lycos.com/downloads). EMusic (www.emusic.com) cobra una tarifa mensual para que los artistas obtengan regalías. Napster (www.napster.com), el servicio de música gratuita, tuvo que eliminar su sistema original, pero puede estar de vuelta para el tiempo en que lea esto. También intente KaZaA (www.kazaa.com) un servicio similar para compartir archivos.

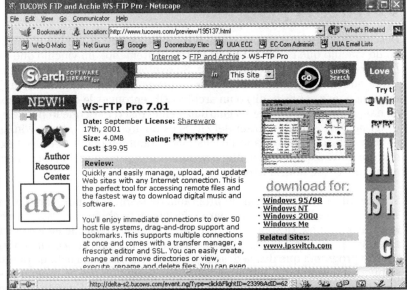

**Figura 16-1:**
Haga clic en un botón o vínculo para descargar el archivo de programa.

Si usa Windows XP, también puede usar la nueva característica de Web Folders (Carpetas Web) para descargar archivos; refiérase a "Subir y Descargar con Carpetas Web", más adelante en este capítulo.

# ¡Media Vuelta y Arriba!

Okey, ahora sabe cómo rescatar archivos desde otras computadoras: descargando. ¿Qué tal copiar de la otra forma: subiendo archivos? Si escribe sus páginas de Web y desea subirlas a la computadora de su proveedor de la Internet, aquí está el proceso: súbalas al servidor de Web del proveedor.

Si usa Windows XP, puede usar las Carpetas de Web para subir archivos.

## Subir con su editor de páginas Web

Los buenos editores Web incluyen un programa de transferencia de archivos (FTP) de modo que después de que haya creado varias páginas Web impresionantes, pueda subirlas a un servidor de Web. Refiérase al Capítulo 10 para detalles de

cómo crear y subir páginas Web en CoffeeCup Web Page Wizard, Netscape Composer, Word y WordPerfect.

## Subir con su explorador

En Netscape Navigator e Internet Explorer 4.0 ó posteriores, puede iniciar la sesión en el servidor Web por usted mismo usando un URL de FTP, parecido a este:

```
ftp://yourid@www.yourprovider.com/
```

Use su nombre de identidad, en vez de "yourid", y el nombre del servidor de Web
de su ISP, que muy probablemente es www seguido por el nombre del ISP, pero también puede ser algo como esto: `ftp.www.fargle.net`. (pregúntele a su ISP, si la
información no venía en el paquete que ellos le dieron).

El navegador le pide su contraseña: use el mismo que usa cuando marca un número. Si esta contraseña funciona, verá su directorio Web listado en la pantalla. Si desea subir archivos a un directorio diferente, haga clic en el nombre de ese
directorio para verlo.

Después de que tenga el directorio que desea en la pantalla, simplemente arrastre
el archivo para subir desde cualquier otro programa (como Windows Explorer) a
la ventana del navegador. ¡Tarán! (Puede ser un "tarán" muy lento, dependiendo
de qué tan grande sea el archivo). En Netscape, también puede seleccionar File⇔Upload File, del menú, si encuentra que arrastrar es muy arrastrado.

## Subir con un programa FTP

Puede usar un programa FTP para subir o descargar archivos –para
eso se utilizan. Nuestra página Web, `net.gurus.com/ftp` contiene
instrucciones.

## Subir y Descargar con Carpetas Web

Windows XP contiene una característica nueva llamada *Carpetas Web* que le permiten usar Windows Explorer para transferir archivos a servidores FTP y desde
ellos. También funciona con algunos servidores de Web – ¡sí, lo adivinó!– solo servidores Web que corran el programa de servidor de Web de Microsoft.

Para usar las carpetas Web para descargar archivos desde un FTP o un servidor de Web, siga estos pasos en Windows XP:

1. **Seleccione Start⇨My Network Places.**

   Aparece la ventana My Network Places.

2. **En la sección Network Tasks del panel de tareas (la parte izquierda de la ventana), haga clic en Add a Network Place.**

   Esto inicia el asistente que le ayuda a crear una conexión con el FTP o el servidor Web al que desea subir o descargar los archivos.

3. **Haga clic en Next para mover la primer pantalla del asistente.**

   El asistente le pregunta "¿dónde desea crear su lugar de red?"

4. **Indique dónde desea crear este lugar de red. Tiene dos opciones: MSN o algún otro lugar (¿mencionamos que Microsoft es la dueña de MSN?)**

   Si tiene una cuenta de MSN y le gustaría trabajar con un sitio Web que mantenga allí, haga clic en MSN Communities. De otro modo, haga clic en Choose Another Network Location. Luego haga clic en Next.

   El asistente le pregunta cuál es la dirección de este lugar de red?"

5. **Digite el URL del FTP o del servidor Web al cual desea conectarse. Para un servidor FTP, inicie el URL con** `ftp://` **y para un servidor Web, use** `http://`. **Luego, haga clic en Next.**

   Por ejemplo, para descargar archivos de una biblioteca de M.I.T. FAQ, digite `ftp://rtfm.mit.edu`.

6. **Si se está conectando a un servidor público FTP, deje el cuadro de verificación seleccionado para indicar que desea iniciar sesión de manera anónima. Si tiene una cuenta en el servidor (por ejemplo, se está conectando a un servidor Web en el cual mantiene un sitio Web), cancele la selección del cuadro de verificación y digite su nombre de usuario. Haga clic en Next.**

7. **Finalmente, digite un nombre para esta carpeta Web.**

   El asistente sugiere el nombre del servidor (por ejemplo, *rtfm.mit.edu*), pero usted puede cambiarlo por otro para que aparezca en la carpeta My Network Places.

8. **Haga clic en Next y, luego, en Finish.**

   Aparece una nueva entrada en la carpeta My Network Places. Haga clic o doble clic en ella para abrir una ventana que desplegará los archivos del servidor.

Los servidores FTP y Web contienen archivos y carpetas, al igual que las computadoras con Windows y las Mac. Haga clic o doble clic en ellos para abrirlos y ver la lista de lo que contienen. Para volver a la carpeta original, haga clic en el botón

Back de la barra de herramientas (si se conecta al servidor FTP `rtfm.mit.edu`, abra la carpeta pública y luego la carpeta de los faqs, para ver la lista de FAQs, es decir, preguntas hechas con frecuencia).

Para copiar archivos hacia un servidor FTP o Web o desde estos, abra una ventana de Windows Explorer, seleccionando Start⇨My Computer. Arrastre los archivos desde una ventana a la otra.

Cuando haya terminado de descargar o subir archivos, cierre la ventana que despliega el contenido del servidor.

# Compartir entre Nosotros Mismos

Napster fue el más famoso servicio de uso compartido de archivos de igual a igual. No era un sitio Web del cual se podían descargar archivos. En su lugar, era un servicio que permitía a los usuarios de la Internet ofrecer los archivos que tenían y transferírselos entre sí. Fue una idea poderosa y las personas la han llevado mucho más allá que solo archivos de música.

Sin embargo, hubo un problemita con Napster. La mayor parte de los archivos que las personas querían compartir eran archivos cuyos derechos de autor le pertenecían a alguien más. Por ejemplo, si tiene un CD de Grateful Dead, puede poseer el CD, pero no los derechos para distribuir las canciones. El servicio gratuito de compartir música de Napster en `www.napster.com` fue cerrado porque la industria de la grabación musical se cansó de que las personas descargaran canciones y las quemaran (grabaran) en CDs, en lugar de comprar los CDs originales. (En realidad, las ventas de discos no disminuyeron; después de que las personas descargaban unas buenas canciones, imaginamos que salían corriendo y compraban el CD verdadero en vez de gastar tiempo descargando y quemando un CD pirateado).

Pero los servicios de igual a igual todavía son considerados como el siguiente fenómeno que ocurrirá en la Internet. Audiogalaxy (`www.audiogalaxy.com`), Grokster (`www.grokster.com`), **Music City** (`www.musiccity.com`) y KaZaA (`www.kazaa-.com`) todavía proveían el servicio de compartir música la última vez que vimos. Napster tiene intención de reabrir (y ya pudo haberlo hecho cuando usted lea esto) como un servicio de suscripción: por una baja tarifa mensual, podrá descargar y reproducir tantas canciones como lo desee. Scour (un competidor de Napster) está abriendo al público un servicio similar en `www.scour.com`. Otros servicios (de música, software y otros tipos de archivos) vienen y van hasta que son expulsados de los servidores de Web o hasta que cesa su existencia.

Y los entusiastas que comparten archivos tienen otro enfoque. En vez de trabajar desde un sitio central desde el cual las personas puedan buscar y descargar lo que desean, cada persona puede descargar y ejecutar un programa *cliente* que se conecte directamente a las computadoras de otras personas, con solicitudes que pasan de cliente a cliente a cliente hasta que uno ofrece el archivo deseado. Sin una computadora servidor que apagar, detener el uso compartido de los archivos es mucho más difícil. Esa es la teoría detrás de Gnutella. No existe un sitio `www.gnutella.com` (al menos no todavía), pero usted puede ir a `www.gnutellanews.com` para descubrir cómo descargar y correr el programa cliente de Gnutella que le permite compartir archivos directamente con otros usuarios de Gnutella. Por mucho, es más complicado que usar la Web, pero seguramente mejorará.

# No es Solo un Archivo, Es Software

Al usar su explorador Web o FTP, usted puede descargar software gratuito o de evaluación e instalarlo y utilizarlo. Usted necesitará herramientas de software bien elegidas, incluyendo un programa para descomprimir los archivos que estén comprimidos (programitas útiles como este reciben en la jerga el nombre de *utilidades*).

Instalar el software descargado, generalmente, requiere de tres pasos.

1. **Usar su explorador, las carpetas de Web o FTP, descargar el archivo que contiene el software.**

2. **Si el software no se autoinstala, usualmente, es porque viene en formato comprimido, así que descomprímalo.**

3. **Ejecute el programa de instalación que viene con él, o al menos cree un icono para el programa.**

La primera parte de este capítulo describe cómo efectuar el paso 1, la parte de descargar. El resto del capítulo describe los pasos 2 y 3: descomprimir e instalar. ¡Aquí vamos!

## Descomprimir y extraer

La mayoría del software descargable de la Internet está en un formato comprimido, para ahorrar tanto espacio de almacenamiento en el servidor como tiempo de transmisión cuando descarga el archivo. Una cantidad creciente de software es *autoinstalable* — el archivo es un programa que se descomprime y se instala solo. Los archivos que se instalan solos en Windows tienen la extensión .exe y los que no, tienen la extensión .zip.

Si un archivo está comprimido, usted necesita de un programa que lidie con él. Los archivos con la extensión .zip identifican archivos comprimidos (estos archivos se llaman, asombrosamente, *archivos ZIP*). Si usa Windows XP, su rasgo Compressed Folders (que está activado, a menos que usted lo cierre) le permite abrir los archivos ZIP directamente en las ventanas de Windows Explorer. Simplemente, haga clic o doble clic en el archivo ZIP para ver lo que hay dentro de él.

Si no usa Windows XP, programas como WinZip (descargable desde `www.winzip-.com`) pueden comprimir y descomprimir cosas para usted. También nos gusta ZipMagic (disponible desde el sitio `www.ontrack.com/software`), que hace que los archivos ZIP se vean como carpetas de Windows. Los usuarios de Mac, refiéranse a la barra lateral: "Los usuarios de Mac dicen StuffIt", en este capítulo.

Si usa Windows XP o si ya tiene WinZip (que además está disponible a través del correo y en varias tiendas de programas de prueba) sáltese la siguiente sección.

## Obtener y ejecutar WinZip

Para conseguir WinZip por medio de la Web, vaya al sitio `www.winzip-.com`, que está lleno de imágenes y de formas salidas del espacio exterior. Haga clic en Download Evaluation para que se abra la página de descargas. En esa página, haga clic en el vínculo de su versión de Windows, dígale a Windows dónde desea almacenar el programa de WinZip (¿qué le parece `C:\` o `C:\Windows\Temp`?) y espere a que se descargue.

### Los usuarios de Mac dicen StuffIt

Los usuarios de Mac pueden obtener programas llamados ZipIt, Unzip o MindExpander en `www.macorchard.com`. El más popular es un programa de software de libre evaluación de Raymond Lau, conocido como StuffIt Expander. StuffIt viene en muchos sabores, incluyendo una versión de libre evaluación y una versión comercial. Los archivos StuffIt de todas las variedades, generalmente, acaban con la extensión .sit.

Para instalar WinZip:

1. **Ejecute el archivo que acaba de descargar.**

   El archivo se debe llamar algo así como `Winzip80.exe`, dependiendo de la versión.

2. **Siga las instrucciones de instalación que WinZip le da.**

   Aunque tiene un montón de opciones, puede aceptar la predeterminada. Nos gusta más la interfaz clásica.

   ¡Dele un momento! ¡Haga doble clic en ese icono! WinZip se ve como el de la Figura 16-2.

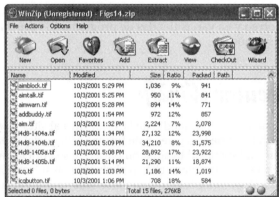

**Figura 16-2:** WinZip está listo para lidiar con sus archivos ZIP.

Para abrir un archivo ZIP (que los muchachos de WinZip llaman un *archivo*), haga clic en el botón Open y escoja el directorio y el nombre del archivo ZIP. ¡Puf! Win-Zip abre la lista de los archivos dentro del Zip, con sus fechas y tamaños.

Si desea usar el archivo de un ZIP, después de que haya abierto el ZIP, — *lo extrae* — esto es, le pide a WinZip que lo descomprima y lo almacene en un archivo nuevo. Para extraer un archivo:

1. **Selecciónelo de su lista de archivos.**

   Puede seleccionar entre un grupo de archivos que estén listados al hacer clic en el primero y luego clic mientras pulsa el botón Shift en el último. Para seleccionar un archivo adicional, haga clic en él mientras pulsa el botón Ctrl.

2. **Haga clic en el botón Extract.**

   Un recuadro de diálogo le pregunta en cuál directorio desea poner el archivo y si desea extraer todos o solo algunos de los archivos comprimidos.

3. **Seleccione el directorio en el cual desea almacenar los archivos descomprimidos.**

4. **Haga clic en OK.**

   WinZip descomprime el archivo. El archivo ZIP permanece intacto, pero ahora usted también tiene el archivo descomprimido.

Aunque WinZip puede hacer un montón de otras cosas, tales como agregar archivos a un ZIP y crear su propio archivo ZIP, no tiene que saber cómo realizar todas esas tareas para tomar software de la Red, así que nos las saltamos. (Apostamos a que podrá descifrar cómo hacer todas esas cosas, simplemente, viendo los botones de la barra de herramientas de WinZip). WinZip es un software de evaluación, así que si usted lo usa mucho, por favor, regístrelo y envíele al Sr. WinZip algo de dinero para que pueda comer y seguir desarrollando nuevas versiones.

Ahora que sabe cómo extraer el software que obtiene de la Internet, está listo para el siguiente tema: el software seguro.

# Buscar virus

Todos nosotros sabemos que usted practica el software seguro: usted revisa cada programa nuevo que obtiene para asegurarse de que no contenga ningún virus informático escondido que pueda desplegar mensajes odiosos o destrozar su disco duro. Si eso es cierto para usted, puede saltarse esta sección.

Para el resto de ustedes, es una buena idea correr un programa antivirus. ¡Usted nunca sabe qué pícaro pedazo de código ha podido, inconscientemente, descargar a su indefensa computadora!

 Es una buena idea correr un antivirus después de haber obtenido y ejecutado cualquier pieza nueva de software. Aunque la Web y los servidores FTP de la Internet se esfuerzan por conservar sus archivos de software libres de virus, nadie es perfecto. ¡No se deje atrapar por la idea del chiste de algún bromista!

Si utiliza WinZip, puede configurarlo para que ejecute al antivirus incluso antes de que descomprima cualquier archivo ZIP que contenga un programa. Seleccione Options⇨Configuration desde el menú, haga clic en la pestaña Program Locations y en el cuadro Scan program, digite la dirección de directorios de su programa antivirus.

Aunque las versiones recientes de Windows no vienen con antivirus, existen varios comerciales disponibles, incluyendo el programa McAfee VirusScan, que puede descargar del sitio Web McAfee, en `www.mcafee.com`. Otro buen antivirus es

Norton AntiVirus, en `www.symantec.com`. Asegúrese de actualizar sus archivos de virus regularmente, como una vez a la semana, según las instrucciones que vienen con su inspector de virus. ¡El programa solo puede buscar los virus que conoce!

## Instalar el programa que descargó

Después de que haya descargado un programa de la Red y de que lo haya extraído (si es un archivo ZIP), este está listo para ser instalado. Para instalar el programa, haga doble clic en su nombre en Windows Explorer o en My Computer. Si es un programa de instalación, instálelo. Durante el proceso, el programa probablemente crea un icono para él en su escritorio. En Windows, también puede agregar el programa a su menú de Inicio.

Algunos programas vienen con un programa de instalación –solo obtenga el programa en sí. Para hacer el programa fácil de ejecutar, necesita un icono para él. Puede crear su propio icono o ítem de menú para este. En Windows 95 y posteriores versiones, siga estos pasos:

1. **Ejecute ya sea My Computer o Windows Explorer y seleccione el archivo de programa (el archivo con la extensión .exe, u ocasionalmente .com o .msi).**

2. **Use el botón derecho de su mouse o arrastre el nombre del archivo hasta el escritorio o hasta una carpeta específica del escritorio.**

   Aparece un icono para el programa

Otro método es seleccionar Start⇨Programs o Start⇨All Programs, buscar la selección de menú del programa, pulsar la tecla Shift, arrastrar la selección de menú al escritorio y liberar la tecla Shift. Windows copia la selección de menú como un icono del escritorio.

Para ejecutar su programa nuevo, simplemente puede hacer clic o doble clic en el icono (dependiendo de cómo esté Windows configurado —intente hacer clic primero y si nada pasa, haga doble clic). ¡Estupendo!

## Configurar el programa

Ahora puede ejecutar el programa. ¡Hurra!

Sin embargo, quizás tenga que decirle al programa, antes, su dirección de Internet o su computadora, o quién sabe qué antes de que pueda hacer su trabajo. Refiérase a los archivos de texto que venían con el programa, si los hay, o seleccione

Help (Ayuda) de la barra de menúes del programa para obtener más información sobre cómo configurar y ejecutar su programa nuevo. El sitio Web donde obtuvo el programa puede tener algunas explicaciones, también.

# ¿Dónde está?

"¿Descargar programas suena muy bien", puede decir, "pero ¿qué hay allí afuera y dónde lo puedo encontrar?" Uno de los mejores lugares para encontrar software debe ser `www.tucows.com`. Tiene una colección grande de sitios FTP agrupados por plataforma y categoría de programa. El sitio Download.com de CNET en `www.download.com` también tiene una biblioteca enorme de programas.

También refiérase al Capítulo 8 y visite nuestra página favorita de software en línea, con nuestra lista actualizada de mayores éxitos:

`net.gurus.com/software`

# Capítulo 17

# AOL: ¿Veinte Millones de Usuarios Pueden Estar Equivocados?

*En este capítulo*

▶ Introducción a America Online

▶ Usar el correo de AOL

▶ Surfear en la Web con AOL

▶ Obtener archivos desde servidores FTP

▶ Intentar otras cosas

¿Veinte millones de usuarios realmente pueden estar equivocados? Claro que sí, ¿por qué no? Pero si usted es completamente nuevo en el mundo de las computadoras y si también es nuevo en el mundo de la Internet, puede descubrir que usar America Online es más fácil que iniciar con un tradicional proveedor de servicios de la Internet. También, si tiene interés en charlar en línea, AOL es la capital mundial del chat. (En su libro *Burn Rate,* Michael Wolff pretende que el éxito de AOL es debido, primordialmente, a la pícara charla en línea. Él puede estar en lo correcto, aunque AOL ofrece muchas otras cosas que hacer).

Este capítulo le dice cómo usar el correo electrónico, la World Wide Web y el FTP de AOL. Debido a que chatear es sumamente popular por toda la Red, tiene su propio capítulo (el Capítulo 15) que incluye una sección sobre chatear con AOL. Probablemente, desea leer los Capítulos del 6 al 13 que describen el correo electrónico y la World Web Wide –toda la información conceptual de allí se aplica para usted también. En este capítulo, le damos las cosas específicas para usar AOL.

Para detalles completos sobre AOL, obtenga *AOL Para Dummies*, de John y Jenny Kaufeld, editado por Hungry Minds, Inc. La sétima edición explica AOL 6.0, y la octava, AOL 7.0.

# Hola, America Online

Si ha decidido unirse a las legiones de AOL, le contamos cómo inscribirse, instalar AOL y conectarse en el Capítulo 5. ¿Después de que tenga AOL ejecutándose, cómo hace todos esos trucos de la Internet? Lo llevamos por una excursión sobre las funciones de AOL usando la Versión 7.0 de su software, que fue lanzado al mercado en octubre del 2001. Las versiones previas del software de AOL se ven similares.

Para conectarse a AOL, se debe digitar el *nombre de pantalla* (lo que los ISPs llaman su nombre de usuario) y la contraseña, luego haga clic en Sign On. Cuando AOL se ha conectado exitosamente, verá la ventana de America Online con las ventanas de Welcome y de Buddy List en su interior, como aparece en la Figura 17-1. Debajo del menú hay varias filas de botones en la barra de herramientas, algunos de los cuales exhiben sus propios menúes pequeños cuando se les hace clic. En la fila de la parte inferior de los botones está el cuadro Keyword (con el botón Go, a su derecha) y el cuadro Search (con el botón Search a su derecha).

Una de las formas más rápidas de movilizarse en AOL es por la palabra clave: usted o hace clic en el cuadro Keyword (el cuadro blanco ancho de la barra de herramientas a la izquierda del botón Go) o digita Ctrl + K, y luego digita una de las palabras claves de AOL. En el resto de este capítulo sobre AOL, simplemente diremos "vaya a la **palabra clave**". Después de que haya leído y cerrado la ventana Welcome, puede ver una columna de botones bajo el lado derecho de la ventana de AOL: el *menú Channel*. Haga clic en un canal para ver la información sobre ese tema (por ejemplo, haga clic en Travel para hacer reservaciones de aerolíneas).

**Figura 17-1:**
¡AOL le da la bienvenida y usted tiene correo! Algunos amigos quizás deseen enviarle mensajes instantáneos también.

Conforme use AOL, más y más ventanas aparecen dentro de la ventana de AOL. Nos encontramos con que de vez en cuando necesitamos cerrar la mayor parte de estas ventanas haciendo clic en el botón Close (X) en la esquina superior derecha de la ventana, mientras deja abierta la ventana de AOL. (No cierre la ventana de AOL hasta que esté listo para finalizar la sesión).

# Usar el correo electrónico de AOL

La primera cosa por hacer es enviarle correo a todos sus amigos para que sepan que ha instalado AOL y que conozcan su dirección de correo electrónico. Puede enviar mensajes a otros miembros de AOL y a sus amigos de la Internet.

Su dirección de correo de Internet es su nombre de pantalla (omitiendo cualquier espacio), junto con @aol.com. Su nombre de pantalla es el nombre de usuario que usa para iniciar la sesión. Si su nombre de pantalla es Juan Salas, por ejemplo, su dirección de correo electrónico es JuanSalas@aol.com.

# "*¿Tengo correo?*"

Cada vez que se conecta a AOL, le dice si tiene correo. El icono Read (el icono en el extremo izquierdo de la barra de herramientas) es un pequeño buzón y la ventana Welcome contiene un icono parecido a un buzón con algunas cosas escritas. Si la pequeña bandera roja está *hacia arriba,* tiene correo, por si acaso usted es de una parte del mundo donde los buzones no tienen banderitas rojas. Si su computadora tiene parlantes, una voz puede decirle "Tiene correo" —trate de no saltar directamente fuera de su asiento cuando la oiga.

## *Leer su correo*

Probablemente, tiene correo porque cada miembro nuevo obtiene una bonita nota del presidente de AOL y también porque los miembros de AOL tienden a recibir montañas de correo no solicitado, mucho más que las personas con otro tipo de cuentas. Para leer su correo, siga estos pasos:

 **1. Haga clic en algún buzón que encuentre.**

Este es el icono Read de la barra de herramientas. Alternativamente, puede hacer clic en el icono <u>M</u>ail, de la barra y seleccionar <u>R</u>ead Mail del menú que aparece, o puede pulsar Ctrl + R. Usted verá la ventana Online Mailbox, que tiene tres pestañas: para el correo nuevo, el correo viejo y el enviado.

En la pestaña New Mail (correo nuevo) de la ventana Online Mailbox, cada línea de la lista describe un mensaje entrante de correo con la fecha en que fue enviado, la dirección de correo electrónico del remitente y el asunto.

**2. Para leer un mensaje, haga doble clic en él o destáquelo en la lista, luego haga clic en Read o pulse Enter.**

Usted ve el texto de su mensaje en otra linda ventanita.

**3. Para responder al mensaje, haga clic en el botón Reply. Digite el texto de su mensaje en el cuadro de la parte inferior de la ventana que aparece. Luego, haga clic en Send Now (si está en línea) o Send Later (si no).**

No tiene que digitar ninguna dirección: AOL utiliza la dirección de la persona a la que está respondiendo.

**4. Para reenviarle el mensaje a alguien más, haga clic en el botón Forward. En el cuadro Send To, digite la dirección de correo electrónico a la que desea reenviar el mensaje. Puede agregar un mensaje para que acompañe al mensaje original también, digitándolo en el área de mensajes. Luego, haga clic en Send Now o en Send Later.**

Si recibe correo no solicitado o molesto de otro miembro de AOL, reenvíelo a TOSspam, un buzón especial de AOL configurado para investigar el correo basura.

5. **Para ver el siguiente mensaje, haga clic en el botón Next; para ver el mensaje anterior, haga clic en el botón Prev.**

6. **Cuando acabe con una ventana, haga clic en el botón Close, el botón con una X en la parte superior derecha de la ventana.**

No siempre es una buena idea responder mensajes de inmediato. Quizás deba obtener alguna información o, en otros casos, enfriarse completamente después de leer el mensaje absurdo que alguien le haya enviado.

## Guardar un mensaje en su PC

El noventa y nueve por ciento del tiempo, después de haber leído y respondido un mensaje, deseará eliminarlo. Simplemente, haga clic en el botón Delete mientras el mensaje está abierto, o seleccione el mensaje de su lista y haga clic en el botón Delete. Si lee un mensaje y no lo elimina, AOL lo mueve a la pestaña Old Mail, de la ventana Online Mailbox, así que no desordenará la pestaña de New Mail.

Si recibe un mensaje en AOL que desea guardar en un archivo de texto, ábralo en la pantalla como se describe en la sección precedente. Luego seleccione File⇨Save, desde la barra de menúes o pulse Ctrl + S. La AOL le permite seleccionar el directorio y el nombre con que guardará el archivo en su computadora. Cuando haga clic en OK, el mensaje de correo electrónico es guardado como un archivo de texto. ¡Agradable y fácil!

## Redactar un mensaje nuevo

No tiene que contestar otros mensajes —puede comenzar un intercambio de mensajes, asumiendo que conoce la dirección de correo electrónico de la persona a quien quiere escribirle:

 1.**Haga clic en el botón Write de nuevo —el segundo icono desde la izquierda, en la segunda fila de barras de herramientas, la imagen de un lápiz y un papel.**

Alternativamente, puede hacer clic en el icono de Mail en la barra de herramientas y seleccione Write Mail desde el menú que aparece, o puede pulsar Ctrl+M. Verá el recuadro de diálogo Write Mail, como se muestra en la Figura 17-2.

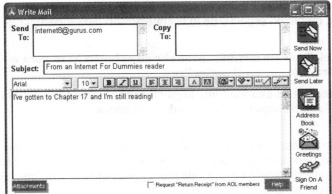

**Figura 17-2:**
Envíele un
mensaje a
cualquier
persona.

2. **Digite la dirección del receptor del correo en el cuadro Send To.**

   Para los miembros de AOL, solo digite el nombre de pantalla. Para otras personas de la Red, digite la dirección completa de Internet.

3. **En el cuadro Copy To, introduzca las direcciones de las personas a quienes les desea enviar una copia.**

# ¡Alto al correo basura!

Los usuarios de America Online reciben más mensajes de correo electrónico basura que los usuarios de cualquier otro sistema en línea. La mayor parte de los mensajes son del tipo de enriquecerse rápidamente, sitios porno y ofertas para anunciar su producto por correo electrónico a millones de personas que están tan cansadas como usted de recibir esos mensajes.

Como puede imaginar, AOL ha recibido muchas quejas por el nivel de correo spam, especialmente de usuarios que tienen que pagar por hora para poder leerlo (incluso con tarifas bajas, algunas personas todavía pagan las llamadas telefónicas por cada minuto). Las personas de AOL han estado luchando contra los enviadores automáticos de correo basura durante algún tiempo, incluyendo el intento de bloquear sus mensajes y han librado varias batallas en los tribunales contra esas personas. Aunque muchos mensajes de correo electrónico basura tienen direcciones de remitente incluidas, no siempre es fácil rastrearlos o bloquearlos. ¿Qué debe hacer un lector de correo electrónico?

Vaya a la palabra clave **mail controls** (o haga clic en Mail en la barra de herramientas, y seleccione Mail Controls del menú que aparece). Para cada nombre de pantalla de su cuenta, puede bloquear todo el correo electrónico entrante, el correo electrónico de los sitios que selecciona o solo documentos adjuntos de correo electrónico.

No tiene que enviarse una copia a usted mismo: AOL mantiene una copia de los mensajes que envía.

4. **Digite una breve línea de asunto en el cuadro Subject.**

   Tiene que introducir un asunto —AOL no permite que ningún mensaje se envíe si no tiene uno.

5. **En el cuadro sin nombre, digite el texto de su mensaje.**

   Si envía un mensaje a otro usuario de AOL, puede usar los botones sobre el cuadro de texto para añadir subrayado, letras itálicas, color y otros formatos divertidos para su mensaje. No se tome la molestia de formatear mensajes para Internet, porque el formato no funciona en muchos programas de correo electrónico de AOL.

6. **Cuando le guste lo que ve, haga clic en el botón Send Now o Send Later.**

   AOL confirma que el correo va en camino.

7. **Haga clic en OK.**

## Adjuntar un archivo a su mensaje

`Attachments` Si quiere enviarle un archivo a alguien en un mensaje de correo electrónico, AOL facilita este proceso. Cuando escribe el mensaje, haga clic en el botón Attachments. Usted ve la ventana de diálogo Attachments, la cual le permite seleccionar cualquier archivo de su PC. Haga clic en Attach, elija un archivo y haga clic en OK.

CONSEJO

## Correo en camino

Los usuarios de AOL pueden enviar y recibir correo a través de la Web sin usar el software de AOL. En cualquier computadora con un explorador de la Web, como Netscape, Opera o Internet Explorer, vaya a `aolmail.aol.com`. En esa página, introduzca su nombre de pantalla de AOL y la contraseña, y obtendrá una pantalla similar a la del programa de correo de AOL, donde puede enviar, recibir y responder al correo.

Esta es una manera útil de lidiar con su correo en una computadora de su oficina, si normalmente usa AOL en casa o cuando viaja a través de la computadora de un amigo, un quiosco Web en un aeropuerto o en una computadora de un cibercafé.

La AOL adjunta el archivo usando MIME, un método con el que la mayoría de otros programas de correo electrónico pueden tratar (todavía es una buena idea preguntar primero antes de enviar documentos adjuntos, para asegurarse de que el destinatario tenga el programa necesario para leer el archivo que quiere enviar).

## Mantener un libro de direcciones

Por supuesto, no puede recordar (mucho menos, digitar correctamente) todas las direcciones de correo electrónico de sus amigos en línea; AOL le brinda un libro de direcciones para seguirles la pista. Es muy primitivo comparado con los estándares de otros programa de correo, pero sirve.

### Añadir nombres a su libro

Para añadir entradas nuevas a su libro, haga clic en el icono Mail de la barra de herramientas y seleccione Adress Book del menú que aparece (mientras redacta un mensaje, haga clic en el icono Address Book). La ventana Address Book muestra los contenidos actuales del libro de direcciones.

## Netscape 6 – el mejor programa de correo

El correo de AOL usa su propio sistema privado, en vez del sistema que todos los demás proveedores de Internet usan. Esto quiere decir que no puede usar Outlook Express, Eudora ni los otros programas de correo electrónico para leer y enviar mensajes de AOL. Hasta hace poco, estaba ineludiblemente comprometido con el uso del programa de correo más bien renco que está unido al (o la interfaz de la Red de AOL, que no es mucho mejor) software de la AOL. Si deseaba configurar filtros de correo para ordenar sus mensajes entrantes en carpetas automáticamente, entonces se le acabó la suerte.

¡Las buenas noticias! Ahora que AOL posee a Netscape, le han concedido a la Version 6.1 y, posteriores, la habilidad de operar con el correo de la AOL. Siga las instrucciones del Capítulo 16 para descargar el programa `home.netscape.com/download`. Los Capítulos 11 y 12 describen cómo usar el programa de correo Netscape 6, incluyendo las características avanzadas que el programa de AOL no tiene. Para contarle sobre su cuenta de AOL, seleccione Edit↷Mail-/News Account Settings desde el menú para desplegar el recuadro de diálogo Account Settings. Haga clic en el botón New Account y responda las preguntas: verá una opción para usar su cuenta de AOL. Cuando haga clic en OK, su buzón aparece al final de su lista de Mail Folders. Haga clic en él para leer y enviar correo.

Haga clic en el botón Add Contact para crear una entrada nueva y, luego, llene el nombre, el apellido y la dirección de correo electrónico de la persona a quien le quiere escribir. Puede crearle una entrada a un grupo de gente (los familiares, por ejemplo) haciendo clic en el botón Add Group. Dele al grupo un nombre, como "Amigos" o "Depto. de Mercadeo". Y luego seleccione a las personas de su lista de contactos para incluirlas en el grupo.

### Usar la lista negra

Cuando redacte un mensaje, puede abrir el libro de direcciones haciendo clic en su icono en la ventana Write Mail. En la ventana Address Book, seleccione a la persona a quien le desea escribir y haga clic en el botón Send To. Para enviarle a la persona una copia del mensaje, haga clic en Copy To o en Blind Copy (para una copia ciega). Después de que haya agregado las direcciones al mensaje, las puede eliminar por métodos ordinarios. Cierre la ventana Address Book cuando no la necesite más.

# "¿Qué hago si recibo un adjunto?"

Algunas veces, cuando la gente envía correo electrónico, también envía un documento adjunto –un archivo de su computadora que se adjunta al mensaje. Si no conoce a la persona que le envió el mensaje, no descargue el adjunto, ya que podría contener un virus, o un documento o imagen desagradable.

El nombre del archivo adjunto está registrado en lo alto del mensaje, además de su tamaño y el tiempo estimado para descargarse. El documento adjunto no está en su computadora hasta que lo descargue de AOL. Haga clic en el botón Download y seleccione Download Now o Download Later, para descargar el archivo y guardarlo en su computadora: AOL le da oportunidad de escoger la carpeta en la que desea guardarlo. Cuando la descarga concluye, AOL le pregunta si desea localizar el archivo. Haga clic en Yes para desplegar su nombre en una ventana de Windows Explorer, donde puede hacer doble clic en el nombre del archivo para abrirlo.

No descargue archivos, especialmente archivos de programa de personas que no conoce. Aun si conoce al remitente, nunca ejecute un programa que haya recibido por correo electrónico a menos que haya confirmado que el remitente *tuvo la intención de* enviárselo (esto es, que el programa no sea un virus que se ha autoenviado).

Desde la versión AOL 6.0, el software les da un tratamiento especial a los mensajes largos que recibe. En vez de abrirlos normalmente, convierte el texto en un documento adjunto, que lo hace más difícil de leer. Si recibe un mensaje largo (por ejemplo, si se suscribe a una lista de correos y recibe sus mensajes como compendios de día a día) entonces puede recibir un mensaje con un documento adjunto que contiene el texto en un formato comprimido. Para leerlo, descargue el documento adjunto, seleccione File⇨Download Manager, haga clic en Show Files You Downloaded, haga clic en el nombre del archivo y, luego en Decompress, para ver el texto del mensaje. Si el archivo era realmente grande, AOL puede haberlo convertido en un archivo ZIP; en este caso, necesita de WinZip para poder verlo (refiérase al Capítulo 16).

# Sin Conexión

Usted puede trabajar *sin conexión* en AOL – es decir, puede desconectarse de AOL y leer su correo electrónico descargado o redactar mensajes nuevos o respuestas. Puede trabajar sin conexión a la Internet para evitar conectarse a su línea telefónica y permitirles a otras personas conectarse tan rápido como un disparo. De hecho, cuando ejecuta el programa de AOL por primera vez, no está en línea todavía; puede minimizar el signo de la ventana y puede empezar a redactar mensajes o leer los viejos. Todas las funciones de AOL a las que no puede acceder porque no está conectado, aparecen de color gris para que no pueda usar ninguna de las características que exigen el estar en línea. Si está en línea y desea estar sin conexión, pero sin salir de AOL, seleccione Sign Off⇨Sign Off, desde la barra de menú.

# Usar AOL para Conectarse a la Red

Originalmente (en los inicios de los años 1990) la AOL proveía sus propios servicios en línea —páginas informativas, chats y correo electrónico— sin conectarse del todo a la Internet. Cuando la Internet se hizo popular, AOL empezó a interconectarse con la Red, de modo que el correo electrónico se intercambiara entre los usuarios de AOL y los usuarios de la Internet, y los de AOL pudieran ver servicios de la Internet como la World Wide Web y los grupos de noticias Usenet.

La mayoría de personas ahora piensa en AOL como una forma conveniente de acceder a la Internet, con el beneficio de lado de algunos servicios de la AOL, como sus salones de charla. El acceso a la Internet está entremezclado con el contenido de AOL en la mayoría de las ventanas.

Para ver un sumario de los servicios de Internet en una ventana, haga clic en Internet, en la barra de herramientas o vaya a la palabra clave **internet**. Verá la ventana Internet Connection, con botones para ver páginas Web o buscar en la Web.

# *Explorar la Web desde AOL*

El software de AOL incluye un explorador de Internet incorporado. Puede guardar las direcciones de páginas de Web en su lista Favorite Places. Puede mantener una ventana abierta del explorador de la Web al mismo tiempo que otras ventanas de AOL.

El explorador de las versiones recientes del software de la AOL (5.0 y posteriores) es realmente Microsoft Internet Explorer, así que, prácticamente, todo lo que decimos en otros capítulos sobre IE se aplica también al explorador de la AOL. Esto es extraño, porque AOL posee a Netscape, pero eso muestra qué tan poderoso es Microsoft: si AOL no apoya a IE, en vez de su propio Netscape, Microsoft no incluiría software de inscripción de AOL con Windows.

Si tiene una versión muy vieja del software de AOL —la versión 2.5 ó más vieja— el navegador Web es feo. Actualice a una versión más nueva yendo a la palabra clave **upgrade** y siguiendo las instrucciones de la pantalla. Las buenas noticias son que es fácil y que AOL no le cobra por el tiempo de conexión mientras descarga el programa Internet Explorer. Las malas noticias son que toma algún tiempo (una hora o más, dependiendo de su velocidad de conexión a Internet) descargar el programa. Si tiene algún posavasos reciente de AOL, puede instalar la versión mejorada desde allí.

## *Iniciar el explorador de la Web*

Para echar a andar el explorador de Internet de AOL, haga clic en el cuadro de la palabra clave (en la fila inferior de la barra de herramientas), digite el URL de la página de Web que desea ver (en vez de una palabra clave) y pulse Enter o haga clic en Go. AOL se imagina que digitó un URL (probablemente porque iniciaba con *www* o *http://*) , luego abre una ventana de World Wide Web, y empieza a abrir la página Web. Por ejemplo, para ver el sitio Web Internet Gurus (de los autores del mismo libro que está leyendo) digite **net.gurus.com** en el cuadro y pulse Enter.

Para usar el explorador, haga clic en cualquier ilustración que contenga un borde azul o cualquier botón o cualquier texto que aparezca subrayado (los Capítulos del 6 al 8 le dicen cómo encontrar información sobre la World Wide Web).

## Proteger a sus niños

En el Capítulo 3, hablamos de la necesidad de que los padres estén involucrados en la experiencia en línea de sus niños. Debido a que usa AOL, puede querer tomar ventaja de sus controles paternales. Si los niños usan su cuenta de AOL, puede crear un nombre de pantalla para cada niño y controlar lo que ellos hagan en AOL; vaya a la palabra clave **parental controls**.

## Crear su propia página Web

Aunque es divertido ver las páginas que otras personas han creado, ¿qué le parece la idea de crear las suyas propias? AOL le permite crear su propia página principal (una página principal sobre usted).

Seleccione People➪Create a Home Page, desde la barra de herramientas, para ir a la ventana AOL Hometown Create Your Home Page. Siga las instrucciones para crear su propia página principal en la Web. AOL lo conduce a través de la creación de una página simple y linda que se almacena en el sitio Web AOL Hometown, en hometown.aol.com — el programa le dice la dirección exacta de su nueva página. Lea el Capítulo 10 para obtener ayuda sobre escribir su primera página principal.

# Chatear con AOL y Usuarios de AIM

El software de AOL incluye un programa de chat que le permite chatear incluso con otros usuarios de Internet que estén usando el programa Instant Message (AIM) de AOL. Este programa se describe en el Capítulo 14.

La ventana Buddy List, que es parecida a la ventana de AIM, aparece automáticamente cuando inicia la sesión de AOL (si no aparece, seleccione People➪Buddy List, desde la barra de herramientas o vaya a la palabra clave **buddy view**). Como se muestra al lado derecho de la Figura 17-3, la ventana de Buddy List muestra los grupos como en AIM; es decir, como Amigos, Familiares, Compañeros de trabajo. Para agregar a alguien a su lista de amigos o para hacer cambios, haga clic en uno de los grupos y, luego, en el botón Setup. Verá la ventana Buddy List Setup. Haga clic en el grupo al cual desea agregar a la persona y haga clic en Add Buddy. Digite el nombre de pantalla de cada amigo y haga clic en Save. Cuando haya terminado, haga clic en Return to Buddy List. Entonces, puede introducir los nombres de pantalla de los usuarios de AOL y de usuarios de AIM, de modo intercambiable.

La ventana Buddy List muestra a sus camaradas que están en línea. Haga doble clic en el amigo con quien desea hablar para abrir una ventana. Digite el mensaje, haga clic en Send y podrá enviar y recibir mensajes de la otra persona, como se muestra en la ventana intermedia de la Figura 17-3. Haga clic en Close cuando termine.

Los mensajes entrantes fortalecen una ventana de su pantalla. Haga clic en Respond para aceptar el mensaje e iniciar una conversación, o en Close para rechazarla. Después de la conversación, haga clic en Close para cerrar la ventana.

**Figura 17-3:**
Su lista de amigos puede contener a miembros de AOL y cualquiera puede ejecutar el AOL Instant Messenger.

AOL, evidentemente, tiene un montón de usuarios maleducados, porque AIM tiene un elaborado sistema para advertir y bloquear a los usuarios que no le gusten. Haga clic en el botón Setup de la ventana Buddy List y haga clic en Preferences. En la pestaña Privacy de la ventana Buddy List Preferences, puede permitir o bloquear a usuarios específicos, puede bloquear a todos los usuarios de Internet de AIM o bloquear a todos los usuarios.

# *Arrebatar Archivos de Servidores FTP*

AOL le permite descargar archivos de servidores FTP de la Internet (refiérase al Capítulo 16 si no sabe qué es FTP). La AOL puede hacer FTP anónimo, en el que usted se conecta a un servidor FTP en el que no tiene una cuenta, o FTP regular, en el que usted tiene cuenta. Para usar el servicio FTP de AOL, tiene que saber cuál archivo desea descargar, cuál servidor FTP lo tiene y en cuál directorio está el archivo. Para información sobre FTP, refiérase a net.gurus.com/ftp.

## Conectarse a AOL a través de su cuenta de la Internet

Si ya tiene una cuenta de la Internet, puede usar AOL a través de la Internet. Esta técnica es útil si ningún número de acceso a la AOL está disponible en su área local de llamado, o si su computadora ya está conectada directamente a la Red por una red rápida de la escuela o del trabajo, o a través de un módem de cable. Usted se conecta a su cuenta local de Internet y luego se conecta a AOL a través de esa cuenta.

Así: conéctese a su ISP usualmente. Luego, inicie el software de AOL, pero *no se conecte* todavía. Haga clic en el cuadro Select Location y seleccione ISP/LAN Connection. Luego conéctese a AOL. AOL se conecta a través de su ISP como otro programa de la Internet y puede echar a andar cualquier otro programa de la Internet que desee y haga clic de aquí para allá entre AOL y los demás programas. Cuando acabe con AOL, desconéctese; luego, si no tiene una conexión permanente, desconéctese de su ISP.

Usted pagará tanto la cuenta del ISP como la cuenta de AOL, pero puede ser útil si su ISP brinda una conexión más rápida que su número local de acceso a AOL o si el número más cercano para acceder a AOL es una llamada de larga distancia. AOL tiene un precio especial de "traiga su acceso" a $ 9.95 por mes si siempre está conectado a una cuenta de la Internet, en vez de marcar por teléfono a AOL.

La mayoría ahora descarga software por la Web. Los vínculos de las páginas Web pueden ser vínculos FTP; esto es, hace clic en un vínculo al principio y descarga el archivo.

Si necesita usar FTP directamente, vaya a la palabra clave **ftp**, haga clic en el botón Go To FTP, seleccione un servidor FTP de la lista que AOL brinda y haga clic en Connect. Si el servidor FTP que tiene el archivo que desea no está listado, haga clic en Other Site y digite el nombre de Internet del servidor FTP. Cuando se ha conectado al servidor FTP de su elección, AOL puede desplegar un mensaje informativo sobre él; haga clic en OK cuando lo haya leído. Entonces ve la lista de los contenidos del directorio actual del servidor FTP.

Puede abrir un directorio (carpeta) del servidor haciendo doble clic en el nombre del directorio. AOL muestra pequeños iconos de carpetas y archivos a través de los nombres del directorio y los pequeños iconos de hojas de papel por nombres. Para archivos, vea el tamaño de cada uno (en bytes o caracteres) —mientras más grande es el archivo, más tarda en descargarse. Cuando termine de ver en un directorio, cierre su ventana.

Para descargar un archivo, selecciónelo y haga clic en Download Now. La ventana de diálogo Download Manager aparece y le pregunta dónde poner el archivo en su computadora.

Algunos servidores FTP están sumamente ocupados y no puede conectarse. Intente otra vez fuera de las horas laborales o pruebe en otro servidor. AOL mantiene copias de la mayoría o todos los archivos de algunos de los servidores más ocupados para aliviar los atascos en línea.

# Usar AOL como una Cuenta de la Internet

Es una decisión difícil escoger entre un servicio en línea comercial, como America Online, y una cuenta de la Internet. Aunque America Online tiene muchísima información exclusiva para sus miembros, cuesta un poco más que muchos ISPs, se recibe más spam y si va a vivir al campo, AOL puede facilitar una llamada de larga distancia. ¿Qué debe hacer un cibernauta?

Ahora bien, no tiene por qué elegir –lo puede tener todo. AOL le permite usar programas estándares de la Internet (*Winsock*, en la jerga técnica) con su cuenta de AOL (si tiene una versión más vieja que AOL 3.0, entonces vaya a la palabra clave **upgrade**).

## Obtener programas de la Internet

Montones de software gratuito y de libre evaluación están disponibles en la World Wide Web. Refiérase al Capítulo 16 para ver dónde buscar programas de la Internet y qué hacer con ellos una vez que los ha descargado. Aquí hay dos lugares para buscar software de Internet:

✔ **Download Center de AOL:** Seleccione Services➪Download Center. Verá una lista de programas de evaluación agrupados por cateogría, incluyendo Internet Tools.

✔**TUCOWS (La Máxima Colección de Software de Windows):** Vaya a www.tucows.com en la Web. Cuando TUCOWS le pregunta dónde está, haga clic en Estados Unidos y, luego, en Virginia para seleccionar un servidor. (a pesar de donde usted esté, AOL lo conecta al cuartel general de Virginia). Verá una extensa lista de programas de Internet. Haga clic en el tipo de programa que desea (exploradores de Internet o lectores de noticias, por ejemplo) y verá nombres, descripciones y hasta exámenes de los programas.

✔ Revise el Capítulo 16 para otros lugares donde puede obtener programas de Internet.

## Usar programas de Internet

Suponga que desea usar Netscape 6 en vez del explorador de AOL Web. Asumiendo que está ejecutando la versión 3.0 de AOL o una versión posterior y que haya descargado el programa Netscape 6 (o que haya comprado la versión comercial), esto es todo lo que tiene que hacer:

1. **Ejecute su programa de Internet.**

   Así es. Eso es todo lo que tiene que hacer. Para ser específico, ejecute AOL e inicie la sesión de su cuenta. Luego, ejecute Netscape (o cualquier otro tipo de programa de Internet). Funciona, usando su cuenta de AOL como su conexión a la Internet. La aplicación de Internet se ejecuta en su propia ventana, a pesar de estar compartiendo su conexión de AOL con el mundo.

   Cuando termine, salga de su programa. Luego, cierre la sesión de AOL.

   Para más información sobre dónde obtener los programas de Winsock que quizás desee usar, refiérase al Capítulo 16.

   Solo hay una limitación: el único programa de correo electrónico que funciona con el correo de AOL es Netscape 6. No puede usar Outlook Express, Outlook, Eudora u otro programa de correo electrónico, debido a que AOL utiliza un sistema de correo propietario.

## Hacer Otras Cosas

Debido a que America Online ofrece toneladas de información que no tienen nada que ver con la Internet, después de que se inscriba, también la puede ver. Una lista de botones de canales baja por el lado izquierdo de la ventana de AOL, y hacer clic en un botón exhibe una ventana con más información sobre ese tema. El botón Chat de la barra de herramientas lo lleva a la ventana People Connection, con vínculos a charlas de todos los tipos. El botón del canal Kids Only tiene cosas divertidas y educativas para niños, incluyendo juegos, ayuda para tareas y salones de charla supervisadas por AOL. El botón del canal de Travel le permite hacer y revisar sus reservaciones de aerolíneas.

Puede ser difícil *cancelar* una cuenta de AOL si decide que ya no la quiere. Quizás deba hacer varias llamadas telefónicas y dejar que su compañía de crédito se entere de que usted rechazará cualquier cargo adicional de AOL. Una vez, uno de nosotros canceló por teléfono, les envió una carta certificada y siguieron cobrando, incluso después de varios meses.

# Parte VI
# Los Diez Mejores

## La 5a Ola

### Por Rich Tennant

"ES SOLO MIENTRAS VOLMEMOS A ESTAR EN INTERNET".

# Capítulo 18

# Diez Preguntas Frecuentes

. . . . . . . . . . . . . . . . . . . . . . . . . . . . . . . . . . . . . . . . . . .

*En este capítulo*

▶ Respuestas a algunas preguntas generales de Internet

▶ Nuestras opiniones sobre las computadoras, los proveedores de servicios de
Internet, el software y otros asuntos favoritos

. . . . . . . . . . . . . . . . . . . . . . . . . . . . . . . . . . . . . . . . . . .

**R**ecibimos montones de preguntas en nuestro correo electrónico todos los
días. Aquí reunimos algunas preguntas comunes para responderlas en espera
de que les puedan ser de utilidad.

Así, cuando nos hagan de nuevo estas preguntas, en vez de contestarlas, podemos
decirles que consigan una copia de este libro en su lugar. Je, je.

Si tiene más de diez preguntas después de leer este libro, practique
surf en nuestro sitio Web, en `net.gurus.com`, en el que le decimos cómo encontrar centenares de respuestas.

## "¿Por Qué, Sencillamente, No Me Pueden Dar Instrucciones Paso a Paso?"

Nosotros recibimos esta pregunta por correo electrónico todo el tiempo; otros libros *Para Dummies* brindan instrucciones detalladas paso a paso, mientras que
este libro puede ser frustrantemente vago.

Dos razones saltan a la mente: una es que nosotros no sabemos qué clase de computadora utiliza (con Windows XP, Windows 2000, Windows 98, Windows 95, Windows NT, Mac, Linux o de otro tipo), o qué programas utiliza (America Online,
Netscape, Internet Explorer, Eudora u otro software). Nosotros tratamos de darle

muchísimos antecedentes generales para que tenga una buena idea de cómo funciona la Internet, además de instrucciones específicas, siempre que es posible, con los sistemas más usados. Nuestro sitio Web, que recién mencionamos, enumera libros y otros sitios Web con más instrucciones específicas para muchos sistemas y programas.

La otra razón es que los programas cambian continuamente. Desde la última edición de este libro, todos los programas que describimos han sido actualizados. Cuando usted lea este capítulo, hasta las versiones más nuevas pueden aparecer y funcionar de modo un tanto diferente de la forma en que nosotros lo describimos. Esperamos que encuentre lo suficiente en la lectura de este libro como para ayudarle a negociar con las inconsistencias que deberá enfrentar a medida que descubra cómo usar la Red.

Si utiliza Windows 98 ó Me, quizas desee revisar nuestro libro *The Internet For Windows 98 For Dummies* e *The Internet For Microsoft Windows Me Millennium Edition For Dummies* (ambos publicados por Hungry Minds) los cuales tienen los pasos de muchos programas de la Interner que vienen con Windows. Si utiliza una Mac, adquiera *The Internet For Macs For Dummies,* 3a Edición. Para los programas, obtenga nuestro *Internet Secrets*, 2a edición (publicado por Hungry Minds) e *Internet: The Complete Reference* (publicada por Osborne/McGraw-Hill).

# "¿La Internet y la World Wide Web Son la Misma Cosa?"

Nop. La Internet comenzó en 1969 y es una red compuesta por muchas redes de computadoras. La World Wide Web, nacida en 1989, es un sistema de páginas Web interconectadas a las que puede acceder a través de la Internet. En estos últimos años, la Web (junto con el correo electrónico) se ha convertido en la forma más común de usar la Internet y, cada vez más, los exploradores de Internet incluyen tecnología tradicional de la Internet. Por ejemplo, puede enviar y recibir correo electrónico de Netscape y de Internet Explorer y puede unirse a los salones de charla de muchas páginas Web. Por otra parte, puede encontrar en la Red muchas cosas aparte de la Web, como sistemas de mensajes instantáneos, juegos de multiusuarios y el simple y viejo correo electrónico.

Para una fascinante historia de la Web, lea *Weaving the Web,* del inventor de la Web, Tim Berners-Lee (publicado por Harper San Francisco).

# "¿Cuál es la Diferencia Entre un Explorador y un Motor de Búsqueda?"

Un *explorador* es el programa de software que le permite a su computadora mostrarle las páginas de la World Wide Web. Un *motor de búsqueda* (ya sea directorio o índice) le ayuda a encontrar páginas (en la Web) sobre temas específicos de interés para usted. Netscape e Internet Explorer son exploradores, programas que se instalan en su propia computadora. AltaVista, Yahoo!, Lycos, Excite y otro puñado de motores de búsqueda son sitios Web que le pueden ayudar a encontrar cosas en la Web. Piense en el explorador como en un teléfono y en el motor de búsqueda como en la guía telefónica, o quizás como la operadora. Refiérase a los Capítulos 6 y 7 sobre los exploradores y al 8 sobre detalles acerca de los motores de búsqueda.

# "¿Qué Debo Usar, Cable o DSL?"

Las cuentas de Internet por cable y por DSL son dos formas de obtener acceso rápido a la Internet por cerca de $50 al mes. (En algunos lugares, el ISDN, un tipo de línea telefónica rápida, es otra opción). Si usa la Internet demasiado y odia juguetear con los dedos mientras las páginas Web se cargan, probablemente le gustará una conexión más rápida a la Internet. Un agradable efecto secundario es que no usa línea telefónica, así que no necesita una segunda línea para su computadora. El Capítulo 5 describe cómo suscribirse a una conexión a la Internet por cable o DSL.

# "¿Puedo Cambiar Mi Dirección de Correo Electrónico?"

Depende (¿no odia cuando decimos eso?).

En la mayoría de sistemas, usted no puede sencillamente cambiar su dirección de correo electrónico. Su dirección de correo, usualmente, es un nombre de usuario otorgado por su ISP. La mayoría de ISPs le permiten seleccionar el nombre de usuario que desee, siempre que no se haya usado antes. Si quiere llamarse El Risitas, está bien, su correo sería algo así como `elrisitas snickerdoodles@furdle.net`.

Más tarde, cuando descubra que EL Risitas no se ve genial en su tarjeta de presentación empresarial, quizás desee cambiar su dirección de correo electrónico. Si utiliza un ISP local y pequeño, quizás pueda llamarlos por teléfono y pedirles amablemente que lo cambien y lo harán luego de refunfuñar por unos minutos. Si el ISP no lo cambia o si le gusta ser El Risitas ante sus amigos, puede obtener un correo alias por un cargo extra.

Ninguna ley dice que cada dirección debe corresponder exactamente a un buzón de correo. Más bien, tener varios *alias*, o direcciones de correo que coloquen todo el correo en un solo buzón, es una práctica común. Aunque el nombre del verdadero buzón de correo de John es johnl, por ejemplo, los alias de correo como `john`, `john1`, `jlevine` y otro par de errores ortográficos hacen que los mensajes le lleguen directamente a su buzón de correo (y debido a que él es el propio administrador del sistema, él puede tener todos los alias y apodos que desee. Debido a que él es un megalomaníaco, tiene varios miles de alias).

Pregúntele a su ISP si el puede dar otro alias a su correo. La mayoría lo hará ya que hacer esto solo representa agregar una línea a un archivo lleno de direcciones de correo. Después de que un ISP haga eso, puede configurar su dirección de retorno (por ejemplo, en Eudora) para los alias de su dirección, si usted ha especificado su nuevo alias.

CompuServe le asigna un nombre de usuario arbitrario, que es su dirección de correo de modo predefinido. Este le permite obtener un alias de correo razonable — llámelos y pregúnteles cómo hacerlo.

Si su ISP no puede o no le da un alias de correo, puede revisar los servicios de alias de correo de terceras partes. Uno es PoBox, que se parece a un servicio de apartado postal. Le da, por una tarifa módica, cualquier dirección que desee en `pobox.com` que luego es reenviada hasta su verdadera dirección de correo. Contacte PoBox en `www.pobox.com`, o envíe un mensaje a `info@pobox.com`. Millones de sitios Web (entre ellos Yahoo Mail, Mail.com y Hotmail) también le ofrecen correo gratuito basado en la Web que le permiten escoger su propia dirección. Visite `mail.yahoo.com` (**nuestro favorito**) `www.mail.com` y `www.hotmail.com`.

America Online (AOL) es un caso especial debido a que sus usuarios pueden cambiar sus direcciones de correo electrónico con abandono descabellado en seguida. Cuando se inscribe en AOL, se selecciona un nombre de pantalla, que es su nombre de usuario y la dirección de correo electrónico. Cada usuario de AOL puede seleccionar hasta seis nombres adicionales de pantalla, ostensiblemente para otros miembros de la familia, y los puede cambiar en cualquier momento. Las buenas noticias son que los usuarios de AOL pueden tener cualquier dirección que deseen (mientras no coincidan con las de las 20 millones de direcciones de AOL ya asignadas); las malas noticias son que las direcciones rápidamente cambiantes, prácticamente, imposibilitan decir de modo confiable quién envía cada correo particular de AOL.

# "¿Cómo Puedo Llevar un Archivo de Mi Procesador de Texto al Correo Electrónico?"

Depende. (Uy, lo dijimos otra vez). ¿Desea enviar el contenido solo en texto simple o quiere enviarlo en texto lindo y formateado? También, depende de a quién le envía el archivo y lo que esa persona puede recibir.

Todo el mundo siempre puede leer texto puro y si eso es todo lo que usted necesita, el proceso es fácil. Use los comandos de copiar y pegar, tanto en el menú de Edición de su procesador de textos como en los programas de correo electrónico o presione Ctrl+C (⌘+C en la Mac) y Ctrl+V (⌘+V). Seleccione y copie el texto del documento de su procesador de palabras y luego péguelo en su mensaje de correo electrónico.

Si usted y su destinatario usan programas de correo electrónico que dan soporte a texto formateado, puede incluir texto con formato en su mensaje. Pero asegúrese antes de hacerlo, o el resultado será muy diferente de lo deseado —lo que pensaba que se verá bello se llenará de códigos de formato ilegibles.

Si tanto su programa de correo electrónico como el de su destinatario pueden manejar documentos adjuntos y su destinatario usa el mismo software de procesamiento de texto que usted, puede pegar el archivo de texto a su mensaje de correo electrónico. (Refiérase al Capítulo 12 para más detalles).

# "¿Es Seguro Usar Mi Tarjeta de Crédito en la Red?"

La idea de lo que significa ser seguro es diferente para cada persona. Algunas personas dicen que utilizar una tarjeta de crédito es una idea piojosa — punto. Otros piensan que la Internet está llena de personas que tratan de robar números de tarjetas de crédito y, en ningún caso, se debería enviar su número de tarjeta a través de la Red.

Pensamos que los riesgos del uso de la tarjeta de crédito en línea han sido infla-dos. Refiérase al Capítulo 9 en el que nos ocupamos de este tema en detalle.

# "¿Cuán Importante Es Esta Cosa de la Internet?"

Muy importante. Escribimos este mismo libro por octava vez en ocho años. Esta-mos aquí para decirle que ignorar la Internet ya no es una opción. Sí, puede tolerar el hecho de no saber sobre ello por un poco más de tiempo; sin embargo, si está en la escuela, en su negocio, si busca un trabajo, le gusta viajar o permanecer en con-tacto con amigos y parientes, usted se está haciendo un gran perjuicio. Póngase al día ahora. Realmente, no es tan difícil.

# "¿Cuál es el Mejor ISP?"

Depen... oh, ya sabe. ¿Quiere el más barato? ¿El mejor apoyo para usuarios? ¿El más rápido?

Si todo lo que desea es correo electrónico y acceso a la World Wide Web, enton-ces casi cualquier ISP lo hará, aunque las gamas de precios varían ampliamente, así como la facilidad para llevar a cabo la instalación puede ser el factor decisivo para usted. Si nunca, jamás, ha usado una computadora en su vida y si se frustra fácilmente, le recomendamos seleccionar un servicio que se esfuerce bastante en hacer su vida más fácil. Busque ISPs y servicios en línea con números de acceso que sean de llamada local desde donde usted está. Asumiendo que haya más de uno, averigüe qué tanta ayuda está disponible de parte de su proveedor. Hablar con alguna persona de un ISP que esté considerando antes de comenzar, y pregun-tarles a sus amigos en línea qué les parecen los servicios que usan, le pueden dar comprensión valiosa sobre cuál ISP es el más conveniente para usted. Estos días, la diferencia más grande entre ISPs no es técnica — está en el nivel de servicio. No pierda el tiempo con uno que no ofrezca buen servicio.

Generalmente, preferimos ISPs pequeños que tienen personas reales en el mismo pueblo que usted y que saben las condiciones locales (un ISP local de un pueblo cercano le puede decir basado en la ciudad donde vive qué tan buena es su línea telefónica y la rapidez de la conexión que puede obtener. AOL puede estar abierto toda la noche, pero seguramente no puede hacer eso). Si vive en un área que ofrezca acceso de cable o DSL y si pretende usar la Internet con alguna regulari-dad, asegúrese de tomarlos en cuenta. En muchos casos, ellos hacen toda la instalación por usted y cuestan casi lo mismo que las de marcado telefónico, si considera el costo de una segunda línea.

Para información sobre cómo encontrar un ISP con números locales cerca de usted, busque en `net.gurus.com/isp`, donde tenemos vínculos a directorios de ISP.

# "¿Cómo Puedo Hacer Dinero en la Red?"

No podemos recordar exactamente cuántos trillones de dólares de oportunidades comerciales representa la Internet según la gente que pretende saber de estas cosas. Nosotros vemos que esos negocios comprenden la comunicación. Como un medio nuevo de comunicación, las puertas de la Internet están siendo abiertas a nuevos métodos de hacer negocios.

Recomendamos que, antes que intentar llevar a cabo el cálculo de cómo hacer dinero con Internet, utilice el tiempo para llegar a conocer la Red extensamente –revisando listas de correos y tableros de mensajes además de explorar la World Wide Web. Cuanto más vea, más puede pensar sobre formas orgánicas en las que su negocio pueda usar la Red. Siga sus gustos: encuentre debates en línea sobre temas de interés. Usted se encontrará toda clase de personas interesantes y tendrá nuevas ideas. Pensamos que muchas aspectos de la Red pueden ayudarle a encontrar para usted mismo dónde se hallan sus oportunidades insustituibles.

¡Nos hemos encontrado con que la mejor forma a hacer dinero en la Red es escribir libros sobre ella! No obstante, nosotros escribíamos libros desde que el mundo era joven. Si no estuviéramos en el negocio de los libros, probablemente consideraríamos como las opciones más probables el comercio de negocio a negocio, ya sea servicios en línea o servicios comerciales "del mundo real" relacionados con la Red.

Lo que sigue parece una perogrullada, pero cualquier persona que le diga que puede hacer buen dinero en la Red sin trabajar duro y sin ser creativo y careciendo de iniciativa, lo está engañando. En nada se diferencia esto del resto del mundo.

# "¿Qué Tipo de Computadoras Debo Comprar para Usar la Internet?"

¿Puede adivinar lo que vamos a decir, cierto? "Depende". Para muchas personas, la Internet es la primera buena razón que tienen para comprar una computadora. El tipo de computadora que compre depende de quién es y cómo planee usarla.

Si quiere comprar una computadora para usar la Internet, compre una computadora nueva o, en el peor de los casos, una que no tenga más de un año de vieja. Cuando deba agregar lo que necesite agregar a una vieja computadora, probablemente gastará la misma cantidad de dinero, invertirá mucho más tiempo y no obtendrá algo tan bueno que si compra una nueva.

Si compra una computadora nueva primordialmente para surfear la Red, puede conseguir una rápida (con monitor) por menos de $ 800. La World Wide Web es un lugar colorido; para disfrutar del efecto real, tiene que verla a colores. *No recomendamos* los tratos que le hacen descuentos a cambio de inscribirse con un ISP particular por tres años; no son un negocio muy bueno, particularmente, cuando considera que el precio que paga por el ISP podría descender el año siguiente.

Perdone nuestra visión limitada —tendemos a hablar solo de dos categorías de computadoras: las Macintosh y los clones de la PC de IBM. ¿Cuál es para usted? Cualquiera está bien; ambas operan. Aquí es donde tiene que evaluar sus habilidades y sus recursos y los de las personas de su entorno. Nuestro consejo: compre lo que tengan sus amigos para que les pueda pedir ayuda.

Cuando está hablando con otras personas sobre qué comprar, háblele a aquellos que hagan las mismas cosas que usted, no solo a personas que tengan computadoras. Si es deshollinador, averigüe qué usan otros deshollinadores y que les gusta. Las computadoras no son comunes y corrientes. Son más difíciles de usar de lo que debería. Algunas personas pueden permitirse pagar más por una máquina de los que otros pueden. Trate de determinar cuál máquina le gustará usar más — probablemente, las puede probar en una tienda de computadoras. Cuando evalúe precios, no olvide el valor del tiempo transcurrido al aprender a instalar y usar una computadora y sus programas de software y su propia naturaleza en lo que se refiere a artefactos mecánicos.

Incidentalmente, si tiene algún otro tipo de computadora, trate de identificar a un grupo de usuarios locales y de saber qué tipo de software de la Internet está disponible para su máquina. Es probable que alguien tendrá algo barato o gratuito que usted podrá usar.

# "¿Cómo Puedo Borrar de Mi Explorador la Lista de Páginas que He Visitado?"

Pero, ¿para qué querría hacer eso? ¿Acaso no está *orgulloso* de los sitios fascinantes e intelectuales que ha estado visitando? ¿No?

Recibimos esta pregunta muy a menudo, casi siempre de personas del tipo masculino. Aquí está el método para limpiar la lista de sitios Web que aparecen en su barra de Dirección o de Localización: en Internet Explorer 6.0, seleccione Tools⇨Internet Options, haga clic en la pestaña General, y haga clic en el botón Clear History. En Netscape Navigator 4.x, seleccione Edit⇨Preferences, haga clic en Navigator, de la lista de categorías, y haga clic en el botón Clear Location Bar (y mientras está en eso, haga clic en el botón Clear History para despejar la lista de historial). En Netscape 6, seleccione Edit⇨
Preferences, haga doble clic en la lista de categorías, haga clic en la subcategoría History, y haga clic en la barra Clear Location y en los botones Clear History.

# "¿Cuál es Su Página Web Favorita?"

Por supuesto que `net.gurus.com`. Nunca dijimos que no fuéramos vanidosos (si visita el sitio, puede encontrar vínculos a algunas de nuestras páginas favoritas y, claro, a todo tipo de información útil que no podría caber en este libro).

# Capítulo 19

# Diez Tipos de Archivos y Qué Hacer con Ellos

Ahora que sabe cómo usar la Web y cómo descargar, probablemente ya ha bajado millones de archivos (o tal vez tres o cuatro). Cuando los vea con su procesador de palabras o su editor de texto, quizás encuentre que parecen ininteligibles. En este capítulo, describiremos los diversos tipos de archivos de la Red, cómo saber lo que son y qué hacer con ellos.

## ¿Cuántos Tipos de Archivos Existen?

Cientos de tipos, quizás miles. Afortunadamente, caen en cinco categorías generales:

✓ **Texto:** Archivos que contienen texto, créalo o no, carecen completamente de códigos de formato.

✓ **Ejecutables:** Archivos que puede ejecutar o correr; en otras palabras, programas.

✓ **Comprimidos:** Archivos, archivos ZIP, SIT y otros archivos comprimidos.

✔ **Gráficos, audio y video:** Archivos que contienen imágenes y sonidos codifica-dos en una forma legible para la computadora. Los archivos de gráficos de las páginas Web, usualmente, son del tipo GIF o JPEG. Los archivos de audio pue-den ser WAV (audio de Windows) RAM (RealAudio) MP3 (música) u otros for-matos. Los archivos de video contienen películas digitalizadas.

✔ **Información:** Cualquier otro tipo de archivo. Los archivos de documentos de Microsoft Word (archivos DOC) son especialmente populares en esta categoría.

Este capítulo describe los cinco tipos detalladamente.

El nombre de un archivo —en particular, su *extensión* (el final del nombre después del último período) usualmente le da una pista sobre el tipo de archivo que es. Aun-que la persona que le ponga nombre al archivo, usualmente, trata de ser coherente y sigue las convenciones para ello, ponerle nombre a los archivos no es una cosa se-gura. En los antiguos días del DOS, los nombres de los archivos, usualmente, tenían una extensión de tres letras al final y el punto solo podía ser usado para separar la extensión del nombre principal. Debido a que UNIX, Linux y versiones actuales de Windows permiten que el punto esté en cualquier parte del nombre del archivo, las reglas rígidas en torno a las extensiones ya no existen. Sin embargo, los viejos hábi-tos se adhieren y las personas de las computadoras todavía usan extensiones con-vencionales para ayudar a dar a los archivos un nombre que comunique algo de su contenido. Windows usa la extensión para decir qué programa usar al abrir un ar-chivo dado, de modo tal que algunas veces quizás tenga que cambiarle la extensión a un archivo para que Windows use el programa correcto.

---

## Las Mac también son diferentes

Los archivos de la Macintosh, sin importar lo que haya en ellos, usualmente, vienen en dos o tres trozos, uno de los cuales es el ar-chivo de datos. Aunque no vea los trozos en su Macintosh, los verá si trata de subirlos a un servidor de la Red que no sea Macintosh. En el mundo de las Macintosh, los tres ar-chivos son todas las piezas de un archivo y se les hace referencia como *forks* — el fork de información, el fork de recursos y el de información. Cuando suba desde una Ma-cintosh lo que parezca ser un archivo, a me-nudo aparece como tres archivos separados con las extensiones DATA, RESC e INFO, adjuntados al nombre del archivo. Existen varios esquemas (descritos en la sección "Empacarlo", más adelante en este capítulo) para unir los "forks" de nuevo y transportarlos por la Red.

El sistema operativo de Macintosh usa un ti-po de archivo oculto de cuatro letras, para saber qué tipo de programa puede ejecutar un determinado tipo de archivo, pero puede decirle sobre las extensiones de Windows usando el panel de control File Exchange.

Los archivos adjuntos a los mensajes de correo electrónico no tienen que usar las extensiones correctas, así que es posible que un archivo adjunto al correo electrónico entrante tenga una extensión .GIF o .JPG y que aparente ser una imagen inofensiva, pero quizás contenga alguna otra cosa, como un virus. Como hemos dicho en varios otros lugares de este libro, si recibe un archivo adjunto inesperado, trátelo con gran escepticismo. (si no usa Windows, sin embargo, en gran medida puede ignorar esta advertencia).

# Solo Texto Simple

Los archivos de texto contienen texto legible sin ningún tipo de códigos de formato al estilo de los procesadores de texto (¿qué esperaba?). Algunas veces, el texto es un escrito legible para seres humanos, como el manuscrito de este libro, que nosotros escribimos en archivos de texto la primera vez que lo digitamos. Algunas veces, es el código de fuente del texto de los lenguajes de programas informáticos, como C o Pascal. Ocasionalmente, el texto es información para programas. La información de impresora PostScript es una clase especial de archivo de texto que las impresoras PostScript saben cómo formatear e imprimir.

En las PCs, los archivos de texto usualmente tienen la extensión .txt (o del todo carecen de extensión). Se pueden leer estos archivos usando Notepad, WordPad o cualquier procesador de palabras. Los archivos de texto de Mac también usan la extensión "txt." Lea estos archivos de texto de Macintosh con SimpleText, BBEdit Lite o cualquier procesador de palabras.

No tenemos mucho que decir sobre los archivos de texto -usted los reconocerá cuando los vea. Tal como lo mencionamos en el Capítulo 16, de acuerdo con la forma en que el texto almacenado varía de un sistema a otro, así debería descargar los archivos de texto de algún FTP y convertirlos al modo ASCII para transformarlos automáticamente a su formato local. Esto quiere decir que si utiliza un programa FTP, seleccione la opción ASCII en vez de Binary (o Image) cuando descargue archivos; si utiliza un explorador de Web, no importa. La razón es que, históricamente, diferentes sistemas han tenido problemas al concordar cuál símbolo debería usarse para separar las líneas de texto (¿por qué no podemos todos, sencillamente, llevarnos bien?). ¿El símbolo debería ser un retorno de carro, una línea nueva? ¿Un retorno de carro seguido por una línea nueva? Su explorador sabe, sin duda, qué es lo mejor para usted.

Muchos programas usan *UNICODE*, una manera de almacenar datos con caracteres no ingleses en una computadora. Mientras ASCII solo permite 94 caracteres diferentes (lo cual es bastante, considerando que solo tenemos 26 letras en el alfabeto inglés), UNICODE puede representar más de 65 000 diferentes caracteres e intenta cubrir todos los sistemas de escritura usados actualmente en el mundo, incluyendo los ideogramas chinos, japoneses y coreanos.

El texto formateado en los documentos, frecuentemente, es almacenado en los formatos de Microsoft Word (DOC) o Rich Text Format (RTF); refiérase a la sección "Ninguna de las anteriores", más adelante en este capítulo.

# ¿Un Último Deseo Antes de que Lo Ejecutemos?

*Los archivos ejecutables (executable files)* son programas que puede correr en una computadora. Los programas ejecutables son particularmente comunes en archivos de cosas de las PCs y las Mac. Algunos programas ejecutables están también disponibles en la Red para otras clases de computadoras, tales como ciertas estaciones de trabajo. Cualquier archivo ejecutable corre solo en un tipo particular de computadora: un archivo ejecutable de Mac es inútil en una máquina de Windows y viceversa.

Los programas ejecutables más comunes son los de Windows. Estos archivos tienen extensiones tales como .exe o .com. Usted los ejecuta de la misma manera en que corre cualquier otro programa de Windows: haga doble clic en su nombre de archivo en My Computer o Windows Explorer.

Existen algunas posibilidades de que un nuevo programa de PC o Mac esté infectado con un virus informático (debido a las diversas formas en que funcionan los sistemas, los programas de UNIX y Linux son mucho menos dados a transportar virus). El material proveniente de buenas fuentes de software no está en peligro de ser infectado, si usted ejecuta un programa desconocido desde una fuente peligrosa, se merece que le pase cualquier cosa.

# *Empacarlo*

Muchos paquetes de software requieren archivos relacionados. Para hacer más fácil la tarea de enviar un paquete así, puede amontonar los archivos en un solo *archivo (archive)*. Después de que encuentre un archivo de este tipo, debe usar un programa extractor, para sacar los archivos originales.

Algunos archivos también están *comprimidos (compressed)*, lo cual significa que están codificados de una forma especial que ocupa menos espacio pero que requiere del uso del correspondiente descompresor. Muchos archivos que reciba o descargue por la Internet están comprimidos para que ocupen menos tiempo de transferencia (unos cuantos bytes equivalen a unos segundos de espera). En el mundo de la PC, archivar y comprimir se hace simultáneamente al usar utilidades tales como WinZip para crear *archivos ZIP*. En el mundo de la Mac, el programa StuffIt es muy popular. En el mundo de Linux y UNIX, sin embargo, los dos procedimientos –la compresión y la archivación se hacen de modo separado: los programas *tar* y *cpio* archivan, mientras que los programas *compress* y *gzip* comprimen.

Si descarga muchos archivos de la Red, tiene que saber cómo descomprimir cosas. Los dos esquemas de compresión principales son ZIP y StuffIt.

# *"ZIPearlo" todo*

La compresión más ampliamente usada y el programa de archivación de Windows es un programa de evaluación llamado WinZip. Los archivos zipeados (o archivos ZIP) terminan con la extensión .zip. Estos son algunos programas que puede usar para crear archivos ZIP que contengan uno o más archivos o para recuperar los archivos colocados dentro de los archivos ZIP:

- Windows Me y XP vienen con capacidad de extracción y compresión –ellos llaman a los archivos ZIP *compressed folders (carpetas comprimidas)*.

- Otros usuarios de Windows pueden usar el excelente programa de evaluación WinZip, mencionado en el Capítulo 16. No solo maneja archivos ZIP, sino que además sabe cómo extraer el contenido de la mayoría de otros tipos de archivos comprimidos que se puede encontrar en la Red. Puede descargarlo desde www.winzip.com. También nos gusta ZipMagic (descargable desde http://www.ontrack.com/zipmagic/), el cual hace que los archivos ZIP se vean como carpetas de Windows Explorer y de My Computer.

- Los usuarios de Mac pueden descargar un programa de evaluación llamado ZipIt.

✔ En `ftp.uu.net` se pueden encontrar los programas de compresión y de extracción para UNIX/Linux, llamados *zip* y *unzip* (los autores son programadores creativos, pero no son muy buenos para poner nombres). La Fundación Software Gratuito (Free Software Foundation) que dirige el proyecto GNU, ofrece *gzip*. Los archivos que son gzipeados utilizan la extensión de nombre .gz y también se pueden descomprimir con WinZip.

Muchos archivos ZIP que se encuentran en la Red son *auto extraíbles,* lo cual quiere decir que en el archivo ZIP está empacado un programa de extracción; incluso si no tiene un extractor, simplemente ejecute el archivo y este extrae sus propios contenidos. (PKZIP y WinZip son distribuidos de este modo). Debido a que los archivos que se extraen solos son programas, tienen la extensión .exe en vez de .zip. Los paranoicos notarán que solo porque un programa aparenta ser un archivo que se extrae, no significa que realmente lo sea. Nosotros preferimos abrirlos con WinZip y descubrir lo que hay realmente dentro.

# ¡Solo StuffIt!

El programa de Macintosh favorito para la compresión y la archivación es un programa de libre evaluación, escrito por Raymond Lau y conocido como StuffIt. StuffIt viene en muchos sabores, incluyendo una versión comercial llamada StuffIt Deluxe. Los archivos StuffIt de todas las variedades generalmente usan la extensión .sit.

Para la descompresión, puede usar los programas de libre evaluación llamados UnStuffIt, StuffIt Expander o DropStuff con Enhancer Expander, ampliamente disponibles para Mac. MindExpander es otro programa de archivación que les gusta a las personas. Puede descargar estos programas de libre evaluación en `www.macorchard.com`.

# Otros archivadores

A lo largo de los años, han sido diseñados decenas de archivadores de compresión, con nombres tales como Compress, tar, LHARC, ZOO y ARC. Los usuarios de Windows y de Mac pueden encontrar descompresores para todos ellos en sitios de programas de evaluación como `www.download.com` y `www.shareware.com`. El único otro archivador que es usado ampliamente es el japonés LHA, debido a que comprime bien y es gratuito.

# Para los Inclinados al Arte

Una fracción grande y creciente de todos los bits que vuelan por la Internet está compuesta por imágenes digitalizadas cada vez de mayor calidad. Cerca del 99.44 por ciento de las imágenes son de pura diversión, juegos y cosas peores. Estamos seguros de que usted se encuentra entre el 0,56 por ciento de usuarios que necesita las imágenes para trabajar, así que aquí están los elementos básicos acerca de los formatos de imágenes.

Los formatos gráficos más usados comúnmente en la Red son GIF, JPEG y PNG. Una linda característica de estos formatos de archivo es que hacen un muy buen trabajo referente a la compresión interna, al punto que parecería que están pre-comprimidos.

## Unas palabras de la brigada contra el vicio

Apostamos a que se pregunta si algún sitio gratuito FTP o Web contiene, hum... fotografías exóticas, pero que está demasiado apenado como para preguntarlo. Bien, le diremos que no hay mucho disponible gratis. Hay pocas fotos públicos y gratuitas que sean más atrevidas que las fotos de moda de *Redbook* o de *Sports Illustrated*.

Eso es por dos razones. Una es político. Las compañías y las universidades que financian la mayoría de los sitios públicos gratuitos de la Internet no tienen interés en ser acusados de pornógrafos o de llenar sus caros discos con imágenes que no tienen nada que ver con cualquier trabajo legítimo. (en un archivo universitario, cuando las fotos de *Playboy* se eliminaron, fueron reemplazadas por una nota que decía que si usted podía explicar que necesitaba las fotos para una investigación académica, serían devueltas).

La otra razón es práctica. De vez en cuando, alguien hace disponible su colección privada de fotos pornográficas en un FTP anónimo o en un sitio Web. Dentro de cinco minutos, unos mil estudiantes de palmas sudorosa tratan de descargar las fotos lo más rápido que pueden. Después de otros cinco minutos, por pura auto conservación, las fotos son retiradas.(si no nos cree, refiérase a *Sexo Para Dummies*, publicado por Hungry Minds, Inc.; allí, Ruth Westheimer dice lo mismo).

Si alguien a quien usted conozca está en necesidad desesperada de este tipo de obras de arte (no usted, por supuesto, sino, humm, alguien en su misma habitación las necesita para investigación sociológica _por supuesto) usted podría dirigirlo a que visite estos sitios: www.playboy.com y www.penthousemag.com, que usualmente contienen unas cuantas fotos tomadas de las ediciones de sus revistas.

Muchos sitios de la Web sí le muestran porno si les da su número de tarjeta de crédito para probar que es mayor de edad y para que les pague. Nosotros somos pobres, así que nunca hemos visto lo que ellos tienen para ofrecer. A menudo tienen unas cuantas pantallas preliminares que anticipan lo que puede ver si se hace miembro del sitio, esas imágenes suelen ser muy fuertes. No busque en www.whitehouse.com.

# Si yo pudiera un GIF...

El formato más ampliamente usado en la Internet es CompuServe GIF (Graphics Interchange Format). Existen dos versiones de GIF: *GIF87* y *GIF89*. Las diferencias son tan pequeñas que casi todos los programas que pueden leer GIF puede leer cualquier versión igualmente bien. Ya que GIF está bien estandarizado, nunca se tiene problemas con archivos escritos por un programa y que no sean legibles por otro. Los archivos GIF tienen la extensión .gif. GIF hace un buen trabajo al almacenar imágenes con números limitados de colores y con bloques a colores, como iconos de pantallas y cuadros estilo caricatura.

Docenas de programas comerciales y de libre evaluación de PCs y Mac pueden leer y escribir archivos GIF. Netscape e Internet Explorer pueden desplegarlos también; solo seleccione File⇨Open desde el menú. Los botones y las pequeñas imágenes de las páginas Web generalmente son almacenados también como archivos GIF.

# PNG-Pang-Pong

Los archivos GIF usan un método de compresión patentado y en 1995, UNISYS empezó a cobrar regalías de CompuServe y de cualquier otro que vendiera software que usara su técnica patentada. Como consecuencia, un grupo de usuarios de gráficos de la Red vinieron con un reemplazo libre de patente para GIF, el cual se llama PNG (con la extensión .png, y pronunciado *ping*). Esperábamos ver a GIF desaparecer eventualmente y a PNG reemplazarlo, pero no parece estar ocurriendo. PNG maneja los mismos tipos de imágenes que GIF y la mayoría de programas que pueden desplegar imágenes GIF están siendo actualizados a PNG.

# Los ojos lo tienen

Hace unos cuantos años, expertos en fotografía digital se reunieron y decidieron que: a.) Era hora de tener un formato estándar oficial para fotos digitalizadas y b.) Ninguno de los formatos existentes era lo suficientemente bueno. Formaron el *Joint Photographic Experts Group (Grupo Unido de Expertos Fotográficos -JPEG)* y, después de extensas negociaciones, el formato JPEG había nacido. El JPEG está diseñado, específicamente, para almacenar fotografías digitalizadas a color y blanco y negro, no así dibujos animados generados por computadora ni ninguna otra cosa. Como consecuencia, JPEG hace un trabajo fantástico para el almacenamiento de fotos y un trabajo piojoso al almacenar cualquier otra cosa.

Una versión JPEG de una foto es casi del cuarto del tamaño de su archivo corres- pondiente GIF (los archivos JPEG pueden ser de *cualquier* tamaño porque, cuan- do el archivo se crea, el formato permite un intercambio entre el tamaño contra la calidad). La desventaja principal de JPEG es que es, considerablemente, más lento de descodificar que el GIF; sin embargo, los archivos son mucho más pe- queños; por ello, JPEG vale el tiempo de espera. La mayoría de programas que pueden desplegar archivos GIF, incluidos Netscape e Internet Explorer, ahora también manejan JPEG. Los archivos JPEG usualmente tienen nombres con la ex- tensión .jpeg o .jpg.

Algunas personas ,ocasionalmente, pretenden que las ilustraciones JPEG no se ven, ni remotamente tan bien como las ilustraciones GIF. Lo cierto es que si hace un archivo GIF de 256 colores a partir de una foto a todo color y después traslada ese archivo GIF a un archivo JPEG, no se verá bien. De modo tal que no lo haga. Para lo más fino en calidad fotográfica, exija JPEGs a todo color.

## *Qué florezcan cien formatos*

Actualmente, se usan muchos otros formatos de archivo, aunque GIF y JPEG, por mucho, son los más populares en la Red. Otros formatos con los que se puede topar son:

✔ **PCX:** Este formato de DOS (con la extensión .pcx) es usado por muchos pro- gramas de ilustración —también sirve para fotografías de baja resolución.

✔ **TIFF:** Este formato enormemente complicado (con la extensión .tiff o .tif) tiene cientos de opciones —tantas que los archivos TIFF escritos por un programa a menudo son ilegibles por otros programas.

✔ **PICT:** Este formato (con la extensión .pict) es común en las Macintosh porque la Mac tiene soporte incorporado para él.

✔ **BMP:** Este formato de mapa de bits de Windows (con la extensión .bmp) no es muy usado en la Red porque los archivos BMP tienden a ser más grandes de lo necesario.

## *¡A Sonar!*

Los archivos de audio —archivos que contienen sonido digitalizado– pueden ser encontrados por toda la Web. Si le gusta escuchar las noticias National Public Ra- dio, por ejemplo, pero no tiene tiempo de oír cuándo están, puede escuchar los principales hechos noticiosos de la página Web de NPR (en www.npr.org) a cual- quier hora —¡es genial! También nos gustan algunos de los conciertos en directo y las estaciones de radio de http://broadcast.yahoo.com/.

Puede escuchar sonidos de la Web de dos formas:

✔ **Descargar un archivo de audio entero y luego reproducirlo.** Este método tiene la ventaja de que puede reproducir el archivo tantas veces como lo desee sin tener que descargarlo de nuevo. Descargar un archivo de audio toma algún tiempo.

✔ **Reproducir el archivo de audio *conforme lo descarga* para no tener que esperar que el archivo entero llegue antes de que empiece a oírlo.** Este método se llama *audio fluyente*. Algunos sitios brindan archivos de audio fluyente que están siendo creados en vivo, de modo que puede escuchar estaciones de radio y otro tipo de reportes en directo.

Los archivos de audio no fluyentes tienen extensiones como .wav, .mp3, .au y .aif. El Windows Media Player, que viene con la mayoría de versiones de Windows, puede reproducir archivos WAV. (Las versiones más viejas de Windows venían con un programa llamado MPLAYER.) Puede descargar reproductores de sonido de muchos archivos informáticos en línea (refiérase a net.gurus.com/software para encontrar dónde descargar reproductores de sonido y aditamentos para agregar al equipo). Los últimos exploradores de Internet también tienen reproductores de sonido incorporados.

El sistema más popular para reproducir archivos de audio fluyente es RealAudio y los archivos de su formato tienen la extensión .ra o .ram. Para reproducir archivos de RealAudio, necesita RealPlayer, que se puede descargar de www-.real.com o de archivos de software como TUCOWS (www.tucows.com). El reproductor RealAudio también maneja RealVideo, que pone pequeñas películas borrosas junto a su sonido.

Microsoft resolvió crear su propio formato de audio fluyente y atarlo a un reproductor en las versiones más nuevas de Windows. Puede reproducir archivos de Advanced Streaming Format (con las extensiones .asf o .asx) en el programa Windows Media Player.

Otro formato popular de video fluyente es QuickTime, de Apple. QuickTime da soporte al video fluyente así como a audio en una variedad de formatos. El software necesario viene con las Macintosh y está disponible gratis para Windows en www.apple.com/quicktime.

# Música para Mis Oídos

Una de las actividades nuevas y más caliente de la Internet es intercambiar archivos musicales con sus amigos en el formato de MP3. El MP3 simboliza MPEG nivel 3 (siglas dentro de siglas, de seguro le debe encantar) y es, simplemente, la banda sonora usada en las películas MPEG. Debido a que ese formato es de dominio público y hace un trabajo bastante bueno al comprimir música hasta un tamaño razonable para descargar, ha sido adoptado por los amantes de la música de la Red. Muchos sitios Web, como `www.mp3.com`, han surgido dedicados al formato MP3. Son buenos lugares para buscar el software que necesita para reproducir archivos de MP3 e incluso para grabar su propia música. Uno de lo más populares es Winamp, que se puede descargar de su extravagante sitio Web, en `www.winamp.com`.

Napster (en `www.napster.com`) era el servicio más conocido de intercambio de música. Les permitía a los miembros descargar archivos MP3 desde las computadoras de otros, gratuitamente. El sistema fue el primer intercambio de información de gran escala *de igual a igual* (esto es, en el cual las personas intercambian archivos con otros, en vez de descargarlos de una biblioteca central). Eventualmente, las casas discográficas entablaron demandas y lo cerraron, ya que el servicio de intercambio gratuito estaba en violación flagrante de las leyes de derechos de autor. Napster está abriendo un servicio basado en una membresía a la cual uno puede suscribirse; todo con el apoyo de la industria musical, que se llevará una parte del botín. Hay, claro está, muchísimos sitios de MP3 menos que legales que juegan escondidillas con los dueños de los derechos de autor.

## MP3 en la calle

El MP3 es tan popular que varios fabricantes ahora ofrecen reproductores portátiles de MP3, que almacenan un número de canciones de MP3, de modo tal que puede oírlas mientras trota, viaja o, simplemente, está en algún lugar. Es como un Walkman, pero no necesita cintas ni CDs. Usted conecta su reproductor de MP3 a su computadora cuando desee descargar tonadas nuevas. Los últimos reproductores pueden guardar horas de música.

Puede encontrar programas llamados *descodificadores (rippers)* que le permiten transferir música de sus CDs al formato MP3 para transferir selecciones de CDs a su reproductor de MP3.

## Dígame por qué, SDMI

La costumbre de las personas que extraían sus canciones favoritas de sus CDs y las enviaban por correo electrónico a sus 50 amigos más cercanos era una amenaza odiosa para la industria de la grabación, sin mencionar que era una violación a la ley de derechos de autor (las amenazas antiguas, para aquellos lo suficientemente viejos para recordarlo, habían sido las videograbadoras y los casetes). Los esfuerzos de la industria por cerrar los sitios Web que ofrecen canciones extraídas para la descarga gratuita han sido moderadamente exitosos, pero el correo electrónico privado es difícil de detener.

En un intento para ponerse al frente de este desfile, la industria de la grabación se ha sacado de entre manos su propio formato de archivo de música. SDMI, que significa Secure Digital Music Initiative (Iniciativa de la Música Digital Segura), le permite descargar archivos musicales nuevos desde los sitios Web oficiales de la industria (con una tarjeta de crédito, claro) y escucharlos usando un reproductor compatible con SDMI. Pero si usted le envía el archivo SDMI a un amigo, este no será capaz de reproducir el archivo porque solo puede ser descodificado por el reproductor del comprador original. Los reproductores SDMI también tocan archivos de MP3, a menos que el reproductor detecte una señal no audible llamada *watermark (marca de agua)* que pronto será incluida en la mayoría de producciones musicales con derechos de copia.

Solo el tiempo podrá decir si SDMI podrá igualar en popularidad al MP3, pero nosotros no nos quedaremos esperando. Puede encontrar más información sobre SDMI en `www.sdmi.org`. En respuesta a un reto de la industria, un profesor de la Universidad de Princeton rompió el esquema de las marcas de agua de SDMI, pero ha demorado la publicación de sus resultados por temor a ser demandado por las casas discográficas. Refiérase a `www.cs.princeton.edu/sip/sdmi/`.

# Una Tarde en el Cine

A medida que las redes se han hecho más rápidas y los discos, más grandes, las personas comienzan a almacenar películas enteras digitalizadas (todavía algo *pequeñas*, por ahora). Con conexiones de Internet más rápidas, puede descargar videos o ver *video fluyente* (archivos de video que comienzan a reproducirse en su computadora mientras el resto del archivo está todavía descargándose).

El formato estándar original de las películas se llama *Moving Picture Experts Group -MPEG(Grupo de Expertos en Películas Cinematográficas)*. El MPEG fue diseñado por un comité cercano al comité JPEG —algo sin precedentes en la historia de los esfuerzos por alcanzar estándares— y fue diseñado basado en trabajos anteriores. Los archivos MPEG tienen la extensión .mpeg o .mpg.

Microsoft, respondiendo al desafío de estándares emergentes que no podía controlar, creó sus propios formatos. El formato Audio/Visual Interleave (AVI) es para video no fluyente, con la extensión .avi. Advanced Streaming Format (con las extensiones .asf o .asx) es tanto para información de video fluyente como de audio.

Los exploradores de Internet no pueden reproducir ninguno de estos formatos de video –se necesita un reproductor. También necesita una computadora razonablemente rápida para exhibir películas en algo cercano al tiempo real. Las recientes versiones de Windows vienen con Windows Media Player, que puede reproducir la mayoría de formatos de audio y video. O puede descargar RealPlayer gratis de `www.real.com`, como se muestra en la Figura 19-1.

**Figura19-1:**
El programa
RealPlayer
puede
reproducir
audio y
video y
sintonizar
estaciones
de radio
basadas en
la Internet.

También son populares algunos otros formatos de películas _notablemente, Shockwave y Apple QuickTime– también aparecen en páginas Web. Puede obtener aditamentos para agregar a su explorador de Internet que puedan desplegar las películas. Para los aditamentos (plugins) visite `home.netscape.com/plugins`. Para los agregados de Internet Explorer, visite `www.microsoft.com/msdownload/default.asp`. También puede revisar otros recursos de nuestro sitio Web, en `net.gurus.com/software`.

## *Ninguna de las anteriores*

Algunos archivos no calzan bien en ninguna de las descripciones mencionadas en este capítulo. Por ejemplo, ocasionalmente puede encontrar archivos formateados de procesador de texto para usarse con programas como WordPerfect (extensión .wpd) Microsoft Word (extensión .doc) así como también Formato de Texto Enriquecido, el estándar de la industria (extensión .rtf). Si encuentra uno de estos archivos y no tiene el programa de procesador de texto correspondiente, usualmente, puede cargar el archivo en un editor de texto, en el cual podrá ver el texto de archivo, entremezclado con símbolos extraños que representan información de formato. Con un clic, puede editar los signos raros para recuperar el texto. Pero antes de que recurra a ese método, intente cargar el archivo con el procesador de palabras que tenga. La mayoría de software puede reconocer el formato de la competencia y hacer un gran esfuerzo para convertir el formato en algo que resulte útil, todo con tal de que no se sienta tentado a comprar el otro producto.

Para el caso particular de Microsoft Word, Windows viene con un programa llamado WordPad, que puede abrir muchos documentos de Word, y Microsoft ofrece un visor de Word gratis que puede desplegar e imprimir archivos de Word. Refiérase a `office.microsoft.com/downloads/`.

Otra forma común de enviar documentos formateados por la Internet es Portable Document Format (PDF) de Adobe, con la extensión .pdf. Desafortunadamente, el PDF es un formato con derechos de autor y es necesario comprar un programa de Adobe si se desea crear archivos PDF. El programa que despliega e imprime archivos PDF es gratuito y se incluye en la mayoría de Mac y PCs nuevas. Se llama Acrobat Reader y se puede descargar la versión más nueva para PCs, Linux o Mac desde `www.adobe.com/products/acrobat`.

# Capítulo 20

# Diez Cosas Divertidas que Puede Hacer en la Red

$P$uede usar la red en cientos de maneras para trabajar y divertirse. Cuando encuentre cosas nuevas y divertidas que hacer en la Red, díganoslo. Envíenos un correo a internet8@gurus.com, pero no nos ponga a lidiar con la basura ilegal, pornográfica y de hacerse millonario rápidamente.

## Enviar Tarjetas Virtuales

La próxima vez que recuerde el cumpleaños de alguien a último momento, envíele una tarjeta en línea de felicitaciones gratuitamente y llegará en unos minutos. Las tarjetas son solo mensajes de correo electrónico que incluyen gráficos bonitos, animación, una canción algo tonta y variaciones disponibles para la ocasión. Incluso puede agregar sus propias tarjetas.

Aquí hay algunos cuantos sitios que quizás desee revisar:

✔ Blue Mountain (www.bluemountain.com) tiene una gran colección de tarjetas virtuales de felicitación.

- ✔ Virtualinsults (`virtualinsults.com`) ofrece cositas como, "Te amo más que al bróculi".

- ✔ iCards de Apple ofrece tarjetas fotográficas con mucha clase (visite (`www.apple.com` y haga clic en la pestaña iCards).

- ✔ Shockwave (`www.shockwave.com`) tiene animaciones elaboradas, pero sus receptores deben tener el software necesario para poder desplegarlas, o bien, necesitan descargarlo de la red. Para saber cómo descargar programas, refiérase al Capítulo 16.

Las tarjetas virtuales son perfectas para cuando usted no quiere lo suficiente como para enviar el presente de verdad, cuando no tiene mucho dinero, cuando no puede ir a la oficina del correo o si usted es muy perezoso. Al final, lo que cuenta es la intención.

## Compartir Imágenes con Sus Amigos y Su Familia

Los documentos adjuntos al correo electrónico (refiérase al Capítulo 12) son una excelente manera de enviar fotos de cualquier lugar del mundo. Ni siquiera se necesita una cámara digital. Muchos servicios de film digitalizan sus fotografías y se las envían en línea o en un disquete. Otros servicios como Ofoto (`www.ofoto-.com`) procesan sus fotos y le permiten administrarlas en álbumes desde su sitio Web. Luego puede darles a sus amigos el URL del álbum y puede ver las imágenes en línea y ordenar impresiones de las que le gusten de manera especial.

La fotografía en línea es incluso más simple si compra una cámara digital. Se han vuelto más rentables, especialmente si considera cuánto dinero ahorra en film y en los costos de procesarlo y revelarlo, además de que usted puede elegir imprimir solo las fotos que desee. Aquí hay algunos sitios Web donde puede encontrar más sobre las cámaras digitales y la fotografía digital: `www.dcresource.com`, `www.dpreview.com`, and `www.megapixel.net`.

## Ver Películas Cortas y Anuncios de TV

La Internet ha creado una nueva forma para que los creadores de películas cortas y experimentales puedan encontrar un público. Muchos sitios presentan mini videos que puede ver gratis. IFILM (`www.ifilm.com`) tiene una buena selección. Puede encontrar una larga lista de películas en el sitio `dir.yahoo.com/entertainment/movies_and_film/downloads/`. Tome en cuenta que la calidad de estas películas varía desde pésimas hasta realmente inspiradas, y que el asunto de ellas puede ser molesto. Quizás le toque ver un grupo de ranas.

Si extraña los anuncios de la TV, recomendamos fuertemente AdCritic (`www.adcritic.com`). AdCritic incluye los mejores anuncios en el aire actualmente, junto con algunos clásicos como el de Alka-Seltzer: "No puedo creer que haya comido tanto". Ahora puede ver esos geniales anuncios de Super Bowl, sin el fútbol americano.

Estos sitios de películas usan una variedad de formatos de video —QuickTime, RealNetwork, Windows Media Player y la lista sigue— así que dese cuenta de que tiene que descargar algunos programas. Si está marcando en una conexión que es particularmente lenta, deje los videos para cuando tenga un acceso de mayor velocidad.

## Jugar Damas Chinas

O ajedrez, corazones, bridge, backgammon, go o cualquier juego de mesa o de cartas que desee. Los juegos clásicos se defienden bien contra aquellos cada vez más sangrientos juegos de video. Ahora no necesita reunir a sus amigos en un encuentro real para poder jugar con ellos —puede encontrar gente que desea jugar con usted en cualquier momento, de día o de noche, en sitios como `games.yahoo.com` o `www.zone.msn.com` (solo usuarios de Windows).

Muchos aficionados piensan que el bridge no es un juego de cartas sino un estilo de vida. Algunos sitios buenos de bridge incluyen `www.bridgeplayer.com` y `www.okbridge.com`. El último cobra $99 por año después de un período de prueba. MSN (zone.msn.com) también ofrece bridge.

## Mirar Cómo Pasa el Mundo

Las cámaras Web son cámaras de video en directo con las que puede acceder a la Red. Le permiten ver qué ocurre ahora mismo —donde sea que apunte la cámara. Observe fauna silvestre, los acontecimientos del día, una calle de ciudad, un centro comercial, un cambio en el tráfico, la Antártida, o hasta la sala de estar de alguien. Las vistas son generalmente actualizadas cada cierta cantidad de segundos. Vaya a `dmoz.org/computers/internet/on_the_web/webcams/` o solo busque *webcams* en `www.yahoo.com`.

# Compartir Su Diario

Publicar su diario privado en la Internet puede parecer tan extravagante como tener una webcam en su dormitorio, pero muchas personas lo hacen y disfrutan de tener retroalimentación de otros diaristas. Revise DiaryLand (`www.diaryland-.com`) para ver de qué se trata. La mayor parte de ellos son jóvenes. Para las personas mayores, es una ventana sobre lo que los niños piensan (o no piensan) sobre estos tiempos.

# Visite Museos de Arte de todo el mundo

Los museos de arte son un lugar genial para pasar una tarde lluviosa. Ahora puede visitar museos y galerías de todas partes del mundo por medio de su explorador. No todos los sitios Web de museos tienen obras de arte en línea, pero muchos sí. Nuestros favoritos incluyen el Louvre de Paris (`www.louvre.fr`), el Museo de Boston de Bellas Artes (`www.mfa.org`), el Museo Metropolitano de Arte de Nueva York (`www.metmuseum.org`) y el Museo Estatal Hermitage de Rusia (`www.hermitagemuseum.org`). Encontrará una extensa selección de otros en `dir.yahoo.com/arts-/museums_galleries_and_centers`.

# Cree Su Mundo

Los mundos virtuales son lugares electrónicos que puede visitar en la Web, como salones de chat 3-D. En lugar de un nombre de pantalla, usted crea una figura personal de acción, llamado *avatar,* que camina, habla y tiene emociones (pero no hace tiraderos en el piso). Cuando usted está en uno de estos mundos, su avatar interactúa con los avatares de otras personas que se hayan conectado en entornos que varían desde lo muy realista a lo realmente fantástico. En algunos mundos virtuales, incluso puede construir sus lugares: una habitación, una casa, un parque, una ciudad –lo que pueda imaginar.

La mayoría de áreas virtuales requieren un programa o un software especial. Aquí hay algunos lugares donde puede entrar en un mundo virtual o crear uno: `www-.simcity.com`, `www.activeworlds.com`, `www.digitalspace.com/avatars`, y `www.ccon.org/hotlinks/hotlinks.html`.

# Recorrer el Sistema Solar

La última mitad del siglo veinte pasará a la historia como la época en que la humanidad comenzó a explorar el espacio exterior. Las sondas visitaron cada planeta excepto Plutón (www.christinelavin.com/planetx.html) y varios cometas y asteroides. Estas sondas enviaron fotos asombrosas: las tormentas de Júpiter, los océanos de Europa, el lodo que se desliza en Marte y la Tierra de noche.

¿Cuál generación realmente conseguirá jugar al turista en el resto del Sistema Solar, aún está por verse, pero las excursiones virtuales están disponibles ahora en sitios como www.solarviews.com, www.seds.org, y sse.jpl.nasa.gov. Asegúrese de marcar la foto astronómica del día en antwrp.gsfc.nasa.gov/apod/astropix.html. Pero, por encima, no deje de visitar la increíble fotografía de la civilización humana de la NASA, en antwrp.gsfc.nasa.gov/apod/image/0011/earthlights_ dmsp_big.jpg.

# En busca de Vida Extraterrestre

SETI@home (setiathome.ssl.berkeley.edu) es un experimento científico que usa computadoras conectadas a Internet en casa y oficinas para buscar inteligencia extraterrestre. La idea es hacer que miles de computadoras PCs y Mac (que de otro modo estarían sin uso) realicen cálculos masivos, todos necesarios para extraer señales de radio de otras civilizaciones a partir del ruido galáctico. Puede participar ejecutando un programa gratuito que descarga y analizar la información recolectada por el radiotelescopio Arecibo, ubicado en Puerto Rico.

Si esperar a los alienígenas del espacio no es lo suyo, usted podría disfrutar al aprovechar el tiempo sin uso de su computadora solucionando problemas de criptografía y de matemáticas. Distributed.net (www.distributed.net) administra tales proyectos, algunos de los cuales ofrecen premios en efectivo a la persona que encuentra la solución.

# Adoptar un Niño

¿Vive usted en la Internet por horas y horas todos los días? Tal vez su vida necesita un mayor significado. Adoptar a un niño es un compromiso mucho mayor que actualizar a la última versión del sistema operativo de Microsoft, pero al menos los niños crecen eventualmente. Aquí hay dos sitios Web excelentes que presentan a niños especiales que necesitan un hogar: rainbowkids.com y www.capbook.org. Darle un vistazo no le hará daño.

# Estudiar chino

El gobierno chino tiene un elaborado sitio Web dedicado a enseñarle chino a los angloparlantes en www.speaking-chinese.com. El sitio ofrece cursos en línea en todos los niveles, tanto de la parte oral como escrita del chino. Incluso puede tener correspondencia con un profesor electrónico de China. Unas cuantas lecciones pueden convertirse en un largo camino para desmitificar esta parte del mundo.

# Explorar los Archivos de NPR

¿Alguna vez ha encendido la radio, se ha encontrado en el medio de una historia fascinante y desearía haber podido escuchar el principio? La Radio Pública Nacional (NPR, según su sigla en inglés) tiene muchos de sus programas del pasado disponibles en línea. Si le gustaría escuchar ese programa completo, visite www.npr.org. También puede usar la característica de búsqueda del sitio para buscar las historias que se perdió por completo.

# Capítulo 21

# Diez Formas De Evitar Verse Mal

En este capítulo

▶ Consejos para usar la Red de modo sofisticado y genial

▶ Algunos malos movimientos que no debe hacer

▶ Algunas trampas odiosas en las que no debe caer

*V*aya, usar la Internet es excitante. Y ofrece muchas maneras de pasar por tonto –el cielo prohíbe que actúe como un novato perdido. En este capítulo, redondeamos los elementos habituales de los movimientos que lo pueden convertir en el mejor surfeador del barrio.

## Lea Antes de Escribir

El momento en que obtenga su cuenta nueva de Internet, puede tener un deseo abrumador de empezar a enviar montones de mensajes ahora mismo. *¡No lo haga!*

Lea las listas de correo, las páginas Web y otros recursos de la Red por un rato, antes de que envíe alguna cosa. Usted descubrirá lugares indicados a donde enviar sus mensajes, lo cual por un lado hará más probable su contacto con personas que estén interesadas en lo que dice y, menos probable, que disguste a personas molestándolas con irrelevancias, enviando algo a un lugar impropio. Si ve una sección llamada FAQ (significa Preguntas Hechas Frecuentemente) léala para ver si su pregunta ya ha sido respondida.

# La Netiqueta Cuenta

En la Red, usted es lo que digita. Los mensajes que envíe son la única manera en que el 99 por ciento de la gente que conoce en la Red sabrá de usted.

## La ortografía cuenta

Muchos usuarios de la Red sienten que debido a que los mensajes de la Red son pequeños e informales, la ortografía y la gramática no cuentan. Algunos incluso piensan que la ortografía extraña los hace estar a la moda. Si piensa eso, entonces no podemos hacer mucho al respecto. Pensamos que un mensaje mal hecho, mal escrito es como una gran mancha de grasa en la camisa —sus amigos sabrán que es usted, pero las personas que no lo conocen concluirán que no sabe cómo adornarse a usted mismo.

Many mail programs have spell checkers. Eudora Pro (the commercial version of Eudora) checks your spelling after you click the dictionary icon (the *ABC* one) on the toolbar or choose Edit⇨Check Spelling from the menu. In Netscape 4.0/4.5, which also comes with a spell checker, you choose Tools⇨Check Spelling from the menu; using Netscape 6, choose Options⇨Check Spelling from the menu. In Outlook Express, you can elect, via the Options menu, to have your outgoing messages checked or choose Tools⇨Spelling to check any message in progress. Spell checkers ensure that your messages consist of 100 percent genuine words, but can't tell if they're the words you planned to use, so proofread after you spell check.

NO ENVÍE SU MENSAJE ENTERO EN MAYÚSCULAS. Esta técnica da la impresión de estar gritando y hará, probablemente, que lo molesten sugiriendo que debería hacer algo para desatorar la tecla de mayúsculas de su teclado. Los teclados de las computadoras han tratado con letras minúsculas desde alrededor de 1970, así es que válgase de esta maravilla técnica moderna y apoye la escritura culta.

A veces recibimos correo de gente que dice: "yo no uso letras mayúsculas ni signos de puntuación: es demasiado trabajo ". Ajá...por supuesto.

## Si no tiene nada que decir, no diga nada

Evite parecer inteligente. Cuando lo hace, el resultado, usualmente, es lo opuesto. Un día en la lista de correos de TRAVEL-L, alguien pidió información sobre algún destino de viaje. Entonces alguien emitió el comentario edificante "Lo siento, amigo, no le puede ayudar". Pues bien, ¡argh!. Esperábamos que las personas que no sabían nada podían quedarse callados, pero estábamos equivocados. Cada mensaje que anuncie en una lista va a la lista entera. Cada miembro de la lista está allí voluntariamente. Como nosotros, a menudo tienen conflictos con las suscripciones de las listas de correos. Pero, ¿el buen contenido de la lista excede en peso al ruido y la carencia de sentido? Mientras más estupidez, más suscriptores sensatos se irán y la lista se deteriorará. Si va a participar, encuentre una forma constructiva de hacerlo.

## Guarde sus manos para usted

Otra estupidez que presenciamos involucraba a alguien que suscribía a su archienemigo en una lista, en contra de sus deseos. De acuerdo, amigos. Esto no es un jardín de niños. Cuando se comienza a abusar en las listas públicas, estas se vuelven privadas. Las listas que no son moderadas se vuelven moderadas. Las listas moderadas se vuelven "Solo por invitación". Mire alrededor; aunque algunas listas se solazan con comportamientos juveniles, esto no es la norma y no es bienvenido en la mayoría de listas.

## Inscripción de suscripción (y deserción)

Inscribirse en una lista de direcciones es algo estupendo. Le contamos todo acerca de cómo hacerlo en el Capítulo 13. Ahora bien, quizás este consejo sea solo para la gente que no está leyendo nuestro libro, pero una manera clásica de verse como un tonto es enviar a la misma lista un mensaje en que le pida ser agregado a la lista, en donde toda la gente de la lista pueda leerlo, y no logrará ser agregado o eliminado. Las solicitudes y las cancelaciones de suscripción van al programa del servidor de la lista en un formato particular o, en el caso de las listas que no están automatizadas, al dueño de la lista. Lea el Capítulo 13 cuidadosamente, por favor, para que no sea la siguiente persona en impresionar a los miembros de la lista con su actitud.

## Lea las reglas

Cuando se suscriba a una lista de correos, usualmente, recibe un largo mensaje sobre cómo funciona esta lista particular y cómo desuscribirse si lo desea. Lea este mensaje. Guárdelo. Antes de que le vaya a decir a otras personas de la lista cómo comportarse, lea las reglas de nuevo. Algún novato oficioso, recién suscrito a JAZZ-L, empezó a molestar en la lista y a quejarse de los hilos fuera de tema. JAZZ-L estimula este tipo de discusión — lo dice muy bien en la introducción a la lista. No podemos decir qué tan bienvenido se sintió con esa acción.

## Edítese

Cuando publique en una lista de correos, recuerde que su audiencia es el mundo entero, constituido por personas de todas las etnias y razas que hablan lenguas diferentes y representan culturas diferentes. Trabaje duro para representar bien a su cultura y a usted mismo. Evite emitir comentarios despectivos sobre otras personas y lugares. Es demasiado fácil ser incomprendido. Lea varias veces lo que piense publicar antes de que lo envíe. Hemos visto errores tipográficos descuidados que cambian el significado de un mensaje hasta su opuesto completo.

## La discreción es la mejor parte

Tarde o temprano, verá algo que implora por un buen disparo. Tarde o temprano, alguien le envía algo que no debería haber visto y que desea pasar por alto. No lo haga. Resista los disparos baratos y la malicia proliferante. La Red tiene un montón de idiotas — no sea otro. (Vea la sugerencia de más adelante, en este capítulo, sobre qué hacer cuando es tentado al enojo). Sea tolerante con los novatos —usted fue uno alguna vez.

## Manténgalo privado

De acuerdo, alguien comete un error, como enviarle a la lista de correos entera un mensaje que dice "Suscríbame" o publicar un mensaje que dice: "Córcholis, no sé", en respuesta a una petición de ayuda. Sí, es cierto, alguien hizo un movimiento estúpido. No lo complique, publicando mensajes adicionales quejándose de eso. Elimine el mensaje u olvídese de él, o bien, responda privadamente, por correo electrónico al que redactó el mensaje, pero no a la de direcciones completa. La lista de correo entera probablemente no desea oír su consejo para la persona que cometió el error.

Por ejemplo, puede enviar un mensaje de correo electrónico privado que diga: "En el futuro, envíe los mensajes de suscripción y de cancelación a `berenjena-.request`, no a `berenjenas`, ¿de acuerdo?" O "Esta es una lista sobre gallinas ponedoras domésticas, así que debería publicar su mensaje sobre gatos en alguna otra parte".

## Cerrar la sesión

Todos los programas de correo le permiten tener una firma, un archivo que va agregado al final de cada correo o mensaje de noticias que envía. Se supone que la firma contiene algo para identificarlo. Las citas concisas rápidamente se volvieron comunes para agregar ese toque personal. Esta es la firma de John, por ejemplo:

```
Regards,
John Levine, johnl@iecc.com, Primary Perpetrator of "The Internet
   for Dummies,"
Information Superhighwayman wanna-be, http://iecc.com/johnl, Sewer
   Commissioner
```

(Sí, él en realidad es comisionado de alcantarillas ¡Visitas guiadas! ¡Muestras gratis!) Las firmas de algunas personas son muy especiales, yendo desde 100 líneas de "arte ASCII", largas citas y extensas aclaraciones, y otras cosas que, supuestamente, son material interesante. Aunque este tipo de firmas es bello un par de veces o tres, rápidamente se vuelve tedioso o lo estigmatiza como un novato completo.

Mantenga su firma de cuatro líneas o menos. Todos los usuarios experimentados de la Red lo hacen.

## *No se adjunte tanto*

Los documentos adjuntos son una forma útil de enviar archivos por correo electrónico. Pero ellos funcionan sólo si la persona del otro lado tiene un programa que pueda leer los archivos que envía. Por ejemplo, si envía un documento de WordPerfect a alguien que no tiene un programa de procesamiento de texto, el archivo es ilegible. Ídem para los archivos de gráficos, de sonido y otros archivos que puede querer enviar. Ciertamente, algunos sistemas más viejos de correo del todo no pueden manejar documentos adjuntos. Pregunte primero antes de enviar un adjunto.

También ponga atención al tamaño de sus archivos adjuntos. ¿Un archivo de procesador de texto de dos páginas puede inflarse hasta varios megabytes si contiene anotaciones de voz, por ejemplo, y sus amistades quizás no aprecien la idea de esperar 12 minutos para descargar un memorándum con una vocecilla que dice "¿Crees que este texto es muy largo?"

## *¡Arrojar llamas!*

Por alguna razón, es muy fácil ponerse MUY ALTERADO ACERCA DE ALGO QUE ALGUIEN DICE POR LA RED. (Hasta nos ocurre a nosotros). Algunas veces es algo que se encuentra en la Web y otras es algún correo electrónico personal. Puede ser tentado a disparar un mensaje directamente de regreso en el que le dice a esa persona cuán patán es. ¿Adivine qué? Es casi un hecho que él le devolverá el disparo. Este tipo de insulto exagerado es tan común que tiene su propio nombre: *Arrojar llamas*. A veces, es entretenido: si tiene la seguridad de que el destinatario lo tomará con buen humor, pero siempre es innecesario. En primer lugar, los mensajes de correo electrónico siempre son comunicados de la misma forma malhumorada que el autor previó; por otro lado, seguir peleando con esas personas, difícilmente, hará que la persona sea más razonable.

Una técnica que a menudo encontramos útil es escribir la respuesta más fuerte, malhumorada y sarcástisca posible, llena de ingenio mordaz y que refuta punto por punto la carta original. Entonces lo tiramos en vez de enviarlo.

# Virus, Spam, Cartas en Cadena y Otros Correos Antisociales

Aunque mencionamos estos temas en los Capítulos 11 y 12, vale la pena mencionarlos aquí también: hay algunos tipos de mensajes que nunca, jamás debería enviar. Algunos no son ilegales (al menos no en algunos lugares), pero su buzón rápidamente se llenará de respuestas desagradables, y su proveedor pronto cancelará su cuenta.

## Propagar correo infectado

Personalmente, no conocemos a nadie que haya intentado pasar un virus de computadora usando correo electrónico, pero, ciertamente, somos los recipientes de una tonelada de mensajes infectados. Una forma segura de llamar atención negativa sobre usted es ser el único cuya computadora es usada para esparcir un virus. Desafortunadamente, ser una víctima en este caso es extremadamente fácil. Asegúrese de adquirir software antivirus y de conservarlo actualizado —los virus nuevos parecen proliferar en estos días y volverse cada vez más peligrosos.

A menudo, los virus se dispersan apenas abre un correo electrónico infectado o incluso, en ciertos programas de correo de Redmond, Washington, cuando ve de forma preliminar un mensaje en su pantalla. Nunca, jamás, haga clic en un documento adjunto que tenga las letras vbs o exe al final. Si conoce al remitente y sabe con anticipación lo que le van a enviar y usted lo necesita, entonces podría considerar usar el archivo. De otra manera, arrójelo y vacíe su basura.

Los usuarios de Outlook deben tener cuidado extra porque muhos virus están diseñados para aprovecharse del libro de contactos de Outlook —abren el libro y se autoenvían a todos los contactos registrados en él. Algunas instancias bien conocidas de este tipo de virus son I LOVE YOU, Snowhite, Life y Man and Woman. Cuando ve una línea de asunto con uno de estos, suprima el archivo y vacíe su basura.

## La pandilla de la cadena

Enviar una carta en cadena por la Red es fácil: simplemente haga clic en el botón Forward, digite unos cuantos nombres y envíe su carta. Es una idea de lo peor. Nunca, jamás, hemos recibido una carta en cadena que haya valido la pena. Un montón de cartas en cadena han estado circulando por la Red por una década. A pesar del sitio de donde venga, aunque parezca ser para una buena causa, por favor, simplemente arrójela.

Algunas de las cartas en cadena en línea comenzaron como cartas de papel. Una vez recibimos una versión en papel de la carta en cadena: "Haga Dinero Rápido" desde todos los lugares. Hicimos lo mismo que hacemos con las cartas en cadena de computadoras —a la basura.

## Spam, spam, el horrible correo masivo no solicitado

Una de las innovaciones en línea menos placenteras de los años recientes es el correo masivo no solicitado: *el spam,* lo cual equivale a enviar el mismo mensaje –usualmente vendiendo algo que era dudoso en primer lugar– a tantas direcciones de correo electrónico como sea posible, generalmente, a grupos de noticias o suscritos a boletines. Esta práctica es ilegal en algunos lugares y el que lo envía, generalmente, está sujeto a que se le cobren los costos en que incurra el proveedor para limpiarlo. Enviar spam además, es ineficaz, la mayoría de ellos es identificado por el Usenet unos cuantos minutos después de que es enviado; un número creciente de proveedores ofrecen filtros de correo electrónico y la mayoría de los receptores, incluyéndonos, asumimos que todo lo que es publicitado a través del spam debe ser fraudulento. Para más información sobre el tema, refiérase al Capítulo 12.

## No Sea un Cerdo

Enormes cantidades de material de la Red: programas documentos, imágenes, megabyte tras megabyte de material –todo gratis para tomarlo. Puede descargarlo todo. No lo haga. Vaya y aproveche todo lo que vaya a utilizar, pero no descargue directorios enteros llenos de cosas o deje su computadora en línea por horas descargando más y más información.

Su proveedor de servicio establece las tarifas con base en los recursos que un usuario típico podría utilizar. Un solo usuario puede usar una sección sustancial de la conexión a la Red del proveedor, succionando archivos continuamente durante horas. Los proveedores, típicamente, ven cómo su conexión es sobreutilizada por un factor de tres a uno, aproximadamente. Esto es, cada usuario intentó transferir información a velocidad máxima al mismo tiempo, lo cual requeriría una conexión tres veces más rápida para poder satisfacer sus necesidades. Debido a que los usuarios reales transfieren información por un rato y luego leen lo que aparece en la pantalla durante unos minutos, compartir la conexión con otros usuarios puede funcionar bien (el proveedor no está haciendo trampa, sencillamente, es la forma en que ellos brindan el acceso a un costo razonable. Aunque se le puede garantizar la conexión permanente si lo desea, el costo es horrible). Si los usuarios empiezan a usar varias conexiones adicionales, además de las que el proveedor le dio, el precio sube.

## ¡Desconéctese, ya!

Este consejo aplica particularmente para los proveedores que ofrecen tiempo de conexión ilimitado por mes. No deje su computadora conectada si no la está utilizando. La mayoría de paquetes de software de la Red tiene una característica para marcar el tiempo que hace que se desconecte si no se transfiere información hacia la Red o desde ella por un período específico. Nosotros dejamos la nuestra por 15 minutos en conexiones de marcado telefónico; de otro modo, los otros usuarios reciben una llamada de ocupado cuando intentan conectarse (los usuarios de DSL y de cable módem pueden ignorar esta sección).

## Cerdos del audio y del video

Internet Phone y similares presentan un problema particular en la Red, debido a que colocan mucha, mucha carga en la Red en general. Cuando esté transfiriendo información a través de la Red, usted estará bombeando información tan rápido como su conexión a Internet se lo permite. Las conexiones de video son aun peores: cuando los sitios con conexiones rápidas empiezan a enviar programas de video entre sí, la Red completa se hace lenta.

Por el momento, muy pocas personas usan Internet Phone y, por ello, esto no se ha convertido en un grave problema. Si se convierte en algo lo suficientemente popular, los proveedores tendrán que proveer cuentas "no telefónicas" y "telefónicas", para guardar acceso razonable a todos sus usuarios.

# Etiqueta de Cybercafé

Los Cybercafés son nuevos, nuestros padres nunca tuvieron la oportunidad de enseñarnos. A continuación tenemos algunos tips para que le se más fácil.

## No ver estúpidamente sobre los hombros de otras personas

Okay, nosotros damos por hecho que usted es curioso —por eso es que está aquí, para averiguar estas cosas. Estupendo. Fantástico. Descanse un tiempo y obtenga ayuda. No se apoye en los hombros de otras personas para leer su pantalla. Es descortés.

## Limpiar antes de irse

No solo nos referimos a la basura en torno de su computadora sino también la basura que usted, probablemente, dejó en ella. Muchas personas no parecen estar conscientes de que la mayoría de programas que envían correo automáticamente conservan una copia de los mensajes que se envían. Si no desea que alguien lea su correo, asegúrese de que encuentra la carpeta de mensajes enviados y elimine su correo. Luego tome el siguiente paso y vacíe la basura. Hemos encontrado toda clase de cositas interesantes que estamos seguros que el remitente no habría querido compartir.

## No ordene cosas desde una PC pública

¡Normalmente, pensamos que las cosas ordenadas por la Web o por correo electrónico son perfectamente seguras –mucho más seguro que darle su tarjeta de crédito a algún camarero que nunca ha visto! Sin embargo, algunos sitios de compras almacenan información sobre usted (incluyendo su dirección postal e información de pago) en un archivo de su computadora. Este arreglo funciona perfectamente cuando ordena cosas desde su computadora —no tiene que digitar toda esa información cuando visita el sitio la próxima vez para colocar una orden. Cuando encarga cosas en un cibercafé, sin embargo, esta información personal queda almacenada en la computadora del cibercafé. Eso significa que la siguiente persona que llegue a usar la computadora y que vaya a este sitio tendrá todos sus datos personales disponibles y podría hacer un pedido. Mejor no se arriesgue.

# Alguna Sabiduría Web

La mayoría de proveedores de la Internet le permiten poner sus páginas privadas en la World Web Wide (el Capítulo 10 le ayuda a que ponga en marcha su página Web). Otra vez, debido a que lo que usted pone en su página Web es todo lo que la mayoría de la gente sabrá de usted, este capítulo le proporciona algunas sugerencias.

## Lo pequeño es hermoso, Parte I

La mayoría de las personas que ven su página Web están conectadas usando una línea de marcado telefónico y un módem, lo cual quiere decir que las imágenes grandes tardan mucho en cargarse. Si su página principal contiene una imagen de página completa o una animación que tarda 12 minutos para cargarse, podría mejor colgar una señal que diga, "No pase". Mantenga las ilustraciones lo suficientemente pequeñas para que la página se cargue en una cantidad razonable de tiempo. Si tiene una imagen grande y piensa que es maravillosa, ponga una pequeña versión en miniatura de ella en su página principal y haga un vínculo la imagen completa, de modo que la gente que se encuentre interesada en la imagen la pueda descargar si lo desea.

## Lo pequeño es hermoso, Parte II

Las páginas pequeñas que calzan bien en una pantalla o dos operan mejor que las páginas grandes. Las páginas pequeñas son más fáciles de leer y cargan más rápido. Si tiene doce pantallas llenas de cosas para poner en su página, establezca cinco o seis páginas separadas con vínculos a cada una de ellas. Un buen diseñado conjunto de páginas pequeñas hace que encontrar cosas sea más fácil que en una sola página grande porque los vínculos pueden dirigir a los lectores a lo que andan buscando.

## Si quisiéramos la Casa Blanca, sabemos dónde encontrarla

Ninguna página Web (o conjunto de páginas Web, como lo sugerimos) está completa sin algunos vínculos a las páginas favoritas del autor. Por alguna razón, cada usuario nuevo de páginas Web solía tener un vínculo al sitio de la Casa Blanca (The White House) `http://www.whitehouse.gov`, y tal vez a Yahoo,

Netscape y a algunos otros sitios que cada usuario de la Red ya conoce. Los buenos sitios Web le dan vínculos a interesantes sitios que no son mayoritariamente conocidos aún.

# Deje que los cientos de visitantes florezcan

Cuando cree una página Web, véala con tantos exploradores como pueda. La mayoría de las personas usan alguna versión de Netscape o de Internet Explorer, pero usted se sorprendería de cuántos sitios Web funcionan solo con uno de ellos. Nosotros consideramos que estos dos son solo un mínimo y también probamos nuestras páginas con Opera.

También considere que algunos de los visitantes pueden estar parcial o completamente ciegos, en caso que use algún software especial que lee las páginas en voz alta. Asegúrese de que sus páginas tomen en cuenta a quienes solo leen el texto sin las imágenes.

# No sea tonto

No ponga información en su página Web que no desee que nadie más en el mundo conozca. En particular, no incluya su domicilio ni su número telefónico. Sabemos de al menos una persona que recibió una llamada telefónica de alguien que había conocido en la Red y no estaba muy contenta al respecto. ¿Para que iban a necesitar los usuarios de la Red ese tipo de información, en todo caso? ¡Ellos podrían enviarle un correo electrónico!

# Glosario

**.NET:** La plataforma de Microsoft para los servicios Web de XML, que permite que las aplicaciones se comuniquen y compartan información a través de la Internet.

**404 Not Found (No hallado):** Mensaje de error que su explorador de Web despliega frecuentemente cuando no puede encontrar la páginas buscada. Se debe a la escritura incorrecta de un URL (por su culpa) o por hacer clic en un vínculo roto (por la culpa de otro).

**acechar:** Leer una lista de direcciones o grupo de charla sin escribir nada propio. Alguien que acecha es un *acechador*. Acechar está bien y es mucho mejor que arrojar llamas.

**ActiveX:** Una norma de Microsoft para construir programas de computación, conocidos como *objects*.

**ADSL:** *Refiérase* a DSL.

**AES:** Advanced Encryption Standard (Estándar Avanzado de Codificación). El último y más poderoso estándar del gobierno de los Estados Unidos para codificar información no clasificada. *Refiérase a* DES.

**AIM:** AOL Instant Messenger, un programa gratuito de envío de mensajes instantáneos que los usuarios de AOL pueden usar para chatear con otras personas.

**America Online (AOL):** Un servicio en línea de valor agregado que brinda muchos servicios además del acceso a la Internet, incluyendo acceso a los grupos populares de charla. Visite `www.aol.com` para información o consulte el Capítulo 17.

**anfitrión:** Una computadora de la Internet.

**antivirus:** Programa que intercepta y destruye virus cuando llegan a su computadora.

**apariencia:** Configuración de botones, menúes y otros ítemes exhibidos por un programa. Algunos programas (como Winamp) le permiten seleccionar entre varias apariencias.

**applet (subprograma):** Un pequeño programa de computación escrito en el lenguaje Java. Puede descargar subprogramas usando un explorador de la Web. Los subprogramas deben obedecer reglas especiales que dificultan que puedan causar daños a la computadora.

**archive (archivo):** Un solo archivo que contiene un grupo de archivos que han sido comprimidos y puestos juntos para un almacenamiento eficiente. Tiene que usar un programa como WinZip, PKZIP o StuffIt para recuperar los archivos originales.

**archivo binario:** Un archivo que contiene otro tipo de información además de texto. Un archivo binario podría contener un archivo comprimido, una ilustración, sonidos, hojas de cálculo o un documento de procesamiento de texto que incluya códigos de formato además de los caracteres de texto.

**archivo de texto:** Un archivo que solo contiene caracteres textuales, sin formato especial ni información gráfica, clips de sonido o video, ni ninguna otra cosa. Debido a que la mayoría de computadoras, además de algunas computadoras centrales de IBM, almacenan su texto usando un sistema de códigos llamado ASCII, estos archivos también se conocen como archivos de texto ASCII.

**archivo WAV:** Un popular formato de Windows para archivos de sonido archivos .wav que se encuentran en la Red.

**archivo ZIP:** Archivo que tiene la extensión .zip y que se ha sido comprimido usando ZipMagic, WinZip o un programa similar. Para sacar los archivos del archivo ZIP, usualmente necesita esos mismos programas para descomprimirlos.

**audio o video streaming:** Un sistema para enviar sonido o archivos de video por la Red que empieza a reproducir el archivo antes de que termine de descargarse, lo cual le permite oír o ver con un retraso mínimo. RealAudio (www.real.com) es el más popular.

**barrera de protección:** Una computadora especialmente programada que conecta a una red local con la Internet y, por razones de seguridad, solo deja entrar y salir ciertos tipos de mensajes.

**Baudio:** El número de símbolos eléctricos por segundo que un módem envía por una línea telefónica. A menudo usado como un sinónimo de bps (bits por segundo); aunque este uso es incorrecto, solo a 43 personas de todo el planeta les importa o saben por qué. Llamado así por J. M. E. Baudot, inventor del teletipo.

**BCC:** Copia ciega. Los destinatarios de BCC reciben una copia de su correo electrónico sin que los demás sepan sobre ello. *Refiérase también* a CC.

**BinHex:** Un sistema de codificación de archivos popular entre usuarios de Macintosh.

**bit:** La unidad de medida más pequeña para datos de computadoras. Los bits pueden estar *activados* o *desactivados* (simbolizado por 1 ó por 0) y se usan en combinaciones diversas para representar diferentes tipos de información.

**bitmap:** Unos puntos diminutos que se ponen juntos en una cuadrícula para hacer un cuadro.

**bombardear el correo:** Enviarle a alguien cantidades inmensas de correo electrónico no deseado. *El bombardeo remoto* es suscribir a personas a cientos de listas de correo sin considerar sus deseos, de modo que sus buzones de correo se llenen con mensajes no deseados.

**bps (bits por segundo):** Una medida de cuán rápido se transmiten los datos. A menudo se usa para describir la velocidad del módem.

**buzón:** Archivo del servidor de correo entrante (POP o IMAP) en el que sus mensajes de correo electrónico son almacenados hasta que los descarga a su programa de correo electrónico. Algunos programas de correo electrónico también llaman a los archivos en los que almacenan *buzones* de mensajes.

**byte:** Un grupo de ocho bits, suficiente para representar un carácter. La memoria de la computadora y el espacio del disco se miden usualmente en bytes.

**cable módem:** La caja que conecta su computadora al cableado de su compañía de cable TV.

**canal:** En IRC, un grupo de gente que charla conjuntamente. Llamados "salones" por los proveedores de valor agregado, que usan "canal" para indicar un área de interés que puede conseguirse fácilmente, como un canal de TV.

**carita sonriente:** Combinación de caracteres especiales que retratan emociones, como :-) ó :- (. Aunque han sido inventados centenares, solo unos cuantos tienen uso activo y todos son tontos. Los emoticonos son un tipo de  caritas sonrientes que incluye combinaciones de letras, como < r > para la risa.

**Carpeta Web:** Característica de Windows XP que le permite usar Windows Explorer para ver, descargar archivos o subirlos desde un servidor FTP o Web o hacia él.

**CC:** *Copia al carbón.* Los destinatarios de CC reciben una copia de su correo electrónico, y otros destinatarios son informados de ello si se molestan en leer el encabezado del mensaje. *Refiérase también* a BCC.

**certificado:** La información criptográfica que identifica computadoras o personas entre sí.

**chat:** Para hablar (o digitar) en vivo con otros usuarios de la red de cualquier parte del mundo. Para chatear en la Internet, se usa un programa de mensajes instantáneos como AOL Instant Messenger, Yahoo Messenger, Windows Messenger o un programa Internet Relay Chat (IRC) como mIRC.

**ciber:** Un prefijo que significa el uso de las computadoras y las redes que comprenden la Internet, como en "espacio cibernético" o en "ciberpolicía". Usado solo, es la abreviatura de *cibersexo*, que se refiere a conversaciones licenciosas en línea.

**cliente:** Una computadora que usa los servicios de otra computadora o de otro servidor (como correo electrónico, FTP o la Web). Si marca un número de otro sistema, su computadora se convierte en un cliente del sistema al que marca (a menos que use X Windows –no pregunte). *Refiérase también* a servidor.

**código de país:** La última parte de una dirección geográfica, que indica en cuál país está ubicada la computadora del anfitrión, tal como nosotros para los Estados Unidos. Los códigos de país siempre son dos letras.

**com:** Cuando estas letras aparecen como la última parte de una dirección (en `net.gurus.com`, por ejemplo, indican que la computación del anfitrión es dirigida por una casa comercial, muy probablemente en los Estados Unidos.

**comercio electrónico:** Comercio, primordialmente, basado en comprar y vender bienes y servicios por medio de la Red.

**compendio:** Una recopilación de los mensajes que han sido publicados, recientemente, en una lista de correos.

**CompuServe (CIS):** Un servicio en línea de valor agregado que brinda muchos servicios, además del acceso a la Internet, incluyendo foros para muchos temas comerciales populares. Ahora es propiedad de AOL.

**Conexión de marcado telefónico o Sistema de redes de marcado telefónico:** El programa de comunicación de la Internet incorporado a Windows.

**conexión inalámbrica:** Conexión a una red (LAN o de Internet) que usa radio en vez de cables.

**contraseña:** Código secreto usado para mantener las cosas privadas. Asegúrese de elegir una que sea indescifrable, preferiblemente, dos palabras al azar separadas por un número o un símbolo especial. Nunca use una sola palabra que esté en un diccionario ni ningún nombre propio.

**cookie:** Un pequeño archivo de texto que es almacenado en su computadora por un sitio Web en el que ha estado, se usa para que ese sitio lo recuerde a usted la próxima vez que lo visite.

**correo de HTML:** Los mensajes de correo electrónico formateados usan códigos de HTML. No todos los programas del correo electrónico pueden exhibirlos correctamente.

**correo electrónico:** Mensajes electrónicos enviados por la Internet.

**criptografía de clave pública:** Método para enviar mensajes secretos que consiste de dos vías: una clave pública que se puede dar de modo gratuito para que la gente le pueda enviar mensajes codificados y una segunda, privada, que la descodifica.

**cuenta de Internet por cable:** Cuenta que conecta su computadora a la Internet a través de su compañía de TV por cable.

**CUseeMe:** Programa de videoconferencias.

**DES -Data Encryption Standard (Codificación Estándar de Información):** Un estándar del gobierno de los Estados Unidos para codificar (encriptar) datos no clasificados. Frágil en alguna medida, aunque una versión más nueva, triple-DES, probablemente, sea más segura. *Refiérase a* ES.

**descargar:** Para copiar un archivo de una computadora remota hasta su computadora.

**DHCP:** Dynamic Host Configuration Protocol (Protocolo de Configuración Dinámica de Anfitrión) un sistema que asigna direcciones IP para una LAN.

**dirección:** Los usuarios de la Internet encuentran dos importantes tipos de direcciones: direcciones de correo electrónico (para enviarle correo electrónico a alguien; las direcciones de correo casi siempre contienen una @) y las direcciones de páginas Web (más apropiadamente llamadas URL).

**Documento adjunto:** Un archivo de computadoras engrapado electrónicamente a un mensaje de correo electrónico y enviado junto con él.

**Dominio de alto nivel (TLD):** Refiérase a *zona.*

**dominio:** Parte del nombre oficial de una computadora, en la Internet –por ejemplo, gurus.com. Para registrar un nombre de dominio, vaya a `www.icann.org/registrars/accredited-list.html` y seleccione una oficina de registro. Microsoft también llama *dominios* a los grupos de computadoras de una LAN que son controlados por un servidor de Windows.

**DSL -Digital Subscriber Line (Línea Digital de Suscriptor):** Una tecnología que le permite transmitir datos a través de líneas telefónicas mucho más rápidas que las de marcado regular o ISDN, tanto como 7 millones de bps. Agradable si lo puede conseguir –pregúntele a su compañía telefónica.

**dummies:** Personas que no lo saben todo, pero que son lo suficientemente listas como para buscar ayuda. Usado irónicamente.

**EBay:** La original y más exitosa subasta basada en la Web, en `www.ebay.com`.

**editor de páginas Web:** Programa para editar archivos de HTML y usarlos en páginas Web.

**edu:** Cuando estas letras aparecen como la última parte de una dirección (por ejemplo, en `www.middlebury.edu`) señalan que la computadora del anfitrión es dirigida por una institución educativa, usualmente, una facultad o una universidad de los Estados Unidos.

**emoticono:** Una combinación de signos de puntuación y letras, que tienen la intención de comunicar una emoción de parte del redactor, especialmente en el correo electrónico, el chat o los mensajes instantáneos. Los emoticonos incluyen las caritas sonrientes (vea abajo) y combinaciones como <r> para "risa".

**encabezado:** El comienzo de un mensaje de correo electrónico que contiene las direcciones Para y De, el asunto, la fecha y otra jerigonza importante para los programas que administran su correo.

**espejo:** Un FTP o servidor Web que proporciona copias de los mismos archivos que otro servidor. Los espejos amplían la descarga de los más populares sitios FTP y Web.

**estacionario:** Correo electrónico formateado que puede usar cuando redacta mensajes para enviárselos a los destinatarios cuyo programa de correo electrónico pueda desplegar mensajes de HTML o MIME.

**Eudora:** Un popular programa para manejar correo que funciona con Windows y Mac. Encuéntrelo en la Web en `www.eudora.com`.

**explorador:** Un programa que le permite leer información en la World Wide Web. Algunos exploradores cantan y bailan; pueden enviar correo electrónico y otras cosas también.

**extrared (extranet):** Una tecnología de la Internet usada para conectar una compañía con sus clientes y sus socios comerciales.

**FAQ (Preguntas Hechas Frecuentemente):** Un artículo que contesta las preguntas que surgen a menudo. Muchas listas de correo y grupos de noticias Usenet tienen FAQs que son publicados regularmente. Para leer los FAQs de todos los grupos de noticias, vaya al www.faqs.org.

**Favoritos:** Una lista de archivos o páginas Web que se planean usar frecuentemente. Internet Explorer le permite mantener una lista con sus ítemes favoritos para facilitar verlos de nuevo. La misma idea de los *marcadores*.

**Freenet:** Un sistema gratuito en línea que ofrece información a comunidades locales y acceso limitado a Internet. En extinción, ahora que hay varios ISPs gratis.

**FTP -File Transfer Protocol (Protocolo para Transferir Archivos):** Un método para transferir archivos de una computadora a otra por la Red.

**GIF -Graphics Interchange Format (Formato de Intercambio de Gráficos):** Un tipo patentado de archivo de gráficos originalmente definido por CompuServe y ahora hallado en toda la Red. Los archivos de este formato terminan en .gif y se llaman archivos GIF o, simplemente, GIFs. Pronunciado "llif ", a menos que prefiera decir "guif".

**giga:** Prefijo que quiere decir mil millones (1 000 000 000).

**Google:** Motor de búsqueda usado para encontrar cosas en la World Wide Web, con inteligencia adicional para buscar las páginas más útiles. Su nombre verdadero es www.google.com.

**gov:** Cuando estas letras aparecen como la última parte de una dirección (en cu.nih.gov, por ejemplo) indica que la computadora del anfitrión es dirigida por algún cuerpo de gobierno, probablemente, el gobierno federal de los Estados Unidos.

**grupo de noticias:** Un área temática del sistema de noticias de Usenet. Refiérase a la página Web net.gurus.com/usenet para una descripción de los grupos de noticias de Usenet).

**gusano:** Virus que se propaga a través de mensajes de correo electrónico.

**hilo:** Mensaje publicado en una lista de correos o en un grupo de noticias Usenet, junto con todos los mensajes de seguimiento que ha generado, respuestas de respuestas, etc.

**hipertexto:** Un sistema de escritura y de despliegue de texto que permite que el texto este vinculado de formas múltiples, que esté disponible en varios niveles de detalle y que contenga vínculos a documentos relacionados. La World Wide Web usa tanto hipertexto como hipermedios.

**HTML (Hypertext Markup Language):** Lenguaje usado para escribir páginas en la World Wide Web. Este lenguaje le permite al texto incluir códigos que definen fuentes, esquemas, gráficos anidados y vínculos de hipertexto. No se preocupe, usted no tiene que saber nada de eso para usar la World Wide Web. Las páginas Web se guardan en archivos que usualmente tienen la extensión `.htm` o `.html`.

**HTTP:** (Hypertext Transfer Protocol): La forma en que las páginas de la World Wide Web se transfieren por la Red. Los URLs de las páginas Web inician con `http://`, aunque casi nunca lo tiene que digitar.

**HTTPS:** Una variante de HTTP que codifica mensajes por seguridad.

**ICANN:** Internet Corporation for Assigned Names and Numbers (Corporación de Internet para Nombres y Números Asignados) en `www.icann.org`. Son responsables de decidir quién emite los nombres de dominio usados en la Internet.

**ICQ:** Un popular sistema de localizador y de mensajería instantánea que les permite a los usuarios tener contacto con sus amigos en línea e intercambiar mensajes instantáneos con ellos. Propiedad de AOL, pero diferente de AOL Instant Messenger (AIM).

**IM:** Instant Message (Mensaje Instantáneo) usualmente usado en America Online o por los usuarios de AOL Instant Messenger .

**IMAP:** Internet Message Access Protocol, usado para almacenar y entregar correo electrónico.

**Internet Connection Sharing —ICS (Uso Compartido de la Conexión a Internet):** Característica de Windows que le permite a una computadora compartir su conexión a la Internet con otras computadoras de una LAN.

**Internet Explorer:** Un explorador de Internet vigorosamente promocionado por Microsoft que viene en los sabores Windows, Macintosh y (dudosamente) UNIX.

**Internet Relay Chat (IRC):** Un sistema que posibilita a las personas que esán en Internet dirigirle la palabra a otros en tiempo real (en vez de con un retraso, como en los mensajes del correo electrónico).

**Internet:** Todas las computadoras que están conectadas en una red global asombrosamente enorme a fin de que puedan comunicarse entre sí. Cuando usted conecta su computadora pequeña insignificante a su proveedor de servicios de Internet, su computadora es parte de esa red.

**intranet:** Una versión privada de la Internet que les permite a los miembros de una organización intercambiar datos a través de populares herramientas de la Internet, como los exploradores.

**ISDN (Integrated Services Digital Network):** Un servicio telefónico digital más rápido, que opera a altas velocidades como a 128 kilobits por segundo.

**Java:** Un lenguaje de computación inventado por Sun Microsystems. Debido a que los programas de Java pueden correr en muchos tipos diferentes de computadoras, Java facilita entregar programas de aplicación por Internet.

**JPEG:** Un tipo de archivo de imagen quieta encontrado por toda la Red. Los archivos de este formato terminan en .jpg o .jpeg y se llaman archivos JPEG. Se trata de la sigla de Joint Picture Experts Group (Grupo Unido de Expertos en Imágenes).

**Kbyte:** 1,024 bytes. También escrito *KB* o solamente *K*. Usualmente, utilizado como una medida de memoria de la computadora o de almacenamiento del disco duro, o como una medida de tamaño de archivos.

**kilo-:** Prefijo que quiere decir mil (1,000) y, con computadoras, 1 024.

**LAN:** La red de área local: computadoras de un edificio conectadas a través de cables de modo que puedan compartir archivos, impresoras o una conexión a la Internet.

**lector de noticias:** Un programa que le permite leer y responder los mensajes de los grupos de noticias de Usenet.

**Linux:** Una versión de UNIX, un sistema operativo que se ejecuta en una amplia variedad de computadoras, incluyendo PCs. Muchos servidores de la Internet corren con UNIX o con Linux.

**Linux:** Una versión gratuita de software de UNIX que maneja el sistema que opera con computadoras personales y al que le ha dado apoyo un grupo dedicado de entusiastas de la Internet.

**lista de correos moderada:** Una lista de correos dirigida por un *moderador*.

**lista del correo:** Un tipo especial de dirección de correo que reenvía todo el correo entrante a una lista de suscriptores de la lista de direcciones. Cada lista de direcciones tiene un tema específico, así que suscribase a los que le interesan. A menudo, administrado usando ListProc, LISTSERV, Majordomo u otro programa de servidor de listas.

**ListProc:** Como LISTSERV, un programa servidor de listas que administra listas de correo.

**LISTSERV:** Un programa servidor de listas que, automáticamente, administra listas de direcciones, distribuye mensajes publicados en una lista, agrega y suprime miembros, etc., lo cual le ahorra al dueño de la lista el tedio de tener que hacerlo todo manualmente. Los nombres de listas de direcciones mantenidas por LISTSERV a menudo acaban con - L.

**llamas, guerra de:** Uso exagerado de llamas entre dos o más personas.

**llamas, hechar:** Escribir mensajes enojados, inflamatorios u ofensivos. No lo haga.

**MacBinary:** Un sistema que codifica archivos, muy popular entre los usuarios de la Mac.

**mailbot:** Un programa que automáticamente envía o contesta correo electrónico.

**Majordomo:** Como LISTSERV, un programa servidor de listas que maneja listas de correo.

**marcador:** La dirección de una página de Web a la cual puede querer regresar. Netscape le permite mantener una lista de marcadores para facilitarle el volver a sus páginas Web favoritas.

**marcas de agua:** Mensaje oculto en archivos de música o video diseñado para detectar e impedir violaciones de derechos de autor.

**mega-:** Prefijo que quiere decir un millón (1,000,000).

**Microsoft Network:** *Refiérase a* MSN.

**mil:** Cuando estas letras aparecen como la última parte de una dirección de Internet o como el nombre del dominio (la zona) indica que la computación del anfitrión es dirigida por alguna parte de las Fuerzas Armadas de los Estados Unidos.

**MIME:** Extensión Multiuso de Correo de Internet. Usado para enviar ilustraciones, archivos de procesamientos de texto y otros tipos información no textual a través del correo electrónico.

**modelo cliente/servidor:** Una división del trabajo entre las computadoras. Las que pueden proveer un servicio que otras computadoras pueden usar se llaman servidores. Los usuarios son los clientes. *Refiérase también a* cliente, servidor.

**módem DSL:** Caja que conecta su computadora a una línea DSL.

**módem:** Un artefacto que le permite a su computadora hablarle al teléfono o a la televisión por cable. Derivado de *modulador/desmodulador*.

**moderador:** La persona que lee los mensajes enviados a una lista de correos o grupo de noticias antes de ser publicados de modo abierto. El moderador puede eliminar los mensajes que sean estúpidos, redundantes, salidos de tema y ofensivos.

**motor de búsqueda:** Un programa usado para buscar cosas en la Web.

**MP3:** Archivos de música disponibles en la Red.

**MPEG:** Un tipo de video hallado en la Red. Los archivos de este formato terminan en .mpg. Significa Moving Picture Experts Group (Grupo de expertos en películas).

**MSN TV** (anteriormente, WebTV): Un proveedor de servicio en línea que incluye un hardware (una terminal de Internet con control remoto) que se conecta a su televisor.

**MSN:** Microsoft Network, el proveedor de Internet de Microsoft. También ofrece MSN Explorer, que puede usar para explorar la Web usando su cuenta de MSN; además, ofrece MSN Messenger, el programa de mensajes instantáneos de Microsoft.

**MUD (Calabozo de Usuario Múltiple):** Empezó como un tipo de juego al estilo de Dungeons and Dragons, que muchas personas podían jugar al mismo tiempo; ahora, es una subcultura de Internet. Para información referente a unirse a un MUD, consúltele al grupo de noticias Usenet rec.games.mud.announce.

**Napster:** Servicio para compartir música basado en la Internet.

**Netscape:** Un popular explorador de la Web que viene en varios sabores: Windows, Mac y UNIX (visite la página home.netscape.com).

**nickname (apodo):** En IRC, el nombre con el que se identifica cuando está chateando; sinónimo de *nombre pantalla*.

**nombre de anfitrión:** Nombre de una computadora en la Internet (chico.iecc.com), por ejemplo.

**novato:** Persona que se enfrenta por primera vez a la Internet. ¡Si usted ya leyó este libro, entonces ya no es ningún novato!

**número de puerto:** Un número de identificación asignado a cada programa que está comunicándose con la Red. Casi nunca tiene que saber estos números — los programas de la Internet resuelven estas cosas entre ellos.

**Opera:** Un pequeño y rápido explorador de la Web, de Opera Software, de Noruega, disponible en `www.opera.com`.

**org:** Cuando estas letras aparecen como la última parte de una dirección de correo electrónico o URL (en `www.uua.org`, por ejemplo) indican que la computadora del anfitrión debe de ser dirigida por una organización no comercial, usualmente de los Estados Unidos.

**OS-X:** El nuevo sistema operativo de Apple, basado en UNIX y diseñado para computadoras Macintosh.

**página principal:** La página de entrada o la página principal de un sitio Web. Si tiene una página principal, es la página principal acerca de usted. Una página principal, usualmente, contiene vínculos a otras páginas Web.

**página Web:** Documento disponible en la World Wide Web.

**página:** Un documento o un trozo de información disponible a través de la World Wide Web. Cada página puede contener texto, gráficos de archivos, archivos de sonido, clips de video —lo que usted diga.

**paquete:** Trozo de información expedida al otro lado de una red. Cada paquete contiene la dirección a la que va y la dirección de la cual proviene.

**Passport:** Servicio de Microsoft con el cual almacena su identidad en línea en servidores, para, eventualmente, identificarse en servicios de sitios Web y de correo electrónico.

**PayPal:** Cuenta basada en la Web desde la cual (o a la cual) puede hacer pagos por correo electrónico desde vínculos de sitios Web.

**PDF, archivo:** Un método para distribuir documentos formateados por la Red. Necesita un programa lector especial llamado Acrobat. Obténgalo en `www.adobe-.com/products/acrobat`.

**PGP -Pretty Good Privacy (Privacía Bastante Buena, de Phil):** Un programa que le permite encriptar y firmar su correo electrónico, escrito por Phil Zimmerman. Dirija su explorador de Internet a `web.mit.edu/network/pgp.html`.

**ping:** Enviar un mensaje breve al cual otra computadora responde automáticamente. Si no puede producir un sonido que pueda ser contestado por otra computadora, probablemente, no podrá comunicarse con ella de manera alguna.

**plug in (programa):** Un programa de computadora que se añade a su explorador para ayudarle a manejar un tipo especial de archivo.

**POP -Post Office Protocol (Protocolo de Oficina Postal):** Un sistema a través del cual un servidor de correo de la Red le permite elegir su correo y descargarlo hasta su PC o Macintosh. Un servidor POP es la computadora desde la cual recoge su correo. La versión más reciente se llama *POP3*.

**portal de acceso:** Una computadora que conecta una red con otra, en la cual dos redes usan protocolos diferentes.

**portal:** Sitio Web diseñado para ser un punto de partida para las personas que usan la Web.

**PPP (Protocol de Punto a Punto):** La mayoría de cuentas de Internet le permiten a su computadora comunicarse con la Internet a través de una línea telefónica.

**predefinido:** La información que un programa usa a menos que se especifique otra cosa.

**protocolo:** Las reglas convencionales en las que las computadoras se basan para hablar entre ellas. Un conjunto de señales que significan "siga adelante", "comprendo", "no lo recibí; por favor, reenvíelo", "todo listo", etcétera.

**proxy server:** Programa que traslada información entre una LAN y la Internet.

**puerto serial:** Lugar ubicado en la parte trasera de su computadora en donde conecta su módem. También llamado *puerto de comunicaciones* o *puerto comm*.

**QuickTime:** Un archivo de video y multimedia inventado por Apple Computer y ampliamente usado en la Red. Puede descargarlo de `www.apple.com-/quicktime`.

**RealAudio:** Un formato de archivo de audio que le permite escuchar programas a través de la Red. Puede obtener el programa reproductor en `www.real.com`.

**rebote:** Para devolver algo que no se puede enviar o devolver a la dirección apropiada. Si envía por correo un mensaje a una dirección errónea, esta rebota a su buzón. Si recibe el correo electrónico de alguien más, puede rebotárselo a esta persona.

**red:** Grupo de computadoras que están conectadas. Las ubicadas en un mismo edificio se llaman redes de área local. Las ubicadas lejos se llaman se llaman redes de área ampliada y las que se ubican a lo largo y ancho de todo el mundo conforman la Internet.

**red (net):** Cuando aparece en mayúsculas, se trata de la propia Internet. Cuando la palabra completa aparece como la última parte de una dirección (como en ww-

`w.abuse.net`, por ejemplo), se indica que la computadora que hospeda la dirección es dirigida por alguna red de organizaciones; generalmente, un ISP de los Estados Unidos.

**RTFM (Lea el Manual):** Sugerencia hecha por personas que consideran que usted ha desaprovechado su tiempo haciendo una pregunta cuya respuesta pudo haber encontrado buscando en un lugar obvio.

**rutero:** Una computadora que conecta dos o más redes.

**S/MIME (Extensión Segura de Correo de Internet Multipropósito):** Una extensión de MIME que incluye codificación (para mantener el correo confidencial) y autentificación (para probar quién envió el mensaje).

**servidor de correo electrónico saliente:** Servidor que acepta sus mensajes salientes de correo electrónico para entregárselo al resto de personas de la Internet. *Refiérase también a* servidor SMTP.

**servidor de correo entrante:** Servidor que almacena su buzón de mensajes de correo electrónico hasta que los recoge y los descarga a su programa de correo electrónico. *Refiérase también a* POP o servidor IMAP.

**servidor de correo:** Una computadora de la Internet que brinda servicios de correo.

**servidor de lista:** Programa de administración de listas de correo electrónico: un programa que mantiene la lista del suscriptor y distribuye la lista de publicación entre sus suscriptores.

**servidor de nombre de dominio (DNS):** Una computadora de la Internet que traduce entre nombres de dominio de la Internet, como xuxa.iecc.com, y las direcciones numéricas de la Internet, como `208.31.42.42`. Algunas veces, llamado simplemente un servidor de nombre.

**servidor de noticias:** Una computadora de la Red que recibe grupos de noticias Usenet y los almacene para que los pueda leer.

**Servidor FTP:** Una computadora de Internet que almacena archivos para la transmisión por FTP.

**servidor IMAP:** Servidor que almacena los mensajes entrantes de correo electrónico que recibe para que su programa de correo electrónico los pueda desplegar y procesar.

**servidor POP:** Servidor que almacena sus mensajes de correo electrónico entrante hasta que los descarga a su programa de correo electrónico.

**servidor seguro:** Un servidor Web que usa codificación para evitar que otros lean mensajes desde su explorador o hacia él. Los sitios de compras basados en la Internet, usualmente, usan servidores seguros para que otras personas no puedan interceptar su información sobre las órdenes.

**servidor SMTP:** Servidor que acepta sus mensajes salientes de correo electrónico para entregarlo al resto de la Internet.

**servidor Web:** Programa que almacena páginas Web y responde consultas hechas desde los exploradores Web.

**servidor:** Una computadora que brinda un servicio –como correo electrónico, datos de Web, Usenet o FTP– a las otras computadoras (conocidas como clientes) de una red. *Refiérase también* a cliente.

**Shockwave:** Un programa para ver multimedios interactivos en la Web. Para más información sobre Shockwave y para una copia del programa para su explorador, vaya a `www.shockwave.com`.

**sitioWeb:** Colección de páginas Web almacenadas en un servidor Web y que pertenecen a una persona u organización particular.

**SMS (Sistema de Mensajería Breve):** Un formato conciso utilizado para enviar correo electrónico y mensajes instantáneos hacia teléfonos celulares y desde estos.

**SMTP (Protocolo de Transferencia de Correo Simple):** El método (llamado de modo optimista) por el cual el correo electrónico es entregado desde una computadora hasta otra. Un servidor SMTP es la computadora que recibe el correo electrónico entrante.

**software de libre evaluación:** Programas de computadoras que están disponibles, fácilmente, para que los pruebe con la condición de que, si resuelve conservar el programa, enviará un pago al proveedor del software. Este es un sistema de honor. Hay una gran cantidad de cosas buenas disponibles y el acatamiento voluntario de las personas las hacen viables.

**spam:** Correo electrónico no solicitado enviado a miles de destinatarios o mensajes Usenet publicados en muchos grupos de noticias o listas de correo que no tienen interés en ellos. Es antisocial, ineficaz y, a menudo, ilegal. Para luchar contra el spam, visite `www.cauce.org`.

**SSL:** Una tecnología basada en la Web que le permite a una computadora verificar la identidad de otra y permitir conexiones seguras, utilizada por los servidores seguros de Web.

**StuffIt:** Un programa de compresión de archivos que corre en Mac. StuffIt crea un archivo SIT que contiene las versiones comprimidas de uno o más archivos. Para restaurar estos archivos a su tamaño y forma anteriores, se usa UnStuffIt.

**subir:** Copiar sus cosas en la computadora de alguien más.

**surfear:** Deambular por la World Wide Web y buscar cosas interesantes.

**T1:** Un estándar de telecomunicaciones que transmite 24 llamadas de voz o información a 1.544 millones de bps a través de un par de líneas telefónicas.

**TCP/IP:** La forma en que las redes se comunican con otras de la Internet.Es la abreviatura de Transfer Control Protocol/Internet Protocol (Protocolo de Control de Transferencia/Protocolo de Internet).

**telnet:** Un programa que le permite abrir la sesión en algunas otras computadoras de la Red.

**terminal:** Antiguamente, una terminal de computadora constaba simplemente de una pantalla y un teclado. Si tiene una computadora personal y desea conectarse a una computadora grande de algún lugar, puede ejecutar un programa que le permite *hacerse pasar por* una terminal descerebrada –el programa se llama un emulador de terminal, programa terminal o un programa de comunicaciones.

**UNIX:** Un sistema operativo originalmente desarrollado en Bell Labs. Usado en muchos servidores de la Red. Linux es ahora su versión más popular.

**URL (Localizador uniforme de recursos):** Una forma estándar de ponerles nombre a los recursos de las redes, usado para conectar páginas de la World Wide Web.

**Usenet:** Un sistema de miles de grupos de noticias. Usted lee mensajes usando un *lector de noticias. Refiérase también a* lector de noticias. (Refiérase a la página Web net.gurus.com/usenet para una descripción de los grupos de noticias Usenet).

**uuencode/uudecode:** Método para enviar archivos binarios como correo electrónico. Más viejo que MIME.

**vínculo:** Una conexión de hipertexto que lo puede llevar a otro documento o a otra parte del mismo documento. En la World Wide Web, los vínculos aparecen como textos o como cuadros resaltados. Para seguir un vínculo, debe hacer clic en el material resaltado.

**virus:** Programa autogenerativo; frecuentemente, con efectos secundarios destructivos. Los virus que se difunden a través de mensajes de correo electrónico también se llaman *gusanos*.

**visor:** Programa usado para mostrar archivos que contienen otras cosas además de texto.

**webcam (cámara Web):** Cámara de video digital que se une a su computadora y que transmite video a través de la Internet. El video puede aparecer en una página Web o como parte de una conferencia o charla.

**WebTV:** *Refiérase a* MSN TV.

**Winsock:** Una manera estandarizada a través de la cual los programas de Windows operan con TCP/IP. Se usa para conectar directamente su PC con Windows a la Internet, ya sea con una conexión permanente o con un módem, utilizando PPP o SLIP.

**World Wide Web:** Sistema de hipermedia que le permite explorar a través de grandes cantidades de información. La Web será el depositario de la información de la humanidad en el siglo XXI.

**Yahoo!:** Un sitio Web (en `www.yahoo.com`) que brinda una guía orientada por temas para la World Wide Web y muchas otras clases de información.

**zona:** La parte más reciente de un dominio de la Internet o del nombre del anfitrión. Una zona que no contiene puntos también se llama Dominio de Alto Nivel. Si la zona es de dos letras, se trata del código del país en el cual se localiza la organización que posee el dominio. Si la zona es de tres letras o más, es un código que indica el tipo de organización que posee el dominio.

# Índice

• *B* •

• *C* •

# • *M* •